北京市社会科学基金项目
北京市教育委员会专项资助

2014

北京市哲学社会科学研究基地成果选编 上

beijingshizhexueshehuikexue
yanjiujidichengguoxuanbian

哲学

北京市哲学社会科学规划办公室
北京市教育委员会
北京市哲学社会科学研究基地
编

首都师范大学出版社
CAPITAL NORMAL UNIVERSITY PRESS

图书在版编目(CIP)数据

北京市哲学社会科学研究基地成果选编．2014/北京市哲学社会科学规划办公室，北京市教育委员会，北京市哲学社会科学研究基地编．—北京：首都师范大学出版社，2015.12

ISBN 978-7-5656-2635-7

Ⅰ.①北…　Ⅱ.①北…　②北…　③北…　Ⅲ.①哲学社会科学—科技成果—汇编—北京市—2014　Ⅳ.①C121

中国版本图书馆CIP数据核字(2015)第278476号

BEIJINGSHI ZHEXUE SHEHUI KEXUE YANJIU JIDI CHENGGUO XUANBIAN 2014

北京市哲学社会科学研究基地成果选编 2014

北京市哲学社会科学规划办公室
北京市教育委员会　　　　　　　　编
北京市哲学社会科学研究基地

项目统筹　马　岩
责任编辑　杨鸿霄　欧家作
首都师范大学出版社出版发行
地　址　北京西三环北路105号
邮　编　100048
电　话　68418523(总编室)　68982468(发行部)
网　址　www.cnupn.com.cn
印　刷　北京东运印刷有限公司印刷
经　销　全国新华书店发行
版　次　2016年1月第1版
印　次　2016年1月第1次印刷
开　本　787mm×1092mm　1/16
印　张　53.25
字　数　971千
定　价　108.00元（全二册）

前言

2004年至今，北京市社科规划办和北京市教委在首都高校成立了51个北京市哲学社会科学研究基地，北京市社科规划办单独在区县、有关高校及市属单位建立了22个应用对策研究基地。10年来，各研究基地借助依托单位的学科优势，整合社科研究资源，搭建开放性协同创新平台，积极承担各级各类科研项目，产出了一大批有影响力的科研成果，在为首都经济社会发展提供理论支撑和智力支持方面发挥了重要作用。

今年出版的《北京市哲学社会科学研究基地成果选编》共收录了52个研究基地的83篇研究成果。其中包括研究基地承担的国家级项目9篇，省部级项目45篇（其中市社科基金项目41篇），横向项目10篇，基地自设项目19篇。这些研究成果内容基本涵盖了北京政治、经济、文化、社会、生态文明和党的建设等主要领域，既有理论价值，又有实践意义，其中有的成果在重要报刊上发表，引起了政府决策部门的重视；有的成果发表于核心期刊，在学术界引起广泛影响；有的成果获得了不同层级的奖励，产生了良好的社会反响。

党的十八届三中全会提出要建设中国特色新型智库，建立健全决策咨询制度。2014年10月27日，习近平总书记主持召开中央全面深化改革领导小组第六次会议时强调指出，要从推动科学决策、民主决策，推进国家治理体系和治理能力现代化，增强国家软实力的战略高度，把中国特色新型智库建设作为一项重大而紧迫的任务切实抓好。会议审议了《关于加强中国特色新型智库建设的意见》，会后以中共中央办公厅、国务院办公厅文件印发。加强中国特色新型智库建设，已成为推进国家治理体系和治理能力现代化的组成部分，如何推进中国特色新型智库建设，成为我国哲学社会科学界迫切需要解决的重大问题之一。研究基地要围绕各自的研究领域和研究方向，聚焦首都经济社会发展中的重大理论和现实问题，加强全局性、战略性、前瞻性问题研究，拿出有质量、有影响、有分量的研究成果，为党和政府科学决策服务，切实发挥智库作用。

本书在编辑出版过程中得到了相关作者和研究基地的大力支持与配合，尤其是得到了首都师范大学出版社的大力支持，在此表示衷心感谢！

编　者

2014年11月

目　　录

中国都市经济研究基地

（北京大学）

基地名称：中国都市经济研究基地
依托单位：北京大学
项目类别：北京市社会科学基金项目

北京市经济地理的特点及其重塑[①]

内容提要：本文在厘清我国区域经济发展脉络的基础上，认为北京市及环渤海经济区的发展将支撑我国经济自实现小康到完成现代化之间的经济发展阶段。然而，环渤海经济区腹地范围极为广阔，区域经济的发展也极不均衡，因而发挥北京市的辐射带动作用显得尤为重要。在上述研究的基础上，本文从经济地理的三大特征：密度、距离以及分割出发，研究北京市经济地理的特点及其问题所在，并提出了依托集中集聚、要素流动以及专业化生产重塑北京市经济地理，带动环渤海经济区协调发展的路径。

关键词：环渤海经济区；经济地理

一、我国区域经济发展概况及北京的地位

区域是城市发展的载体，由于各地的自然地理条件、交通基础设施和政治区划状况存在的巨大差异，加之改革开放后各区域市场化、国际化力量作用的时间和深度的不同，我国各区域在发展上既具有自身独特的优势，又不可避免地受到某些限制，区域之间存在着一定的差距。“十一五”以来，区域经济一体化正逐步成为中国经济增长的可持续动力，经济增长日益从主要依靠东部地区“单一推动”向各大区域“多级推动”迈进。同时，国家也更加重视缩小区域发展的差距，“十二五”规划建议也将“促进区域协调发展”列为重要内容。实践证明，在我国国情下，要实现各区域的同步发展是非常困难的，然而我国社会主义的本质决定了发展的最终目标是实现共同富裕，因此区域之间的协调发展就显得尤为重要。

为推动区域经济的协调发展，2009 年以来，我国出台了二十余个国家级战略区域规划。这些国家级规划在范围上涵盖了珠三角经济区、长三角经济区、环渤海经济区以及它们的腹地，同时还包括成渝经济区；在脉络上与我国确立的广州、上海、北京、天津、重庆五大中心城市相吻合。其

① 本文是“京津唐城市群一体化格局研究”项目的阶段成果，项目编号：13JDJGA020。

中以广州市为中心城市的珠三角经济区，作为我国改革开放的先行区域，自改革开放以来，驱动了我国十多年的经济发展，初步解决了我国的温饱问题。以上海市为中心的长三角经济区则以浦东新区的建立为契机，将引领我国二十多年的经济体制改革，率领全国经济达到全面小康水平。而以京津为中心的环渤海地区则将完成我国经济实现小康以后，走向现代化的改革之路，同时还承担着振兴东北老工业基地的重任。最后，以重庆为中心的成渝地区，将支撑我国后工业化经济的腾飞，并驱动整个西南地区经济的发展，最终实现全国范围内的共同富裕。以上四个地区的国家级发展战略，为我国的宏观经济规划了一条长达百年的发展之路，同时在地理上将各省连接成一个统一的整体，有着清晰的发展轴线。

结合我国当前区域经济的发展阶段与发展特点，不难发现，未来二三十年内，环渤海经济区及其腹地将是我国区域经济发展最为活跃的地带。同长三角经济区、珠三角经济区以及成渝经济区的腹地相比，环渤海经济区及其腹地范围最为广阔。

广阔的腹地范围意味着环渤海经济区的核心圈，即京津唐城市群的发展，将带动中国经济的全面进步；但广阔的腹地范围也意味着各城市群之间巨大的经济差异和极度不均衡的发展水平，这对于"促进区域协调发展"不利。对于环渤海经济区及其腹地的城市群而言，距离核心区域京津地区越远，往往意味着城市群的整体发展水平越落后，尤其是国家级战略涉及的"关中—天水经济带"以及"甘肃循环经济区"等广阔的西北地区，在经济发展程度上较环渤海核心区域尚有较大的差距。因此，发挥环渤海经济区核心城市群——京津唐城市群，尤其是城市群核心城市首都北京对于环渤海经济区及其腹地范围的辐射带动作用，对于环渤海经济区及其腹地的经济发展，就显得尤为重要。

二、北京市经济地理三大特征

改革开放以来，经济密度的提高成为我国社会主义建设的主旋律，我国的经济发展也在经济密度的提高中得到最切实的反映。生产力和生产资料也从不同层面受到经济密度的牵引：时间上从低劳动生产率到高劳动生产率，从低资本积累到高资本积累；空间上从稀疏的散落式分布到稠密的集聚式分布。北京、上海等地区的城市首位度作用在经济社会建设中逐步体现，劳动力和资本的转移形成了当今的城市文化。但另一方面，经济发展和对外贸易中带来的经济、政策、地理分割仍然在发展脉络中扮演着重要的角色。北京市经济发展中的密度、距离以及分割呈现怎样的特色，又怎样影响着北京的经济？

经济密度指每单位土地的经济总量，亦即每单位土地经济活动的地理密度，反映的是每单位土地的经济产出水平以及收入的记录。在密度增长的过程中，城镇人口比例迅速上升、收入水平日益提高，但也表现出空间上断裂的特征，这在北京得到了明显的体现。随着经济的不断增长，北京市的经济结构也在相应地发生变化，经济呈现出越来越集中的趋势，财富也越来越聚集到某些区域，然而，各区县的经济发展速度和经济密度均存在着很大的差异，并且这二者之间也不存在明显的相关关系，这说明目前北京市的区域经济一体化还远未成形。

所谓距离尺度，从微观角度看，即单位时间通过交通工具所能到达的空间范围；宏观角度来看，则表现为经济协作的空间范围。距离的缩小会带来交易成本的显著下降，使得经济效益更高，促进了经济的发展和经济密度的提高；同时，距离尺度的扩张使得交易可以在更为广阔的范围内进行，促进区域一体化，实现地区共同繁荣。当前，由于土地制度和区域一体化的原因，在北京市的城市化过程中，出现了城乡经济的分层、城市拥堵、房地产问题以及一系列的城市病。因此，提高经济发展的空间尺度，促进北京市及周围地区的区域一体化水平，以及改良土地使用制度，对于解决北京市的城市问题有着重要的意义。

分割指的是地区与周边的联系（主要是经济活动）被某些因素影响乃至隔断了，正如市中心逐渐向外围走，我们会观察到城乡经济的显著差距，观察到城乡结合部变动的经济结构，即显著的分割现象。北京市在城市化过程中，也存在许多显著的分割现象，可以体现在城市建成区与远郊农村在土地及房产价格、交通网络、产业结构、产业链的连续性、市场结构等多个方面的巨大差异上，它们的存在不利于经济的交流，进而会迟滞地区的发展，也不利于产业的合理布局。未来，北京可以通过加强交通设施的建设途径来缩短主城区与周边区县乃至河北省临近区县的距离，这样既可以吸引周围的生产要素向北京集聚，实现规模经济效应，提高经济密度，又能通过辐射影响带动周边地区的经济发展，进而实现区域经济一体化。

三、重塑北京市的经济地理

基于密度、距离以及分割的分析显示，北京市的经济发展尚存在不足。而本文认为，应从集中和集聚、要素流动、专业化生产三个方面来改进。

首先，在当前全国范围内，北京市的第三产业集中较为明显，尤以科学研究事业和综合技术服务业以及信息传输、计算机服务和软件业突出，北京市可谓全国第三产业发展的一个核心地带；但同时，北京市第三产业集聚程度弱于第二产业，即第三产业集中所带来的经济效益更多是依托于集中经济带来的巨大市场来实现的，而非与其他行业之间的交流合作。在考虑集中和集聚的过程中，我们必须考虑集中和集聚的成本。目前，许多发达国家都依托现代交通工具带来的距离尺度的提升，建立起了城市间或者郊区间的发达交通网络，从而实现城乡一体化，由此带来“去城市化”的发展，该发展模式对于治理北京等特大型人口密集城市的城市病是有显著意义的。

其次，要素流动也是重塑经济地理的重要力量之一。随着经济的发展，北京市与周边地区的经济距离大幅缩减，北京市成为中国农村劳动力大规模流入的几大地区之一。劳动力的流动，以及伴随而来的知识和技术的流动，促进了北京工业化进程的发展。从产业间要素的流动来看，目前北京市经济发展仍然以重工业为发展前提，重工业的产出对各个行业都有较大的支持；相比而言，与金融业相关的行业之间的关联系数仍然较小，且尚未形成行业间的紧密合作，产业一体化尚未完全发展。未来，在建设北京市与周围的区域一体化经济的过程中，北京市在吸引劳动力的同时，应该改善民生；在产业间要素流动方面，要改善产业结构，发挥技术对生产的带动作用，进一步发展技术密集型产业，从而以高新装备制造业、第三产业替代资源依赖型的重工业作为领导行业，同时应谨慎地发展房地产业。

最后，专业化生产是贸易的动力源泉。1992 年以来，北京市重点发展第三产业，目前已经达到较高的专业化水平，处于全国领先的地位，其专业化程度在第三产业的各个生产环节中都有体现，特别是信息传输、计算机服务业、科学研究事业等产业；同时，除了部分能源型行业外，北京市绝大多数第二产业都在往外转移，但在全国仍处于技术输出地位。就北京市内来看，第一、第二产业基本位于郊区县，而第三产业则多位于建成区，产业在各区之间的分布不平衡，在空间上城区与郊区发展不连续：以第三产业为主的建成区专业化水平相对更高，而第一产业和第二产业份额更高的郊区县产业发展则更为多样化。未来，考虑到北京建设世界城市以及区域一体化建设的需求，北京市的特色产业——第三产业应该在具有专业化优势的同时发展多样性，同时在北京市周围地区合理发展多样化的第三产业，以及全面发展第二产业，使得北京市第三产业更具有竞争优势，第二产业更具有支持力。

四、北京市发展的政策依托与发展体系

经济的发展离不开政策依托，北京市的区域一体化建设以及世界城市建设都离不开政策的支持和贯彻，在处于转轨进程中的中国，这一点尤为重要。

第一，建设区域一体化，实现和谐的城市化。区域一体化的建设具体包含了城乡经济一体化、产业结构一体化、产业链条发展一体化和贸易一体化四个部分，主要目标是使北京市的城市发展与周围地区发展相协调，

北京市建成区的发展与郊区县发展协调，北京市产业间发展协调。首先，区域一体化的建设能够有效地改善房地产行业的刚性需求，使其转入周边地区，还能够转移房地产行业的剩余资本，使其合理地投入到需要剩余资本的行业和地区，更快地促进地区的经济发展。其次，通过区域一体化的建设，改变城市增长模式，能有效缓解北京市的交通压力，促进城市经济和人居更好地发展。再次，区域一体化的建设对环境也有非常积极的作用，一方面，合理的经济布局可以带来交通污染和交通能耗的下降；另一方面，区域一体化的建设可以使产业在全球价值链中更容易升级，生产更为标准化，便于政府实行环境规制与环境保护。最后，区域一体化的建设对于北京市经济发展也具有重要作用：可使北京市城区的经济密度更为合宜，促进产业在地区间合理集聚；提高空间距离尺度，缩小交易成本，便于劳动力及其他生产要素流动；促进专业化生产之间的协作，进一步推动专业化生产。

第二，打造自由通畅的资源配置体系，促进北京市和谐发展。根据北京市现有的产业结构，制订合理通畅的投入产出配置和能源配置方案，能有效促进行业的发展，对整个城市的经济发展都具有重要意义。从投入产出关联来看，邮政业、金融保险业、房地产业和科学研究事业等第三产业属于最终需求型基础产业，更容易受到需求拉动的影响，但与行业间的关联较弱，对于产业间的资源配置作用不大；而房地产业、金融保险业等部门的最终消费比重日趋上升，服务对象在向居民、政府消费或资本增加等方面转移，但在结构上以投资者热钱为主导，应增加投资者热钱的投资渠道；同时，房地产业、建筑业的固定资本形成和库存增加比重最大且增长显著，行业产出没有得到有效合理的利用，带来了虚高的房地产需求；特别是高新技术产业的调出及出口比重较高，并呈现明显的上升趋势，显示了北京市的经济发展具有区域合作的能力，这些行业的更好发展有助于推进区域一体化的发展。行业间配置一方面表现在行业的投入产出关联上，另外也表现在行业的主导性上。主导产业是区域经济发展的支撑力量，能带动整个国民经济的发展，合理选择主导产业，确定其发展方向，将推动工业化的快速发展。当前，北京市前十位的主导产业大多是第三产业部门，包括金融保险业、房地产业以及租赁和商务服务业等，近年来新兴的或获得长足发展的行业也主要是以现代服务业为代表的第三产业，第三产业对地方经济的引领和辐射带动作用呈现不断增强的趋势，而第二产业无论是轻工业还是重化工业都处于不断削弱过程中，与此对应，天津市则基本呈现出与其相反的产业发展趋势。因此，未来北京和天津只有走一体化发展的道路，在紧密分工合作中加强区域整合力度，才能最终克服双方第二产业和第三产业不平衡发展的窘境，在京津“双头联动发展模式”下，主要由天津来完成钱纳里等所界定的工业化内容，而由北京来完成后工业化以致现代化阶段的主要内容，如此，以京津为核心的环渤海经济圈，将走出一条有别于长江三角洲上海单核驱动的大都市连绵区模式。

第三，积极迎接各种挑战，建设和谐发展的世界城市。目前，北京市还面临着一系列挑战，例如城乡二元结构、交通拥堵以及区域分割等问题，这些问题在相当程度上抑制了生产要素的流动，限制了北京市区域一体化与和谐发展的进程。对于城乡二元结构，必须从制度上入手，放开管制，让市场自行调节农产品价格和农业生产，同时赋予农民土地产权，让其能够在城市化过程中得到收入、分享改革开放的成果，并且加速改革户籍制度，完善社会保障体系，促进劳动力的自由流动。针对交通拥堵问题，应加快北京周边区县的发展，将建设卫星城尽快提上议事日程。同时，不论从区县角度还是区域角度来看，北京都存在着自身的特色：区县间经济结构未形成明显的一体化；京津唐地区的经济发展达到的新一轮高度，都彰显着北京市和谐发展的特色道路。就北京个体而言，应该在现有产业结构的基础上，刺激地区之间的贸易，促进区域之间的联系，以此提高北京内部区县间一体化程度，同时大力发展北京市特色产业，特别是第三产业，进一步铸就北京市第三产业在全国范围内的比较优势；另一方面，为了提高北京经济建设的全面能力，也需要第二产业的全力支撑，有效的地理位置以及经济发展背景，无不奠定了天津成为北京市经济依托的地位。建设有特色的以区域一体化为目标的经济发展道路是北京市和京津唐地区发展的重要途径。

参考文献

[1][荷]布雷克曼著，西南财经大学文献中心翻译部译：《地理经济学》，西南财经大学出版社，2004 年。

[2]冯晓英：《北京地区流动人口的演变及特征》，《北京党史》，1999 年第 1 期。

[3]刘伟：《工业化进程中的产业结构研究》，中国人民大学出版社，1995 年。

[4]世界银行：《世界发展报告：重塑世界经济地理》，清华大学出版社，2009 年。

[5]孙胤社：《大都市区的形成机制及其定界——以北京市为例》，《地理学报》，1992 年第 6 期。

[6]张辉、黄泽华：《北京市工业化进程中的产业结构高度》，《北京社会科学》，2009 年第 3 期。

[7]张同升：《北京市主导产业的选择》，《统计与决策》，2008 年第 12 期。

[8]周一星：《城市地理学》，商务印书馆，1995 年。

（作者：张　辉　中国都市经济研究基地主任助理　教授）

人文北京研究基地

（中国人民大学）

基地名称：人文北京研究基地
依托单位：中国人民大学
项目类别：研究基地自设项目

缎库胡同的胡适[①]

内容提要：在“北京城市记忆”数字资源库建设项目的建设、研究过程中，“旧居”以其独特的风貌、久远的历史成为北京城市记忆中的一道独特风景。对旧居的研究，不只是要基于城市建筑的美学研究层面，更应当从“旧居”之“旧”，即旧居所体现出的人文价值和思想轨迹来研究中国知识分子、中国思想界的变化。

关键词：胡适；缎库胡同

南池子街区紧邻故宫东墙，漫步此处，大大小小的胡同分布在东西两侧。路的东面，在一条不起眼的缎库胡同中，至今保留着众多历史遗存。胡适的旧宅，也位于此。

14 岁时(1905 年)，胡适入上海澄衷学堂念书。在这所以国文、英文、算学、物理、化学、博物、图画诸科为主的新式学堂中，胡适结识了张慰慈、竺可桢等一众好友，在国文教师杨千里的教导下，胡适深受严复翻译的《天演论》的影响。在《物竞天择，适者生存，试申其义》一文中，14 岁的胡适虽然还未能体察到中国积贫积弱的根源所在，但却为近代中国在世界列强的竞逐中所处的劣败地位深深忧虑：“国魂丧尽兵魂空，兵不能竞也；政治学术，西来是效，学不能竞也；国债累累，人为债主，而我为借债者，财不能竞也；矿产金藏，所在皆有，而不能自辟利源，必假手外人，艺不能竞也。以劣败之地位资格，处天演潮流之中，既不足以赤血黑铁与他族角逐，又不能折冲樽俎战胜庙堂，如是而欲他族不以不平等相待，不渐渍以底于灭亡亦难矣！”就在这一年，胡适的二哥在这股“天演”浪潮中为他取了名字，表字“适之”。而“胡适”这个名字，直到胡适 19 岁到了北京，在参加留美官费生的考试中，才正式开始使用。而胡适也在此次考试后远赴美国，至 26 岁时(1917 年)才再次回到北京，正式受聘就任北京大学教授。一年后，胡适与江冬秀完婚，定居于南池子缎库胡同。

① 胡适著，季羡林主编：《胡适全集》第 21 卷，《时论一》，安徽教育出版社，2003 年，第 2 页。

一、新文化中旧道德的楷模，旧伦理中新思想的师表

胡适在入住南池子缎库胡同居所的过程中，与妻子江冬秀也发生了一些波折。时至今日，已有众多著述不断发掘胡适的感情世界，胡适与曹诚英、韦莲司的故事也被一再提及，甚至被“还原”成不同面貌、一唱三叹的复杂情节。但是，无论是步入缎库胡同旧居，还是踏进台湾“中央研究院”的胡适纪念馆，对于胡适的伴侣，最不可缺少描述的对象，便是其结发妻子江冬秀。

1904 年，13 岁的胡适随三哥到了上海，从而结束了 9 年的家乡教育。离乡前，胡适的母亲替他订下邻县旌德江家的亲事，女名江冬秀。江家是书香名门，胡适对母亲做主选择的这门亲事也默许了。但是，胡适在经历了四年澄衷学堂的新式教育后，面对母亲要求他归乡完婚的要求，却变得迟疑，他给母亲写了一封信，“泣书”曰：

今日接得大人训示及近仁叔手札，均为儿婚事致劳大人焦烦。此事男去岁在里时大人亦曾提及，彼时儿仅承认赶早一二年，并未承认于今年举行也……大人素不知儿不甘居人下，奈何欲儿以此儿女之私，抑儿使居人后乎？三则吾家今年断无力及此……四则男此次辞婚并非故意忤逆，实则男断不敢不娶妻，以慰大人之期望。即儿将来得有机会可以出洋，亦断不敢背吾母私出外洋不来归娶。儿近方以伦理勗人，安敢忤逆如是，大人尽可放心也。儿书至此，儿欲哭矣。①

由此可知，胡适以即将出洋、早婚恐耽误学业为由，坚持不肯回乡完婚。从胡适的日记、书信中，我们无法得知江冬秀对胡适此决定的反应。但是，可以确信的是，胡适虽不肯早婚，但却极其孝顺，答允母亲断不会悔婚。胡适虽从未见过江冬秀，对她的美丑妍媸、脾气性格一无所知，但为了不致母亲伤心失望，他也确定要听从母亲之命。而在此后给其叔胡近仁和其母的书信中，胡适已将这个未曾蒙面的江冬秀称为“儿妇”，将江氏一家称为“岳家”，也可看出胡适已经应允这门婚姻。

1911 年 2 月，胡适已经入康奈尔大学学习半年，其母又寄书胡适，商拟将江冬秀择吉日接至家中，算作“出阁”。胡适虽然坚决反对，却也在 5 月给江冬秀写了第一封信，感念其对胡家的帮衬：

此吾第一次寄姊书也。屡得吾母书，俱言姊时来吾家，为吾母分任家事。闻之深感令堂及姊之盛意。出门游子，可以无内顾之忧矣。……前曾与吾母处，得见姊所作字，字迹亦娟好，可喜，惟似不甚能达意，想是不多读书之过。姊现尚有工夫读书否？甚愿有工夫时，能温习旧日所读之书。

① 耿云志、宋广波编：《胡适书信选》，上海三联书店，2012 年，第 17 页。

如来吾家时可取聪侄所读之书，温习一二。如有不能明白之处，即令侄辈为一讲解。虽不能有大益，然终胜于不读书坐令荒疏也。姊以为何如？吾在此极平安，但破思归耳，草此奉闻。即祝无恙。①

在这封家书中，胡适虽已知晓江冬秀并非受过高等教育的才女，不可给予自己精神上的满足，但他却没有表示出半分嫌恶之态，对江冬秀词不达意的窘迫，他温和地给予帮助，态度谦和，言语温柔，流露出思归之意，谦谦君子之风，跃然纸上。此后，胡适与江冬秀有了更多的书信往来，在胡适的家书中，与江冬秀谈及的内容也逐渐丰富。到了1914年，胡适已经与江冬秀互通照片，胡适的母亲也已遵照胡适的嘱托，令江冬秀放足。对此，胡适非常高兴，他告诉江冬秀：

适去家十载，半生作客他乡，归期一再延展，遂至今日，吾二人之婚期，亦因此延误，殊负贤姊。惟是学问之道，无有涯矣。……前得家母来信，知贤姊已肯将两脚放大，闻之甚喜。……贤姊为胡适之之妇，正宜为一乡首倡。②

可以看出，此时胡适已将江冬秀视为“胡适之之妇”，并自豪于江冬秀的放足行为。在另一封家书中，他更勉励江冬秀不必在意放足后乡人的嘲弄讥笑：“胡适之之妇，不当畏旁人之言也。”

但是，虽然在胡适看来，年近三十的留洋学生尚未婚娶乃是寻常之事，但在遥远的安徽绩溪，江冬秀所处的环境却远远不及美国开明。江冬秀要面对的，是连放足也要进行批评的乡人，而胡适又迟迟不肯归国迎娶，这位比胡适还年长一岁的未过门的儿媳在乡间想必要遭受到更多的嗤笑。她的心中自然万般焦急，但我们却未曾见到江冬秀在家书中的丝毫抱怨，她仍旧替胡适侍奉母亲，操持家务，等待胡适归来。此时，胡适在美国与才女韦莲司交好，与她在绮色佳共同度过求学时光。虽然胡适也曾向母亲寄去韦莲司的来信以示坦荡，但毕竟外界仍盛传胡适是为了韦莲司拖延回国之期，并传言胡适将向韦莲司求婚，抛弃成长于旧传统和旧道德中的江冬秀。这些传言令胡适的母亲坐立难安，也令江冬秀压力倍增。孝顺的胡适无法面对母亲的追问，在家书中坦承道：

儿对于此事（与江冬秀之婚事）从无一毫怨望之心。盖儿深知吾母对于儿之婚事，实已尽心竭力，为儿谋一美满家庭。……今之少年，往往提倡自由结婚之说，有时竟破坏已订之婚姻，致家庭之中龃龉不睦，有时其影响所及，害及数家，此儿所大不取。……女子能读书识字，固是好事。即不能，亦未必即是大缺陷。书中之学问，纸上之学问，不过人品百行之一。……伉

① 耿云志、宋广波编：《胡适书信选》，上海三联书店，2012年，第17页。
② 耿云志、宋广波编：《胡适书信选》，上海三联书店，2012年，第23页。

俪而兼师友，固是人生莫大之幸福。然夫妇之间，真能智识平等者，虽在此邦，亦不多得。……今江氏之婚，久为儿所承认。儿若别娶，于法律上为罪人，为社会上为败类。儿已认江氏之婚约为不可毁，为不必毁，为不当毁。①

至此，胡适明确地表示将江冬秀作为自己的结发妻子，1917 年，他信守承诺，返回绩溪，与苦等多年的江冬秀成婚，并将从未踏出绩溪一步的江冬秀接到北京缎库胡同的居所，与她长相厮守，生儿育女。在此后的岁月中，无论胡适的生命中路遇过什么样的女子，胡适却始终不曾纳妾、不曾停妻。在其去世后，蒋介石为其所撰的挽联为："新文化中旧道德的楷模，旧伦理中新思想的师表"，此评价可谓入木三分。胡适、江冬秀夫妇曾几度搬迁，居所遍及各地，但这座缎库胡同的居所却见证了胡适与江冬秀婚姻的起点：白头偕老的婚姻，与其说是一种幸运，不若说是一种能力。

二、与北大结缘

在入住南池子缎库胡同之时，胡适已经成为中国现代文学史上的"可畏后生"，其《文学改良刍议》一文，已在学界和社会激起千层浪，与林纾的论战使这个杜威的得意门生成为彼时中国炙手可热的学者。南池子缎库胡同，也成为胡适与北大结缘的见证。在北京新文化运动纪念馆中，展示着一张 1920 年毛泽东寄给胡适的明信片，收信人胡适的地址便是南池子缎库胡同。那时，书生意气、挥斥方遒的青年毛润之，正奋力组织编写《湘江评论》，缎库胡同的信箱中，也定期会收到毛润之寄送的《湘江评论》。可以想象，在胡适初次执教北大的某一个午后，胡适或许正埋头窗下，复函毛润之，一并奉上他对《湘江评论》的鼓励之言与改进意见。居住在南池子缎库胡同的一段时间里，胡适在北京大学潜心教研，成为北大最具声望的青年学者，他与北大的情意也日渐深厚。其实，青年胡适得以到北京大学执教，"伯乐"蔡元培和好友陈独秀的赏识是最主要的原因。在《文学改良刍议》引起知识界的震荡之前，胡适就对中国的大学教育颇为关注，在他作于 1915 年 2 月 20 日的日记中，他写道：

吾他日能生见中国有一国家的大学可比此邦之哈佛，英国之康桥、牛津，德之柏林，法之巴黎，吾死瞑目矣。嗟夫！世安可容无大学之四百万方里四万万人口之大国乎！世安可容无大学之国乎！

国无海军，不足耻也；国无陆军，不足耻也！国无大学，无公共藏书楼，无博物院，无美术馆，乃可耻耳。②

① 耿云志、宋广波编：《胡适书信选》，上海三联书店，2012 年，第 33、39 页。

② 曹伯言整理：《胡适日记全编》，(1915—1917)安徽教育出版社，2001 年，第 63 页。

或许，胡适这份对中国大学教育的满腔抱负和其自身的出色才华深深打动了蔡元培，以至于蔡元培校长竟把时年 26 岁的胡适教授的薪资定为 280 银圆，为北大教授薪俸最高者。胡适意图要打造一所与哈佛、牛津、康桥比肩的中国大学的雄心与有志于改造北大的蔡元培不谋而合，胡适的西学背景、筹划思路和其身后以留学生为主的智囊团，都与蔡元培“仿世界各大学之通例”整顿北大的计划高度一致。例如，对于蔡元培所做出的学制改革尝试，胡适就秉持赞同意见：

再论蔡校长这两年多的种种改革。第一预科三年改为两年。预科的功课大都是语言文字的预备……蔡校长改预科为两年，是极好的办法。其中只要教授得人得法，两年尽够了……一方面延长本科为四年，开办大学院后，又加上两年，如此方才有高深学问可望。第二文理两课合并……蔡校长主张把文理两科打通，并为大学本科。他的目的是要使文科学生多懂得一些科学，不致流为空虚，使理科学生多研究一点人生基础观念，不致流为陋隘。这种制度是世界最新的制度，美国之大学以“文理院”为基本，即是此意。[①]

胡适不仅赞同蔡元培对北大学制所进行的改革，更为蔡元培制订了北京大学未来发展的五年计划和十年计划，他欣赏蔡元培“容新”的思维，曾说：“当我在北京大学任教授的时候，北大校长是那位了不起的蔡先生。蔡先生是位翰林出身的宿儒，但是他在德国也学过一段时期的哲学，所以也是位受过新时代训练的学者，是位极能接受新意见新思想的现代人物。”[②]同时，胡适的西学背景也为北大带来了一股清新之风，他邀请实用主义哲学的集大成者杜威教授来华讲学，作新诗，翻译外国小说，积极倡导白话文，北大的校园真正是焕然一新、兼容并包。胡适与北大的结缘自此开始，直到若干年后胡适于台北逝世，身上犹覆盖一面北大校旗，以示其一身情感之所系。

三、自由与科学的人生观

胡适一生治学，尤奉“证据”二字。他在对北大哲学系毕业学生的赠言[③]中说：

一个大学里，哲学系应该是最不时髦的一系，人数应该最少。但北大的哲学系向来有不少的学生，这是我常常诧异的事。我常常想，这许多哲

① 胡适：《论大学学制》，原载于《民国日报・觉悟副刊》，1919 年 7 月 9 日。

② 胡适著：《胡适口述自传》，唐德刚译注，华东师范大学出版社，1993 年，第 162 页。

③ 胡适：《赠言北大哲学系毕业纪念》，出自耿云志、宋广波主编：《胡适书信选》，上海三联书店，2012 年，第 195 页。

学学生，毕业之后，应该做些什么事？能够做些什么事？……依我的愚见，一个哲学系的目的应该不是教你们死读哲学书，也不是教你们接受某派某人的哲学。

禅宗有个和尚曾说，“达摩东来，只是要寻一个不受人惑的人”。我想借用这句话来说：“哲学教授的目的也只是要造出几个不受人惑的人。”……如果你们不敢十分自信，我这里有一件小小法宝，送给你们带去做一件防身工具。这件小小法宝只是四个字：“拿证据来！”

这里还有一只小小锦囊，装着使用这件小法宝的用法：“没有证据，只可悬而不断；证据不够，只可假设，不可武断；必须等到证实之后，方才可以算做定论。”

必须自己能够不受人惑，方才可以希望指引别人不受人惑。

他向学生传授法宝“拿证据来”，更希望学生能从“无疑处有疑”，这种“大胆假设、小心求证”的观念，与胡适所提倡的“科学的人生观”的内在理路是一致的。胡适举起新文化运动的大旗，其深意并不止于白话文运动，而是希望掀起一场思想“启蒙”。如果说魏源等人的“开眼看世界”使中国人意识到西方世界与现代文明的“厉害”之处，胡适则思考应如何冲破中国传统思维的罗网，用西方的思考方式来重新衡量。这种思想启蒙不只是要祛昧，更需要转换一种新的价值坐标，才能拯救胡适认为“半死”的文化。为了破除对固有文化传统的信仰，胡适鼓励学生们肯定自我的意义，希望他们自己成全自己。这种新的价值观被确定为以个人为本位的、肯定自由与科学的人生观。

对自由价值的肯定，需要人冲破一切外在的羁绊，破除一切以往的“上帝”或“天”的规定，人敢于与外部的拘束牵挂抗争，才能使自己成其为自己，使自己成全自己、自己规定自己。但是，要冲破胡适视为“旧道德”、“旧文化”的“旧传统”，必须诉诸一个新的判断标准和衡量体系。于是，胡适举起“科学”这一大旗，将西方现代化的功绩归于科学与理性精神，对科学和真理的崇奉则可以打破对旧传统的信仰。自然，以“科学”为依据的人生观是否成立，也引起了当时学界的“科玄论战”，被冠以“玄学鬼”帽子的张君劢与胡适论战是否能将科学主义作为一种人生观。这场影响力巨大而深远的论战，被视为中西文化在“五四”之后的又一次激烈交锋。

在九十年前的“科玄论战”中，吴稚晖不无戏谑地说：“孔二先生的民族心理，会造成孔二先生的学说。”九十年后，当人们再次步入这所胡适旧时寓所，会惊讶地发现胡适所强调的科学立场的人生观多么“深入人心”。寓所周遭的游客，会惊叹于胡适旧居的建筑格局、坐落方位，却甚少有人知晓“科玄论战”为何物。当科学主义的人生观大旗被高高举起，象征着传统的大旗只好轻轻落下。当今天的人们漫步在被“现代”充盈得无处不在的北京街头，不知是否还会发出“没有传统，何来现代”的感叹？胡适的旧居，也只好成为一座孤零零的建筑，面对南来北往的游客，再也无法说出“不能说的秘密”了。

（作者：杨澜洁　人文北京研究基地研究人员）

应急管理研究基地

（清华大学）

基地名称：应急管理研究基地
依托单位：清华大学
项目类别：国家自然科学基金项目

应急管理体系新挑战及其顶层设计①

内容提要：“一案三制”的核心框架全面推动了我国应急管理体系的建设，但随着突发事件不断增多、复杂性不断加强，以及我国公共治理体系的发展变化，现有的应急管理体系面临一系列新挑战，必须尽快加强顶层设计，构建新一代具有中国特色的应急管理体系。本文首先分析了应急管理体系面临的新机遇和新挑战，明确了新一代应急管理体系的目标定位，然后深入讨论了应急管理体系顶层设计中的四个层次的关键问题：政府—市场—社会的定位及互动关系；应急管理组织体系中的横向关系和纵向关系；应急管理运行机制中的重要问题；实现应急管理的政策工具，最后初步探讨了实现顶层设计的过程和路径。

关键词：应急管理体系；顶层设计；关键问题

一、引　言

应急管理体系是一个国家应对突发事件的组织机构、制度安排与各类资源的总和，其构成和演变决定了一个国家应对突发事件的能力和效率(薛澜，2010)。2003 年以来，我国逐步建立了以“一案三制”为基本框架的应急管理体系。“一案三制”抓住了应急管理中的核心要素，实现了应急管理决策和组织理论的重大创新，为应急管理工作提供了明确的行动指南，全面推动了我国应急管理体系建设。我国在 2008 年的《政府工作报告》中郑重宣布“全国应急管理体系基本建立”②，标志着具有中国特色的现代应急管理体系实现了从无到有的跨越式发展，显著地提高了我国应对突发事件的能力和效率。“一案三制”完成了我国应急管理体系建设初期的顶层设计，具有

---

① 本文是国家自然科学基金委非常规突发事件应急管理研究重大计划项目“新时期中国特色应急管理体系的顶层设计和模式重构”的阶段成果，项目编号：91224009。

② 温家宝：《在第十一届全国人大一次会议上所做的政府工作报告》，《人民日报》，2008 年 3 月 6 日。

高屋建瓴、总揽全局的重要意义，必将对今后应急管理体系的发展和完善产生深远影响。

2008 年以后，我国应急管理体系面临的形势发生了重大变化：经济发展深入推进，行政体制深化改革，社会结构深层变动，利益格局深度调整，思想观念深刻变化。在这种背景下，突发公共事件频发，并且表现出高复合、易扩散、难应对的特征。而与这种严峻的形势极不相称的是：尽管应急管理领域中地方性的制度创新层出不穷，但是 2008 年以后国家层面的应急管理体系架构的发展陷入了一个短暂的停顿和迷茫阶段。“一案三制”所提出的各种要素均已实现，但是预案是否实用？体制是否合理？机制是否顺畅？法制是否到位？我国的应急管理体系建设按照“一案三制”的标准基本建成之后何去何从？这些问题并未解决。现有的应急管理体系一方面成功应对了大部分重大突发公共事件，另一方面也暴露出应急主体错位、关系不顺、机制不畅等一系列结构性缺陷（陈振明，2010；闪淳昌，2010；薛澜，2010）。这些结构性缺陷呼唤新一轮的顶层设计和模式重构，为新形势下的应急管理体系注入新的活力。

本文分析了我国应急管理体系在新形势下面临的机遇和挑战，进而讨论了新一轮顶层设计中面临的四个关键问题，最后初步探讨了实现顶层设计的过程和路径。

二、应急管理体系发展的新机遇和新挑战

（一）公共治理体系发生重大变化

应急管理体系是行政管理体系和公共治理体系的一部分。近年来，“大部制”改革、市场工具的应用和公民社会的成长已大大改变了我国的“政府—市场—社会”的结构。

首先，行政管理体制推动“大部制”改革。应急管理体系是行政管理体系的一部分，必然与我国行政管理体制改革保持一致。2008 年以来，我国行政管理领域的重大举措是推行“大部制”改革。大部制改革的实质是推动政府职能转变，重点发展市场经济宏观调控、公共服务和社会管理的政府职能，推动政府从全能政府到有限政府、从管制政府到服务政府、从权力政府到责任政府的转变，将深刻改变我国的权力结构体系和公共治理体系，最终改变我国的社会结构特征。大部制改革对应急管理体系发展而言机遇与挑战兼备。一方面，大部制为应急管理的综合协调提供了平台。另一方面，随着政府部门的撤并精简，单独成立综合应急职能部门的可能性越来越小。

其次，市场工具在公共治理中频繁运用。保险是实现风险转移的一种市场机制，是一种个体或组织常用的风险管理手段。过去的十年是我国保

险市场快速发展的十年。2000—2011年，我国保险市场上的保费收入年均增长率为21.9%。2011年，全国共实现原保险保费收入14339.25亿元，保费规模是2000年的8.91倍。保险深度[①]由2000年的1.6%提高到2011年的3.0%，保险密度[②]从2000年的126.95元/人提高到2011年的1064.25元/人[③]。从2007年开始，我国在农业生产领域推行政策性保险试点，农业保险在抗灾救灾、恢复生产等环节中发挥了重要的经济补偿作用。近年来，应急产业快速发展，形成了以防护产品、救援装备、预警设备、应急培训服务等为主体的产业体系。

最后，公民社会迅速成长壮大。21世纪以来，以公民为代表、以民间组织或社会组织为基础的公民社会系统迅速崛起(俞可平，2012)。2000年，我国登记注册的社会组织共有21.1万个，到2010年增加到44.6万个，十年间翻了一番[④]，我国公共治理格局开始由"大政府，小社会"向"大政府，大社会"转变。在市场经济和多元发展并存已经成为现实的中国，一些社会自治性组织为普通公众的利益诉求提供了通道，化解了非理性抗争的风险(薛澜、张帆，2012)，缓解了政府作为社会矛盾和冲突唯一责任主体的巨大压力，构筑了和谐社会的坚实基础。

(二)现有应急管理体系的局限性日益凸显

严峻的公共安全形势和变化的公共治理体系对应急管理提出了新的挑战，现有应急管理体系的局限性日益凸显，特别突出地表现在以下方面：第一，应急预案缺乏实用性。从预案体系的构建来看，不同层次和不同类型的预案应该发挥不同的指导功能。我国的应急预案从中央到基层、从总体到部门都参照固定的模板编制，"上下一般粗，左右一样平"。应急预案的高度同质性与不同地区、不同领域突发事件的高度异质性极不相称。应急预案缺乏实用性，反映出当前的应急预案体系的结构存在严重缺陷(刘铁民，2011)，应根据不同层级应急预案的定位，分别实现愿景构建、情景模拟、具体应对等预案的核心功能，构成层级清晰、功能明确、互为支撑的应急预案体系。第二，《突发事件应对法》缺乏可操作性。作为治理紧急事件的综合性"基本法"，《突发事件应对法》由于其过强的原则性、抽象性以

---

① 保险深度是保费收入占国内生产总值(GDP)的比例，它是反映一个国家的保险业在其国民经济中的地位的一个重要指标。

② 保险密度是按照一个国家的全国人口计算的人均保费收入，它反映一个国家保险的普及程度和保险业的发展水平。

③ 数据来源：根据李克穆主编《中国保险年鉴(2011年)》、保监会《2011年1—12月全国各地区原保险保费收入情况表》及国家统计局《中国统计年鉴(2012年)》有关数据计算而得。

④ 中国社会组织年鉴编委会：《中国社会组织年鉴(2011年)》，中国社会出版社，2012年，第560页。

及法律体系的不完备性等原因，在现实中几乎谈不上实施（于安，2009），应急主体不明确，缺乏清楚的授权，责任规定缺乏刚性，设定禁止性规范的比例非常小（马怀德、周慧，2012）。第三，应急管理机构行政权威不足。我国在各级政府设立的应急管理办公室是应急管理的具体办事机构，履行值守应急、信息汇总和综合协调职责。各级应急管理办公室并不掌握特定的应急资源，在非常态管理中协调同级部门存在困难，更加难以协调政府系统之外的各种应急力量。目前，应急管理办公室的规格和职能问题已经成为我国应急管理组织结构中最突出的问题。一些地方政府在实践中摸索出建立"应急管理委员会"的解决方案，由当地党、政、军领导人共同参与，采取非常设的形式，针对特定的突发事件在必要时召开会议，实行一事一议，在党政军综合协调方面摸索出一种成功的模式。基于地方实践的成功经验，建设国家层面的"应急管理委员会"的方案应运而生，这是解决我国应急管理组织设计缺陷的可行方案之一。但是，国家层面的应急管理委员会与其他承担各类应急职能的跨部门应急管理议事机构是何种关系，其权威和职能是否有法律制度作为保障等，这些都是值得深入探讨的问题。

（三）应急管理实践中滋生了"虚假治理"现象

应急管理体系的不完善为基层的制度创新留下了空间，同时也为实践中一些"潜规则"的滋生和蔓延提供了温床。部分"潜规则"往往以转移或免除责任为目标，将应急管理的责任转变为"击鼓传花"的游戏或某种权力博弈。这些"潜规则"是在制度空白的环境中出现的"逆向创新"，无益于化解风险、处置危机，是一种"虚假治理"的行为。其中的一个典型例子是"花钱买平安"。我国社会转型中由于各种利益结构调整所引发的矛盾，如征地拆迁、环境与健康事件、事故赔偿等风险事件，公众利益往往表现为具体的经济利益诉求，政府不惜一切代价，以经济赔偿换取暂时的社会稳定。而近年来公共安全支出连年增加，为"花钱买平安"的行为提供了坚实的财政基础。据财政预算，2011 年中国公共安全支出预算数为 6244.21 亿元，比上年执行数增长 13.8%，占全年预算支出 6.23%，略高于国防支出预算的 6011.56 亿元[①]。"花钱买平安"是一种权宜性的治理方式，不仅深层次的社会矛盾没有得到解决，而且带来了诸多负面影响，扭曲了公众与政府的关系，破坏了社会的是非观、公正观等价值理念。同时，"花钱买平安"在操作的过程中具有主观性和随意性，由事件影响的大小和政府官员的主观判断决定，"往往忽视、扭曲甚至排斥法律的作用"（孙立平，2012），必将引发社会公众对政府公信力和法律原则的质疑。

免除和推卸责任的各种"潜规则"还包括：（1）主要领导人现场指挥的

---

① 徐凯、陈晓舒、李微敖：《公共安全账单》，《财经》，2011 年第 11 期。

“黄金法则”。无论灾害大小，应急管理机构的主要领导人一律亲临现场指挥救援，认为只要第一时间出现在现场，就能免除“行政不作为”的责任。是否需要主要领导人现场指挥应该根据事件性质、影响范围、应对主体的应急能力而决定。目前广东等地形成了“现场指挥官”制度，探索由“领导指挥”向“专家指挥”转变的现场应对模式，实践证明这是符合应急管理客观规律的，大大提高了应急救援的效率和效果。(2)危机事件中必有政府官员撤职下台。行政问责成为平复公众情绪的“减压阀”，事实上，由于突发事件的复杂性质，政府官员在处理危机的过程中出现胜败乃兵家常事，必须通过明确的权责规范、完备的调查程序对从事应急管理的官员进行规范的问责。(3)由最后进入领导班子的干部负责应急管理。这种分工模式的结果将一些缺乏应急管理经验的领导干部推向公共危机的风口浪尖，既不利于领导干部的培养，也不利于危机事件的处置应对。“虚假治理”的现象从一个侧面折射出应急管理体制的不完善，必须通过更加完备的制度设计加以规范。

三、应急管理体系顶层设计的几个关键问题

新形势下突发事件的新特征和现有的应急管理体系所暴露的局限性要求实现应急管理体系新一轮的顶层设计和模式重构。总的说来，应急管理体系的顶层设计应考虑以下几个方面的问题：应急管理基本理念、制度、工具的普适意义；应急管理体系目标、战略、组织、规划的整体思考；单一制体系下中央层面的体制机制设计的引领作用；系统设计中各子系统之间(纵向横向等)的有机联系。其中的核心内容是应急管理体制机制的设计，包括：政府、市场、社会的相对关系所形成的国家应急管理体系的不同模式；执政党、政府、全国人大及政协、军队等在国家应急管理体系中所形成的组织网络；明确中央及各级地方政府部门所构成的行政体系在应急管理体系中的职能与责任等。本文分别从理念、体制、机制和工具四个方面梳理了这几个关键问题。

(一)理念问题：政府—市场—社会的定位及互动关系

长期以来，我国政府在应急管理中承担了“大包大揽”的责任，面对重大自然灾害实行“一方有难，八方支援”的模式，动用政治动员式的“举国体制”实现应急救援和灾后重建。汶川大地震造成的损失总额为8451亿元，政府援助591亿元，社会捐助540亿元，商业保险赔付18亿元，其中损失的86%未获补偿。“举国救灾”的模式具有动员力度大、响应及时的优势，是社会主义制度优越性的集中体现。但是这种模式的负面效应也是显而易见的。“举国体制”一方面可能造成资源的浪费或不合理配置，另一方面使公众更加淡化了自身防范风险、自救互救的意识。这导致了公众对政府存在

一种高度的惯性依赖心理，当灾难突降，这种依赖心理更是无以复加。这种心理的产生有两个方面的原因：其一，除了政府，民众别无求助对象；其二，民众的自组织能力严重不足(汪玉凯等，2008)。政府必须明确“责任底线”，而不是一概地“大包大揽”。

“政府主导”不等于“政府包揽”，在国家—社会协调治理成为公共治理的主要潮流中，应当积极推动“大政府，小社会”向“大政府，大社会”的转型，明确政府和社会的分工，在政府责任不应或无法覆盖的领域中，应该充分发挥非政府力量，鼓励市场组织和社会组织发挥作用。提倡政府的“有限责任”，并不是与“以人为本”、“责任政府”等理念背道而驰，而是由政府只具有“有限能力”这一客观事实所决定的。政府最应当做的是，建立合理的利益格局，鼓励公众参与社会生活。只有真正保护了弱势群体的基本权利和人们的合法权益，每个人在社会生活中才会发挥自己的积极性和创造性，关注公共事务，形成社会合作，整个社会秩序才能够逐步建立起来(丁元竹，2012)。从根本上扭转“无限政府”的旧观念是设计下一代应急管理体系中应该考虑的首要问题。

(二)体制问题：应急管理组织体系中的横向关系和纵向关系

从体制角度来讲，我国的确需要建立一个更具有权威的组织机构，将应急管理宏观决策方面的工作统筹起来。建立“国家应急管理委员会”或“国家安全委员会”是一种可供选择的方案，但问题的关键不在于是否需要重新设立新的管理机构，而在于根据应对突发事件的需求，将与应急管理相关的各种功能和工作内容设定清楚。当前，国务院和党中央层面履行应急管理功能的各种委员会、指挥部等跨部门议事协调机构多达数十个，如果不将这些机构的职能梳理清楚就设立新的综合协调机构，无异于进一步加重了“大部制”改革的负担。

应该明确的是，国家层面的组织架构和省市地方的组织机构可以且应该有所不同。县市等基层政府往往直面各种突发事件，处在应急管理第一线，比较适合党政军一体的联合委员会形式，由地方政府的“一把手”担任领导人，平时监督，战时决策。而按照“属地为主”的处置原则，国家和省级政府在大多数突发事件中并不一定事必躬亲，直接处置突发事件，而是通过应急管理办公室的综合协调为当地的应对行动提供资源保障和制度保障，在平时的职责则是检查和督促应急管理体系的建设。在省级层面，可以考虑由省长担任委员会主任，省委办公厅、省政府办公厅副主任担任应急办主任；而在国家层面可以考虑由常务副总理做委员会主任，国务院办公厅副秘书长兼任主任。

在中央和地方的关系上必须坚持发挥地方政府的重要作用。属地管理体制是一项基础性制度。除特殊情况外，上级政府只有在得到地方政府的请求后才能介入。即使是特别重大的危机，由中央派人或组织专门机关进行直接指挥和协调，也要充分尊重所在地政府。与此相适应，需要有一个约束地方政府无限制地请求支援的制度。在地方的中央企业事业单位发生公共危机，应该建立以地方政府为主负责应急管理处置、中央部门予以支持、援助的组织协调体制。也就是说，危机状态下，地方政府及应急管理机构对公共危机实施管理，对危机处理负主要责任，必要时可以接管中央单位的应急管理权(高小平，2007b)。在地方政府之间的应急联动方面可以探索全新的实践方式，比如对地方政府之间的互助互济行为实行记分制，建立跨地区应急响应和联动的激励机制。

(三)机制问题：应急管理体系的运行效率

1. 风险管理机制。新一代应急管理体系应通过各种运行机制从根本上克服“重处置，轻预防”的弊病，注重风险管理，推动应急管理“关口前移”，从当前侧重对突发事件的管理到对事件和风险并重的管理，在此基础上实现应急管理工作从事后被动型到事前主动型的积极转变(钟开斌，2009)。这种转变要求在风险管理和应急管理中合理地配置公共应急资源。如何对不同风险进行排序，从而使资源得到更加有效的使用；如何更有效地去使用应急资源，这些都是我们应该前进的方向(薛澜，2010)。在全过程的应急管理过程中，善后管理是新一轮的风险管理的开端，应通过调查评估机制、学习机制等进一步提升风险管理水平。在灾后重建的过程中，同样要按照政府“有限责任”的原则，防止“财政兜底”，鼓励公众在自救、自建的过程中强化风险意识，将风险防范内化为公民自身的意识。

2. 平战转换机制。当前的平战转换机制不顺是应急管理系统响应缓慢、应对滞后的主要原因。这是由于应急状态的进入和退出还缺乏明确的操作依据。《突发事件应对法》应尽快赋予地方政府宣布紧急状态的权力，使其运行能转入应急状态，同时明确规定公民、企业等各类应急主体在紧急状态或应急状态下的权利和义务。

3. 信息沟通机制。信息为排查和防范风险提供依据，为研判危机情势提供材料，对快速积极的风险防范和应急响应至关重要。目前的信息管理体制基本上是复制行政管理体制，逐级管理、对上负责、随意性强、共享性低，风险信息由高层决定是否发布，信息常常出现延迟。这种体制与应急管理的要求不合，是发生信息瞒报、缓报、漏报现象的体制性原因。在体制上实现权力下移、属地为主的应急管理模式之后，信息报送程序应避免单一的科层制层层上报，鼓励扁平化、即时、多元的信息沟通渠道。日益开放的舆论环境，使得风险和危机信息在体制内封闭运行的情况难以为继，应改变过度追求信息的全面性、准确性的观念，根据情况实时地向公众说明情况，充分引导公众舆论，防范公共事件引发大范围社会安全事件的风险。

4. 行政问责机制。问责机制对权力运行过程和结果进行约束和监督，是保证应急管理目标实现的一种重要机制。行政问责以明确的指向、刚性的措施、有效的手段、快速的反应来监督和约束政府的权力（高小平，2007a），有效防止突发事件应对中的“行政不作为”或“行政不当”。《关于实行党政领导干部问责的暂行规定》，有 7 种必须问责的具体情形，其中至少有 4 种和突发事件或应急管理直接相关，被许多媒体称之为“问责风暴”。问责制度是政府官员做出应急决策的重要约束条件。成熟的问责制不应单独、孤立地存在，而应该同授权与责任赋予机制、事件调查评估机制相互衔接，共同构成对应急管理绩效考察的整体框架。同时，与“关口前移”的要求相适应，突发事件中的行政问责为激励官员主动解决潜在风险，应该由问处置应对之责，进一步推进到问政策、制度、结构、价值之责（张海波、童星，2010）。

（四）工具问题：应急管理的政策工具选择

在应急管理的各个阶段，政府总是需要通过一定的政策工具实现应急管理的政策目标。当前，这种政策工具以单一的行政命令为主，这是与“政府主导”的应急管理模式相适应的。随着政府在应急管理中的“无限责任”收缩为“有限责任”，如同其他领域的公共治理一样，政府的角色由“划桨”转化为“掌舵”，需要运用多种政策工具间接地调节市场行为和社会行为，凝聚市场和社会的力量为应急管理服务。

在日益法治化的社会中，法律手段是应对突发公共事件最基本、最主要的手段，也是建设法治政府的必然要求。由于我国《突发事件应对法》缺乏可操作性，使得当前的应急管理实践中出现了应急预案的作用大于法律法规的不正常现象，必须尽快建立和完善应急管理法律体系。

在应急管理的过程中，政府还应该更为充分地发挥市场作为一种政策工具的作用，保证应急管理目标的实现。市场在发展应急产业，提升应急装备能力方面具有重要作用。同时，政府还应该将市场机制作为一种有效的政策工具，推动物资储备、生产能力储备等在应急管理的不同环节、不同领域、不同地区进行有效的资源配置。三十多年的改革实践证明，在市场制度相对完善的条件下，价格机制是一种高效的资源配置方式，而行政指令由于难以掌握分散化的信息而导致配置失效。保险也通过市场机制实现风险管理和风险转移。保费高低与承担的风险相对应，设置不同的保费水平，通过市场这只“看不见的手”引导人们加强风险防范。

提升我国公众的风险意识需要借助广泛的宣传教育。我国传统文化中孕育了“居安思危，思则有备，有备无患”的风险文化，应该在实践中大力弘扬。还应鼓励日益壮大的社会组织向普通公众传播和普及风险防范意识，培养公众的自救、互救能力，彻底改变我国应急管理体系过度依赖政府的局面。

四、讨　论

综上所述，我国当前的公共安全和应急管理的形势异常严峻，现有的应急管理体系在应急管理实践中暴露出一系列结构性缺陷，必须通过自上而下的顶层设计加以完善和提升。应急管理体系的顶层设计是一个重要的系统工程，在实现路径和战略上要做出审慎安排。

首先，应急管理体系的改革和重构宜分步进行。应针对现实中的薄弱环节制定一个国家层面的应急管理体系建设总体方案，并分解为阶段性发展任务，纳入到社会经济发展的五年规划之中。最后细化为年度推进方案，明确具体的指标，在工作中稳步推进。争取通过十到二十年的时间建成比较完善的具有中国特色的应急管理体系，使得社会风险总体降低，应急能力全面提升。

其次，鼓励社会创新，鼓励地方采取多种方式完善应急管理体系。前一个阶段的实践表明，基层应急主体处于应急管理的第一线，最有可能针对具体的突发事件产生制度创新，应建立具有弹性学习能力的应急管理体系，及时吸纳地方和基层的应急管理经验。

最后，特别需要强调的是，应急管理体系只是一个国家行政管理体系的一小部分，随着国家政治、经济环境不断发生调整，国家应急管理体系的变革将是永恒的。

参考文献

[1]陈振明：《中国应急管理的兴起——理论与实践的进展》，《东南学术》，2010 年第 1 期。

[2]丁元竹：《从顶层设计社会管理体系的利益格局》，《学习时报》，2012 年 9 月 4 日。

[3]高小平：《深入研究行政问责制 切实提高政府执行力》，《中国行政管理》，2007 年第 8 期。

[4]高小平：《综合化：政府应急管理体制改革的方向》，《行政论坛》，2007 年第 2 期。

[5]刘铁民：《突发事件应急预案体系概念设计研究》，《中国安全生产科学技术》，2011 年第 8 期。

[6]马怀德、周慧：《〈突发事件应对法〉存在的问题与建议》，《人民论坛·学术前沿》，2012 年第 7 期。

[7]闪淳昌：《构建和谐社会中的中国应急管理》，《行政管理改革》，2010 年第 8 期。

[8]汪玉凯等：《中国行政体制改革 30 年回顾与展望》，人民出版社，2008 年。

[9]薛澜：《中国应急管理系统的演变》，《行政管理改革》，2010 年第 8 期。

[10]薛澜、张帆：《治理理论与中国政府职能重构》，《人民论坛·学术前沿》，2012 年第

4 期。
[11]于安：《〈突发事件应对法〉的实施问题》，《理论视野》，2009 年第 4 期。
[12]俞可平：《重构社会秩序 走向官民共治》，《国家行政学院学报》，2012 年第 4 期。
[13]张海波、童星：《公共危机治理与问责制》，《政治学研究》，2010 年第 2 期。
[14]钟开斌：《回顾与前瞻：中国应急管理体系建设》，《政治学研究》，2009 年第 1 期。

（作者：薛　澜　应急管理研究基地首席专家　教授
刘　冰　应急管理研究基地研究人员　博士后）

基地名称：应急管理研究基地
依托单位：清华大学
项目类别：教育部重大攻关项目

政治制度对应急管理体系及其运行绩效的影响

——中美比较的视角①

内容提要： 学界在国际比较中已有一些关注中国应急管理体系弱点和改进之道的研究。文章重点从制度视角聚焦中美两国的特大自然灾害应急管理体系，并对两种体系的建设历程、对卡特里娜飓风和汶川特大地震的应急管理及其背后有关政治制度的影响进行了系统比较。中国现有的重大自然灾害应急管理体系确实具有突出的四大优势：体系更强大、响应更及时、动员更有力、救灾更有效。这些优势源自2003年以来中国应急管理的"一案三制"建设，更源自具有基本决定性作用的因素，即中国社会主义民主政治制度的优越性。

关键词： 应急管理；制度优势；自然灾害；比较研究

美国1979年以前的应急管理体系是各部门自成一体，彼此难以协调。1979年以后美国成立联邦应急管理署(Federal Emergency Management Agency)，把多个不同部门的应急机构整合在一起。但这种整合力度依然不够，因此，2001年"9·11事件"突出暴露了该体制的这一缺陷。此后美国继续大力改革和完善其联邦应急响应计划(Federal Emergency Response Plan)，试图把联邦层面的应急响应计划扩展到各州和各地方，形成全国一体化的应急响应计划(National Response Plan)，并增设国土安全部，加大了联邦机构间的整合力度。尽管如此，2005年卡特里娜飓风来袭后美国应急管理体系的应急响应依然很不得力，后期重建也步履蹒跚。这让美国人深感自己的重大自然灾害应急管理问题非常严重。

2003年一场非典疫情肆虐中国与全球，当时的中国应急管理备受关注也备受争议。此后中国开始高度重视突发事件应急管理体系的建设，逐步建立、加强和完善了突发事件应急管理中的"一案三制"(预案、体制、机制和法制)，从而大大增强了应急管理的及时性、全面性和有效性，顺利应对

---

① 本文是"社会稳定风险评估与社会矛盾预防研究"的阶段成果，项目编号：11JZD029。

了 2004 年以来的诸多特大自然灾害。如 2008 年南方特大冰冻雨雪灾害、汶川特大地震灾害、2010 年的玉树特大地震和 2013 年芦山特大地震等，赢得了国际国内的普遍好评。

非典以来中国的应急管理工作的确取得了很大的进步和成就，其原因何在？直观上说这主要是由于我们的应急管理中"一案三制"建设得以大大加强；进一步看，其背后的政治制度因素是否有作用？如果有，其作用到底怎么样呢？

国内对于中外应急管理体系的比较已有一些研究，但这些研究多局限于具体的政府管理体系层面，很少涉及对彼此背后政治制度因素的分析与比较；因为原本是想多学习国外有关应急管理的经验，所以人们看到的多是西方应急管理体系的优势，很少分析他们的不足，并对自身应急管理体系特别是政治制度的比较优势分析得很不够。

本项研究的假设是：应急管理是公共行政管理的一部分，除了受应急管理体系、行政管理体制的直接制约和影响外，还受更具基础性也更重要的政治制度的影响与制约。因此，我们根据应急管理与政治制度的有关理论，主要运用国际比较视野，着力研究以下几个问题：中国重大自然灾害应急管理体系的优势到底有哪些？其背后的政治制度因素有哪些？特别是其背后的政治制度因素影响应急管理体系及其绩效的有关机理是什么？中国现行政治制度对于应急管理的有关制度局限性何在，如何克服？为了研究上述问题，我们拟对 2005 年美国卡特里娜飓风和 2008 年中国汶川特大地震进行案例比较。这两个案例尽管不属于同一自然灾害类型，但都是各自国家近年来遇到的最大规模的自然灾害，对两国自然灾害应急管理的能力、机制与体系等都构成了巨大挑战，因此它们具有一定的可比较性。通过对两者应急管理实践的比较，我们能更清晰地了解政治制度对应急管理体系绩效的作用。

一、从中美比较的视野看中国应急管理体系的优势

凡事有比较才有鉴别。中美两国都有非常丰富的防灾减灾经验与教训。为了更好地比较分析两国自然灾害应急管理体系的优缺点，我们可以对两国近年发生的最大规模的自然灾害案例——卡特里娜飓风和汶川特大地震进行专门的比较分析。国内已有个别学者从网络治理问责及灾害救助视角，对美国的卡特里娜飓风和中国的汶川地震等案例进行了专门的比较研究。本文则主要对影响两国应急管理体系绩效的政治制度因素进行专门的比较分析。具体而言，我们的比较分析主要涉及两国的灾害特点、应急体系、运行绩效（响应速度、动员力度、救灾效果）等几大方面。

(一)中国的巨型灾害更重

自然灾害应急管理体系的比较首先应从灾害本身的特点入手，只有弄清灾害特点的异同，才能更好地进行应急管理体系的评估与分析。

2005 年 8 月 29 日开始登陆的卡特里娜飓风是美国历史上最具破坏性的一次自然灾害。在 1851 年以来的 75 个三级以上飓风中，这次飓风的影响范围最广，近中心强风直径 163 千米；风暴潮影响范围 15 万平方千米；灾害导致新奥尔良市 80%的面积被倒灌的海水淹没；死亡人数 1330 人；失踪 2096 人；经济损失 960 亿美元。灾害震惊了全美，也震惊了全世界。人们在电视镜头中看到的似乎是非洲等一些落后国家的灾难场景，人们根本难以相信那竟然是美国新奥尔良市的真实画面。

2008 年 5 月 12 日中国的汶川特大地震是新中国成立以来破坏性最强、波及范围最广、救灾难度最大的地震，里氏 8 级，最大烈度 11 度，余震 3 万多次，涉及四川等 10 个省区 48810 个村庄。灾区总面积约 50 万平方千米，4625 万多人受灾，其中极重灾区、重灾区面积 13 万平方千米，遇难 69227 人，失踪 17923 人，需要紧急转移安置者 1510 万人，大量房屋倒塌损坏，大面积基础设施损毁，直接经济损失 8451 亿多元，引发的滑坡、泥石流等次生灾害也举世罕见。

从灾害规模来看，中国的汶川特大地震比美国的卡特里娜飓风更大，而中国的经济发展水平还与美国有很大差距，因此这对中国的抗灾救灾应急管理体系的挑战不仅前所未有，而且远超美国卡特里娜飓风的挑战程度。

(二)中国的应急管理体系建设更完善

美国的应急管理体系建设起初走在中国的前面。如前所述，2001 年“9·11 事件”后，美国曾大力改进已有的应急管理体系，增设国土安全部，试图加强联邦层面的部际协调力度。然而，此后美国应急管理体系建设的重心过于偏重反恐应急，而放松了对自然灾害应急的重视，对巨灾防灾减灾的投入不足，有关的协调机制没有实质的改进。2005 年卡特里那飓风发生前后 FEMA 的工作非常不力，国土安全部的横向协调能力也不够，州与地方的巨灾准备与应急机制也存在诸多问题。美国国会的独立调查报告曾列举了 17 个方面一百多项的具体经验与教训。因此，面对这次巨灾，各方应对迟缓、政府动员不力，且后期恢复重建步履蹒跚。

与西方发达国家相比，我国的应急管理体系曾经相对落后。新中国成立以后直至 2003 年以前，我们已有应急管理的有关制度及实践，但那时还主要是以单部门应急管理、政府临时高度动员、建立应急指挥部等为主要特征的应急管理模式，可谓第一代应急管理体系。2003 年以后，鉴于“非典”的经验教训，我国开始高度重视应急管理体系的建设，注意学习美国和日本等国一些先进的应急管理理念与制度，结合自身实际需要，大力推进应急管理的“一案三制”建设。如国家层面 2006 年以后陆续制定并发布了 1 个总体应急预案、28 个专项预案（自然灾害类就有 5 个[①]）和 80 多个部门预案（不少也涉及自然灾害）；地方层面也发布了数百万件预案，从而初步形成了较为完整的预案体系。同时自 2005 年起，国家层面建立了国务院应急办和各部委的应急办，加上此前已存在的各部门专业应急机构，便构建了比较齐全的应急管理体系。此外，还逐步形成了诸多具体的应急管理机制，如监测预警机制、应急信息报告机制、应急指挥决策和协调机制、分级负责与响应机制、公众沟通与动员机制、应急资源配置与征用机制、奖惩机制和社会管理机制等。2007 年 8 月底国家制定并颁布了《突发事件应对法》等，为突发事件的规范化应对提供了坚实的法制保障。不仅如此，我国还要求上述“一案三制”建设要“横向到边，纵向到底”，争取实现各部门、各系统和各层级组织全覆盖。这便逐步形成了上下一体和部门联动的第二代应急管理体系。这些应急管理体系的建设大大提高了我国应对各类突发事件特别是自然灾害的能力。正因为初步建成了上述应急管理体系，2008 年我国才能成功经受南方特大冰冻雨雪灾害和汶川特大地震的双重重大考验。

（三）中国的灾难响应速度更快

突发事件的时间压力往往很大，及时甚至及早快速反应是应急管理的首要要求。及时性也是衡量应急管理能力与绩效的重要指标。

美国卡特里那飓风 2005 年 8 月 23 日在印度洋生成，24 日被正式命名，25 日抵达美国佛罗里达州南端，而后向西北奔去。其间美国海洋和大气管理局及飓风中心多次发出飓风及其路径预报，尽管 26 日路易斯安那州宣布本州进入紧急状态，27 日美国总统布什应路易斯安那州的请求也宣布该州进入紧急状态，但美国路易斯安那等州的地方官员并没有高度重视这些预警信息。新奥尔良市 27 日也仅仅向市民发布了自愿撤离的命令，28 日才发出强制撤离令。29 日凌晨飓风登陆新奥尔良市后，新奥尔良市应急中心关闭；市长办公室移至一酒店，前两天与外界通讯不畅，无法指挥与协调；911 求助电话瘫痪；30 日即该市飓风灾害第二天，就出现抢劫现象；这天美国联邦国土安全部部长才宣布该事件是具有全国性影响的重大事件，并启动国家应急预案。FEMA 尽管灾前也在密切关注该飓风的动向，但灾后的救援行动总体迟缓，成灾第四天调动至灾区现场的人员也仅有 1800 人，参与救援和治安工作的应急人员总数不到 18000 人，直升机不过 30 架；9 月 3 日联邦卫生部派出 24 支卫生医疗队，救治约 6000 名病人。美国总统布什灾前在休假，曾经过问该灾情趋势，28 日曾同救灾官员通电话，并与路

① 主要包括：国家自然灾害救助应急预案、国家防汛抗旱应急预案、国家地震应急预案、国家突发地质灾害应急预案、国家森林火灾应急预案。

易斯安那州州长布兰科通话商讨有关准备事宜，29日宣布路易斯安那州遭重灾，并给予联邦拨款以救助地方。直到30日才宣布提前结束休假，8月31日第一次飞临灾区上空，4天以后的9月2日才抵达灾区实地视察灾情。

地震灾害不像飓风可以比较准确地提前预警预报。中国的汶川特大地震之前因为没有大量宏观典型异常，所以也未能做到灾前预警预报。但该巨灾发生后，灾情就是命令，时间就是生命。我们组织开展了我国历史上救援速度最快、动员范围最广、投入力量最大的抗震救灾斗争，最大限度地挽救了受灾群众生命，最大限度地减低了灾害造成的损失。

特大地震发生十几分钟之后中国地震局就发布权威的地震信息，即启动一级响应。地方政府的反应也非常快。四川阿坝州政府立即宣布启动破坏性地震应急预案，要求阿坝各县、各部门、各单位要在州的统一领导下迅速抗震救灾，自觉履行职责。各县要实行属地管理，迅速组织抗灾自救。各受灾县乡及基层组织均在通讯中断的情况下及时主动组织自救互救。四川省委书记刘奇葆第一时间批示，要求灾区各级政府各部门要在抗灾一线组织抗灾。同时中央政府的反应也非常迅速。地震后18分钟军队启动应急预案，进行先期准备，且随后快速介入。一个多小时后，胡锦涛总书记指示：尽快抢救伤员保证灾区人民生命安全；同时温家宝总理两小时后启程奔赴抗灾前线；国家减灾委启动二级响应，民政部李学举部长随温总理紧急赶赴灾区，协助指导抗灾，并且民政部还从西安中央救灾物资库紧急调拨5000顶帐篷支援四川。两小时后，国家地震救援队第一批约40人已经出发，搭机赴四川灾区；国家气象局局长郑国光高度关注，国家气象局紧急启动二级应急响应。后来温家宝总理在赶往灾区的专机上介绍，党中央国务院高度重视这次特别重大的地震灾害，成立了以他为总指挥的抗震救灾指挥部，设立救援、预报监测等8个工作组。当晚中共中央紧急召开政治局常委会研究部署抗震救灾工作，决定成立抗震救灾总指挥部，总指挥为温家宝，副总指挥为李克强、回良玉。

正是因为上述快速反应和后来的快速重建，汶川特大地震灾害应急管理全程赢得了“汶川速度”的美誉。

(四)中国的社会动员力度更大

应急管理往往并不是政府单一主体的职责，需要社会各方面的积极参与和大力支持，特别是重特大突发事件发生后更需要一定的社会动员。

美国卡特里娜飓风发生以后，新奥尔良地方应急体系受到重创，难以有效自救互救。好在危难之时，海岸自卫队发挥了重要的作用，抢救了313万人；军队虽然也参与了救灾，但在4天后投入的兵力才达到14232名，总体上军队参与的及时性与力度都很不够。五万多名国民自卫队队员参与关键救灾；城市搜救队抢救六千五百多人，但城市搜救与民事搜救并未联动。在大撤离过程中，除了地面撤离以外，美国国土安全部、交通部和国防部还携手合作实施了美国历史上最大的一次撤离行动，疏散 21.4 万余人。但在地面撤离过程中，由于通讯不畅，缺乏协调，工作往往很难开展，效率低下。

中国政府具有非常突出的应急管理社会动员能力，对此国际上广泛认可。汶川地震之后，党和政府立即指挥各级政府部门参与抗震救灾，并立即动员十几万军队及武警官兵及时参与抗震救灾，还利用媒体滚动报道有效动员全社会积极参与，最后动员全国 19 个省级单位参与灾后恢复重建中的对口支援工作。这种动员能力举世罕见，动员范围也是中国历史上最广的。另外还有九万多名大学生志愿者参与灾区重建工作；23 个省市 12355 个灾区青少年心理康复援助专家志愿团、496 名心理专家参与灾区心理援助，辅导个案 3417 个。

(五)中国的实际救灾效果更好

应急管理既要重视过程，也要重视结果，最终要看是否能做到有效地减少有关的灾害损失，有效地恢复各类社会生活的正常秩序。

美国卡特里娜飓风过后，有关各方紧急转移 110 万人，异地安置 77 万人，但灾后安置进程缓慢。2005 年 10 月底入住避难所的有 4500 人，直到 2006 年 1 月避难所人数才大幅下降，但新奥尔良中心区 85%的公立学校没有复课；2/3 的零售店没有营业；失业率由灾前的 6%上升到 2005 年 11 月的 28%。灾后一年，该市人口仅恢复灾前的一半，四年后，人口也仅恢复 75%左右。

有前面的优势，中国的应急管理体系更容易实现应急有效这一最终的目标。因为坚持把抢救人的生命摆在第一位，84017 名群众从废墟中被抢救出来，149 万名被困群众得到解救，430 多万名伤病员得到及时救治，其中 1 万多名重伤员被快速转送全国 20 个省区市 375 家医院。在应急生命救援之后，“我们千方百计安置受灾群众生活，1510 万名紧急转移安置受灾群众基本生活得到妥善安排，881 万名灾区困难群众得到救助，中小学校在新学期开始前全面复课开学，采取有效措施确保大灾之后无大疫，切切实实做到了让灾区人民有饭吃、有衣穿、有干净水喝、有住处、有病能及时得到医治。我们全力抢修交通、电力、通信、广电、水利、供水、供气等基础设施，及时处理和化解堰塞湖等次生灾害，切实做好余震监测、气象服务、科技支撑、煤电油运保障等各项工作，及时准确公布灾情，为抗震救灾和灾后恢复重建创造了有利条件。”① 四川省政府应急办主任严卫东介绍说：“十天，完成一千五百多万应急安置；一百天，完成一千二百多万过渡性安置；一年，完成 355 万住房修复加固；一年半，150 万户农户重建工作全部

① 胡锦涛：《在全国抗震救灾表彰大会上的讲话》，《人民日报》，2008 年 10 月 8 日。

完成；两年，25万户城镇居民住房基本完成。”①截至2011年5月，灾后重建项目完工93%左右，概算投资完成91%左右。2011年10月14日，在全国灾后重建总结大会上，回良玉副总理说：“经过三年的顽强拼搏，汶川地震灾后恢复重建取得了全面胜利，灾区基本生产生活条件和经济社会发展水平得到全面恢复并超过灾前水平，实现了‘家家有房住、户户有就业、人人有保障、设施有提高、经济有发展、生态有改善’的重建目标，创造了世界灾后重建史上的又一次奇迹，书写了中华民族从灾难到进步、从悲壮到豪迈的恢宏篇章。”②

总体上，通过对两次巨灾应急管理案例的客观比较，我们可以清楚地看到，中美两国的巨灾应急管理体系各有优缺点，尽管中国应对的灾害更严重，但其应急管理体系和运行绩效表现出的优势却更显著：体系更完善、响应更快速、动员更有力、救灾更有效。

二、中国应急管理体系具有优势的政治制度因素分析

在国际比较中，为什么中国的巨灾应急管理体系具有上述几大突出优势？研究表明，这一方面得力于2003年以后我国对应急管理工作的高度重视，应急管理能力大大提升，另一方面更得力于我们具有政治制度的比较优势。前者主要体现在我们应急管理“一案三制”的建设方面；后者则主要体现在：人民民主与以人为本、政府主导与社会参与、决策规范与灵活处置、中央集权与分级负责等几大方面。也就是说中国政治制度的特有优势主要是通过加强和完善中国应急管理的“一案三制”建设，来最终实现中国巨灾应急管理优势的。具体见下图。

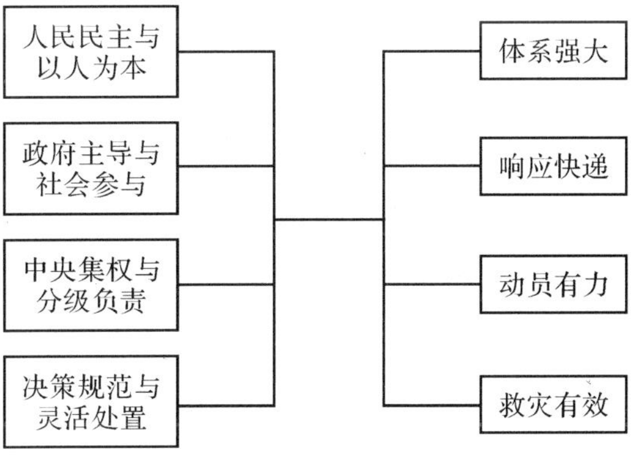

图1　中国巨灾应急优势图

① 海南大学记者团：《汶川的速度》，http://www.hainu.edu.cn/stm/jizhetuan/201151/10296911.shtml，2011年5月1日。

② 参见新华网：http://news.xinhuanet.com/politics/2011—10/14/c_122159548.htm。

中、美两国不仅应急管理体系存在差异，而且两国的政治制度也有根本不同。应急管理体系固然有一定的独立性和专业性，但不能不受彼此所依存的政治制度的制约与影响。两国巨灾应急管理上的差异不仅在于应急管理体系的差别，也与各自不同的政治制度有紧密的联系。从中美比较的视野来看，对中国应急管理体系及其运作绩效产生深刻影响的政治制度因素主要是：

(一)人民民主与以人为本

美国是资本主义社会，其政治制度重视公民个体权利，奉行立法、行政与司法三权分立。这一制度体系在反对封建专制和殖民统治时代具有重要的历史进步价值，其强调公共权力相互制约对于反腐防腐也具有积极意义。但这一体制往往忽视集体利益和权力协作，这不仅在政治体制日常运行时难以真正实现以民众集体福祉为本，而且会出现府会对立、政党恶斗，不能及时有效地回应民众诉求等制度弊端。这一制度体系对应急管理体系及其运行绩效的影响很大。比如新奥尔良市明明有了卡特里娜飓风预警，却迟迟未能发布强制撤离令；后来虽然发布了强制撤离令，但已经迫近飓风登陆的时间，致使众多市民未能及早有效地撤离危险地带，特别是有很多老年人因未能被及时撤离而死于飓风灾害。

中国是社会主义社会，其政治制度强调坚持国家一切权力属于人民，坚持党的领导、人民当家做主、依法治国有机统一，坚持民主集中制，坚持把实现好、维护好、发展好最广大人民的根本利益作为执政党和政府一切工作的出发点和落脚点。中国实行一院制，人民代表大会统一行使国家权力，其他国家机关均由人大产生并向其负责。这一制度体系注意保护公民个人权利，同时也重视公民集体利益维护。国家机关的职权各有分工，但更重视协调统一。这一制度体系有利于克服国家机关之间扯皮掣肘所导致的效率低下问题。

中国把“以人为本”作为贯彻人民民主和指导应急管理工作的总体原则之一，并直接把它写进了《突发事件应对法》和各类应急预案。以人为本主要指应急管理要以人民的生命安全、财产安全和其他各类安全为本。如2006年1月颁布的《国家突发公共事件总体应急预案》“总则·工作原则”部分第一条明确要求：“以人为本，减少危害。切实履行政府的社会管理和公共服务职能，把保障公众健康和生命财产安全作为首要任务，最大限度地减少突发公共事件及其造成的人员伤亡和危害。”

2008年中国汶川特大地震发生后，救灾应急响应最核心的目标就是拯救生命，一方面尽一切努力搜救困在废墟中的幸存者，另一方面调集医疗力量尽力救治受伤的群众。值得一提的是这次救灾应急响应中各有关方面还开始重视灾后群众的心理救援，并且国务院还首次决定为这次大灾难中遇难同胞设立全国哀悼日（5月19日—21日）。这些都充分体现了中国政府执政为民、一切救灾行动以人为本，生命价值至上等理念。

(二)政府主导与社会参与

对于政府、市场及社会的关系，美国由于更重视自由市场经济与公民社会的作用，一般来说更强调政府权力的有限性，更重视市场手段的运用及社会力量多元参与。同时在政府内部，通常也不突出执政党的作用，而两党制下的反对党基本上处于掣肘状态；同时政府对于国内社会事务也不重视军事力量的运用。这些政治制度因素对于美国应急管理体系建构方面的影响，主要体现在往往首先强调市场机制的运用，比如区域应急互助中的相互付费机制，更多重视各类非政府组织的作用发挥，而对政府的定位则是在应急响应中一般发挥补充性作用。因为受反对党的制约和有关宪政约束，执政党往往不直接发挥影响力，都是通过总统或国会发挥作用。军队一般也不介入国内应急事务，即便出现特别重大的突发紧急事件，军队的介入也需要履行二十多道申请程序。这些因素在美国的应急管理体系建构中始终都有明确的反映。也正是这样，加上卡特里娜飓风发生后交通、通讯等系统瘫痪，美国一度出现区域协调、部门协调、军地协调、政府与社会协调严重不畅等问题，这自然会大大阻碍应急救援的及时性、动员的有力性和救灾进程的有效性。

而中国在改革开放过程中尽管已经大大加强了市场的作用和社会的作用，但在很多领域依然强调政府的主导作用。同时中国实行共产党领导下的多党合作制，既不是一党制，也不是多党竞争制。中国不存在美国和其他西方国家多党或两党竞争导致的掣肘扯皮问题。中国实行共产党对军队的绝对领导制度。这些政治制度因素在应急管理体系中往往体现为坚持党的领导、政府主导、部门负责、社会协同和军队支持等具体的制度安排。这样便可以在应急过程中做到既有统一领导，也有有效沟通与协调的多方协作治理，从而大大提高了应急的及时性、动员的有力性和救灾的有效性。

2008年汶川特大地震发生后，作为执政党共产党的领导坚强有力，中国各级政府发挥了主导作用，社会参与的广泛程度前所未有，十多万军队官兵全力救灾等，都是这次巨灾救援及时、有力、有效的政治制度保障。

(三)中央集权与分级负责

一个国家的结构形式即中央与地方的关系也是一项重要的政治制度，它对一国的政治生活、行政管理及应急管理体系绩效的影响也不容忽视。

美国是联邦制，向来强调联邦与各州是分权关系。因此，在应急管理方面一向重视基层与地方应急，上级特别是联邦层面对各地突发灾难通常不直接主动介入，往往要等有地方请求后才会介入。这种体系有利于应急管理的责任重心下移，但往往容易放弃上级直至联邦政府的应急救助责任。

美国联邦政府在这次飓风灾难中应急反应迟缓，一个重要原因就是受国家结构形式的约束。

中国是单一制国家，同时也有民族区域自治制度、特别行政区高度自治制度和城乡社区自治制度。中国在《突发事件应对法》和各有关应急预案中都强调中央或上级的统一领导和分级负责制度。《国家突发公共事件总体应急预案》在"总则·工作原则"部分明确要求："快速反应，协同应对。加强以属地管理为主的应急处置队伍建设，建立联动协调制度，充分动员和发挥乡镇、社区、企事业单位、社会团体和志愿者队伍的作用，依靠公众力量，形成统一指挥、反应灵敏、功能齐全、协调有序、运转高效的应急管理机制。"中国的应急管理，特别是重大自然灾害发生后，上级政府及中央政府在发现并预见到可能的严重后果后，可以主动介入，而不必等待地方求援申请。这种管理体系可以让拥有更大调配权力和更多有效资源的上级政府能及时提供外部救援，竭力遏制事态蔓延，避免和减少有关事件对人民生命财产安全和其他社会安全的负面影响。正是这一体系的优势，使得中国政府动员外部救援、动员外部对口支援往往非常有力、有效。中国汶川地震后中央及上级政府的及时、快速救援和强力动员，对于应急救援、灾后安置和对口援建都起到了巨大的作用。

(四)决策规范与灵活处置

决策制度是政治制度的重要组成部分。这项制度对政治与行政决策影响重大，对应急决策自然也有突出的作用。一国的决策制度能否在应急决策上表现出优势，要看它搭建的平台是否使应急决策不仅能够依法规范、科学制定，而且能够根据具体应急问题复杂多变的情境拥有适度的灵活处置空间。

美国三权分立制度下的行政决策实行的是行政首长负责制。总统乃至各行政部门长官均有规定范围内的自主决策权。美国的有关法律法规往往对有关行政决策权的适用范围、具体流程等有非常详细的规定。这固然有利于规范决策，但往往留下的灵活处置空间相对较少。美国的应急决策制度也有类似的问题。例如军队介入要经过二十多道审批程序显然就不能适应特别重大灾害发生后的应急救援需要。美国 FEMA 的每日应急报表程序非常烦琐，这在 2005 年飓风来袭时也大大影响了实际的应急救援效率，让有关地方与部门在应急决策中苦不堪言。

中国的政治及行政决策往往强调领导集体或个体负责制。行政部门实行首长负责制，但非常重视分工决策与协调决策制度，如各类领导小组和协调机构的建立就是为了提高协同决策效率。这些在应急决策中也有很好的体现。中国的应急决策越来越法制化和制度化，但相对而言还是更容易做到灵活多变地适应复杂应急情境的具体需求。中国的《突发事件应对法》

和应急预案已经大大提升了应急管理的规范化水平，但相比于美国和日本的有关同类法规与预案，显得并非那么详细与烦琐，还是偏重基本要求层面，具体实施细则则留给具体部门及有关地方结合实际来加以制定，因而能为具体的应急决策留下更大的灵活处置空间，这在一定程度上有利于大大提高应急决策的效率。

在汶川地震中很多地方都有地震应急预案，但已有预案大多针对的是6级以下常规地震灾害情境。当出现8级特大地震以后，通讯不通、道路不通和基层组织受重创。这种灾难情境非同寻常，就不能完全按已有的预案来抗震救灾，而需要地方及基层组织根据实际情况灵活多变地进行最初阶段的应急救灾处置。事实证明，能这么做的地方及基层组织其应急效率往往很高，否则应急效率往往较低。

三、中国应急管理体系以及影响这一体系的政治制度还要进一步完善

由上述分析可见，我国社会主义民主政治制度对应急管理体系在基本的制度框架建设上产生了许多积极影响，总体上体现出社会主义制度的优越性，即集中力量办大事。同时也必须清醒地看到，现阶段依然存在一些问题，需要随着改革的深入而不断地加以改进。其中最大的问题就是权力过于集中。这一问题对我国应急管理体系建设的负面影响主要是：

第一，应急管理的日常建设往往过度依赖于有关领导是否重视。因此，领导人换届往往对应急管理体系建设的持续发展有至关重要的影响。

第二，政府主导权往往过大，其应急动员能力强是重要的优势，但有时也易于产生不计成本、导致社会参与不足或过度动员的问题。

第三，领导人应急过程中的灵活处置空间有时过大，应急制度的法制性受到侵蚀。

第四，上级乃至中央集中的权力有时太多，对下级应急处置的干预有时过多，从而造成让下级和基层无法自主应急，或者容易让下级和基层形成过度依赖。

针对上述问题，我们要对症下药，积极借鉴国际经验，结合中国实际，在继续发挥既有制度优势的基础上，努力加以改进。在政治制度与应急管理体系建设方面做到以下五点：

一是继续加强社会主义民主建设，增强各级党政机关的民主意识，充分发扬民主，更好地以人为本，更加持久稳定地重视全流程、全方位的应急管理体系的完善，切实提高应急救援能力以及事后学习改进能力等。

二是要注意进一步加强社会各方政治参与和应急参与的力度。

三是适度引入成本收益考量，尽力避免不必要的过度动员，降低应急

救援的经济与社会成本。

四是继续加强社会主义法制建设，特别是应急法制建设，努力在应急决策的规范性和灵活处置空间的边界之间寻求最佳平衡点。

五是在继续保证中央和上级统一领导的前提下，更大程度地提高地方、下级及基层自主治理和自主应急的意识与能力。

总体上，我们现在非常需要从被动应急转变为主动防御，向更加制度化综合应急的新一代应急管理体系发展。

四、结论与展望

通过对卡特里娜飓风与汶川特大地震两个案例的比较，可见中国现有的重大自然灾害应急管理体系确实具有突出的四大优势：体系更完善、响应更及时、动员更有力、救灾更有效。这种优势在后来的玉树特大地震和芦山特大地震中也有突出的体现。

这些优势一方面直接源自 2003 年以来中国高度重视突发事件应急管理的"一案三制"建设，另一方面对其具有基本的决定性作用的因素则是中国社会主义制度特别是社会主义民主政治制度的优越性。中国社会制度与政治制度的优越性首先体现在应急管理的"一案三制"建设之中，并通过应急管理体系与制度建设，对大大提升各级政府及社会各方应急管理的意识与能力产生了积极的影响。

同时，我们也要看到中国应急管理体系和社会主义民主政治制度都还需进一步完善，需要切实采取有关的改革举措以克服现行体系和体制的某些制度障碍。只要我们既有制度自信意识，也有制度自省精神，放眼世界，扎根实践，不断改革创新，就一定能把我国的应急管理水平提升到一个新的高度。

参考文献

[1]Mushkatel, Alvin H. and Louis F. Weschler, Emergency Management and the Intergovernmental System, Public Administration Review, Vol. 45, Special Issue: Emergency Management: A Challenge for Public Administration (Jan., 1985).

[2]Sylves, Richard T., Ferment at FEMA: Reforming Emergency Management, Public Administration Review, 1994, Vol. 54, No. 3.

[3]May, Peter J., Hurricane Katrina: Social Science Perspectives, Public Administration Review, Vol. 67, No. 4(Jul.-Aug., 2007).

[4]闪淳昌：《构建中国特色的应急管理体系》，《中国浦东干部学院学报》，2008 年第 5 期。

[5]闪淳昌：《我国应急预案体系建设的实践与思考》，《中国应急管理》，2012 年第 4 期。

[6]罗章等：《中日应急管理体制要素比较研究》，《学术论坛》，2010 年第 9 期。

[7]何颖：《中德应急管理体制比较》，《攀登》，2010 年第 1 期。

[8]张智新等：《北京与三大世界城市应急管理体制比较》，《行政管理改革》，2011 年第 2 期。

[9]Luo, Guoliang, A Research and Defects Analysis of the Disaster Relief System of China, Journal of Risk Research, DOI: 10.1080/13669877.2013.815651, http://dx.doi.org/10.1080/13669877.2013.815651.

[10]经戈、锁利铭：《公共危机的网络治理问责——基于卡特里娜飓风与汶川地震的对比》，《西南民族大学学报》(人文社科版)，2012 年第 10 期。

[11]熊贵彬等：《中美灾害救助体制比较——以汶川地震和卡特里娜飓风为例》，《华东理工大学学报》(社科版)，2009 年第 1 期。

[12]熊贵彬：《中日美救灾体制比较——以汶川地震、东海岸地震和卡特里娜飓风为例》，《中国青年政治学院学报》，2011 年第 6 期。

[13]美国政府对卡特里娜飓风的调查报告：《联邦政府对卡特里娜飓风的响应：经验与教训》，《世界地震译丛》，2008 年第 1、2、3、4 期。

[14]胡锦涛：《在全国抗震救灾表彰大会上的讲话》，《人民日报》，2008 年 10 月 8 日。

[15]薛澜：《中国应急管理系统的演变》，《中国应急管理》，2010 年第 8 期。

[16]彭宗超：《汶川大地震后的政府应急响应评析》，《中国浦东干部学院学报》，2008 年第 4 期。

[17]田磊：《汶川速度》，《南风窗》，2009 年第 10 期。

[18]海南大学记者团：《汶川的速度》，http://www.hainu.edu.cn/stm/jizhetuan/201151/10296911.shtml。2011 年 5 月 1 日。

[19]罗伯特·奥申斯基等：《卡特里娜飓风后新奥尔良的重建规划和住房政策》，《城市发展研究》，2012 年第 5 期。

[20]四川省“5·12”地震灾后恢复重建委员会：《应对巨灾的人间奇迹，科学发展的伟大实践——纪念 5·12 汶川特大地震三周年》，《人民日报》，2011 年 5 月 16 日。

[21]参见新华网：http://news.xinhuanet.com/politics/2011-10/14/c_122159548.htm。

[22]You, Chuanmei, Xunchui Chen and Lan Yao, How China Responded to the May 2008 Earthquake during the Emergency and Rescue Period, Journal of Public Health Policy, Vol. 30, No. 4 (Dec., 2009).

（作者：彭宗超　应急管理研究基地负责人　教授、博导）

北京现代制造业发展研究基地（北京工业大学）

基地名称：北京现代制造业发展研究基地
依托单位：北京工业大学
项目类别：北京市社会科学基金项目

京津冀生产性服务业与制造业嵌入关系及协同路径选择[①]

内容提要： 京津冀生产性服务业和制造业协同创新发展是京津冀实现区域协同发展的战略性举措。本文首先对京津冀都市圈生产性服务业与制造业现状进行介绍，然后利用投入产出法对京津冀生产性服务业与制造业的嵌入关系进行了实证分析，并对实证结果进行了解释，最后在此基础上提出了基于城市空间维度及产业价值链维度的京津冀生产性服务业与制造业协同发展的路径选择。

关键词： 京津冀；制造业；生产性服务业；嵌入关系；协同路径选择

一、引　言

京津冀都市圈是继长三角和珠三角之后的第三大经济体，2012 年其生产总值占全国 GDP 的 11.04%。由于都市圈内北京市的政治、经济、文化、科技地位，天津市的经济、科技和地缘优势，河北省丰富的资源、能源基础，使该经济体具有强大的发展潜力，受到国家的高度重视。“十二五”规划强调重点发展京津冀都市圈，近期，习近平主席也指出要努力实现京津冀一体化发展，突出了京津冀都市圈的战略地位。为促进京津冀生产性服务业和制造业协同发展，必须抓住第四次工业革命——绿色工业革命即将来临的机遇，积极完成生产性服务业和制造业产业链的升级，提升京津冀都市圈的整体竞争力，使其走在工业革命的前列。

目前，京津冀都市圈中北京市三大产业的比重由 2007 年的1.1∶27.5∶71.4 变为 2012 年的 0.8∶22.8∶76.4；天津市三大产业的比重由 2007 年的 2.1∶57.6∶40.3 变为 1.3∶51.7∶47.0；河北省三大产业的比重由 2007 年的 13.2∶52.8∶34.0 变为 12∶52.7∶35.3。目前北京市以服务业为主导产

① 本文是“京津冀都市圈高端制造业与生产性服务业协同创新研究”项目的阶段成果，项目编号：13JDJGD004。

业，且服务业发展迅速，其中交通仓储业，信息传输、计算机服务和软件业，金融业和科研技术等生产性服务业为支柱产业，制造业中汽车制造业、医药制造业、电子信息、石油化工、专用设备制造业等高端制造业占主导地位。天津市服务业远落后于北京市，但发展较快，交通仓储业、金融业、科研技术等生产性服务业在第三产业中占重要地位；第二产业占据比较优势，其中航空航天、石油化工、装备制造、电子信息、生物医药、新能源新材料、轻纺和国防八大优势产业占全市规模以上工业的比重为90.7%，高新技术产业占规模以上工业的29.9%。河北省服务业发展水平在京津冀中最低，而第二产业具有比较优势，其中钢铁工业、石化工业、装备制造业、食品加工业、医药业、建材、纺织业为其支柱产业。综上，京津冀产业结构成明显的梯度层次分布，北京市生产性服务业占绝对优势，高端制造业占重要地位，天津市高端制造业和生产性服务业占比较优势，而河北省重工业、基础制造业占比较优势，生产性服务业发展滞后。

由京津冀发展现状可知，都市圈内各地区生产性服务业与制造业存在明显的产业梯度，如北京市第三产业占绝对优势，但制造业所占比重最低；天津市制造业与第三产业均具有比较优势；河北省制造业占比最高，但第三产业最落后。仅对京津冀现状进行简单分析远远不够，还必须对都市圈内生产性服务业与制造业的嵌入关系进行实证分析，从而得到京津冀各自生产性服务业与制造业的嵌入程度及在各产业方面的优势、劣势，从而可以在对实证结果进行分析的基础上选择京津冀生产性服务业与制造业协同发展路径。

二、文献综述

学界关于京津冀生产性服务业与制造业协同创新发展的研究很少，其中王朝阳、夏杰长(2008)从制造业与服务业区域融合的机制、京津冀制造业和服务业的产业优势与区域分工、京津冀制造业和服务业融合的重点地域三个维度探讨了京津冀制造业与服务业的区域融合；邓丽姝(2006)从区位商角度探讨了京津冀制造业与服务业的互动发展关系；张旺、申玉铭等(2012)利用主成分分析法、空间基尼系数、克鲁格曼专业化指数三种方法分析了京津冀生产性服务业的集聚发展状况；谭冰清、张宁宁(2011)利用博弈论模型探讨了京津冀现代服务业与制造业的进化博弈；杜传忠、王鑫、刘忠京(2013)利用耦合协调度模型对京津冀和长三角地区生产性服务业和制造业耦合度进行了测算。纵观之，上述学者主要对京津冀制造业和宏观的服务业的互动关系，或就生产性服务业单方面进行研究，而未就京津冀都市圈细分了的生产性服务业与制造业的嵌入关系进行深入研究。因此本文利用投入产出法对京津冀生产性服务业与制造业的嵌入关系进行实证分析，并对实证分析结果进行了解释，在此基础上提出了基于城市空间维度、产业价值链维度的京津冀生产性服务业与制造业协同发展的路径选择。

三、京津冀生产性服务业与制造业的嵌入关系实证分析

本文选用2007年北京市、天津市、河北省投入产出表进行数据分析，由于学术界对制造业和生产性服务业有多种定义方法，为了避免歧义，本文在以下分析中按照传统分类方法将第二产业细分为采掘业、制造业、电力煤气及水的生产和供应业、建筑业四类，将第三产业分为生产性服务业和消费性服务业两类，其中将生产性服务业界定为交通运输及仓储业，邮政业，信息传输、计算机服务和软件业，金融业，租赁和商务服务业，研究与试验发展业，综合技术服务业和水利、环境和公共设施管理业八个部门。本文选用投入产出分析方法中的直接消耗系数、中间投入率、中间需求率等指标，按照当年不变价格分析京津冀区域内制造业与生产性服务业之间的嵌入关系。

（一）京津冀地区制造业和生产性服务业之间直接消耗系数分析

表1　京津冀制造业、生产性服务业的直接消耗系数

产业地区 / 产业部门	北京		天津		河北	
	制造业	生产性服务业	制造业	生产性服务业	制造业	生产性服务业
制造业	0.5115	0.2671	0.5125	0.2642	0.4632	0.1830
生产性服务业	0.0608	0.2199	0.1377	0.2215	0.0762	0.1270

数据来源：根据2007年北京市、天津市、河北省投入产出表计算所得

直接消耗系数可以反映两个产业部门之间的依赖度，直接消耗系数越大，说明某一部门对另一部门的依赖性越强。由表1可知，北京、天津、河北三地制造业对生产性服务业的直接消耗系数分别为0.0608、0.1377、0.0762；而生产性服务业对制造业的直接消耗系数分别为0.2671、0.2642、0.1830，远大于京津冀制造业对生产性服务业的直接消耗系数，由此得知京津冀地区生产性服务业在产业结构中起到的作用主要是拉动制造业的作用，且北京、天津的生产性服务业对制造业的拉动作用显著优于河北省；而京津冀地区制造业对生产性服务业的依存度并不十分明显。

(二)京津冀地区整体生产性服务业对制造业内部各产业的中间投入分析

表 2　京津冀整体生产性服务业对制造业内部各产业部门中间投入比

产业部门＼产业地区	北京	天津	河北	产业部门＼产业地区	北京	天津	河北
石油加工、炼焦及核燃料加工业	19.43%	22.40%	5.42%	工艺品及其他制造业	5.34%	6.66%	3.87%
食品制造及烟草加工业	9.22%	9.26%	5.43%	木材加工及家具制造业	5.24%	7.19%	3.67%
非金属矿物制品业	8.27%	13.03%	7.41%	纺织服装鞋帽皮革羽绒及其制品业	5.11%	6.38%	3.07%
化学工业	7.77%	14.00%	6.03%	纺织业	5.09%	8.51%	4.20%
仪器仪表及文化办公用机械制造业	6.12%	17.39%	7.73%	交通运输设备制造业	4.77%	16.39%	4.14%
通用、专用设备制造业	6.02%	10.28%	5.42%	金属制品业	4.37%	13.17%	3.26%
电气机械及器材制造业	5.85%	10.70%	4.12%	造纸印刷及文教体育用品制造业	4.36%	10.18%	3.90%
金属冶炼及压延加工业	5.65%	14.15%	5.70%	通信设备、计算机及其他电子设备制造业	3.54%	13.69%	3.69%

数据来源：根据 2007 年北京市、天津市、河北省投入产出表计算所得

中间投入率可以反映某一产业对上游产业的直接带动能力。由表 2 可以看出，京津冀整体生产性服务业对制造业内部各产业部门中间投入水平天津高于北京，河北省最低。这表明北京、天津制造业对生产性服务业的带动能力比较强，而河北省处于劣势，其中天津又优于北京。分析认为北京市整体制造业比较薄弱，服务业占绝对优势，而天津、河北制造业具有比较优势，因此北京制造业对生产性服务业的带动作用弱于天津；而天津市制造业与生产性服务业均具有比较优势，因此在此数据项分析中优势明显；而河北省第二产业占绝对优势，但其制造业仍以重工业和基础制造业为优势产业，附加值低，对高附加值的生产性服务业需求低，而其第三产业又处于绝对劣势地位，因此在此数据项分析中表现最差。其中，北京、天津、河北整体生产性服务业对制造业内部各产业部门中间投入比重占前三位的分别为石油加工、炼焦及核燃料加工业，食品制造及烟草加工业，非金属矿物制品业；石油加工、炼焦及核燃料加工业，仪器仪表及文化办公用机

械制造业、交通运输设备制造业；仪器仪表及文化办公用机械制造业、非金属矿物制品业、化学工业。表明京津整体生产性服务业偏重向高端制造业投入，即高端制造业对生产性服务业的带动作用更显著，其中与北京、天津相比，河北省还有一定差距，其高端制造业与整体生产服务业都有待提高。

（三）京津冀地区整体制造业对生产性服务业内部各行业的中间需求分析

表 3　京津冀整体制造业对生产性服务业内部各行业的中间需求比重

产业部门＼产业地区	北京	天津	河北
生产性服务业	0.2778	0.0549	0.0379
交通运输及仓储业	0.0416	0.0403	0.0216
邮政业	0.0007	0.0003	0.0003
信息传输、计算机服务和软件业	0.0980	0.0023	0.0054
金融业	0.0124	0.0016	0.0022
租赁和商务服务业	0.0285	0.0038	0.0024
研究与试验发展业	0.0240	0.0013	0.0007
综合技术服务业	0.0703	0.0048	0.0045
水利、环境和公共设施管理业	0.0025	0.0005	0.0007

数据来源：根据 2007 年北京市、天津市、河北省投入产出表计算所得

表 3 列出了京津冀整体制造业对生产性服务业内部各行业的中间需求比重，分析可知，京津冀制造业对交通运输及仓储业，信息传输、计算机服务和软件业，综合技术服务业等技术密集型生产性服务业需求较多。其中对交通运输及仓储业、综合技术服务业的中间需求都较高，主要因为天津、河北制造业比重高，产品流动性强，本身对交通运输需求大，而现今制造业都向高端制造业发展，因此对综合技术服务需求也很大。而北京第一、第二产业处于劣势，因此需要从河北、天津引进资源，且北京是首都，需要承担沟通全国各省市的责任，因此对交通运输及仓储的中间需求很高，且北京高端制造业占优势，产业分工更加细化，需要更高端的生产性服务业与之配套，因此对信息传输、计算机服务和软件业，综合技术服务业等高端生产性服务业中间需求较高。对三地区单独分析可知，北京市制造业对生产性服务业需求远高于天津、河北，表明北京市制造业中高端制造业占主导地位，需要更多生产性服务业与之配套。但三地区对研究与试验发展业、金融业等极高端生产性服务业的中间需求都不是很高，这表明京津冀研发事业及金融业的发展并不够完善，与制造业的配套还不够紧密，而

这两个生产性服务业部门又是附加值极高的产业部门，对制造业产业链的升级能起到至关重要的作用，如果不能实现此两者的快速发展并将其与制造业配套，将会对京津冀制造业的发展、升级起到限制作用。

四、实证结果分析

由表 1、表 2 和表 3 分析可知，北京、天津高端制造业和生产性服务业在地区产业中占优势地位，其中北京生产性服务业优于天津，但制造业却处于比较劣势地位；而河北省基础制造业占据比较优势地位，但其生产性服务业十分薄弱。通过对直接消耗系数和中间投入的分析可知，京津冀制造业对生产性服务业的拉动作用强于生产性服务业对制造业的拉动作用。其中，京津高端制造业对生产性服务业的拉动作用更明显，且天津市制造业对生产性服务业的拉动作用比北京更明显，而河北省生产性服务业和高端制造业比较薄弱，主要依靠基础制造业拉动生产性服务业发展。通过中间需求的分析可知，京津冀制造业对技术密集型生产性服务业需求较高，其中三地区对交通运输及仓储业、综合技术服务业的中间需求都较高，但对于具有极高附加值的研究与试验发展业、金融业中间需求并不高，这表明京津冀高端生产性服务业对制造业的嵌入有限，使得制造业服务化程度较低，不利于京津冀产业升级。

以上从实证分析角度阐述了京津冀生产性服务业和制造业之间的嵌入关系，深刻地揭示了京津冀各自生产性服务业和制造业的优势、劣势及嵌入程度，为京津冀生产性服务业与制造业协同发展的路径选择提供了依据。京津冀可以根据各自在生产性服务业和制造业的优势、劣势，在城市空间维度进行协同发展，构建合理的产业布局，形成产业集聚，使京津冀各地可以实现错位、互补发展；同时建立公平、一体化的市场竞争环境，打破地方保护政策，促进京津冀都市圈市场一体化；此外通过打造便捷的交通网络体系，有效缩短京津冀时空距离，使京津冀生产性服务业与制造业更有效地沟通。另一方面，京津冀生产性服务业与制造业也要加强在产业链维度的协同发展，深化京津冀产业链分工，从而提高京津冀制造业附加值，同时促使生产性服务业进一步细化、专业化；促进价值链升级，通过京津冀生产性服务业与制造业的协同创新，促进产业价值链升级；最后建立人才合作机制，为协同发展服务。

五、京津冀制造业与生产性服务业协同发展的路径模式选择

（一）基于城市空间维度的路径模式

1. 构建合理的产业布局，形成产业集聚

京津冀都市圈内城市特点鲜明，资源具有多元化、差异化的特点，应

明确各城市的优势，确定自身的发展战略。在第四次工业革命来临之前，服务业高度发展的北京应该更加突出自身科技创新和研发设计功能，尤其是低碳、节能环保技术的研发、创新，依托众多的科研院校及金融服务机构形成研发聚集地和金融服务区，在北京郊区重点扶植汽车、医药、电子信息，生物技术等高端制造业产业集聚，形成生产性服务业、高端制造业的集聚发展。着力发展生产性服务功能较强的金融、营销、设计、法律、咨询等产业。

天津应注重高端制造业、交通物流业的发展，重点建设滨海新区，形成石油化工业、医药业、汽车制造业、冶金等高端制造业的产业集聚地，同时兼顾物流业、研发、金融等生产性服务产业的集聚发展；而河北省利用劳动力及资源优势，利用北京市和天津市产业转移契机，承接更多的制造业份额，为两个中心城市提供物质、人力资本支持，同时注重制造业的集聚发展，如重点打造保定、廊坊等地制造业产业集聚地。在发展过程中北京和天津两个中心城市发展要注重产业互补、错位发展，避免重复建设及过度竞争。

总之，京津冀都市圈内城市要在制造业与生产性服务业上形成合理分工，通过互补式布局，达到协同发展的目的。

2. 建立公平、一体化的市场竞争环境，打破地方保护政策

目前，京津冀存在普遍的地区垄断和行业垄断现象，各地区倾向于实行地区保护主义，为了避免市场竞争，不愿深化开放性的市场改革，严重制约了京津冀都市圈的市场一体化进程。为此京津冀政府应重视区域市场一体化的制度供给，跳出行政分割陷阱，建立公平合理的区际利益分配机制，创造公平健康的市场竞争环境，通过规范化的市场制度保证公平竞争，从而减少交易成本和强化市场的资源分配机制。各政府应积极通过协商、谈判、建立合作备忘录等手段，打破地方保护政策，鼓励跨地区并购、交叉控股等商业形式，创造平等的竞争环境。

3. 打造便捷的交通网络体系

为了促进京津冀生产性服务业和制造业的协同发展，必须加强京津冀联系，保证京津冀人流、物流、信息流的顺畅沟通，为此必须构建高效快捷的交通系统，既要完善城市交通和城际交通，还要注重城市与城际交通的衔接。首先，要加快城际间陆海空交通网络的建设，利用地缘优势加快发展京津冀城际间的高速公路网、轨道交通网、城际航道、支线航空网建设，不断增强城市群内城市之间、产业之间的联系。其次，还要注重城市内部交通网络的建设，北京、天津两大核心城市要建成以地铁轻轨及城市公交为主，辅以公共自行车等环保交通工具的城市交通网络系统；中小城市要构建以公交为主，以公共自行车为辅的城市交通网络系统，优化交通

体系。再次，要不断完善城际与城市交通系统的衔接，主要包括城际与城市轨道交通的衔接。高速公路与城市的对接，铁路与机场、港口的衔接，打造一体化交通网络体系，提高人流、物流的转移效率。

（二）基于产业价值链维度的路径模式

1. 产业链分工

京津冀首都圈制造业与生产性服务业进一步深化分工，使生产性服务业获得更多的规模优势和专业化优势。如天津滨海区的汽车制造业，其研发、设计过程可通过与北京的研发中心合作，降低研发风险；其关键零部件及中间产品的制造可通过新区内零部件供应商和第三方研发机构完成各自模块的创新；原材料的采购和物流环节，可利用信息技术服务平台和电子商务进行交易、金融等综合服务活动，利用物流管控系统，由第三方物流公司根据公司的生产动态为企业定做并及时调整物流方案，同时进行实时监控，保证物料准时供应，降低库存成本；将汽车产品的市场营销和售后服务等生产性服务活动交给专业的汽车营销、销售及售后服务团队，通过其专业化经营对产业链上的相应环节进行服务创新和再分工，增加该环节的增加值，也进一步提高制造业的增加值；在其他组织与管理服务环节，可以通过资金筹集、信贷运用、金融租赁及保险、投资活动与金融服务业相互渗透，提升制造业竞争力，利用专业化的人力资源服务公司进行人员招聘、人事管理、培训教育等服务，增加企业的专业化人才，提高人力资本及聘用效率等。总之，通过对产业链更深度的水平、垂直分工，加强产业链网络的密度和延展度，进行迂回生产，增加整个产业链的附加值，提高制造业的竞争力，同时使京津冀生产性服务业不断细化、专业化。

2. 价值链升级

绿色工业革命时代也是知识创新时代，为实现京津冀制造业及生产性服务业在即将来临的新一轮工业革命中处于优势地位，必须注重知识的共享、生成、管理和创新。为此，京津冀应联合同产业内企业，建立企业知识管理系统，进行知识获取、生成、管理和应用及创新，通过协同体内知识的流动，大幅度提高企业的知识存量，然后通过京津冀制造业和生产性服务业的互动，进一步促进产品和服务的创新升级，通过整个产业链的协同整合作用，完成最终产品的创新升级，在此过程中增加创新环节，整合各环节的创新成果，优化资源配置，提高整个产业链的附加值，促进整个产业链实现价值链的升级。在这种不断的梯次升级中生产性服务业与制造业实现深度融合，最终实现产业的整体升级，从而提高京津冀生产性服务业与制造业的整体竞争力。

3. 建立人才合作机制，为协同创新服务

制造业与生产性服务的协同少不了产业升级与创新，而创新离不开人才。

北京与天津拥有众多高校，教育资源丰富，人力资源素质高；河北省劳动力资源丰富，有潜力为北京市和天津市提供人力资本和智力资本。为此，应大力开发三地的人才合作机制，促进京津冀人才培养一体化、人才流动自由化、人才信息网络化。构建跨省级、跨地区、跨县级的整体人才合作规划，鼓励京津冀企业积极实施人才联合培养方案，实现高校与高校，高校与企业，企业与企业之间的良性互动和人才联合培养机制，促进人才的流动。加快京津户籍制度的改革，促进省市之间有层次的、有引导性的户籍制度的规范化和一体化，以消除户籍制度对人才流动的政策障碍，促进京津冀人才的自由流动。建立人才协调合作机制，通过统一的网上人力资源市场和区域间人才中介服务机构的合作交流，实现人才市场信息共享与互动。

参考文献

[1]张琰：《生产性服务业与制造业价值链变化的分析》，《计算机集成制造系》，2008 年第 1 期。

[2]孙久文：《北京参与京津冀区域合作的主要途径探索》，《河北工业大学学报》，2013 年第 3 期。

[3]刘明宇、芮明杰、姚凯：《生产性服务价值链嵌入与制造业升级的协同演进关系研究》，《中国工业经济》，2010 年第 8 期。

[4]黄莉芳：《中国生产性服务业嵌入制造业关系研究基于投入产出表的实证分析》，《中国经济问题》，2011 年第 1 期。

[5]刘鹏、刘宇翔：《基于产业价值链的生产性服务业与制造业的融合》，《经济问题探讨》，2008 年第 17 期。

[6]周鹏、余珊萍、胡凯：《生产性服务业与制造业空间布局升级间相关性分析》，《统计与决策》，2011 年第 5 期。

[7]邓丽姝：《京津冀制造业和服务业的互动发展》，《经济管理》，2006 年第 23 期。

[8]王朝阳、夏杰长：《制造业与服务业区域融合：对京津冀地区的一项分析》，《经济与管理研究》，2008 年第 10 期。

[9]张旺、申玉铭、柳坤：《京津冀都市圈主要服务业集聚的空间特征》，《地域研究与开发》，2012 年第 3 期。

[10]谭冰清、张宁宁：《现代服务业与制造业的进化博弈分析——基于京津冀区域合作》，《现代商贸工业》，2011 年第 17 期。

[11]杜传忠、王鑫、刘忠京：《制造业与生产性服务业耦合协同能提高经济圈竞争力吗？——基于京津冀与长三角两大经济圈的比较》，《产业经济研究》，2013 年第 6 期。

（作者：李京文　北京现代制造业发展研究基地首席专家　教授、博导
谢光亚　北京现代制造业发展研究基地研究人员　副教授
杜君君　北京现代制造业发展研究基地　硕士研究生
吉　喆　北京现代制造业发展研究基地　硕士研究生）

基地名称：北京现代制造业发展研究基地
依托单位：北京工业大学
项目类别：北京市社会科学基金项目

京津冀制造业生产要素协同创新影响因素及对策研究

——基于 SEM 的实证研究[①]

内容提要：为促进京津冀制造业协同发展，本文分析京津冀制造业主要生产要素：人力资源、自然基础设施、经济资本和科技资源的协同创新关系及其影响因素，建立京津冀制造业生产要素协同创新影响因素指标体系；设计生产要素协同创新路径，通过结构方程模型(SEM)，揭示要素之间的内在关系；最后提出京津冀制造业协同发展的政策建议。

关键词：协同创新；京津冀制造业；影响因素；结构方程模型

一、引　言

2011 年，“京津冀一体化”、“首都经济圈”的概念已经被写入国家“十二五”规划。而十八大二次会议上，习近平总书记又明确提出，实现京津冀协同发展是一个重大国家战略。

近几年京津冀经济发展迅速，2012 年京津冀地区生产总值约为 57348.29 亿元，较 2011 年增长 10%，占国内生产总值的 11%(数据来源：《中国统计年鉴 2013》)。与此同时，京津冀都市经济圈以汽车工业、电子工业、机械工业、冶金工业等产业为主，是全国主要的高新技术和重工业基地，可见制造业发展对于京津冀地区的重要性。然而北京、天津、河北在经济、人文、科技等方面占据不同优势地位，为制造业发展提供不同程度的生产要素条件。因此，京津冀地区如何通过生产要素协同创新，来实现制造业资源和要素在区域内的优化配置，推动产业布局的合理化，提高京津冀制造业核心竞争力，形成整体优势，对于带动京津冀都市圈经济发展、增强环渤海地区生产力，具有重要的战略意义。

① 本文是“京津冀都市圈现代制造业生产要素协同创新研究”项目的阶段成果，项目编号：13JDJGB037。

二、发展现状

协同创新是指不同创新主体(国家、区域、企业、高校和科研院所)基于目标利益驱动，通过创新要素有机配合和共同作用，产生单要素所无法实现的整体协同效应的过程[1]。而我国研究学者最早运用协同创新理论解决的是农业现代问题和技术协同创新。例如：利用包括农业本体、硬环境和软环境在内的整体系统的协同创新，推动农业现代化转型[2]。随着协同创新理论的不断丰富，其应用范围也逐渐扩大。从产品技术开发和高校教学的协同创新研究，到企业发展的协同创新理论研究，再到区域发展的协同创新体系建设。例如，设计了生产协同创新系统中选择战略合作伙伴的软件工具[3]，以及区域创新协同度评价指标体系[4]。

近年来，对于京津冀制造业的研究主要有三个视角：一是京津冀制造业与服务业的关系，分析了京津冀地区制造业与服务业的融合[5]，以及京津冀晋蒙地区生产性服务业推动制造业的升级[6]；二是京津冀地区制造业产业链的发展及其竞争力研究，分析京津冀都市圈制造业的产业链空间集聚水平[7]，分析京津冀地区制造业产业规模优势、产业市场优势和产业竞争优势，考虑区域合作产业竞争力的提升[8]。三是京津冀制造业的协调，用灰色关联分析法研究京津冀医药制造业产业的协同发展[9]。

协同创新的相关学术成果已为今后的深入研究打下基础。但目前多为理论研究，缺乏从产业角度对协同创新进行实证研究，且对协同创新影响因素的内涵把握不够全面；在京津冀制造业发展的研究方面，针对京津冀制造业生产要素的分析较少，缺乏对协同创新关系的研究。本文从协同创新角度出发，综合分析制造业发展的生产要素，建立制造业生产要素协同创新影响因素模型，并针对京津冀地区制造业生产要素协同创新关系，进行实证研究。

三、生产要素及影响因素确定

产业国际竞争力包括四个内部因素(要素条件、需求条件、相关及支持产业和公司战略、组织及竞争)和两个外部力量(机会和政府)，其中生产要素是最重要的影响因素之一；并提到生产要素包括人力资源、自然资源、资本和基础设施[10]。将市场需求、科技进步和生产要素配置、市场网络组织三个内部动因以及政府作用、发展环境两个外部动因的变动，看作先进制造业发展的主要推动因素；其中生产要素配置包括传统生产要素(资源、劳动、土地要素)、技术要素、制度要素和企业组织结构[11]。新兴产业发展要建立在与其他产业竞争中获取必需的生产要素等有利条件的基础上，其中涉及劳动、资本、技术，这些要素可以通过产业集聚的群内企业得到持续的创新[12]。因此，生产要素既是产业的发展动力，又会成为产业的约束条件，它是产业协同发展的重要因素。

(一)生产要素确定

本文根据制造业发展影响因素、区域协调发展因素、产业竞争力等相关文献，确立了四个主要的生产要素，分别涉及人力资源、自然基础设施、经济资本和科技资源。

1. 人力资源协同创新

无形、增值的人力资本会间接影响制造业的发展。这是因为企业员工的质量、数量和结构的变动都会对企业绩效产生一定的影响[13]。同时，人力资本也体现了一定的技术创新能力。例如，用重心理论得出人力资源配置对高新技术产业东西横向分布格局具有较强的推动作用[14]。因此，充分共享人力资源优势，实现人力资源协同创新，是提高制造业生产能力的关键。

2. 自然基础设施协同创新

自然是指自然资源，包括土地资源、水资源、矿产资源和能源等；基础设施指的是京津冀地区基础设施等制造环境。由于自然资源具有稀缺性、地域性等特征，对于密度小、数量少、质量差的区域，在一定程度上会制约该地区制造业的发展。同时，基础设施是产业发展的前提和重要支撑，其变化也可以反映出区域制造业生产能力的加强与减弱[15]。要合理利用京津冀地区的自然环境，通过优势互补，实现生产要素协同创新，才能为整个京津冀地区制造业发展提供最基本的生产条件。

3. 经济资本协同创新

包含资本投入、产出等相关经济指标，它是产业发展的直观因素。从制造业产业产值等经济指标可以大致判断该产业的生产能力及其发展现状。经济指标是产业发展的重要因素。例如：外商直接投资和固定资产投资可以成为产业发展的推动力。同时，经济指标也是产业集群的决定因素。环渤海地区制造业集聚的显著影响因素有内部规模经济，其量化指标是以各地区制造业产值占全国制造业产值的比重进行度量的[16]。因此，将资本合理布局，在经济上实现对接合作，确保制造业稳固的资金链，是制造业发展的基本保障。

4. 科技资源协同创新

科技作为第一生产力，它的提升必然会促进产业的发展，尤其是高新技术产业的发展。提高制造业发展的质量和效益，就必须把制造业的发展建立在科技进步的基础之上，提高资源利用率。而 R&D 资源配置效率的高低则直接体现了行业自主创新能力的高低[17]。知识产权、科技成果转化率等技术保障，是实现制造业创新的重要保证。因此，实现科技资源有效共享，提高技术合作程度，可以加强制造业的核心竞争力。

(二)影响因素选取

从生产要素视角，突出协同创新合作，本文确立了京津冀制造业生产要素协同创新影响因素，见表1。

表1　制造业生产要素协同创新影响因素

一级指标	二级指标
人力资源协同创新 C1	人力资源共享合作机制 C11
	人才交换转移比例 C12
	人才共享合作成本 C13
	人才共享合作预期效果 C14
自然基础设施协同创新 C2	自然基础设施开放利用机制 C21
	自然基础设施整理分配程度 C22
	自然基础设施利用建设成本 C23
	自然基础设施协同预期效果 C24
经济资本协同创新 C3	经济资本风险合作保障机制 C31
	多元融资体系完善程度 C32
	经济资本风险分担程度 C33
	经济资本合作预期效果 C34
科技资源协同创新 C4	科技资源开放共享机制 C41
	技术梯度分工合理程度 C42
	技术协同合作成本 C43
	协同技术预期成果转化率 C44

四、制造业生产要素协同创新的 SEM 模型

结构方程模型(Structural Equation Modeling，SEM)结合了多变量多元回归分析和路径分析等技术，同时通过估计一系列相互依赖关系，来验证假设模型的正确性。它的优势是将潜变量纳入到分析中，并允许估计过程中有测量误差[18]。SEM 涉及两类变量，即潜变量和观察变量。潜变量是不能直接观察到的变量，但能从观察变量(可直接观察或测量的变量)推断出来。其中，潜变量又被分为内生潜变量(受其他潜在变量影响)和外生潜变量(影响其他潜变量，但不受其他潜变量影响)。结构方程模型同时分析了结构方程(反映潜变量间的关系)和测量方程(反映潜变量和观察变量的关系)[19]。

1. 路径图

将测量模型说明带入到概念模型，得出制造业生产要素协同创新模型(SEM)的路径图，如图 1 所示。

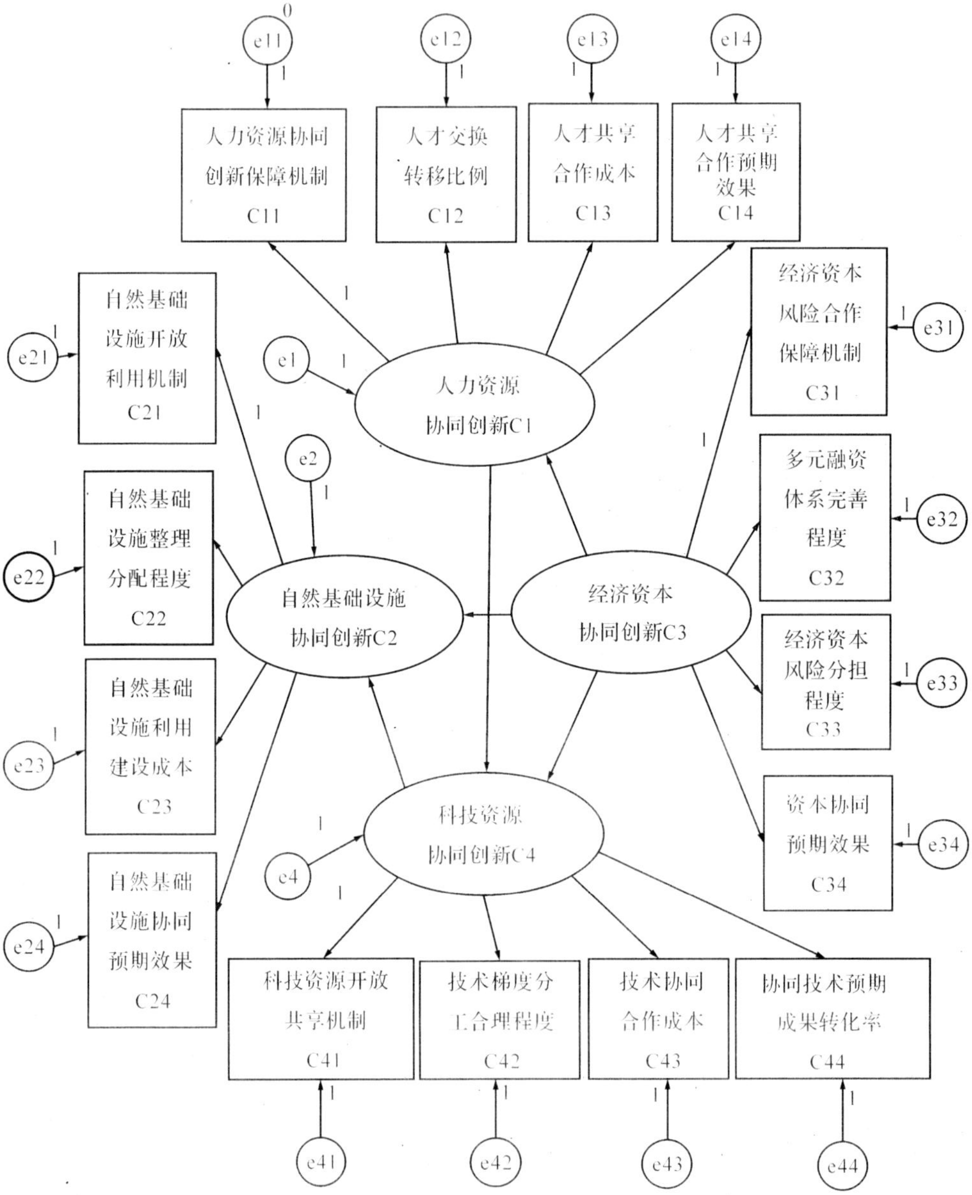

图 1 制造业生产要素协同创新 SEM 路径图

2. 方程式

结合 SEM 路径图，得到测量模型的方程式：

$$C_{ij} = \lambda_{ij} C_i + e_{ij} \quad i,j = 1,2,\cdots,4;$$

其中，C_{ij}——外生(内生)观测变量；

C_i——外生(内生)潜变量；

λ_{ij}——反映C_{ij}和C_i关系强弱程度的系数矩阵；

e_{ij}——C_{ij}的测量误差。

3. SEM 假设

本文对京津冀制造业生产要素协同创新作用进行分析，参考众学者对区域发展动力机制、协同创新要素等研究，如：殷德生、唐海燕的《中国制造业集聚的决定因素与变动趋势——基于三大经济圈的实证分析》[16]、王玉梅等人的《产业技术创新战略联盟网络协同创新要素分析》[20]等，结合京津冀制造业的特点，提出结构模型假设如下：

H1：经济资本协同创新直接影响人力资源协同创新；

H2：经济资本协同创新直接影响科技资源协同创新；

H3：经济资本协同创新直接影响自然基础设施协同创新；

H4：科技资源协同创新直接影响自然基础设施协同创新；

H5：人力资源协同创新直接影响科技资源协同创新。

五、京津冀制造业生产要素协同创新实证研究

(一)京津冀生产要素优势

本文首先从人力资源、自然资源、经济资源、科技资源四个方面，对京津冀地区制造业生产要素基本优势情况进行初步了解，这些优势资源的协同状况如图 2 所示。

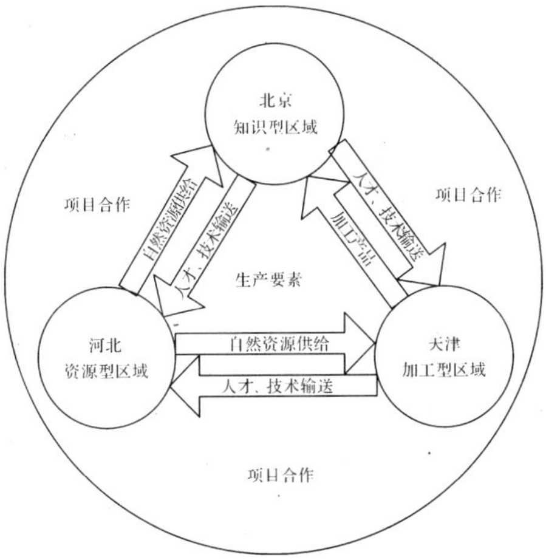

图 2　京津冀生产要素协同创新图

1. 北京知识型区域

2012年年末京津冀地区制造业从业人数总计373.6万人，占当年年末全国制造业从业人数的8.77%(数据来源：《中国统计年鉴2013》)。不及全国十分之一的人力现状，体现了京津冀地区并非制造业的人才集聚区，但是其6.41%的同比增长率却高于全国4.25%的水平。京津冀地区近几年人力资本不断加强，增长趋势明显。2011年天津地区制造业从业人数的激增，为京津冀地区带来了三省相对平衡的人力资源布局。同时，北京市的就业人员相比于津冀两省市具有较高的受教育程度且平均工资与学历呈正相关，体现了北京作为首都的知识型区域地位。

2. 河北资源型区域

河北省在土地面积、水资源等方面具有更优越的自然资源条件。其水资源总量是京津两市总和的3倍多，土地面积更是京津两市总和的6倍多。同时，河北省在主要能源和黑色金属矿产储蓄上特别是在石油、煤炭、铁矿、硫铁矿等方面，远远优于京津两地。可以说河北省在京津冀地区充当了资源型区域的角色。

3. 天津加工型区域

天津市是一个港口城市，其32714米的码头长度、154个港口泊位、9160798平方米的堆场总面积(数据来源：《天津市统计年鉴2012》)，为京津冀地区提供了一个良好的交通运输环境。同时，从天津市法人情况来看，金属制品业、通用设备制造业和交通运输设备制造业的法人单位数要高于其他制造业。良好的交通环境加上企业的集群使天津成为一个加工型区域。

(二)数据采集及模型验证

为了验证京津冀制造业生产要素协同创新模型，本文参考《北京统计年鉴》《天津统计年鉴》《河北统计年鉴》《中国统计年鉴》等官方数据，对京津冀制造业生产要素协同创新影响因素向专家进行问卷调查。在此基础上进行如下数据分析：

对问卷调研结果进行信度和效度分析，结果如表2。

表2 调查问卷信度效度检验结果

检验项目	检验方法	检验结果
信度检验	利用SPSS软件计算调查问卷的Cronbach's Alpha值	α值为0.923
效度检验	利用SPSS软件对调查问卷进行因子分析	KMO值为0.925，载荷值大于0.5

通过表2可知，$\alpha>0.80$，说明调查问卷处于高信度；KMO>0.80，适合因子分析，同时载荷值大于0.5，说明调查问卷效度良好。

本文使用AMOS软件，选择Maximum Likelihood方法对样本数据进行分析。路径图1的模型拟合结果为：$\chi^2/df=2.104$，GFI＝0.780，RMSEA＝0.111。同时，人力资源协同创新对科技资源协同创新潜变量间的回归系数为0.08，科技资源协同创新对自然基础设施协同创新潜变量间的回归系数为0.01，表明人力资源协同创新没有真正地转化成科技资源协同创新的推动因素，科技资源协同创新对于自然基础设施协同创新的影响也很微弱。拟合结果不太理想，本文根据修正指数等参数对模型进行调整，如图3，并将假设4和5删除，即假设不显著。

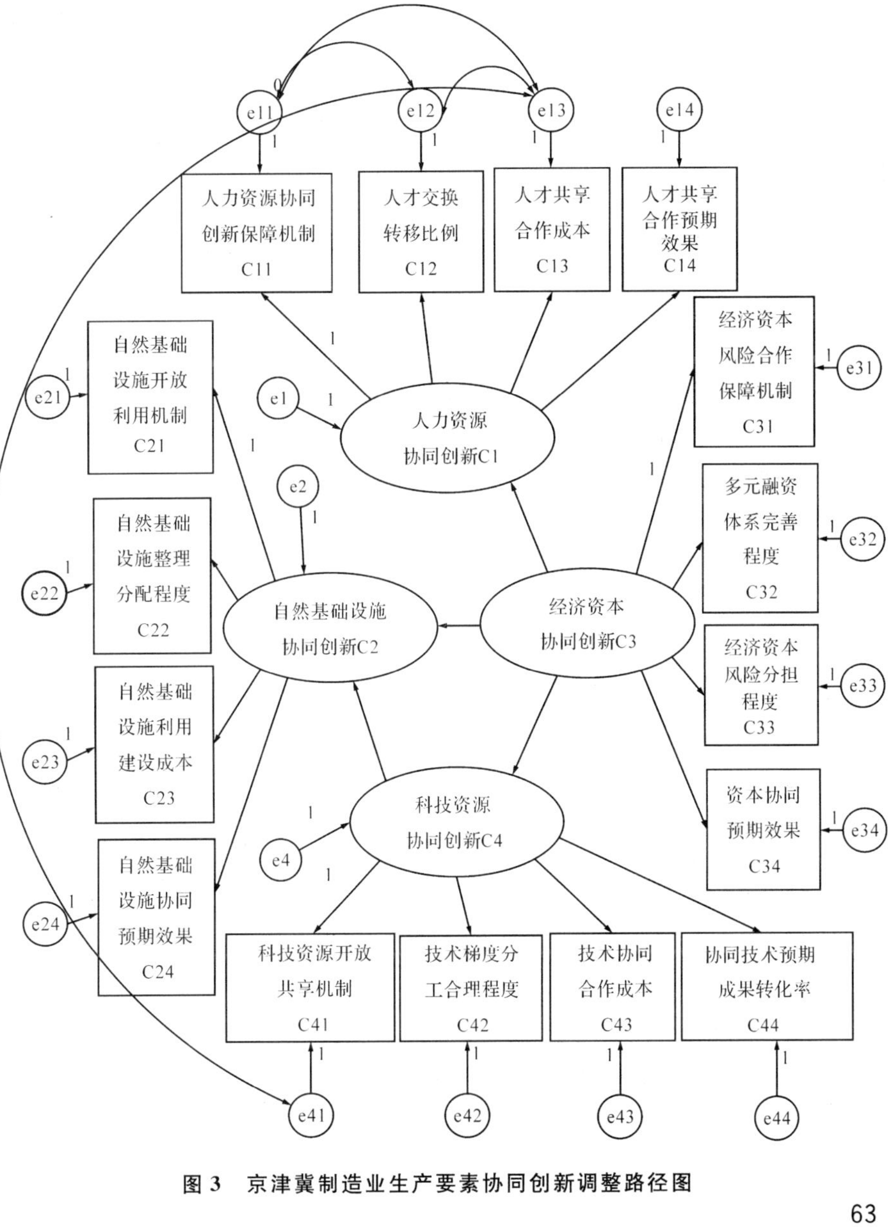

图3　京津冀制造业生产要素协同创新调整路径图

对新模型再次进行验证，模型拟合结果如表 3 所示；内因变量回归系数及其显著性如表 4 所示。

表 3　模型拟合指数汇总

拟合指数	χ^2/df	GFI	AGFI	NFI	IFI	CFI	RMSEA
结果	1.483	0.843	0.784	0.825	0.935	0.933	0.074

由表 3 可知，$\chi^2/df<2$，表明样本数据与理论模型相匹配，模型解释能力强。RMSEA 的值为 0.074，AGFI 值为 0.784，说明基本不受模型复杂度影响。而其他指标也均在合理范围内或位于边缘，说明模型拟合良好，具有实际意义。

表 4　内因变量回归系数表(标准化)

Variable	←	Variable	Estimate
人力资源协同创新 C1	←	经济资本协同创新 C3	0.765
科技资源协同创新 C4	←	经济资本协同创新 C3	1.000
自然基础设施协同创新 C2	←	经济资本协同创新 C3	0.965
人力资源协同创新保障机制 C11	←	人力资源协同创新 C1	1.000
人才交换转移比例 C12	←	人力资源协同创新 C1	0.852
人才协同合作成本 C13	←	人力资源协同创新 C1	0.695
人才协同预期效果 C14	←	人力资源协同创新 C1	0.379
自然基础设施协同创新保障机制 C21	←	自然基础设施协同创新 C2	0.728
自然基础设施整理分配程度 C22	←	自然基础设施协同创新 C2	0.735
自然基础设施协同利用成本 C23	←	自然基础设施协同创新 C2	0.709
自然资源基础设施预期效果 C24	←	自然基础设施协同创新 C2	0.739
经济资本协同创新保障机制 C31	←	经济资本协同创新 C3	0.716
多元融资体系完善程度 C32	←	经济资本协同创新 C3	0.682
经济资本风险程度 C33	←	经济资本协同创新 C3	0.701
资本协同预期效果 C34	←	经济资本协同创新 C3	0.670
技术协同创新保障机制 C41	←	科技资源协同创新 C4	0.700
技术梯度分工合理程度 C42	←	科技资源协同创新 C4	0.750
技术协同合作成本 C43	←	科技资源协同创新 C4	0.669
协同技术预期成果转化率 C44	←	科技资源协同创新 C4	0.709

(三)结果分析

1. 从潜变量之间的关系分析

(1)经济资本协同创新对科技资源协同创新(1.000)、自然基础设施协同创新(0.965)的影响很大，表明京津冀制造业为开展合作项目而投入经费，在很大程度上带动了技术引进及其共同研发、自然资源互补和基础设施的建设利用，也影响了技术和自然基础设施互补的效果。

(2)经济资本协同创新对人力资源协同创新(0.765)的影响较大，表明京津冀制造业合作项目的经费投入在一定程度上推动了人才的输送与共享。

2. 从观察变量对潜变量的影响分析

对于观察变量和潜变量的影响关系主要从协同创新保障机制、要素差异互补程度、协同合作成本和协同创新效果四个方面进行解释。

(1)在协同创新保障机制方面，四个生产要素对于协同创新发展有较大的推动作用(>0.70)，说明京津冀地区在政策方面对制造业协同发展给予很大的鼓励支持，尤其在人才交流方面显出较大优势(1.00)，也从侧面反映出京津冀地区更注重人力资源的有效发挥，保障高层次人才的合作。

(2)在差异短缺互补整合方面，四要素对于协同创新发展有较大的影响(>0.68)，说明京津冀地区生产要素的差异互补程度一定程度上是协同创新发展的直接因素。同时，也从侧面反映出人力资源、自然基础设施和技术资源有较大的短缺互补，其中人才差异互补程度最大，资本差异较小，可以看出京津冀制造业生产要素间的差异主要体现在非经济因素上，需要加强这些要素的协同合作及利用。

(3)在协同合作成本方面，除经济资本外的三个要素均有较高的影响(>0.67)，说明协同合作成本是京津冀制造业协同创新发展的主要影响因素之一。其中，自然基础设施协同成本影响程度较大，技术协同成本影响程度相对较小。从侧面反映出京津冀制造业协作成本相对较高；在相同费用水平下，企业和政府更愿换取更多的技术。

(4)在协同预期效果方面，各要素影响程度不均(0.38～0.74)，说明京津冀制造业生产要素的预期协同效果影响程度有差异。从侧面反映出企业对于京津冀制造业的预期协同效果不看好，尤其是人才协同的预期效果；在一定程度上，也表明京津冀制造业协同创新处于“高协同、低创新”的尴尬局面，也深刻反映出协同创新的方法亟待改进。

六、对策建议

根据上述结果分析，结合京津冀制造业发展实际情况，从生产要素协同创新角度出发，提出以下对策建议：

(1)国家层面，出台相关激励政策，打破三省市独自发展的思维定式，充分发挥环渤海地区经济合作发展协调机制的作用。以区域设施一体化为优先领域，以产业结构优化升级和实现创新驱动发展为合作重点，以资源要素空间统筹规划利用为主线，并出台相应的协同政策给予支持。

(2)区域层面，细化京津冀三地各自的定位和功能，形成错位发展、协同发展的局面，坚持优势互补、互利共赢，区域一体化原则。三地的制造业相关政府部门继续发挥好宏观调控的作用。确保生产要素协同创新政策机制的持续运行，稳固制造业良好的协同发展态势；加快推进产业对接协作，理顺三地产业发展链条，形成区域间产业合理分布和上下游联动机制。加大对协同创新过程及结果的监管力度，及时评价、对比、分析，有针对性地采取改良措施；构建合理的奖惩机制和典型示范，对协同创新效果好的企业给予表彰，促进其更好合作；适时在京津冀三地开展论坛及会议，建设专门的京津冀制造业协同创新网站，及时交流、展示成果。

(3)人才方面，建立区域教育合作的协调机制和人才需求信息平台，加大京津冀三省市的人才互补力度。京津冀三地的人才差异互补在很大程度上影响了人力资源的协同创新，北京作为首都具有丰富的教育资源，高学历高技能人才众多。构建区域教育合作的协调机制，加强联合培养人才力度；建立人才需求信息平台，确保人才需求的及时调动；深入开展对标行动，加强专业技能培训。

(4)自然基础方面，进一步优化产业结构，充分发挥自然资源优势互补的同时，着力推进工业节能减排，积极推动清洁能源生产、管理、规模并用。河北省在京津冀地区一直充当资源型区域的角色，历史上主要是重工业。虽然，近几年不断调整产业结构，但其产业结构中重工业比重仍然偏大。全面优化产业结构，加大产业结构优化深度和广度；进行互补需求分析，建立利益补偿机制；借鉴京津两市高新产业发展经验，为河北工业减重增轻，共同加速和带动京津冀地区的产业结构转型和升级。

(5)资本方面，加快建立区域协调联动机制，统筹区域重大经济事件。根据三地不同的城市定位，在京津冀经济圈形成优势互补，建立区域协调联动机制，负责协调区域经济合作中出现的矛盾和问题；树立一体化发展的理念，对区域内产业发展进行合理布局，使京津冀地区逐步形成关联紧密、开发互补的区域新格局，共同实施区域重点项目，实现“互利合作，多方共赢”。

(6)科技方面，加大科技创新对接，增强京津冀制造业的核心竞争力。加快科技合作，以企业为主题，市场为导向，构建产学研相结合的区域技术创新体系；促进京津冀高校、科研院所、国家各部委以及跨国公司研发中心的广阔发展合作；加大京津冀三地技术市场交易的活跃力度，并且对积极共享技术的企业进行一定程度的奖励；提高协同科技成果转化率，分别深入挖掘各自的技术优势，并将其转为实际应用。

(7)综合来看，要深化改进生产要素协同创新的方法，改善协同创新效果。建立"由点到链、由链到面"的创新路径，把每个企业的生产要素视为一个点，从上游到下游组合优化成为资金链、人才链、资源链和技术链，最终汇聚到整个制造业面上的发展；培育"资本优先协同，人才通力协同，资源及时协同，技术深入协同"的发展机制，资金是协同创新的最基础要素，要优先合作；人才是协同创新的主体，要通力协作；自然基础设施是协同创新的保障，要及时互补；技术是协同创新的核心要素，要在产业链上各自发挥优势。

参考文献

[1] 杨耀武、张仁开：《长三角产业集群协同创新战略研究》，《中国软科学》，2009 年第 2 期。

[2] 郭剑雄：《协同创新与农业现代转型》，《农业经济》，2000 年第 3 期。

[3] Hacklin F, Marxt C, Fahrni F. Strategic Venture Partner Selection for Collaborative Innovation in Production Systems: A Decision Support System-based Approach. International Journal of Production Economics, 2006(1).

[4] 李林、杨泽寰：《区域创新协同度评价指标体系及应用——以湖南省 14 地市州为例》，《科技进步与对策》，2013 年第 19 期。

[5] 王朝阳、夏杰长：《制造业与服务业区域融合：对京津冀地区的一项分析》，《经济与管理研究》，2008 年第 8 期。

[6] 冯中越、周孝：《京津冀晋蒙地区生产性服务业推动制造业升级》，《2012 京津冀晋蒙区域协作论坛论文集》，2012 年。

[7] 马国霞、朱晓娟、田玉军：《京津冀都市圈制造业产业链的空间集聚度分析》，《人文地理》，2011 年第 3 期。

[8] 武义青：《京津冀制造业产业竞争力实证分析》，《经济与管理》，2007 年第 9 期。

[9] 张淑莲、刘冬、高素英、刘建朝：《京津冀医药制造业产业协同的实证研究》，《河北经贸大学学报》，2011 年第 5 期。

[10] Porter M E. The Competitive Advantage of Nations. Harvard Business School Management Programs, 1993.

[11] 龚唯平、薛白、董华：《先进制造业发展的动力模型与评价指标体系》，《产经评论》，2010 年第 2 期。

[12] 孟祺：《基于产业集聚视角的新兴产业发展研究》，《科学管理研究》，2011 年第 4 期。

[13] 毛清华、张琳：《装备制造业人力资本与企业绩效关系的实证研究》，《工业技术经济》，2012 年第 10 期。

[14] 王春艳：《我国高新技术产业重心与人力资源重心的演化路径对比分析》，《上海经济研究》，2013 年第 2 期。

[15] 林敏、王毅、吴贵生：《西部地区战略性新兴产业发展模式研究》，《科技进步与对策》，2013 年第 17 期。

[16] 殷德生、唐海燕：《中国制造业集聚的决定因素与变动趋势——基于三大经济圈的实证分析》，《世界经济研究》，2008 年第 12 期。

[17] Simons T, Gupta A, Buchanan M. Innovation in R & D: Using Design Thinking to Develop New Models of Inventiveness, Productivity and Collaboration. Journal of Commercial Biotechnology, 2011(4).

[18] Lee J H, Jin B S, Ji Y. Development of a Structural Equation Model for Ride Comfort of the Korean High-speed Railway. International Journal of Industrial Ergonomics, 2009(1).

[19] Bizzi S, Surridge B W J, Lerner D N. Structural Equation Modelling: A Novel Statistical Framework for Exploring the Spatial Distribution of Benthic Macroinvertebrates in Riverine Ecosystems. River Research and Applications, 2013(6).

[20] 王玉梅、罗公利、输广菊：《产业技术创新战略联盟网络协同创新要素分析》，《情报杂志》，2013 年第 2 期。

（作者　蒋国瑞　北京现代制造业发展研究基地研究人员　教授
单晓红　北京现代制造业发展研究基地研究人员　副教授
胡　喆　北京现代制造业发展研究基地硕士研究生）

首都服饰文化与服装产业研究基地（北京服装学院）

基地名称：首都服饰文化与服装产业研究基地
依托单位：北京服装学院
项目类别：北京市社会科学基金项目

基于双向模式下的企业创新管理有效性研究①

内容提要：伴随日益动荡的商业环境，越来越多的企业开始将创新视为企业的核心功能之一。更多的研究表明，在企业创新能力和创新环境之间存在显著的正向关系性，而企业高层管理者在其中扮演重要角色。从更宽泛的意义上讲，企业高层管理者不应仅仅从技术角度关注自身的创新活动，亦应从更为广泛的层面关注创新，并加强对创新环境的培育，以确保企业创新活动的高效性。换句话说，灵活并适合企业创新的内部管理系统、对创新的授权、对创新活动的强力支持、适合创新的文化氛围的培育、外部合作伙伴的支持以及对同企业创新成长高度相关的前沿科技的持续关注，等等，这些都将在企业创新绩效提升的过程中发挥重要作用。

关键词：创新管理；有效性；模式

一、引　言

在企业外部经济环境变得不景气或企业在其发展陷入瓶颈期之际，企业要比以往任何时候都更为关注创新。当前的确有越来越多的企业在产品创新、服务提供以及新的商业模式的开发上面临创新挑战。然而企业创新活动不仅投入巨大而且风险极高，这对那些致力于取得高绩效创新成果的企业而言是一个不小的挑战。对中小规模企业来说，创新活动更像是“走在一条充满血腥的道路上”。而对于有一定规模和实力的企业而言，如放弃当前利益并冒险创新，稍有不慎，企业即可能面临生存与死亡的艰难选择。在一些更为复杂的情况下，虽然很多企业对创新心同往之，但最终大多数企业往往会选择维持现状。客观而言，创新的形成同企业顶层管理者是否拥有挑战失败的勇气密切相关。为了取得创新的成功，企业顶层管理者需要建立一种能够支持创新活动的内部协调机制和文化氛围，以使企业能从

① 本文是“基于‘科技驱动’的北京服装设计产业提升路径与对策研究”的阶段成果，项目编号：13JDJGD009。

这种机制和氛围中获得创新的推动力量。基于这样一种考虑，企业顶层管理者应关注自下而上的创新方式和自上而下的创新方式，以及基于这两种创新方式下的平衡与挑战。在具体操作中，灵活并有弹性，且能够支持企业创新活动展开的内部管理系统、对创新的果断授权、对创新过程的有效把控以及对支持创新活动的企业文化的培育等，都可成为企业高绩效创新活动的重要源泉。

二、创新授权

在当前的环境下，越来越多的企业高管开始面临持续上升的高绩效创新压力，以及怎样在企业的日常管理中完成对创新活动的激发与挑战。为了应对压力和挑战，企业顶层管理者需要找到那些能够支持高绩效创新的内在动力源，并将这种动力源渗透到企业中的每一个角落。学者菲利普·简的研究成果带来诸多启示，他指出，有两个关键的问题是值得企业高管关注的：一个是，每一种创新活动都需要有一种与之相适应的领导风格；另一个是，企业该如何选择最合适的创新领导者来领导某一次具体的创新活动。这表明，在更多的情况下，企业的创新活动不一定只有企业顶层才能主导并完成，不同部门和层级的职能管理者都可能成为某一次具体的创新活动的重要推动者。事实也表明，由于企业顶层管理者往往容易卷入更为复杂的管理活动，并要不时面对来自外部环境的巨大挑战，在更多的情况下，他们的个人精力和时间往往都有着明显的局限性。而实际上，更多成功的创新活动往往来自企业内部不同部门，比如新产品研发部门、企业商业模式研究中心、客户服务部门或市场营销部门的共同努力和彼此协同。或者说，不同层级的创新领导者和由他们所领导的具体的创新活动之间的协同往往会在企业的高绩效创新活动中发挥至关重要的作用。

既然在高绩效创新的形成过程中企业的不同部门或不同层级的职能管理者发挥了至关重要的作用，企业顶层管理者更应给予各层级职能经理更多的权利和更大的空间来领导具体的创新活动。在这方面，道格拉斯·贝特(2010)的观点是值得深思的，他指出，对大多数企业而言，企业内部不同部门应被给予更多的或更为充分的且能够自主发挥个人能力的空间，以追求创新性灵感并开展具有创新导向的研发活动，而不是在企业战略的束缚下中规中矩，即使他们的创新思路与企业既有的战略方向有所偏差又有何妨？更多的高绩效创新表明，某一项颇为成功的创新活动往往同这一创新活动的具体领导者的领导技能和领导风格关系密切，而如何选择并授权具备这种能力的职能管理者来领导某一次具体的创新活动就成为企业最高决策者不得不面对的挑战。很多企业的成功案例已充分表明，那些获得授权的职能管理者在企业的创新活动中确实发挥了重要作用。选择合适的职能管理者来领导具体创新活动要看企业最高决策者的眼光和领导智慧，同时这也是企业最高决策者最终能否成功引导企业创新活动走向正确之路的一项重要工作。

三、创新过程

(一)自下而上的创新过程

更多的资料表明，那些有着高绩效创新纪录的企业，其顶层管理者无不持续关注企业创新活动的形成和传播，并始终对“自下而上的创新活动”以及“自上而下的创新活动”给予极大的关注。虽然这项工作充满了挑战，但却是企业高绩效创新活动的一项基础工作。高绩效创新的形成既有企业顶层主导的功绩，也有不同层级职能管理人员的协同与努力。由于企业顶层管理者负责的领域不同，他们对企业第一线的工作活动和实际情况有时无法做到充分了解，在这种情况下，自上而下的创新方式在解决创新难题时或将面临来自实际问题的挑战。长此以往，这种“自上而下”的过于强势的创新方式或会面临来自职能管理者的沉默反对，在执行层中甚至会出现“我们”和“你们”的人为划分，这会给创新带来严峻后果。如果发生这种情况，有时尽管来自企业顶层的创新思路看起来不错，职能层管理者也可能会消极抵制。基于这种情况的客观存在，来自基层或职能层的创新活动更应得到企业顶层决策者的高度重视。如果从这个角度看，企业最高决策者激励不同层级的职能管理者专注于创新的举措就显得尤为重要。另外，一些企业的创新思路往往就来自市场一线或企业第一线的工作人员的默默努力。如果企业顶层管理者能果断地对企业的不同层级的职能管理者进行创新授权，势必会提高这种“自下而上的创新活动”的创新绩效，这也从另一个层面表明企业的最高决策层在这种“自下而上的创新活动”中所发挥的作用也是无法替代的。

即使在“自下而上”的创新过程中，企业最高决策者也并非无所作为。企业顶层管理者所应做的事情是如何利用他们的丰富行业经验以及能够接触重要信息的便利条件对可能发生的创新活动进行重要决策和引导。在另一方面，企业顶层决策者不仅仅要提供一个相对公平和更为广泛的渠道来激发广大职能管理者的创新热情，同时还要推动发生在职能经理之间的创新协同，这应成为高绩效企业创新活力的重要保障。直到现在，越来越多的企业高管已经意识到，传统的“自上而下”的创新方式已不能完全满足当前市场对创新的新需求。近年来，已有大量的信息表明，诸如谷歌、亚马逊等知名企业无不采取了“自下而上”的创新方式，其中谷歌创建的一家自下而上的创新工厂目前已取得成效。自下而上的创新元素见图1。

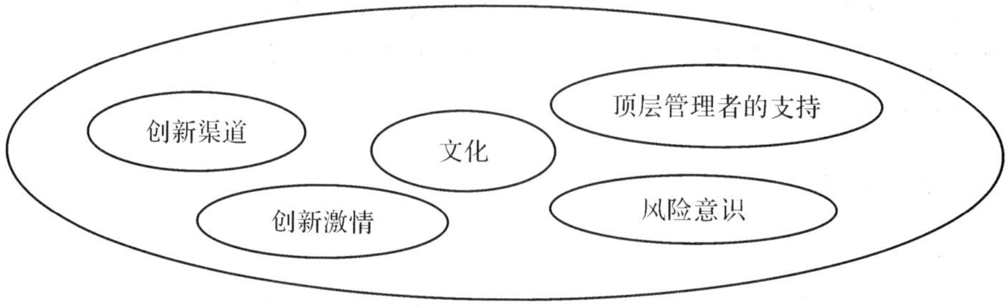

图 1　自下而上的创新元素

(二)自上而下的创新过程

更多的事实表明，现代企业正面临日益动荡的环境挑战。此外，创新成果的不确定性和企业日益有限的内部资源亦使企业的创新活动要比以往任何时候都更为艰难。在日益动荡并充满挑战的复杂的商业环境中，企业内部由顶层决策者主导的“自上而下”的创新活动往往更具成效性。不可否认的是，企业最高决策者丰富的行业经验和商业远见无疑支持了在高挑战环境中的企业创新绩效。此外，如何选择那些合适的、值得信任的且拥有管理能力和领导能力的职能管理者来领导具体的创新活动，也成为企业最高决策者“自上而下”式创新活动的重要组成。从另一个角度来看，一个重要的观点是，企业最高决策者往往也决定了企业不同层级的职能管理者的工作目标和使命，而由顶层所主导的创新活动往往更易在企业内部获得普遍认同。

有很多例子可为“自上而下”式的成功创新提供支持。比如，在商业领域，信用卡的快速发展就是一个成功的例子。20 世纪 50 年代，为降低研发压力和新产品发展压力，美国银行客户服务研究部门曾运用一种很特别的方式成功推动了信用卡的发展。实际上，这一创新式推广的成功就来自于美国银行高管团队的直接推动。仅从这一点看，信用卡发明和推广并非是对市场需求的特殊反应，而是银行业高管利用他们拥有的知识、信息、市场认知以及对客户了解的优势成功实现的“自上而下”式创新推动。不得不说企业顶层管理者在这一过程中扮演了重要角色，他们是这次“自上而下”式创新活动的真正推动者。自上而下的创新元素见图 2。

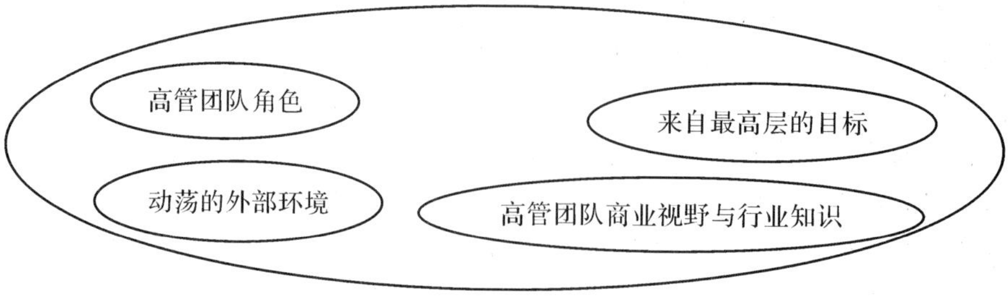

图 2　自上而下的创新元素

(三)两种创新过程的平衡

高绩效创新是企业竞争优势的一个重要来源，但它本身不会凭空发生。在更多时候，高绩效创新成果的取得往往取决于企业“自下而上”式创新活动与“自上而下”式创新活动间的平衡。虽然上述两种创新方式都有各自的优缺点，但两种方式之间的关系不应是彼此替代，而应是相互补充，企业的创新活动应更多地去综合考虑这两种方式间的平衡。虽然“自上而下”的创新方式在企业内部有很大的影响力，但这种方式需要有更多的资金投入，而且仅仅适用于相对动荡的行业和市场环境。而“自下而上”的创新则有助于企业构建一种更为广泛的创意优势，往往更适合为企业提供增值服务和创新激情。由于不同经济规模的企业其创新活动差异较大，文化因素往往会在这些企业的创新形成过程中发挥重要作用。在创新活动开展的早期阶段，企业自身的创造能力是至关重要的，然而那些可能影响人们行为的企业文化或企业内部的协调机制则会在企业创新活动的后期阶段发挥更为重要的作用。洛朗·彼得(2001)指出，企业在努力确保达成上述两种创新方式平衡的前提下，应从长远发展的角度审视高绩效创新，企业最高决策者依然需要构建一个能够支持创新发生的文化平台，以为高绩效创新活动提供更为持久的支撑和动力。

四、创新中文化支撑

柯达陷入巨大困境的一个根本原因在于，其取得成功之后，并没有持续向前并做出更进一步的努力，也没有进一步采用新技术并开发新产品和新市场。从更深的角度看，不难发现柯达自身缺乏某种方式或文化氛围来激发潜在创新思维和创新精神。在现实的商业世界，许多成功的创新往往是由小企业取得的。相较于大公司的官僚结构，小企业没有那么多的层次结构和复杂的人际关系，小公司相对简单和灵活的组织系统往往更适合创新。更多的事实表明，灵活的企业内部管理系统和能够支持创新活动的文化氛围应成为创新的重要保证。创新型企业的一个主要特点是这些企业都喜欢有天赋的员工，这些企业甚至知道在哪里可以找到这些拥有特别天赋的人。在中国，华为是一家能够在创新上保持领先并能做到“以人为本”的企业。华为的管理哲学是将“人”放在企业最核心的位置，并为那些勇于创新的员工提供足够的成长空间。直到今日，华为始终在坚持为那些勇于创新的员工提供更为宽松、开放的氛围。

更多资料表明，几乎所有的商业机会都来自于企业中层管理人员的共同努力，以及那些在创造性工作环境中工作着的广大员工的协同努力。虽然如此，任何类型的创新的成功莫不需要来自企业顶层的大力支持。虽然员工的创新能力有所不同，而事实却是轻松的企业文化环境往往更有助于推动员工的创新绩效。

热情是创新文化的一种。在那些勇于创新的企业中，热情不仅仅被认为是员工素质中的一种，它更代表了企业的特点，往往被看成企业独有的文化现象。在越来越多的企业中，保持高度热情往往被认为是成功创新的最重要来源之一。企业顶层管理者应鼓励这种热情和那些能够支持创新文化的氛围，并应接受那些在日常的创新工作中出现差错的员工。在许多企业的创新活动中，创新失败的概率要远远超过成功的概率，不然又怎么算是创新？那些坚持"创新一定要成功"的理念的企业高管，会给员工的创新努力带来巨大压力。长此以往，会使更多的员工习惯于服从或跟随主流，甚至缺乏勇气在创新的过程坚持己见或保持少数派的角色。而实际上，在许多情况下，创新往往就是少数派的胜利。

五、外部合作伙伴和创新增长的战略前沿

一些研究表明，以市场为导向的创新活动和以客户为导向的创新活动往往是不可持续的，与之形成对比的是，那些以技术为导向的创新活动往往更可持续。尽管一部分企业的创新成功是通过企业的内部开发取得的，然而也有为数不少的成功的创新是通过企业与外部伙伴的合作以及对战略前沿的持续关注取得的（道格拉斯·贝特，2005）。事实上，很多有意义的创新活动往往就发生在企业同供应商、消费者以及市场推广合作者之间的有价值的合作中，比如联想集团通过捆绑硬件、软件、研发以及外部咨询机构来共同推动创新的成功就是一个不错的例子。另一个例子是苹果，苹果推出了不同版本的 iPod，如随机播放、纳米、经典以及触摸等。苹果的创新不仅仅来自于企业内部，也来自于企业外部。除了内部的想法之外，苹果还从"顾客"那里获得了有关新产品创新的更多的资源。所以道格拉斯·贝特（2005）指出，对顾客需求的正确理解往往有助于达成意想不到的创新效果。事实上，许多创新机会往往就来自于外界变化的环境，比如消费者观念的改变，甚至社科领域所发生的某种观念或思想的转变，都可能推动一次不期而遇的创新的出现。在另一方面，创造新的客户价值也可以被视为一种较为有效的创新方式，在这方面，宜家和家乐福的快速增长可为此提供更多经验。来自外部的创新元素见图 3。

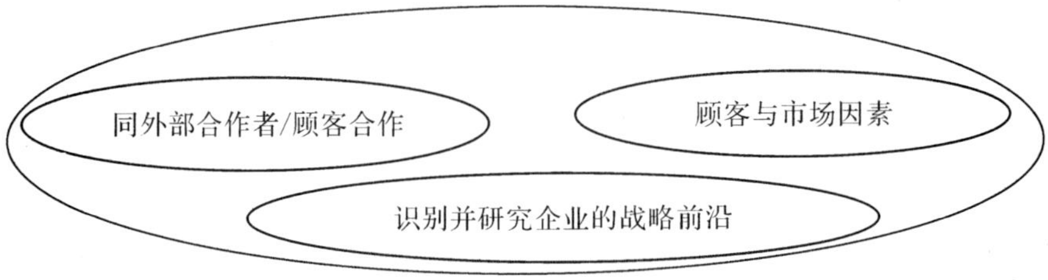

图 3　来自外部的创新元素

六、结　语

研究表明，在企业创新意识和创新氛围之间存在显著的正相关关系。如果企业最高决策者无法成为创新的倡导者并对高绩效创新模式有足够的认识和理解，企业将很难取得实质性的创新绩效。企业顶层管理者不应简单地认为企业的创新工作仅仅是他们个人的事情，更不应放弃"自下而上"的创新努力。企业顶层管理者应接受这样的理念：来自基层的创新思路往往可带来更为可观的经济效益。基于此，企业顶层管理者不仅应对创新活动保持公开、诚实的心态，亦应坚持将人放在首位的经营理念，同时在企业内部构建有利于创新活动开展的内部环境。来自企业的最高决策者与不同层级的职能管理者之间开展开放式交流应是一个不错的方式，这有助于企业顶层管理者更好地了解不同层级的职能管理者的创新思路，并彼此尊重。企业顶层管理者还需对来自职能管理者的情感需求给予回应，并在他们的创新过程中给予他们更多的归属感。

参考文献

[1]Douglas J. Bate. How to Explore for Innovation on Your Organization's Strategic Frontier. Strategy and Leadership，2010，38(1).

[2]Lorange. Peter. Setting Strategic Direction in Academic Institutions：The Case of the Business School. 2002，13(4).

[3]Lorange. Peter. Strategic Re-thinking in Shipping Companies. Maritime Policy and Management，2001，28(1).

[4]J. Douglas Bate，Robert E. Johnston Jr. Strategic Frontiers：The Starting-point for Innovative Growth. Strategy and Leadership，2005，33(1).

（作者：宁　俊　首都服饰文化与服装产业研究基地首席专家　教授）

基地名称：首都服饰文化与服装产业研究基地
依托单位：北京服装学院
项目类别：北京市社会科学基金项目

跨界设计的认知和机制建构①

内容提要：在新技术革命和全球化文化背景下，跨界设计代表一种新锐的生活态度与审美方式。在当今社会的各个领域都有突出的体现，在文化创意产业和教育界尤为明显。跨界设计引发的设计理念拓展、设计方式变革、教育架构调整、教育和产业关系都是我们在今天要面对的新课题。

关键词：跨界设计；认知；机制

跨界设计是个既时尚又传统的命题，是在新技术革命和全球化文化背景下兴起的，代表一种新锐的生活态度与审美方式。是伴随着人类创造史的一种不间断的文化演进形式。

跨界的核心内涵——交叉、跨越在当今社会的各个领域都有突出的体现，在文化创意产业和教育界尤为明显。跨界设计引发的设计理念拓展、设计方式变革、教育架构调整、教育和产业关系都是我们在今天要面对的新课题。

一、对跨界设计大趋势的认知及策略准备

跨界设计这种大趋势在今天具有必然性。全球化、多元化使设计必须在大视野的文化视界范围观照自身，信息化、数字化又使设计必须在跨界和交融中生存和拓展。跨界设计出现的动因具体表现为：

(1)设计形式的日益丰富和手法的突破使设计作品和艺术作品、不同门类的作品样式间出现交叉和边界模糊现象；

(2)信息、制造、传播技术的飞跃发展支撑了设计拓展的无限可能；

(3)设计师知识结构和现代设计协同作业的方式，使设计师能够游走在不同设计行业间展开工作；

(4)设计的整体性和系统性呼唤具有跨界统筹和实施能力的设计人才脱

---

① 本文是“世界设计之都视角下北京自主服装品牌形象研究”项目的阶段成果，项目编号：11WYA003。

颖而出；

(5)跨界营销的市场策略对产品的组合与衍生具有广泛的诉求。

跨界是设计背景和前提的转换，是新技术与文化表达之间的融合。跨界设计为既有的设计概念范畴、文化阐释、评价体系注入了新内容，涉及了文化空间拓展的技术和内涵两个层面。跨界设计的基本特点：全球性、交互性、超文本链接方式，把设计实施的方式变为多层化和立体化。

对跨界模式的研究，有助于指导对新设计方式本质的整体把握，构建创新设计方法的内在逻辑和总体框架，抽象出跨界设计的流程、机制，结构和效果以及设计过程各要素、各系统之间的相互关系。需要认知的内容还有：跨界设计中的创造思维范式、跨界设计的立体化作业模式、跨界设计的产业提升与协作、跨界设计的产学研互动推进、跨界设计的人才需求和培养模式、基于跨界手段的自主时尚品牌创建等。通过认识的拓展，为设计模式和设计手段的改变建构有效的策略。

二、跨界设计在设计实施中的具体表现——以平面设计为例

当代设计的一个特征是各传统设计门类之间的边界日渐互渗，交集越来越多。一种设计样式可以通过集合多门类的手段和语言实现。以平面设计为例，我们可以在很多创新的平面设计操作中看到在媒材、媒介、类界几个层面上的跨界。

(一)平面设计的媒材拓展

除了从纸媒到数字媒体的颠覆性变革外，近年来平面设计传达的材质语言和视觉元素构成也日趋丰富。从视感到“五感”的追求拓展了很多材料和加工手段。例如木材、织物、金属、皮革等多种材料的运用、组合材料和工业加工的介入、装置与平面的统筹、肌理表现、塑造手段的平面设计、手工和综合工艺的运用等。

(二)平面设计的跨媒介传播

信息社会最典型的特征就是信息传播方式的爆炸性进展。就平面设计来说，印刷垄断结束后，媒介形态的变化呈现为立体化、复合化的多重跨界组合。这种传播环境，一个重要的特征就是传统媒体与新媒体共生共存，共同构成了平台化的信息服务渠道系统。其中，以平面媒体和广电媒体为代表的传统媒体具有“大范围覆盖”和“低成本传播”的特征；而由互联网、移动媒体组成的新媒体则更强调“传播范围精准”和“传播成本可控”。这两者形成的“混媒”结构，带来了信息服务的新特点：

(1)媒介汇聚——多媒体技术综合运用；

(2)复合媒介传播——新闻业的复合传播、复合营销；

(3)媒介全球化——媒介传播、覆盖、运行的全球化；

图 1　平面设计的媒材拓展

(4)虚拟媒介世界——以互联网为代表的虚拟服务；

(5)媒介化个体——不确定链接的个体传播；

(6)交互媒介——多通道、多感官沟通；

(7)移动媒介——针对移动终端的设计。

平面设计为适应以数字化为核心技术的跨媒介传播，在设计手段上必然采用跨界技术实现。因此，传播媒介的发展可以说是设计方式变革的重要引擎。

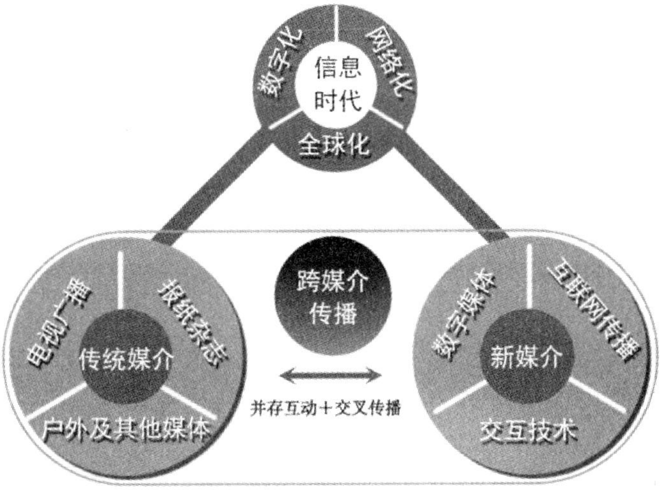

图 2　跨媒介传播的媒介拓展

（三）平面设计的跨界设计

就设计价值的实现来说，跨界理念的平面设计为这一设计门类拓展了全新的空间，表现为信息传达的载体实现了多样化和丰富性，平面产品的功能得到拓展。除了纸媒的设计外，出现了视觉传达的数字媒体表现、视觉传达的网络传播设计、视觉传达的交互设计、视觉传达的空间设计、视觉传达的产品设计、视觉传达的手工元素应用多种跨界形式。

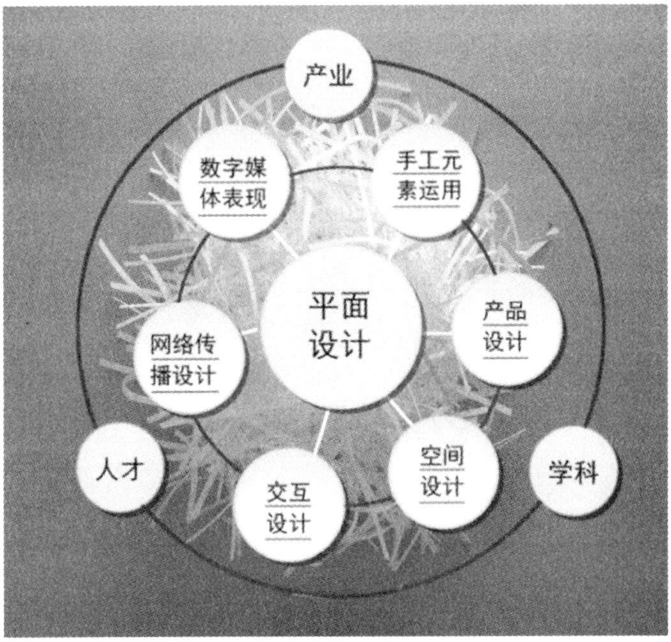

图 3　平面设计的跨界设计形式

例如，平面语言是视觉设计的基础，在跨界设计中，“立”起来的平面设计突破了视觉的维度，使平面手段负载了营造空间和产品实体的功能。而这种建造势必与建筑、环境、产品设计的原则和方法同构，这种设计融合在产出全新产品的同时也构建了全新的设计模式。在下边的这个案例中，建筑形态、空间构成、空间序列、空间装饰和视觉识别系统是统合完成的，视觉传达在不同维度的空间引导、视觉引导和图形延展中得到强化，呈现出时尚风格的设计表达，如图 4 所示。

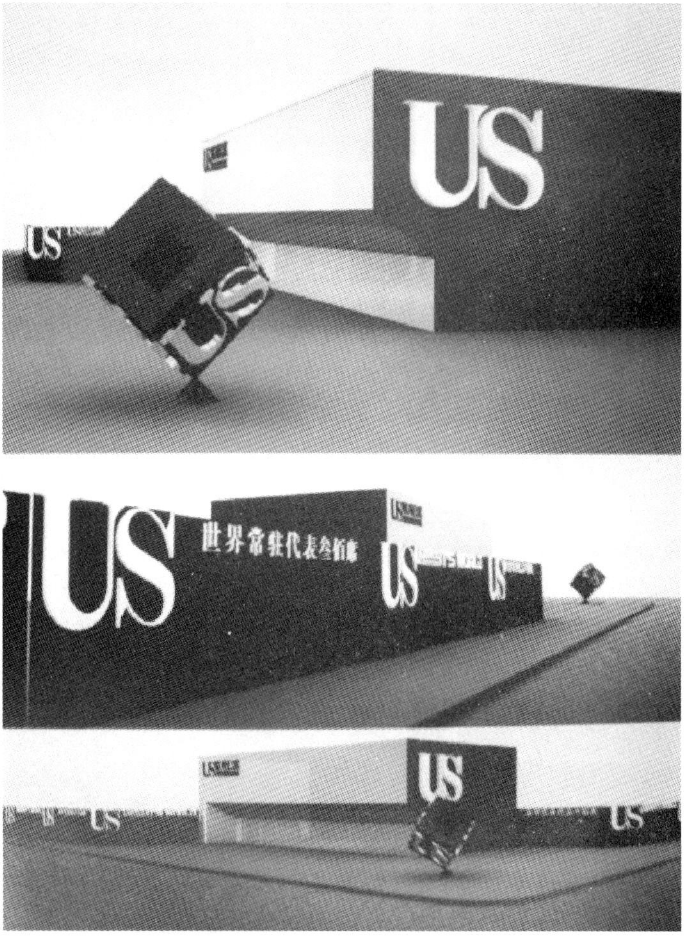

图 4　平面设计的空间表达

在传统的本册和包装设计中注入跨界的思维和设计手法，产品就衍生了新功能，并且充满了新生活方式的时尚气息。便签的中心置入时钟，使得纷乱的记载或计划有了时间的秩序，由使用者加入的版式再造也有了特别的形式感。包装袋和包装盒在工业设计的理念和方法介入后成了新生活主张和时尚态度的注解，如图 5 所示。

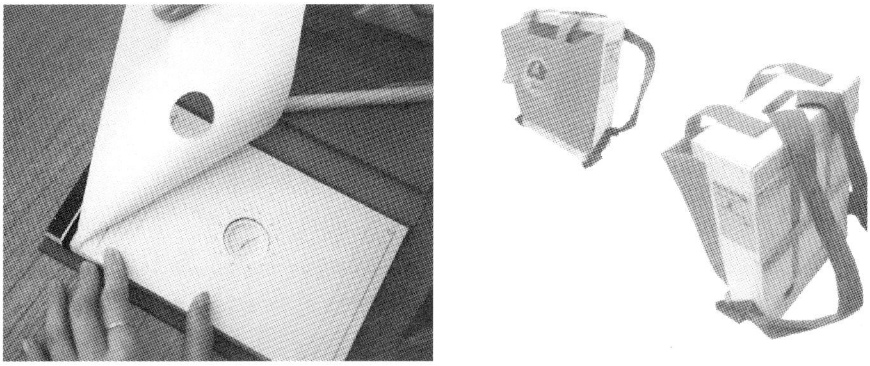

图 5　功能化的平面产品

与此相近的是，在产品设计、建筑设计、环境与室内设计、数字媒体设计等门类中同样呈现着这种多层面的跨界现象。这种跨界设计的操作，可以是以一个门类定位，在实施中把触角延伸出去的拓展设计。也可以是以无边界设计定位的统合策划，以协同作业组织各设计要素的有机组合。

图 6　3D 打印成型的铰链结构礼服

图 6 是一件未来主义风格的黑色长礼服，由纽约设计师 Michael Schmidt 和建筑师 Francis Bitonti 与 3D 打印专家 Shapeways 合作的全铰链式 3D 打印礼服。由 17 个独立构件拼接而成，有将近 3000 个独特的铰链接头并装饰了 13000 多个施华洛世奇水晶。我们把它归类为服装设计、工业设计，还是数字设计呢？这件作品向我们展示了跨界设计的无限可能性。

三、“大设计”理念下的产业和教育机制

基于跨界设计的“大设计”理念是在新形势下的一种新思维。“大设计”是运用一切可创造新生活形态的技术与手段进行设计艺术的过程，主要表现在设计手段的整合、设计方法的互渗、设计项目的统筹和作业模式的协同四个方面。在文化创意产业发展和科学技术进步的背景之下，跨界融合已经成为设计发展的必然态势，设计的功能外延与产业业态日渐复杂，与此同时趋于多元化的相关设计元素需要整体筹划和运行。设计门类间的相互渗透和介入改变了设计和产业原有的生态系统，使得产业链、产业格局、产业分工都发生了新的变化，并由此带来生产模式、商业模式的变化。跨界设计也为设计教育带来了理念和方法调整的紧迫任务，对基于传统结构形成的设计教育格局提出了严峻的挑战。

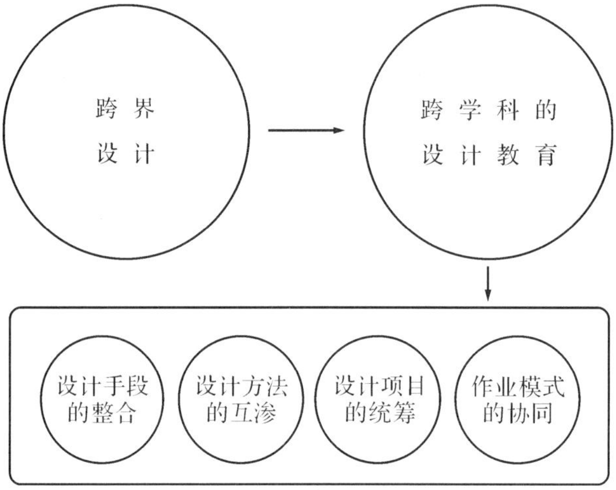

图 7　跨界设计教育模式的建构

跨界设计的影响必然会在社会运行的上游生产机制上体现出来。一是艺术设计的生产机制，二是产业协同的生产机制，三是艺术设计人才培养的机制。

跨界运行意味着原有管理秩序的突破、原有资源的共享、原有要素的打散重组，这种作业方式由于目前的教育体制和产业管理体制还存在很多衔接上的羁绊，既有前置的教学融通性不足和专业划分过细的局限，也有统合性设计管理人才不足的缺憾，还有教学管理等程序调节上的不便。我们在本年度毕业设计“跨学科融合创新设计——中国元素公仔与延伸品设计”的课题上，从教学管理、产业协同、商业运营的机制努力进行了探索性的开拓，打开了一些有益的途径。但是，如何把这种方式贯穿在本科教学

其他环节并使之形成常态，就不是课题设计自身能解决的，需要激励起各方面协同的机制创新努力。

以“大设计”理念为导向，跨界设计要作为一种创新的推进力，借此探索和实践设计教育和产业的拓展，汇聚相关的创新资源和要素，实现多种设计技术和资源的有机整合。

北京服装学院有着艺工结合、多学科复合的跨界优势。我们要以学校特有的时尚设计优势资源为基础，构建以复合型设计人才培养为目标的前瞻性模式，完善新的设计教育体系架构，提升人才培养、学科建设、科学研究三位一体的创新能力，进而带动传播设计的学研产协作，形成具有鲜明特色的办学新模式。在时尚设计和传播方向重点展开设计创新示范，形成有鲜明特色的时尚设计和品牌传播的跨媒介、新概念设计和教育体系。

（作者：贾荣林　首都服饰文化与服装产业研究基地研究人员　教授）

北京文化发展研究基地

（北京师范大学）

基地名称：北京文化发展研究基地
依托单位：北京师范大学
项目类别：北京市社会科学基金项目

北京市社区居民文化素质分析①

内容提要：21世纪以来，居民文化素质作为城市软实力之一，在国际城市竞争中的重要性日益凸显。北京对于中国人而言，是所有人都心向往之的帝都，对于世界而言，则是中国的一个象征。因此，从某种程度上来说，北京市居民的文化素质既是衡量北京文化软实力的重要标尺，也是反映中国文化软实力的重要窗口。本报告通过国际比较和个案分析，对北京社区居民的文化素质进行了较为客观的调查和分析，旨在为构建和谐社会、和谐社区提供一定的思考和建议。

关键词：文化素质；社区；北京

人口素质是一个国家文化软实力的重要体现，而文化素质则是人口素质中最能体现人的价值的因素。人口文化素质是指一个人口群体具有的文化知识、科学技术水平、生产经验和劳动技能等。它与人们接受学校、家庭、社会的教育程度密切相关②。国际上衡量人口素质时一般用PQLI③模型或HDI④模型等，多以文盲率、平均受教育年限、各种受教育程度人口比重等作为衡量指标。

北京作为我国的首都和文化中心，其居民文化素质水平在全国也处于领先地位。本文试图通过对不同社区居民文化素质的分析，考察北京市民文化素质的整体状况，从而为我们更好地构建和谐社会、和谐社区提供参考。

一、中国与世界居民文化素质比较

根据《国际统计年鉴2013》公布的数据，我国居民识字率已取得长足进

---

① 本文是“北京文化发展报告”项目的阶段成果，项目编号：11ZHA001。

② 秦贤宏、段学军、李慧、田方：《中国人口文化素质的空间格局、演变及其影响》，《中国科学院研究生院学报》，2008年第4期。

③ Physical Quality of Life Index，人口生活质量指数。

④ Human Development Index，人类发展指数。

步，高出世界平均水平，远远超过世界低收入国家，与中等收入国家相比，也是遥遥领先的。1964 年我国进行第二次人口普查时，我国的文盲率甚至高达 34.2%，而到了 2010 年，我国文盲率已降为 1.9%①。然而，在与世界高收入国家相比时，仍有较大差距，且我国男性与女性在识字率上的差距远比高收入国家要大。下表反映了我国 15 岁及以上成人识字率在国际视野中的位置。(见表 1)

表 1　15 岁及以上成人识字率　　单位：%

国家或地区＼年份＼分类	总计		男性		女性	
	2000	2010	2000	2010	2000	2010
世界	81.84	84.07	86.89	88.63	76.88	79.71
高收入国家	98.12	98.28	98.56	98.68	97.71	97.71
中等收入国家	80.40	83.18	86.34	88.55	74.46	78.04
低收入国家	57.50	63.19	65.99	70.07	49.43	56.45
中国	90.92	93.99*	95.14	96.89*	86.53	90.94*

注：资料来源于《国际统计年鉴 2013 年》。* 为 2009 年数据。

表中“总计”栏数字指识字成人数与成人总人数的比重。

平均受教育年限是衡量一个国家或地区教育发展水平的重要指标。根据年鉴《人文发展报告》2011 年统计结果，我国平均受教育年限为 7.5，而与之相比，中等人文国家为 6.3，高人文国家为 8.5，超高人文国家为 11.3；预期受教育年限②我国为 11.6，中等人文国家 11.2，高人文国家为 13.6，超高人文国家为 15.9③。

根据 2013 年《国际统计年鉴》，我们还可看出我国与美、日等发达国家在劳动力人口教育程度构成上的差异。(见表 2)

表 2　劳动力人口教育程度构成　　单位：%

国家或地区＼年份＼分类	初等教育		中等教育		高等教育	
	2000	2008	2000	2008	2000	2008
中国			17.3		12.7	
美国	13.7	9.5*	51.5	29.4*	34.8	61.1*
日本	17.2	58.6	47.7		35.0	41.4

注：资料来源于《国际统计年鉴 2013 年》。* 为 2007 年数据

① 数据来自第六次中国人口普查。

② 是指在现有入学率保持不变的情况下适龄儿童预期获得的受教育年限。

③ 中华人民共和国国家统计局：《国际统计年鉴 2013》，中国统计出版社，2013 年，第 366—373 页。

二、北京与全国其他省市居民文化素质比较

北京市15岁及以上文盲人口所占比重在全国是最低的。下表显示了部分地区的文盲人口比重。

表3 各地区按性别划分的15岁及以上文盲人口所占比重 单位：%

地区	15岁及以上文盲人口所占的比重	男	女
全国	5.21	2.73	7.77
北京	1.73	0.74	2.75
天津	2.43	1.17	3.66
河北	3.69	1.88	5.58
上海	2.40	0.89	4.10

注：资料来源于《中国统计年鉴2012》。本表是2011年全国人口变动情况抽样调查样本数据，抽样比为0.850‰，全国总共抽样人数为9556619人。

从人口平均受教育年限来看，北京也表现出一定的优势。根据第六次全国人口普查结果，北京市拥有的高等教育人口的比重明显高于其他地区。(见表4)

表4 各省受教育程度人数对照表 单位：人

地区	6岁及以上人口	未上过学	小学	初中	高中	大专及以上
全国	1067267	58732	294232	441905	165049	107348
北京	16491	306	1742	5201	3645	5597
天津	11019	307	1837	4059	2503	2313
河北	56753	2317	14771	28324	8296	3045
上海	19182	509	2633	7809	4168	4063

注：数据来源于《中国统计年鉴2012》。本表根据2011年全国人口变动情况抽样调查样本数据整理而成，其原本抽样总人数为1067267人，抽样比为0.850‰。

三、北京市居民文化素质的社区比较

北京市现今共有16个区县，2006年在“十一五”规划中将其分为四大功能区，即首都功能核心区、城市功能拓展区、城市发展新区和生态涵养发展区。各个功能区所拥有的资源不同，未来功能定位不同，聚居的人口自然也是各不相同，文化素质差异也比较明显。但是在具体到各个功能区时，不同区县，不同社区的居民文化素质仍是有很大差别的。本文试选取三个较富有典型性的社区进行比较。

(一)北京师范大学社区

北京师范大学社区主要是依托北京师范大学而建，社区内除北京师范大学外还有广东发展银行、北斗图片社、中国青年旅行社等大小单位 170 个，社区内设施比较齐全。因为社区主要依托学校建立，所以文化氛围浓郁，2005 年被评为海淀区学习型社区和平安社区。主要文化社团有老年大学、北国剧社、合唱团、京剧团、书画社等。现有居民 2759 户、人口 8482 人，其中常住人口 7290 人，外来人口 154 人，居民绝大部分是师范大学教职工①。

因为北京师范大学社区居民大多是北师大教职工，他们的日常工作、休闲自然是离不开学校。北师大学习氛围浓厚，无论是教师还是学生对学习都抱有一种积极的心态，这样的心态反过来也影响了社区居民，这对于他们树立终身学习的观念、提高自身的文化素质都很有助益。另外北师大社区本身就拥有十分丰厚的文化资源，北师大幼儿园、小学的师资力量在全国数一数二，北京师范大学也是全国数一数二的高校，它们所拥有的文化资源对于作为教职工的北师大社区居民来说，也是开放的，藏书甚丰的图书馆，各种类型的专题讲座，丰富多彩的文化社团活动，都是居民进一步提高自身文化素质的重要资源。从日常休闲方面看，北师大社区居民对于社区组织的活动参与度是比较高的，我们经常能在北师大主楼前的广场上看到一些中老年人定期参加太极拳等活动，日常消遣多是选择看电影、话剧，阅读书籍，上网，看电视等，这些活动也能从侧面反映出该社区人群的修养。而从消费上来看，北师大社区居民日常消费除用于生活所需外，占第二位的就是教育文化方面的投资。

北京师范大学社区是高文化素质社区的代表之一，这样依托高校建立，汇集了大量从事高科技、党政、外交等工作(如麦子店社区)的人群所组成的社区大约占北京市社区总数的 20%以上。北京有大学一百所，大多集中于海淀区，而这些高校往往都有专为自己的教职工所建的社区；此外，北京还有 100 多家外国驻华使馆、近万家外国代表处，以及一些文化素质较高的常住外国人，他们选择在北京扎堆居住，约 71%的外国人居住于朝阳区，17%在东城区，原崇文区占 6%，剩下的在顺义区和西城区，各占 3%②。这些社区居民自身的社会地位往往也是比较高的，经济收入以及所拥有的权力、所能接触到的社会资源也都较多，他们属于文化的精英阶层，不仅自身拥有较高的科学文化素质，而且对于文化素质有进一步提升的意识。

---

① 海淀区社区信息服务网：http：//hd. bjcs. gov. cn/wps/portal/template1/bjssq.

② 朱仲君：《从文化角度看北京市的国际化社区建设——以麦子店、望京社区的发展为例》，《2011 年城市国际化论坛——全球化进程中的大都市治理》(论文集)，2011 年。

(二)安华里社区

安华里社区正式成立于2001年，隶属于朝阳区安贞街道辖区。社区内有居民13900余人，社会单位101个，其中中央市属单位5个[①]。2009年对安贞街道6个社区(其中包括安华里社区)的随机抽样调查显示，参与调查者具有初中及初中以下学历的占32.5%，中等教育程度的约占37.5%，大专及以上学历的占30%[②]。从社区教育环境来看，安华里社区内有幼儿园、小学等机构。朝阳图书馆曾被国家文化局列为二级图书馆，年接待读者约30万人次，图书借阅近50万册次，同时常年举办公益性文化大讲堂、外语大课堂、法律咨询及各种读书活动[③]。安贞街道图书馆藏书一万余册，报刊70余种，阅览座椅40个，内设有外借、阅览、电子阅览等区域[④]。“十一五”期间，安华里社区还开展多项各具特色的教育培训活动，如“流动人口培训项目”等。

从文化社团组织来看，安华里社区有好时光、心之声等合唱团，团龄均有十二三年，且都有相当水平。安华里社区还组织有文体协会，周一到周五经常举办一些合唱、舞蹈、书画等活动，丰富多彩的日常休闲活动使得居民的文化素质在无形中得到提升。从居民日常休闲来看，大多数居民都选择了家中观看影视节目、上网或玩电脑游戏、散步等免费健身项目作为自己日常主要休闲方式，节假日时通常会选择市郊旅游、朋友聚会、游览公园或博物馆等[⑤]。

安华里社区是普通居民文化素质的一个代表社区。诸如此类的社区在北京市占有约60%的比例，比如一些老旧社区、新开发的经济适用型社区、普通商品房型社区等，居民受教育程度大都是在高中以上。这类社区居民文化素质相对较高，社区教育往往在政府、街道的带动下开展得比较顺利，但是它们的实际利用率却并不如预期，这主要是由居民最初的教育程度所限，在这类社区周围，聚集最多的往往是供居民日常生活使用的消费品，相对而言，咖啡厅、书店、剧院、影院等文化消费项目较少。这类社区的显著特点是社区内居民文化素质差异较大，日常社区活动居民有一定的参与率，但热情度最高的是老年人、离退休人员。居民的学习热情往往容易受社区氛围的影响，所以居民往往不是主动积极地参与学习培训等，能进

① 朝阳区社区服务信息网：http://chy.bjcs.gov.cn/wps/portal/template1/bjssq.

② 北京市朝阳社区学院社区工作研究室：《关注民生——社区教育研究报告》，当代中国出版社，2009年，第169页。

③ 朝阳区图书馆：http://www.cylib.cn/gqjs/tsgjj/index.html?nav=1&sub=1.

④ 安贞街道社区图书馆：http://life.bjchy.gov.cn/jxdq/azjd/shfw/fwdw/sqhd/8a24f0a02bbe5c47012bc82967e901eb.html.

⑤ 王惠：《北京的社区休闲状况》，《北京观察》，2009年第9期。

一步提高自身文化素质的活动。

（三）东辛店社区

东辛店隶属于朝阳区崔各庄乡，是城乡结合部，典型的城中村地带。这里有常住户 574 户，总人口 986 人，流动人口却多达 12000 余人①。今年，由于附近一些城乡结合部被拆迁，东辛店村民又纷纷在原有建筑基础上不断进行扩建改造，扩大住房的容纳量，以相对低廉的出租价格，吸引了大量的农民工，致使此地农民工数量激增，已高达三四万人。东辛店村为响应崔各庄乡政府提出的建立“农村新型社区化管理模式”的口号，于今年建立了社区服务站，在管理方式上进行了一定改进。但是这些来自不同省市的流动人口由于自身文化素质的差异，给构建和谐社区带来了一定挑战。

上述三类社区在提升居民文化素质方面面临的问题各不相同。类似北师大的“精英”社区居民大多数在各个专业都有较高的造诣，有些已处于离退休状态，比较有空闲时间，然而社区在进行文化建设时往往并没有充分利用这些人才资源；同时，这些社区往往有些“独善其身”，与其他社区在文化教育资源方面没有有效分享。

类似安华里这样的普通社区面临的最大问题则是居民对于提高文化素质的主动性不足。他们整日奔波于工作生活，相对于社区内的老年人及离退修人员，中青年居民大多比较依赖自己的朋友圈，对社区的参与热情不高，且大多都有较大的还贷压力以及生活压力。此外，尽管各种社区教育活动开展得风风火火，但是由于居民缺乏主动的参与意识，许多活动都流于形式，各类资源实际开放度也往往不高，这一切都不利于居民文化素质的进一步提高。

东辛店这样的流动人口集中社区则是另外一种情形。由于处于城乡结合部，流动人口的到来彻底改变了当地的人口结构。流动人口以远超于当地人的数量决定了当地的主流文化，正如最开始形成的“浙江村”、“新疆村”、“河南帮”等，极大地冲击了当地文化。

四、提升北京市社区居民文化素质的思考与建议

（一）推动社区资源平衡和共享

北京市各个社区居民文化素质的高低很大程度上其实也是由其所占有的教育资源、社会资源的不同而决定的。就区域分布来看，北京的教育资源大多集聚在海淀区等功能拓展区地带，使得这一地区居民文化素质明显高于其他地区。教育资源的集聚，可以加强不同高校之间的交流、资源共

① 北京市朝阳区崔各庄乡人民政府网：http：//www.bjcgz.com/.

享，然而也限制了其利用程度。我们倡导高校与社区共建，向社区开放高校资源，其实就是为了最大化利用学校资源，推动资源共享，让普通市民能够利用高校的氛围熏陶自己，不断提高自身的文化素质。资源共享包含两方面的意思，在微观上指的是某地区内资源的有效配置和利用，而宏观上则指全国资源的有效配置和利用。

(二)促进农民工真正融入城市社区生活

农民工素质参差不齐是影响部分社区居民文化素质提高的一大因素。北京在接受外来人口时显示了自身的包容性，传统的户籍制度、劳动就业制度、社会保障制度也在不断进行着改革，以便使北京能够容纳更多的外来者。然而，制度的改变并不能彻底改变农民工自身的弱势地位，导致农民工陷于现在这种困境的不只是制度原因，其自身文化素质也是一个重要因素。北京市在改善农民工生活条件时，出台了一系列政策，在提高其文化素质上，采取了开展工人夜校等措施，着重对其进行培训教育。但是这些措施只是针对职业需求而定，农民工在接触其他教育资源时仍有较大限制。另外，农民工尤其是从事建筑业的农民工大都早出晚归，使得培训教育不一定能落到实处。而且，农民工数量庞大，但举办培训的师资力量有限，故而真正接受培训的人数，相对于庞大的外来人口来说，只是一小部分而已。

再者，大多数农民工仍是游离于社区之外，不能为社区所接纳，故而也不能分享社区资源。这最早是一种人为因素造成的，比如说一些社区鉴于大量流动人口涌入所带来的资源短缺，开始提高其使用某项设施的费用，人为地将常住人口与流动人口分离开。此外，由于社会背景、生活经历以及文化素质的不同，流动人口与常住人口往往是各自形成一个圈子，无意识地隔离了彼此。

最后，农民工子女的教育问题依然值得关注。近年来，北京市政府专门成立了一些特殊学校以解决这些问题，然而问题依然存在。这主要是由于北京现在并不具备充足的教育资源来容纳这些学生。一些民办打工子弟学校由于未经审批而被勒令停止，学生被分流到其他学校后，由于各种困难(如学校与家的距离太远、同学间的歧视等)，致使其受教育条件受到了严重影响，有的学生甚至因此辍学。

(三)进一步消除男女受教育方面的性别差距

目前，包括北京在内的全国大多数地区男女在受教育年限、受教育程度以及文盲率上仍存在着程度不等的差别，女性的文盲率普遍高于男性，而受教育年限、受教育程度普遍低于男性。总体来说，女性的文化素质低于男性。造成这一现象的原因，除了数千年来重男轻女传统思想的影响外，还有男女性在当今经济地位上以及社会身份上的不同。女性由于自身的生理心理特点，更富有感性思维，她们在成年后往往要承担很大部分的家庭事务，这种对女性社会身份的认定，致使她们往往不能集中精力潜心学业。而在事业上，有不少行业由于男女性生理条件的差异，往往都是只针对或大部分针对男性。所谓的男女平等，其实尚未完全实现。

参考文献

[1]高书国、杨晓明：《中国人口文化素质报告》，社会科学文献出版社，2004 年。

[2]北京市朝阳学院社区工作研究室：《关注民生——社区教育研究报告》，当代中国出版社，2009 年。

[3]曹绪飞：《导入社区制：基础性问题再研究》，中国社会科学出版社，2012 年。

[4]于燕燕：《北京蓝皮书——中国社区发展报告 2011》，社会科学文献出版社，2011 年。

[5]景怀斌、郑晨、肖海鹏：《人的文化素质与现代化：中国城市居民文化素质研究报告》，人民出版社，1995 年。

[6]姚永玲：《北京市城乡结合部管理研究》，中国人民大学出版社，2009 年。

[7]中共北京市委社会工作委员会：《2009 年北京市社区发展报告》，北京出版社，2010 年。

[8]中华人民共和国统计局：《国际统计年鉴 2013》，中国统计出版社，2013 年。

[9]中华人民共和国统计局：《中国统计年鉴 2012》，中国统计出版社，2012 年。

[10]北京市统计局国家统计局北京调查总队：《北京统计年鉴 2013》，中国统计出版社，2013 年。

（作者：常书红　北京文化发展研究基地研究人员　副研究员）

基地名称：北京文化发展研究基地
依托单位：北京师范大学
项目类别：北京市社会科学基金项目

文化自信与道路自信[①]

内容提要：在实现中国梦的伟大进程中，不但需要坚定道路自信、理论自信，也要重视文化自信。文化自信是理论自信和道路自信的重要基础。中国共产党的文化理论和文化资源的渊源及其所代表的先进性，决定了文化自信的可能性和必然性。中国特色社会主义文化是我国优秀传统文化的传承者，也是在借鉴外来优秀文化的基础上，结合中国实际，创造性地融合发展而成的新文化。中国特色社会主义新文化已经指引新中国取得了巨大的成就，是指导未来中华民族伟大复兴，实现中国梦的有力思想武器。

关键词：文化自信；道路自信

民族精神和文化是一个民族生命力、创造力和凝聚力的集中表现，是一个民族赖以生存、共同生活、共同发展的核心和灵魂。在当前的历史条件下，我们党提出中国梦的理论体系，表明了党和国家领导人对实现百年复兴之梦的一种信心。这种信心不仅仅来源于我国社会经济快速发展的物质成就，也来源于对我国深厚久远的历史文化以及党完善自身理论文化走出来的一条中国特色文化道路的自信。

一、对传统文化的自信

文化自信，体现了一个国家、一个民族对自身文化价值的深刻认同，对自身文化生命力的坚定信念，对自身文化影响力的充分肯定。只有对自己的文化有坚定的信心，才能够精神饱满地奋发图强，才能有源源不断的动力进行创新。这就需要我们对中国的文化进行深刻的分析，不仅要深入认识和掌握社会主义核心价值体系和核心价值观，更要弘扬我国优秀的传统文化，充分肯定我国传统文化对人类文明所作出的巨大贡献，对我们民族的传统文化充满信心。

---

① 本文是“北京文化发展报告”项目的阶段成果，项目编号：11ZHA001。

（一）灿烂的文明成就

我国是世界四大文明古国之一，中华文明源远流长、博大精深，是当今世界唯一一支没有中断的文明系统。在世界古代文明中，我国曾经引领世界文化和科技的前沿，创造了丰富灿烂的文明成就，推动了人类历史的发展。

中华民族向来对自己的文化有自信。正是因为对传统文化的自信心和自豪感，我们在漫长的历史长河中才能够吐旧纳新，保持自身的文化特色，吸收外来文化，形成博大精深、辉煌灿烂的中华文明。中国梦源于对中华民族昔日辉煌的向往，只有曾经创造了辉煌的民族才会怀有复兴之梦。回望中国历史，中华民族曾经创造了一段段繁荣辉煌的历史文明，在世界上处于领先地位。先秦的百家争鸣、汉代的文景之治、魏晋风度、贞观之治、开元盛世、康乾盛世，无论是政治经济还是文化，这些时代符号承载了中华民族昔日的辉煌，并成为中华民族集体记忆中最深刻的部分。这种对民族辉煌历史记忆的认同与追求，激发着一代又一代的中华儿女追梦的热情。一个国家或者民族的影响力，除了经济发展带来的物质文明的支持，更重要的是这个民族文化自身的吸引力。现在，无论是国内出现的"国学热"，还是国际上的"汉学热"、"孔子热"，很多人都在探讨中华传统文化中的以和为贵、大同、仁义、诚心等思想的时代价值，这些都表明了中国传统文化的强大生命力。

因此，灿烂的中华文明成就是我们文化自信心的源泉，是我们实现中国梦的动力。

（二）传统文化的价值精神

2013 年 3 月，习近平主席在谈及学习中国传统文化时，并没有沿用以往的"精华"与"糟粕"二分法来分类，而是明确指出了我国传统文化的优秀成分，彰显了中华民族对传统文化的自信。具体而言，他认为主要包括四个方面："中国传统文化博大精深，学习和掌握其中的各种思想精华，对树立正确的世界观、人生观、价值观很有益处。古人所说的'先天下之忧而忧，后天下之乐而乐'的政治抱负，'位卑未敢忘忧国'、'苟利国家生死以，岂因祸福避趋之'的报国情怀，'富贵不能淫，贫贱不能移，威武不能屈'的浩然正气，'人生自古谁无死，留取丹心照汗青'、'鞠躬尽瘁，死而后已'的献身精神等，都体现了中华民族的优秀传统文化和民族精神，我们都应该继承和发扬。"①我国的传统文化在当今社会也表现出强大的生命力与适用性。这种价值精神已经成为我们民族的灵魂与价值支撑，在中华民族伟大

---

① 《在中央党校建校 80 周年庆祝大会暨 2013 年春季学期开学典礼上的讲话》，《人民日报》，2013 年 3 月 3 日第 2 版。

复兴的道路中，我们应该一如既往地坚信并实践这种价值理念。

民族精神是我国传统文化的核心。在追求中国梦的过程中，中华儿女深厚的家国情怀和民族意识，勇担“天下兴亡，匹夫有责”的使命感，自强不息的奋斗精神，是我国传统优秀文化的典型表现。近现代的中国，由于帝国主义的侵略和凌辱，中国人民在苦难中更加紧密地团结起来，中华民族的凝聚力空前增强。从洋务运动、戊戌变法到辛亥革命，从天朝上国梦碎的那一刻起，先进的中国知识分子为挽救民族危机奔走呼号，不断探索救亡图存之道。正是因为我们悠久的传统文化所孕育出来的民族魂，正是因为有民族脊梁的存在，才使得中国逃脱亡国灭种的命运。我们优秀的民族精神成为我们民族在最黑暗时代里的精神食粮，引导我们为中国的光明奋斗。中华儿女正是因为坚守了优秀的传统精神，最终打破了黑暗，迎来了我们国家的黎明。即便是在和平年代，这种民族精神依然成为我们文化的核心，激励着一代又一代的中国人民奋勇直前。我们要坚信，只要笃行我们民族的文化品性，我们实现中国梦的道路就不会太遥远。

伦理道德是中国传统文化的重要内容，也是我们民族最显著的文化特点。伦理道德是中国社会最高的行为准则，仁爱是我国传统伦理道德的根本主旨。亲亲、尊尊是儒家伦理道德的总原则，是儒家基于仁爱思想而创立的有关人的基本伦理，它包括家庭关系以及君臣、朋友之道。这种力图建立和谐的社会氛围的伦理道德，包括一些优秀的内容，如仁爱孝悌、恭谦友让、精忠报国、克己奉公、修己慎独、勤俭廉正等。这种和谐的价值观也是我们构建社会主义精神文明的重要内容，具有普遍的现实意义。

“求同存异，和而不同”是中国对国际社会存在的“中国威胁论”的有力反驳，表达了我国在走中国梦的道路中的立场。我国自古就是一个崇尚和谐、倡导和平的民族。中国文化贵和谐，尚中道，不仅重视人与自然的和谐，还非常重视人与人之间的和谐统一，倡导以和谐的原则去处理人与人之间、国家民族之间的关系，实现人与社会间的和谐与平衡，化解冲突与矛盾，缓和紧张关系。“以和为贵”“和而不同”的价值理念在处理国家、民族关系及矛盾问题上具有重要的价值，对维持当今和平稳定的世界格局具有重要的作用，符合和平与发展的时代主题。英国历史学家汤因比曾指出：中国人的“融合与协调的智慧”最适于人类未来的发展。

优秀的传统文化是民族文化价值认同、民族成员精神联结的纽带，是中华文明绵延几千年而不衰、中华民族在磨难中日益强大并走向复兴的价值源泉。中国的传统文化理念在当代也具有重要的价值和意义。“实现中国梦必须弘扬中国精神。这就是以爱国主义为核心的民族精神，以改革创新为核心的时代精神。这种精神是凝心聚力的兴国之魂、强国之魂。爱国主义始终是把中华民族坚强团结在一起的精神力量，改革创新始终是鞭策我们在改革开放中与时俱进的精神力量。全国各族人民一定要弘扬伟大的民族精神和时代精神，不断增强团结一心的精神纽带、自强不息的精神动力，永远朝气蓬勃迈向未来。”①

二、坚定中国特色的道路自信

鸦片战争后，面对西方列强的轮番入侵，祖国山河破碎、战乱不已，人民备受蹂躏、饥寒交迫。面对空前严重的民族危机，为了救亡图存，中国人民和无数仁人志士为了实现中华民族的复兴之梦，进行了千辛万苦的探索和不屈不挠的斗争。从对中国封建制度的改良到彻底的革命，从洋务派、资产阶级改良派、资产阶级革命派再到中国共产党的诞生，不同的政党和政治理想的尝试，最后担当民族复兴之路的任务落到了中国共产党的肩上，从建党之日起，党便结合中国的实际情况，探索一条适合中国发展的复兴之路。

（一）复兴之路的探索

鸦片战争后，面对摇摇欲坠的统治危机，清朝统治者内部开明的地主阶级提出了旨在维护和巩固清朝封建地主阶级统治的洋务运动。如李鸿章、曾国藩、左宗棠、张之洞等人希望通过学习西方的先进科学技术来抵御外侮。他们在“自强”、“求富”的口号下，兴办近代军事工业、建立新式武器装备的陆海军、送留学生出国学习技术、开办近代民用企业等，但最终以失败告终。甲午战后，以康有为、梁启超为主的先进的知识分子领导发动了戊戌维新变法运动，希望通过学习西方的文化、科学技术，建立君主立宪政体，发展资本主义的道路，从而使国家富强。但是遭到了封建顽固派的扼杀，谭嗣同等戊戌六君子以血的代价证明，在近代中国，资产阶级改良主义的道路是行不通的。接着，以孙中山为代表的资产阶级革命派发动多次武装起义，领导了轰轰烈烈的辛亥革命，推翻了清王朝的统治，结束了中国几千年的君主专制制度，推动了中国社会的进步，但是由于辛亥革命的不彻底性，使其未能改变中国半殖民地半封建社会的性质，也未能拯救中国人民的悲惨命运。实践证明，资产阶级的改良方案和资产阶级的共和国方案在当时的中国都是行不通的。中国人民必须重新探索救国救民的新道路。

在这样的历史背景下，十月革命的一声炮响，给中国带来了马克思主义。在共产国际的帮助下，中国共产党于 1921 年 7 月正式成立，使中国在中国共产党的领导下开辟了一条新的救亡图存之路。“无论是当时的国民

---

① 《习近平在第十二届全国人民代表大会第一次会议上的讲话》，《人民日报》，2013 年 3 月 18 日第 4 版。

党，还是其他资产阶级和小资产阶级政治派别，都没有也不可能找到国家和民族的出路。只有中国共产党才给人民指出了中国的出路在于彻底推翻帝国主义、封建主义的反动统治，并进而转入社会主义。”①面对中国内部军阀连年混战、外受列强瓜分宰割、全国局势呈一盘散沙的局面。中共二大明确提出了反帝反封建的民主革命纲领，为中国革命指明了方向。

(二)马克思主义的中国化

中国共产党领导中国人民实现民族独立、人民解放之路并不是一帆风顺的。经历了惨痛的经验教训之后，毛泽东在《中国革命战争的战略问题》一文中写道："中国革命的胜利要靠中国同志了解中国情况"。在1938年六届六中全会上，毛泽东在《论新阶段》的政治报告中第一次向全党提出"马克思主义中国化"的号召，并对什么是"马克思主义中国化"，马克思主义为什么必须中国化，马克思主义中国化的原则，作了精辟的论述。② 从此，在以毛泽东为核心的革命领导人的带领下，经过艰苦卓绝的斗争，无数优秀的中华儿女为了追求民族独立、人民解放的梦想献出了自己宝贵的生命，换来了新中国的黎明。这一时期，中国共产党将马克思主义与中国实际情况相结合，开辟了一条中国特色的农村包围城市、武装夺取政权的革命道路。

中华人民共和国的成立开启了实现社会主义现代化的新篇章。从新中国成立后至改革开放的三十年，是中国共产党探索社会主义建设道路的时期。这一阶段，我们对社会主义建设道路进行了艰难探索，历经了曲折，也付出了沉痛的代价。正如邓小平同志所指出的："照抄照搬别国经验、别国模式，从来不能得到成功。这方面我们有过不少的教训。把马克思主义的普遍真理同我国的具体实际结合起来，走自己的道路，建设有中国特色的社会主义，这就是我们总结长期历史经验得出的基本结论。"③从此，奠定了我们社会主义建设的基调，必须要实事求是，结合中国的国情，走中国特色的社会主义道路。

改革开放以来，邓小平通过对历史经验教训的深刻总结，结合中国的国情以及对国外发展情况的了解，提出了"三步走"的发展战略，脚踏实地，一步一步实现社会主义建设的发展目标。以江泽民为核心的党的第三代领导人，在十六大报告中提出：21世纪头二十年，基本实现工业化，加快建设现代化，大力推进信息化；有条件的地方可以发展得更快一些，在全面建设小康社会的基础上，率先基本实现现代化。并提出了"新型工业化"概

---

① 《中国共产党中央委员会关于建国以来党的若干历史问题的决议》，《人民日报》，1981年6月27日。

② 姚中国：《论毛泽东对马克思主义中国化的历史贡献》，《新余高专学报》，2003年第4期。

③ 《邓小平文选》，第三卷，人民出版社，1993年，第2—3页。

念，指出实现工业化仍然是我国现代化进程中艰巨的历史性任务，信息化是加快实现工业化和现代化的必然选择，坚持以信息化带动工业化，以工业化促进信息化，走出一条科技含量高、经济效益好、资源消耗低、环境污染少、人力资源优势得到充分发挥的新型工业化路子。① 在党的十八大报告中，胡锦涛提出了工业化、城镇化、农业现代化“三个同步”，到 2020 年全面建成小康社会。在以习近平主席为核心的当代领导人的带领下，我们正在实现中华民族伟大复兴的中国梦，这是全国各族人民的共同理想，中国特色社会主义是当代中国发展进步的根本方向，是我们党带领人民历经千辛万苦找到的实现中国梦的正确道路。

纵观新中国 60 年的发展历程，中国特色的社会主义发展道路是完全符合我国国情的正确道路。正如习主席在第十二届全国人民代表大会第一次会议上的讲话中提到的：“实现中国梦必须走中国道路。这就是中国特色社会主义道路。这条道路来之不易，它是在改革开放 30 多年的伟大实践中走出来的，是在中华人民共和国成立 60 多年的持续探索中走出来的，是在对近代以来 170 多年中华民族发展历程的深刻总结中走出来的，是在对中华民族 5000 多年悠久文明的传承中走出来的，具有深厚的历史渊源和广泛的现实基础。中华民族是具有非凡创造力的民族，我们创造了伟大的中华文明，我们也能够继续拓展和走好适合中国国情的发展道路。全国各族人民一定要增强对中国特色社会主义的理论自信、道路自信、制度自信，坚定不移沿着正确的中国道路奋勇前进。”②

参考文献

[1]薛学共：《中国传统文化与马克思主义中国化》，湖南师范大学出版社，2010 年。
[2]《毛泽东文集》，第二卷，人民出版社，1993 年。
[3]《邓小平文选集》，第三卷，人民出版社，1993 年。
[4]云杉：《文化自觉 文化自信 文化自强——对繁荣发展中国特色社会主义文化的思考》（中），《红旗文稿》，2010 年第 16 期。
[5]张书林：《民族复兴中国梦的理论架构》，《特区实践与理论》，2013 年第 3 期。
[6]姚中国：《论毛泽东对马克思主义中国化的历史贡献》，《新余高专学报》，2003 年第 4 期。
[7]万纪耀：《党对中国梦的认识过程及启示》，《陕西社会主义学院学报》，2013 年第 3 期。
[8]程美东：《当前中国梦研究评述》，《中国特色社会主义研究》，2013 年第 2 期。

---

① 万纪耀：《党对中国梦的认识过程及启示》，《陕西社会主义学院学报》，2013 年第 3 期。

② 《习近平在第十二届全国人民代表大会第一次会议上的讲话》，《人民日报》，2013 年 3 月 18 日。

[9]吴梅江、杜彦君：《国际比较视野下的美国梦、欧洲梦和中国梦》，《思想理论教育》，2013年第11期。

[10]《中国共产党中央委员会关于建国以来党的若干历史问题的决议》，《人民日报》，1981年6月27日。

[11]《承前启后 继往开来 继续朝着中华民族伟大复兴目标奋勇前进》，《人民日报》，2012年11月30日。

[12]《在中央党校建校80周年庆祝大会暨2013年春季学期开学典礼上的讲话》，《人民日报》，2013年3月3日。

[13]《习近平在第十二届全国人民代表大会第一次会议上的讲话》，《人民日报》，2013年3月18日。

（作者：石　峰　北京文化发展研究基地研究人员　副编审）

北京基础教育研究基地

（首都师范大学）

基地名称：北京基础教育研究基地
依托单位：首都师范大学
项目类别：北京市教委委托课题

城乡学校一体化管理的网络组织形成、特征及研究路径[①]

内容提要：城乡学校一体化管理的网络组织是伴随着基础教育均衡发展的制度导向出现的，它通过城乡学校间的合作和制度化建设，提升农村学校教育质量，其本质是学校组织的改进与发展，表现了学校由单一组织向网络组织的发展和变革。城乡学校一体化管理体现了从单方帮扶到双方共赢的网络合作、从单一学校组织到多个学校组织的网络生态、从学校间联结到学校网络间联结的网络拓展。城乡学校一体化管理的网络组织研究可以从类型、分析层面和分析内容三条路径展开。

关键词：城乡学校；一体化管理；网络组织

近些年，全国各地在城乡学校一体化管理方面进行了广泛的实践探索，有效推动了城区学校优质教育资源对郊区县、农村地区的辐射，为缩小城乡教育差距、促进教育公平发挥了重要作用。当前对城乡学校一体化管理的研究主要集中于城乡学校一体化管理的价值取向、管理模式、典型案例等，对于城乡学校一体化管理过程中学校间、学校与相关组织间关系的研究相对匮乏。城乡学校一体化管理是立足区域间教育协调发展，通过政府统筹协调保障，一所城市学校（优质资源输出学校）和一所或多所农村学校（优质资源输入学校）在学校管理、办学资源、师资队伍、教育教学、校园文化等方面实施统筹管理，形成制度化的有机结合，促进优质教育资源在区域间的辐射、共享和增长。城乡学校一体化管理旨在通过城乡学校组织间的合作和制度化建设，提升农村学校教育质量，其本质是学校组织的改进与发展，其特征表现了学校由单一组织向网络组织的发展和变革。鉴于此，开展城乡学校一体化管理的网络组织研究，对于梳理城乡学校一体化管理中的主体关系、完善城乡学校一体化管理中的运行机制，提升城乡学校一体化管理实效具有重要意义。

---

① 本文是“城乡学校一体化管理改革试验研究”的部分研究成果。

一、城乡学校一体化管理的网络组织形成

（一）网络组织形成的原因

网络组织已经成为组织形态发展的趋势。继功能型组织、部门型组织和矩阵型组织之后，雷蒙德·E. 米尔斯与查尔斯·C. 斯诺(Raymond E. Miles & Charles C. Snow)提出，网络组织已经成为第四种组织形态。[①]城乡学校一体化管理的网络组织的形成主要源于两个方面：第一，顺应外部环境的变化，促进城乡教育一体化。在开放系统中，组织不可能独立于环境和其他组织而封闭生存或发展，它必须以某种方式与其他组织形成联系。[②]城乡学校分属城市和农村地区，由于地理位置、经济水平、教育制度、社会结构等差异，城乡学校间相互分离，疏于往来。城乡教育一体化进程要求城乡学校间打破传统的封闭式发展，以开放的方式建立广泛的联系，充分利用双方的优势教育资源，互促互进，谋求城乡学校共同发展。当前，城乡学校间的合作关系日益增多，各种形式的城乡学校一体化管理网络组织遍布城乡学校间。第二，应对教育公平的诉求，推进城乡教育均衡发展。农村学校相对城市学校具有先天不足性，无论是办学条件还是教育质量，农村学校与城市学校相比还有很大差距，农村教育存在着教育起点、过程和结果等一系列不公平的问题。政府作为基本公共教育服务的提供者，除加大农村教育投入倾斜外，同时组织大批城市学校帮扶农村学校改进教育教学质量，“手拉手”“委托管理”“名校办分校”等城乡学校一体化管理的网络组织也得到了快速发展，为农村学校提升学校管理和教育教学水平发挥了重要作用。丹尼尔·穆吉思(Daniel Muijs)在霍普金斯和雷诺尔兹(Hopkins and Reynolds)提出的学校改进三阶段理论的基础上，也曾假设性地提出学校改进已经进入第四个阶段，突出表现为广泛的旨在学校改进的学校网络和合作，学校网络与合作已经成为学校改进和教育改革中的主要范式和实践。[③]

（二）网络组织形成的结构

网络由“节点”和“联结”(节点间的关系)构成，网络是一个连接网络组成部分的关系系统，而网络组织可以理解为组织间通过机制协调建立的跨

---

① 刘延平：《多维审视下的组织理论》，清华大学出版社，2007 年，第 318 页。

② ［美］W. 理查德·斯科特、［美］杰拉尔德·F. 戴维斯著，高俊山译：《组织理论——理性、自然与开放系统的视角》，中国人民大学出版社，2011 年，第 331 页。

③ Daniel Muijs. A Fourth Phase of School Improvement? Introduction to the Special Issue on Networking and Collaboration for School Improvement. School Effectiveness and School Improvement 21(1)：1—3.

越正式边界的社会网络。① 对于城乡学校一体化管理，微观上，它是城市输出学校与农村输入学校之间的合作与制度化建设，是两个节点的简单网络联结。宏观上，它旨在将城市学校优质教育资源辐射到农村学校，促进城乡教育公平，它由市级教委统筹、区县教委参与，共同为学校一体化管理提供保障，基于此，城乡学校一体化管理又是多层面、多节点、多种联结的复杂网络结构(见图 1)。具体表现为：第一，从网络层次来看，城乡学校一体化管理的网络组织分为学校、区县教委和市级教委三个层次，市级教委是城乡学校一体化管理的政策制定者和统筹管理者，区县教委是城乡学校一体化管理的政策落实者和协调者，学校是城乡学校一体化管理的政策执行者和直接受益者；第二，从网络节点来看，城乡学校一体化管理的网络组织包括市级教委、城市输出区教委、农村输入区(县)教委、城市输出学校、农村输入学校五个关键节点，其中，城市输出学校和农村输入学校是城乡学校一体化管理网络结构的核心节点，是实施城乡学校一体化管理的核心主体，市级教委、输出区教委与输入区(县)教委是次节点，是推进城乡学校一体化管理的保障性客体；第三，从网络联结来看，城乡学校一体化管理网络联结分为两种类型，一种是垂直的行政领导型联结，如市级教委与区(县)教委、市级教委与学校、区(县)教委与学校，强调节点间落实、执行和保障城乡学校一体化管理政策的行政关系，另一种是平行的指导合作型联结，一般采用契约或协议方式，如输出学校与输入学校、输出区教委与输入区(县)教委，强调城乡学校一体化管理过程中节点间的合作、互助和共赢。

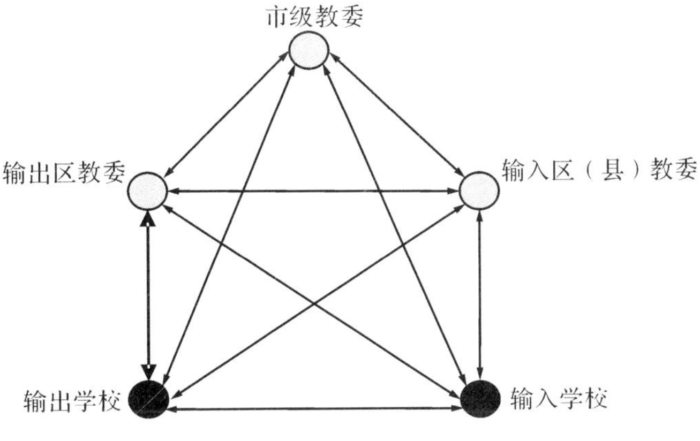

图 1　城乡学校一体化管理的网络组织结构图

① [美]W. 理查德·斯科特、[美]杰拉尔德·F. 戴维斯著，高俊山译：《组织理论——理性、自然与开放系统的视角》，中国人民大学出版社，2011 年，第 333 页。

二、城乡学校一体化管理的网络组织特征

（一）从单方帮扶转向双方共赢的网络合作

学校处于一个开放的社会环境中，社会在不断变化，学校作为社会组织要发展必须走向合作，学校之间的合作有利于缩小校际差距和促进基础教育均衡发展。① 合作的目的是双赢，这是多数网络组织形成的动因。城乡学校一体化管理的初衷是将城市学校的优质教育资源输入到农村学校，帮助农村学校提升教育质量，主要表现为单方的扶持，但随着实践的深入，城乡学校间的合作关系逐步从单方扶持转向了双方共赢。一方面，城市学校优质的办学资源为农村学校的发展注入了新的能量，极大地促进了农村学校的教育质量；另一方面，城市学校在帮扶的过程中，因应对新环境的挑战逐步深化了自身对教育和学生的认识，丰富了自身的管理和教育教学经验，争取了自身发展的政治资源和社会资源。与此同时，输出区教委和输入区（县）教委在一体化管理的过程中，二者的关系也经历了从单边的帮扶到双方深入开展教育合作的转变，如输出区为输入区（县）提供智力援助和资源平台，输入区（县）为输出区提供场地和人事资源等。

（二）从单一学校组织到多个学校组织的网络生态

组织需要在组织生态系统中共同发展、进化，以便使所有的组织更加强大。同时，组织通过共同拥有的愿景和同盟，以及通过处理错综复杂的相互关系使双方共同得到发展。② 学校组织形态也在经历着类似的发展，城乡学校一体化管理就是这种发展的直接体现，它改变了城乡学校间传统的相互独立、相互分离、相互竞争的状态，逐步形成了城乡学校间相互支持、相互促进、共同发展、有机融合的学校组织网络生态。每一所学校不再独立发展，而是融于学校组织网络发展生态中。对于学校发展的评价，也不是仅限于单一学校组织取得的成绩，而是强调学校组织网络的共同发展。近些年，学校组织形态从单一学校组织不断向多个学校组织发展，共同推进着学校网络组织生态的发展。种群生态模式假定，新的组织形态总是在不断出现，某些变异可能比另一些变异更能适应外部环境，经环境选择后的组织形态留存了下来，并站稳脚跟。③ 鉴于时间和空间原因，我们现在还不能证明城乡学校一体化管理的这些形态都能被选择和保留下来，但至少这些变化代表了环境对学校发展的要求及学校组织发展的进步。

---

① 孟繁华、田汉族：《走向合作：现代学校发展的趋势》，《教育研究》，2007年第12期，第55—59页。

② 刘延平：《多维审视下的组织理论》，清华大学出版社，2007年，第213页。

③ ［美］理查德·L. 达夫特著，王凤彬等译：《组织理论与设计》，清华大学出版社，2011年，第198页。

(三)从学校间联结到学校网络间联结的网络拓展

由于组织的开放性，每个组织都存在一个庞大的外部组织网络。两个组织节点基于特定目标产生关联后，组织节点原有的组织网络可以通过这两个组织节点形成新的直接或间接的联系，从而使得网络组织规模逐步扩大，组织网络向外围不断拓展。这一点在城乡学校一体化管理的实践中表现尤为明显(见图2)。一方面，输入学校通过输出学校获得了更广泛的组织网络和资源网络，如输出学校多为优质学校，成立了教育集团或教育联盟，输入校通过与输出校的合作关系进入了这些教育联盟，为输入校拓展组织网络搭建了平台，又如输入校通过输出校能参与输出区教研部门开展的各种教研活动，参与输出校开展的各种专家讲座、培训和课题研究，为输入校提升教育教学质量提供了丰富的资源网络。另一方面，输出学校通过直接或间接地将优质教育资源辐射到输入校及其所在区(县)的教研机构和其他学校等，扩大了输出校的资源辐射面，拓展了输出校的网络组织范围。如输出校在输入校开展教学教研指导时，输入区(县)教研中心会组织区(县)里其他学校教师去共同参与学习。城乡学校一体化管理突破了学校原有的网络组织界限，在一个新的更大范围的网络组织中为学校发展不断输入人员、信息等资源。

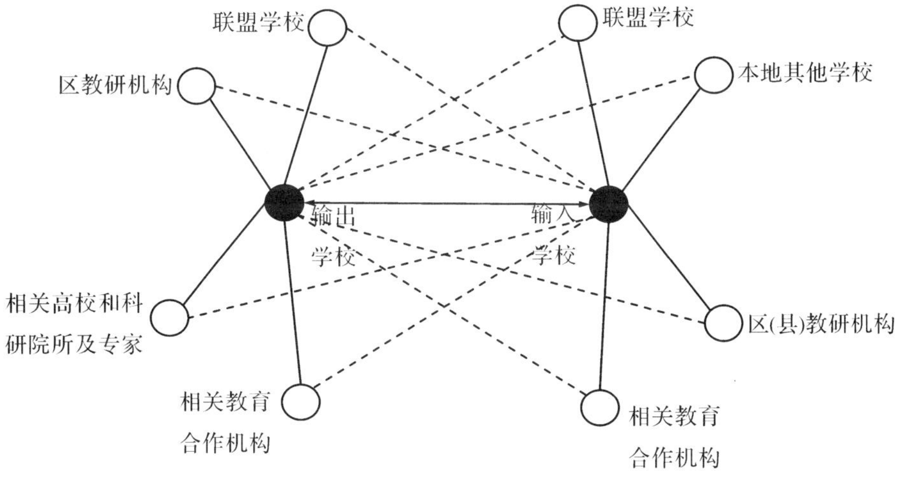

图2　城乡学校一体化管理的网络组织拓展图

三、城乡学校一体化管理的网络组织研究路径

如何通过深入有效的城乡学校一体化管理网络组织研究，为解决城乡学校一体化管理中的组织与运行机制问题提供依据和对策，笔者认为，当前可以从网络组织类型、网络组织分析层面和网络组织分析内容三条路径

展开相关研究，即重点研究城乡学校一体化管理网络组织“是什么样的”、“怎么去分析”和“分析什么内容”。

(一)城乡学校一体化管理的网络组织类型

根据不同地区特点、教育管理体制、教育发展需求及目标，城乡学校一体化管理的网络组织会表现为不同的类型，每种类型具有不同的组织目标、组织关系、组织结构，需要采取相应的管理运行机制，才能取得应有的成效。关于网络组织的类型，从不同的视角有不同的分类，例如，基于结构学视角可以分为点式网络结构(星型结构、树型结构、网状结构)和发散式网络结构(线型结构、环型结构)，基于网络组织中有无核心组织可以分为领导型网络和平行型网络，基于网络组织节点性质与联结方式可以分为集团、外包网络、战略联盟等①。当前，城乡学校一体化管理的网络组织形式多样，类型丰富，系统总结和梳理城乡学校一体化管理的网络组织类型及特点，可以为教育实践者提供一份全面的城乡学校一体化管理网络组织类型图，方便其结合本地情况做出科学选择。

(二)城乡学校一体化管理的网络组织分析层面

网络是由“节点”和“联结”共同构成的关系系统，依据网络的这一特点，网络分析从微观到宏观涉及不同的分析层面，每一个层面的分析包含不同的内容，具有不同的功能。城乡学校一体化管理网络组织的研究需要从各层面系统展开，深入把握城乡学校一体化管理网络组织中的相关关系。一般来说，网络考察包括三个分析层面，一是个体中心网，即由一个节点的所有联结构成；二是整体格局网，包括某一特定论域中的所有行动者和他们之间的关系；三是网络中的定位分析，即给出行动者在格局中的坐标。②由此，从宏观来看，城乡学校一体化管理网络组织研究可以从整体格局网层面展开，把握相关主体间、内容间的关系；从微观来看，城乡学校一体化管理网络组织研究也可以从定位分析层面展开，明确相关主体的格局坐标和角色定位，同时在特定情况下，还可以对某个相关主体进行个体中心网层面的分析。总体而言，在针对城乡学校一体化管理网络组织具体问题的研究中，研究者既可以基于这三个层面进行重点选择分析，也可以将这三个层面的分析有机地融合。

(三)城乡学校一体化管理的网络组织分析内容

基于一体化管理改革实验学校的实地调研，结合其他城乡学校一体化管理的文献材料，可以发现城乡学校一体化管理的网络组织分析内容主要

---

① 刘延平：《多维审视下的组织理论》，清华大学出版社，2007年，第323—331页。

② [美]W. 理查德·斯科特、[美]杰拉尔德·F. 戴维斯著，高俊山译：《组织理论——理性、自然与开放系统的视角》，中国人民大学出版社，2011年，第321页。

包括以下四个方面：

第一，网络组织的目的和目标。城乡学校一体化管理的主要目的是什么？要实现什么样的目标？这里面隐含着教育管理者和实践者对城乡学校一体化管理的基本理解和价值追求，它直接决定着城乡学校一体化管理的发展思路、行动方式以及实践的效果。因此，对于网络组织的目的和目标的研究，除了是对其表面文字形式的把握外，更是对一体化管理实践行动成效与问题的归因和溯源研究。克里斯托弗·查普曼(Christopher Chapman)等研究者在研究了大量英国学校网络案例后也提出，要深刻理解学校网络的目的和目标以及网络中各学校的特征，才可能实现校本网络的潜在作用①。

第二，网络中组织间的互动。调研发现，网络组织间良好的互动是城乡学校一体化管理顺利推进的重要保障，这种互动包括输出学校和输入学校间、学校与教育行政部门间、各级教育行政部门间的交流、沟通、协调等。不同的网络组织在互动的内容、方式、频率、深度上均存在差异，其背后的互动机制往往发挥了关键作用，这种互动机制可以理解为网络组织的"联结"，或者网络组织"节点"间的基本运行方式。在对网络组织间的互动研究中，除研究基本的互动内容、方式外，更重要的是研究网络组织的互动机制建设。

第三，学校间一体化管理的内容。调研中发现，城乡学校一体化管理的内容主要包括学校管理一体化、办学经费一体化、教师队伍一体化、教育教学一体化、教研培训一体化、课程资源一体化、文化建设一体化等。如何理解这些内容对实现一体化管理目标的作用，哪些内容是核心内容，如何结合不同类型城乡学校一体化管理网络组织的特点选择一体化管理的内容，等等，这些都需要结合网络组织的具体情况进行深入研究。

第四，学校间一体化管理的核心要素及发展路径。城乡学校一体化管理网络组织的研究需要开展典型个案研究，更需要在此基础上发现城乡学校一体化管理的核心要素和共性规律，为更多区域开展城乡学校一体化管理提供普适性的依据。从北京市调研情况来看，学校间的一体化管理包含了形、构、质三个核心要素，通常表现为异形异构异质—同形异构异质—同形同构异质—同形同构同质—特色优质的一体化管理发展阶段。同形一般表现为学校更名，或在学校建筑、教育教学设备、标识、物质文化、行为活动层面呈现一体化特点；同构一般是指学校在惯例、组织结构和管理制度层面的一体化；同质是一体化管理的阶段性目标，即输入学校达到与

① Christopher Chapman, Mark Hadfield. Realising the Potential of School-based Networks. Educational Research. 52(3): pp. 309—323.

输出学校相类似的优质水平。特色优质是一体化管理的终极目标，输入学校实现了自主生成的、有特色的可持续发展。[①]其他地区的城乡学校一体化管理的核心要素及发展路径可能与北京市存在相似性，也或许存在很大的不同，这些还有待于进一步的探索研究。

（作者：孟繁华　北京基础教育研究基地研究人员　教授
陈　丹　北京基础教育研究基地研究人员　讲师）

① 孟繁华等：《北京市城乡学校一体化管理改革试验研究报告》，提交北京市教委，2013 年 2 月。

基地名称：北京基础教育研究基地
依托单位：首都师范大学
项目类别：研究基地自设项目

学校安全与学校对未成年学生安全保障义务

内容提要： 实施教育教学活动，或多或少地存在着发生人身伤害事故的可能性，学校理应给学生提供相应的安全保障措施。学校对未成年学生的这种安全保障义务是一项法律规定的义务，是一种以教育、管理、保护为主要内容的义务，因此学校的安全保障义务有着共同的、确定的内容。本文把学生伤害事故作为立论的重点，就学校的安全保障义务及相关的责任归结问题进行分析探讨，为明确学校安全责任、规范学校安全行为、提升学校安全环境、保障学生人身安全提出必要的对策。

关键词： 学校安全；学生伤害事故；安全保障义务

一、学生安全：学校工作的重中之重

学校安全的基本问题就是对在校师生进行有效的教育、管理与保护，防止学校安全事故的发生。广义的学校安全应当包括学校的所有成员，即学生和教职工的人身与财产安全，但相对于学生而言，学校的教职工往往是学校安全的责任人，直接对在校学生负有教育、管理和保护的职责，因此，他们与在校学生构成了一种权利与义务的相对关系。由于学生的人身伤害事故是学校安全中的一个最主要问题，在这里专门讨论学校对学生人身安全的保护职责以及由于学校安全问题所导致的学生人身伤害事故及其归责问题。

（一）学校安全

学校安全属于教育、管理和保护的范畴，是一项以确保在校学生的生命安全和学校教育教学活动正常有序进行为基本目标，以树立安全观念、明确安全责任、强化安全防范意识和能力为主要内容，以侧重预防和特殊保护为工作原则的涉及政府、学校、教职工、学生及其家长的重要工作。

一所学校一旦发生了学生伤害事故以后，人们一般都会把矛头指向学校，强调追究学校的责任，对责任人实施法律制裁，并要求对学校做出更严格的规定。这种对于学校安全的社会心态束缚了学校和教师的手脚，使学校和教师在组织开展教育教学活动时畏首畏尾，不仅影响了学校正常工作的开展，而且对学生的长远发展产生了负面影响。

根据 2006 年教育部首次发布的中小学安全事故总体形势分析报告中的数据，大部分学生伤害事故属于人为，或者有人为的因素和条件，而绝大部分又具有可预见性，是可以通过预防和应急处理措施避免的。这表明，只要我们强调预防优先，以宣传、教育、防范、预警、制止、化解、避险、减少、延迟危险和危害发生等作为安全管理工作的重要内容，建立系统、严密的安全保障体系，就完全有可能遏制和消解来自学校安全的威胁，把由于学校安全而导致的事故控制在最低限度。

(二)学生伤害事故

学生伤害事故就是学生在学期间所发生的人身伤害事故。根据教育部 2002 年颁布的《学生伤害事故处理办法》(以下简称《办法》)可知，学生伤害事故是指在学校实施的教育教学活动或者学校组织的校外活动中以及在学校负有管理责任的校舍、场地、其他教育教学设施、生活设施内发生的，造成在校学生人身损害后果的事故。①

从学生伤害事故的定义来看，一起学生伤害事故主要是由学生伤害事故发生的时间要件、空间要件和身份要件以及所造成的损害后果等构成的。

1. 时间要件

从时间上看，学生伤害事故的伤害行为或伤害结果须有其一或同时发生在学校对学生负有教育、管理、保护职责的期间。一般而言，学生自行上下学途中发生的伤害事故，学校是没有过错的，不承担事故责任。但是，如果学校在学生上下学过程中未尽教育、组织和注意义务，导致学生人身受到伤害，那么其应承担相应的法律责任。此外，如果学校更改作息制度，不在规定的时间内组织上下学，或者组织学生补课、超时放学，这种情况下学校应及时采取必要措施或通知学生家长接送学生，否则有可能承担相应的法律责任。

2. 空间要件

从空间上看，学生伤害事故的伤害行为或伤害结果须有其一或同时发生在学校负有教育教学职责的校舍场地或者其他教育教学和生活设施的范围内。在特殊情况下，学生处于学校履行教育教学职责的空间范围可以延伸到校外这一空间范围和非教育教学活动的范围。例如，由于教师在施教过程中侮辱、体罚学生，学生在校外或家中自杀、自伤，这也应属于在校伤害事故。

---

① 学生伤害事故处理办法，http：www.moe.edu.cn/publicfiles/business/htmlfiles/moe/moe_621/201001/81855.html.

学生伤害事故的这一构成要件确切地说是对学校教育、管理、保护职责的补充说明，其明确了学校的教育教学职责不是以校园围墙为界，而是涉及学校负有教育和管理责任的一切场所。

3. 身份要件

从身份条件看，“学生伤害事故”定义所称的学生应符合以下三个条件。第一，受害人为在国家或者社会力量举办的全日制中小学(含特殊教育学校)、各类中等职业学校、高等学校中就读的受教育者。其他教育机构发生的伤害事故，尽管可以参照学生伤害事故的处理办法处理，但这类伤害事件一般不宜归为学生伤害事故。第二，在遭受侵害时必须具有学生的身份。如果受害人与家人外出旅游时受到伤害、在餐馆就餐时发生食物中毒，那么此时受害人的身份是游客、消费者而并非学生。故此类事故不应笼统地归为学生伤害事故。此外，因学校教师或者其他工作人员实施的与其职务无关的个人行为，或者因学生、教师及其他个人故意实施的违法犯罪行为造成学生人身损害的，也不应归为学生伤害事故。第三，受害人是按国家有关规定取得该校学籍并全日制就读的学生，与该校构成了在学的法律关系。如果受害人虽有学生身份，并且在某所学校的空间范围内受到人身伤害，但并无该校的学籍，未与该校构成在学意义上的法律关系，那么这类事故一般不应归为学生伤害事故。

(三)正确看待学校安全和学生伤害事故

一般来说，发生一起学生伤害事故，学校或其教师如有过失，可能比一般人承担更大的责任，因为学生被送到学校后就由学校及其教师负责照管，学校及其教师有义务使学生尽可能地免受伤害。未成年学生的家长有理由要求学校建立完善的安全保障和管理制度，要求教育教学设施符合安全标准，消除学校中的各种安全事故隐患，把学生伤害事故的发生率降到最低，但是这种要求不应当成为对学校及其教师的一种不切实际的苛求。

一些人认为，学校开门办学，招收学生，就应当百分之百地保证学生不发生任何人身伤害事故，如果出了问题学校方面则应负全部责任。这种观点是对学校和教师的一种苛求，因为它不符合学校教育活动的特点。学校的基本功能是促进每个学生的身心健康发展，学校的这一功能是通过其所组织的各种活动(包括心智的和身体的活动)来实现的。可以说，没有活动，学校就不可能实现其育人的功能，但活动本身具有两面性，只要学校组织和开展教育教学活动，就会对学生的健康和安全构成一定的风险。这就使得学生的活动和对学生活动的控制构成了教育教学过程中的两极。

这是一个两难的选择：活动可能对学生人身安全带来伤害，而如果单纯为了防止伤害事故的发生而限制学校组织活动，那么最终又会影响学校教育功能的发挥，对学生的未来发展造成无可挽回的损害。因此，我们绝不能仅仅为了学生的安全而限制学校组织正当的教育教学活动。另外，由学校来承担全部损害责任的苛求对学校不仅是不公平的，而且会极大地抑制学校的正当办学活动。因此，学校应当承担的是有限责任，而不是无限责任。

二、学校对未成年学生的安全保障义务

200 年来，安全保障义务从契约责任发展成为法定义务，并已成为各国侵权法规定的首要义务。

(一)学校的安全保障义务

为了切实有效地保障在校学生的人身安全，我国法律规定了学校、幼儿园及其他教育机构对其未成年学生依法履行教育、管理、保护职责。因此，学校与未成年学生所构成的是一种教育与被教育、管理与被管理的关系，学校对未成年学生负有安全保障义务。学校的安全保障义务作为一项针对危险的防范和制止义务，是法律附加于学校之上令其承担的在办学活动过程中保障受教育者人身安全的义务，是法律基于保护在教育关系中处于相对弱势地位的未成年学生一方利益，而给处于相对强势地位的学校一方课以防范危险的义务。

(二)学校安全保障义务的基本内涵

学校是提供教育服务的机构，履行着培养人才的社会职能，但不同学校所履行的安全保障义务又有所不同。依据我国有关学生伤害事故处理的法律、法规、地方性法规及其他相关规定，学校的安全保障义务从具体的办学活动角度可划分为以下内容：

第一，选任、管理教职工的义务。学校应当聘用符合相应任职资格和条件的人员担任教职工。学校不得聘用因故意犯罪而受到刑事处罚的人员、患有传染性疾病的人员以及有精神病史的人员。

第二，安全教育义务。学校应当针对学生年龄、认知能力和法律行为能力的不同，采用相应的内容对在校学生进行必要的安全教育和自护自救教育，将安全教育纳入教育教学内容，有针对性地对学生进行安全教育。

第三，安全管理义务。学校应当按照规定，建立健全学校的安全保卫、消防、设施设备管理等安全管理制度；加强安全工作管理，预防和消除安全隐患，开展和落实学校各项安全工作，定期接受安全业务培训；建立安全工作档案，记录日常安全工作、安全责任落实、安全检查、安全隐患消除等情况；及时上报可能引发学校重大安全事故的险情，或者其他可能引发学校重大安全事故的灾害、灾难的重要信息。

第四，校内外教育教学活动安全义务。学校应当加强日常教育教学活动的安全管理，依据有关规定安排未成年学生参加适宜的劳动、体育运动

或者其他活动。学校组织教育教学活动时，应当对学生进行相应的安全教育，并在可预见的范围内采取必要的安全措施。

第五，维护学校公共设施安全的义务。学校应当确保其校舍、场地、其他公共设施以及学校提供给学生使用的学具，教育教学和生活设施、设备符合国家规定的标准，及时排除不安全因素。

第六，公共卫生安全义务。学校向学生提供的药品、食品、饮用水等应当符合国家或者行业的相关标准、要求。

第七，消防安全义务，包括建立并落实消防安全制度和消防工作责任制，对消防设施和器材加强日常维护并设置消防安全标志，保证疏散通道、安全出口和消防车通道畅通。

第八，学生交接安全义务。幼儿园和小学应当与家长或其委托人建立幼儿和低年级学生上学、放学的直接交接制度，不得将无民事行为能力的学生交与非监护人或非委托人。低年级学生未经家长同意不得自行离校。

第九，校车安全管理义务。学校用于接送学生的校车应当经过公安交通管理机关的资格审核、备案，并定期进行维护和检验。

第十，安全保卫义务。学校应当配备专职或者兼职安全保卫人员，切实履行安全保卫职责。学校门卫应当由专职安保人员或者其他有能力履行安全保卫职责的人员担任。

第十一，寄宿制学校的义务。寄宿制学校应当建立寄宿学生的安全管理制度，配备专人负责寄宿学生的安全保卫工作。

第十二，对未成年学生身体状况的注意、关照义务。学校应当了解、掌握学生的体质健康状况，对有特异体质或者特定疾病、不宜参加某些教育教学活动的学生，应当予以必要的注意。

第十三，管理、告诫或者制止学生危险行为的义务。学校教师或者其他工作人员在负有组织、管理未成年学生的职责期间，发现学生行为具有危险性时，应当进行必要的管理、告诫或者制止。

第十四，禁止体罚或变相体罚学生的义务。学校教职工应当尊重未成年人的人格尊严，不得对未成年学生实施体罚、变相体罚或者其他侮辱学生人格尊严的行为，在履行职责过程中应当遵守相关的工作要求、操作规程、职业道德或者其他有关规定。

第十五，因外部因素产生的防范、救助保障义务。由学校以外的行为主体产生的，主要责任人是学校和学生以外的第三人，学校对此亦负有安全注意的义务。学生伤害如与学校未尽注意义务有间接的关系，则学校亦应承担相应的责任。

第十六，报告义务。对于发生的学生伤害事故，情形严重的，学校应当及时向教育行政部门及有关部门报告；属于重大伤亡事故的，教育行政部门应当按照有关规定及时向同级人民政府和上一级教育行政部门报告。事故处理结束后，学校应当将事故处理结果书面报告交给主管的教育行政部门；重大伤亡事故的处理结果，主管的教育行政部门应当向同级人民政府和上一级教育行政部门报告。

第十七，法律法规和规章规定的其他安全保护义务，如就校园安全问题与相关部门沟通、协调的义务等。

三、切实履行学校对未成年学生的保护职责

(一)校园安全重在防患于未然

学生伤害事故并非无迹象可循，我国学者的调查数据表明，超过一半的中小学学生伤害事故发生于学校的体育和游戏活动中，占到全部学生伤害事故的 53.6%。① 这意味着只要学校切实做好体育和游戏活动的安全工作，有严格的保护措施、明确的责任分工、合格的体育游戏设施和有效的学生安全教育，就可以有效地控制学生伤害事故的发生。

(二)建立办学风险的分担机制，为中小学校和教师松绑

一些学校在组织和实施教育教学活动方面存在着某种畏难情绪，甚至采取了“多一事不如少一事”的消极做法，把学生的活动空间限制在教室或学校之内，不敢组织户外、校外的活动。这种消极心态不利于学生的健康成长，因为参天大树不是在温室中长成的。相关政策与法律在强调校园安全的同时应考虑如何为学校的教育教学工作松绑，使学校及教师能大胆组织教育教学活动，做好人才培养工作。笔者提出建立学校办学的风险分担机制。第一，实行明确的责任分工制度，确保政府、社区、学校、家庭等相关方面履行各自的职责，共同做好学校的安全保护工作。第二，发挥家长的作用，如通过家长委员会等机构共商校园安全工作、组织家长志愿者共同参与学校安全保护工作等，取得家长的支持和配合。第三，制订必要的校园安全标准和突发事件处理预案，加强政府的监督职能，建立经常性的检查制度，把学校安全防护工作落到实处。第四，实现办学风险的社会化，进一步完善现行的学生伤害事故保险机制，使现行的由办学者承担办学风险逐步过渡为办学风险的社会分担。

(三)深入了解每一个学生，注意教育方法的适切性

教师要了解自己的学生，尤其对一些具有特殊情况的学生，更要准确掌握并根据具体情况采取适当的方法，以达到教育的目的。教师要正确地运用教育方法并注意其效果。此外，学校还应根据未成年学生的不同年龄，

---

① 劳凯声、孙云晓：《新焦点：当代中国少年儿童人身伤害研究报告》，北京师范大学出版社，2002 年，第 7 页。

采取不同的方法做好教育、管理和保护工作。由于法律对无民事行为能力人和限制民事行为人分别做了不同的保护性规定，学校对这两类学生的保护职责是不同的。学校应当根据法定的保护职责分别制订针对不同学生的制度措施。

(四)关注责任规定不清的场合，做好安全防范工作

学校的安全保障义务已经体现在我国相关法律法规中，然而由于学校安全工作复杂多变，大而化之的法律法规不可能预见学校安全的所有问题并做出明确的责任规定。因此，对中小学校安全保障义务的合理限度问题，在许多方面还存在着模糊不清之处，甚至影响到责任的归属和双方当事人的利益。在目前情况下，学校对待这类情形不应掉以轻心，更不应推诿责任，而应从保护未成年学生的高度考虑，主动、积极地做好安全防范工作，如借鉴一些地方的“小黄帽”“路队制”成功经验，有效地降低学生上下学途中的伤害风险。

参考文献

[1][英]巴瑞·布赞等著，朱宁译：《新安全论》，浙江人民出版社，2003 年。

[2][英]弗兰克·富里迪著，方军、张淑文、吕静莲译：《恐惧》，江西人民出版社，2004 年。

[3]教育部首次发布中小学安全事故总体形势分析报告，http://www.gov.cn/gzdt/2007-03/26/content_561883.html.

[4]学生伤害事故处理办法，http://www.moe.edu.cn/publicfiles/business/htmlfiles/moe/moe_621/201001/81855.html.

[5]北京市中小学生人身伤害事故预防与处理条例，http://www.cca.org.cn/web/xfts/newsShow.jsp?id=7412.

[6]上海市中小学校学生伤害事故处理条例，http://www.edu.cn/20011030/3007272.shtml.

[7]中华人民共和国未成年人保护法，http://www.china.com.cn/policy/txt/2006-12/30/content_7582808.html.

[8]最高人民法院关于审理人身损害赔偿案件适用法律若干问题的解释，http://baike.baidu.com/view/20059.html.

[9]劳凯声、孙云晓：《新焦点：当代中国少年儿童人身伤害研究报告》，北京师范大学出版社，2002 年。

（作者：劳凯声　北京基础教育研究基地首席专家　教授）

北京旅游发展研究基地

（北京第二外国语学院）

基地名称：北京旅游发展研究基地
依托单位：北京第二外国语学院
项目类别：北京市社会科学基金项目

北京建设世界一流旅游城市发展战略研究①

内容提要： 建设世界一流旅游城市是北京市建设世界城市的重要途径和突破口，是北京市调整产业结构，改善城市形象，强化城市功能，塑造文化价值影响力的战略举措。本项研究从世界一流旅游城市的核心特征入手，分析了北京建设世界一流旅游城市的差距和问题，提出了打造枢纽型旅游目的地和发展全域旅游的战略方向。同时从加强文化传承与创新、优化调整发展空间、提升产业素质、培育文化创意旅游、发展智慧旅游、完善旅游主体功能区建设、创新营销模式、深化产业促进政策、抓好政策落实等方面论述了北京市建设世界一流旅游城市的战略举措。

关键词： 北京；世界一流旅游城市；战略

一、建设世界一流旅游城市的战略意义

北京市确立了建设有中国特色的世界城市的战略目标。所谓世界城市是全球化的趋势下所产生的新空间形式，它集聚跨国公司总部、商业服务中心和国际金融中心、信息传播中心等，兼具各种功能，并且是控制全球经济的重要节点。如同世界城市一样，世界一流旅游城市的要义也在于“超越地理界限的影响力”。这种超越地理界限的影响力可以分为两个层次，其一是集聚性影响力，其二是扩散性影响力。目前公认的世界一流旅游城市主要包括伦敦、纽约、巴黎、新加坡等。

北京作为中国首都，是全国政治、经济和文化教育中心，拥有着其他城市无可比拟的各种社会资源。然而，尽管北京创建世界旅游城市有着巨大潜力，但与其他世界旅游城市相比，在产业控制力、决策控制力、产业影响力和区域旅游控制力方面仍然存在很大的差距，还有很多方面需要努力。

北京市接待国际游客人数从2010年起稳定在500万人次左右，而新加

① 本文是“北京建设世界一流旅游城市研究”项目的阶段成果，项目编号：11ZDA09。

坡、中国香港、巴黎、伦敦都远远超过了1000万人次。在亚太地区，北京不及香港和新加坡的1/2。在国内，北京作为中国首选旅游目的地城市的地位已经面临巨大的挑战。近年来，上海开始全面超越北京成为中国的首选旅游目的地城市，上海浦东机场成为中国大陆外国人入出境人数最多的口岸。

从历史文化资源角度看，北京具有建设世界一流旅游城市的优势。北京拥有6处世界文化遗产，超过伦敦、纽约和巴黎等城市。世界文化遗产成为来京旅游者主要的旅游吸引物。展望未来，北京具有很大的文化旅游潜力。但另一方面，北京发展旅游业也有其自身的短板，如经济和城市发展水平相对较低，管理水平有待提高，城市发展成本高、发展空间小、资源环境压力大，旅游季节性突出等。

二、北京建设世界一流旅游城市的战略方向

1. 建设世界一流旅游城市的国际经验

国际上，新加坡和迪拜这两个新兴的世界一流旅游城市能够为北京提供后来居上的战略启示。新加坡旅游资源少，地域狭小，却在短期内获得了旅游业发展的巨大成功，使旅游业成为新加坡的支柱产业。这与新加坡充分利用自身优势条件，强调“无限制的旅游”和交通枢纽中心地位密不可分。新加坡提出打造“亚太旅游枢纽”、“亚洲第一休闲旅游目的地”等口号，把自己定位为亚太的一个区域中心和国际门户，大力发展过境旅游。

中东地区的迪拜在近二十多年来，利用“石油美元”建成了一系列现代化配套基础设施。自2003年起，迪拜旅游业的收入已经超越了石油收入，占到其GDP的10%以上。旅游业还解决了迪拜25%的就业。迪拜发展旅游业依靠的是打造“世界级交通枢纽”：迪拜港是连接亚洲、非洲与欧洲之间海运联络的重要枢纽港；迪拜国际机场是中东地区最大的航空港；迪拜又筹资兴建了号称世界最大的机场——阿勒马克图姆机场。

2. 北京建设世界一流旅游城市的基本理念

第一，要处理好突出的“点”和广阔的“面”之间的关系。要发挥城市的枢纽、通道作用，加强与周边城市之间的联动、联合。

第二，要处理好鲜明的形象与多元的内涵之间的关系。一个世界一流旅游城市一定要在市场上形成鲜明的形象，让人一听到这个城市的名称，就能在脑海中形成特定的城市意象。

第三，要处理好丰富的遗产与现代的需求之间的关系。拥有丰富的遗产有助于提升城市旅游吸引力，同时它也是世界一流旅游城市的重要因素，但更重要的是要有开放的、包容的心态，并以这种开放、包容的心态来吸引更多流动的、生长着的文化，从而形成新的文化遗产的实现和展示机制，

这对于世界一流旅游城市才是一种持久的生命力。

3. 构建"全域旅游"模式

世界一流旅游目的地的建设不仅需要有新的战略举措，同时更需要有发展理念上的突破。在未来的发展中，需要高度重视从旅游产业理念向旅游经济理念的转变，重视旅游产业向旅游目的地理念的转变，树立"全域旅游"的发展新理念。所谓"全域旅游"就是指：各行业积极融入其中，各部门齐抓共管，全城居民共同参与，充分利用目的地全部的吸引物要素，为前来旅游的游客提供全过程、全时空的体验产品，从而全面地满足游客的全方位体验需求。全域旅游模式包括以下八个方面：

第一，全要素。将整个目的地作为旅游的吸引物，依附在整个目的地的一切可以利用的资源都有可能成为吸引人们前来旅行的吸引物。第二，全行业。指旅游在整个目的地产业结构中具有突出的地位，是目的地未来产业发展的融合点、动力点与核心点，工业、商业、房地产业等产业都可以打通与旅游业之间的关系，用旅游业来改造、提升这些产业的附加值，通过产业融合来推动这些产业与旅游业的共同发展。第三，全过程。指从游客进入目的地开始，一直到游客离开目的地，在这整个过程中，目的地都应为游客提供旅游体验，无论是在旅游景区的游览观光，还是在非景区的休闲消费，抑或者是在目的地期间的餐饮、住宿、娱乐消费，旅游体验无处不在。从这个意义上看，全域旅游也可以称为全程旅游。第四，全时空。指在目的地旅游发展的过程中，无论是淡季还是旺季，无论是白天还是夜晚，无论是目的地核心旅游区域内还是核心旅游区域外，都能够给游客提供能够满足其体验需求的产品和服务。第五，全方位。即不仅要满足游客在"吃、住、行、游、购、娱"方面的体验需求，同时还应该增加"文化、科教、资讯、环境、制度"等相关要素方面的供给。第六，全社会。即吸引目的地最广泛的居民参与到旅游业服务、经营中来，使得最广大的人民群众都能从参与旅游中获得各自的利益，提升目的地的好客度。第七，全部门。即吸引目的地各大部门积极参与到旅游开发、建设、管理中来，既能推动旅游业的发展，同时也可以通过旅游业的发展来拓展本部门的既有价值。第八，全游客。指关注游客与居民之间的交融，要体现"游客即居民、居民即游客"、"人人为旅游、旅游为人人"的理念。

4. 发展枢纽型目的地的战略选择

北京建设世界一流旅游城市，关键在于转变旅游目的地发展的传统思维，着重强化区域旅游枢纽性质，构建旅游城市"目的地＋枢纽"的复合型功能。

旅游城市有目的地城市与枢纽城市之分，目的地城市主要是通过拥有的资源获得财富，枢纽城市则是通过流经的客源取得控制力。世界一流旅游城市，如新加坡、迪拜等都以打造国际旅游枢纽为战略定位，目的就是要实现其对区域和国内旅游发展的绝对控制能力。如果能占有绝对控制的地位，那么，相应的各类旅游资源会聚集并辐射到周边，成为进入其他旅游目的地的门户。北京要建设世界一流旅游城市，不仅仅要成为国际旅游目的地，也必须成为区域旅游枢纽(中国的门户、东北亚的枢纽)，即要建设成一个具有枢纽功能的旅游目的地。

为了强化枢纽功能，北京应当加强客流中心、国际交通中心以及国际旅游企业的总部基地三方面的建设，应实质性地推动区域旅游合作。京津冀区域旅游合作对于中国实现世界旅游强国发挥着举足轻重的作用，同时对于巩固和提升北京作为中国首要旅游目的地的地位也起着直接推动作用。具体措施包括鼓励北京旅游企业输出资本，投资周边；整合旅游资源，将周边旅游资源纳入北京旅游版图；加强京津冀地区旅游集散网络建设，构建涵盖京津冀地域的“大北京游客集散网络”等。

三、北京建设世界一流旅游城市的战略举措

(一)加强文化传承与创新，大力发展文化创意旅游

以旅游发展促进首都文化保护与传承。促进文旅融合，更好地实现文化的动态式保护和活态化传承。对北京文化遗存区域进行整体的文化旅游发展规划，强化对历史文化格局的整体保护；对于非物质性的文化遗产，以各类民间文艺活动、文化旅游商品等形式，进行活态保护和传承。有序开放公共文化设施，在整体的规划指导和分类管理办法下，分类开放各类城市文化遗产、文博资源、主题文化艺术街区、社区公共文化场所等。积极培育社区文化休闲组织，引导开展多种形式的社区文化休闲活动。以奥运场馆申报世界文化遗产为契机，构建北京文化旅游国际化展示的新平台。以亚奥板块建立现代文化旅游示范区为契机，构建文化与旅游产业现代化发展的示范平台。打造北京国际文化旅游年，促进北京世界一流文化与旅游城市建设。

从提升世界城市的文化感召力高度认识文化创意旅游的发展。第一，通过旅游输出文化是体现软实力的重要手段。旅游与宣传、规划、建设和文化部门配合推进，从北京城市精神中进一步挖掘城市文化价值的体验内容。以东城、西城为核心，以朝阳为辅助，营造大城区文化创意旅游体验空间。由点线式的游览区向完整连片的生活体验空间转变，最终整体构建“东方文化之都”的核心区。第二，开发文化创意旅游产品。升级和盘活传统产品。支持具有文化根植性的项目，避免西方文化项目主导市场。第三，制订和实施北京文化创意旅游的国际推广计划。增强城市的体验美感和自由度，设计更具体验美感的城市文化夜景系统。组织国际创意旅游景观设

计大赛，鼓励历史文化元素的“翻新利用”。第四，系统保护和构建北京文化价值，编列文化遗产生存报告，制定预警和挽救机制。第五，积极培育本地创意人才，制定产业扶持政策，奖励业界精英。

(二)优化调整发展空间，完善旅游主体功能区建设

宏观层面，重点构建京津商务旅游黄金双子城。积极领导京冀合作和旅游产业要素重组。继续推进跨境资源整合开发，打造拒马河生态文化旅游带、桑干河—永定河生态文化旅游带、大长城文化旅游带、京廊津商务度假旅游带。实施资源与市场整合计划，吸纳河北地区部分优质资产纳入高端旅游联盟，特别是以结对的方式，为京冀之间的上下游企业搭桥结合。试点构建跨区域的旅游集散服务综合体。实施京沪合作面向全球，共同建设和营销高端旅游。开展京沪商务旅游对接计划。在多个国家平台上，尝试以京沪的地方营销为核心，进行国家旅游营销。在中观层面，加速乡村旅游升级。推出乡村旅游的金融辅助计划，鼓励大户扩容，鼓励专业经营者改进，加强智力支持，并引导行业淘汰和重组。建设旅游集散服务综合体，提供更加便利有效的旅游集散和信息服务。在微观层面，实施景区疏解计划，开展社区旅游试点，推进社会资源整合利用。实施自助旅游服务升级计划，通过自助服务提升空间自由度。研究制定夜生活区规划与规范，扩大北京旅游体验的丰富度和深度，以时间换取空间效益的提升。

旅游主体功能区是北京建设世界一流旅游城市工作的重心，在旅游主体功能区的建设过程中可遵循“一平台、两大类、三对接、四集聚、五改造”的思路展开。打造一个平台经济，构建完善的休闲广场体系、北京民间创意展示平台。抓好两大类消费人群，要构建大众市场、中端市场、高端市场的共生系统。做好“免签政策对接区、免税政策对接区、旅游总部对接区”这三个对接区的文章。做好“中华老字号聚集区、旅游产业聚集区、旅游中国集聚区、非遗文化聚集区”等四大聚集区的文章。做好“精致化改造、设计感改造、人文化改造、链条化改造、平衡化改造”等五大改造的文章，启动“四合院精品酒店工程”等项目。

(三)提升产业素质，创新营销模式

为旅游产业素质升级创造良好的政策、制度环境。加强部门间的协调与配合，在制定政策措施的时候，充分考虑不同部门之间的配合，建立较为完善的旅游政策、法规、制度和标准体系，努力培育有利于旅游产业发展的政策、制度环境，为旅游产业发展提供广阔的空间，推动旅游产业素质不断提升。鼓励技术创新，发挥其对旅游产业素质提升的推动作用。充分利用信息化、物联网等技术手段，推动现代信息技术在旅游产业的应用，为旅游产业融合发展、旅游产业素质提升搭建公共技术平台。鼓励与旅游相关的技术研发、推广，对进行技术创新的旅游企业给予相应的政策支持和资金倾斜。引导旅游消费需求，实现其对旅游产业素质提升的拉动作用。在政策引导、宣传等方面实现对旅游消费需求的正确导向。

在发展智慧旅游发面，进一步完善北京“智慧旅游”政务系统的建设。实现窗口式服务向电子化服务的转变，为游客创造良好的服务体验。建立旅游应急指挥系统，充分运用智能监控视频、移动网络、物联网等技术和手段，建立动态感知游客活动和旅游企业状态的信息网络，建立旅游企业、游客信息监控平台和综合信息安全管理平台，以及旅游安全决策及应急指挥平台。建立和完善电子政务系统，进一步加强北京旅游信息化平台与相关信息平台的互联、互通和互动，提升旅游主管部门的行政效能。进一步加强北京“智慧旅游”民生系统的建设，积极推进北京旅游“一卡通”建设，将景区游览、停车、乘车、购物消费等真正地集于一卡之中；进一步扩大移动无线网络覆盖区域，推出并推广北京“游客助手”手机客户端，实现从电子旅游向移动旅游的转变；完善北京旅游网，加强旅游信息的收集、分类、处理，实现旅游信息发布的自动化。进一步推进北京“智慧旅游”产业系统的建设，推进“智慧景区”的建设，推进“智慧饭店”和“智慧旅行社”试点示范建设。

在营销方面，以“北京精神”为主题，联结各城市营销手段。在依托国家大环境发展的前提下，城市营销实践过程中应加强对“北京精神”的解读，各营销手段应坚持以“北京精神”为核心，集中展现北京最具代表性的元素。平衡城市营销的宏观主题定位与微观手段选择。注重具体旅游产品的市场营销，以大国首都的高姿态，通过对北京特有文化产品的宣传、推广，立体构建北京的“餐饮—文娱—购物”旅游综合体形象。强化新型营销媒介手段的运用。以文化为主题，形成以北京为核心的特色旅游线路，增强北京在区域旅游圈中的领导力。组织专家评估数字化城市营销效果，提高城市营销效率。

（四）深化产业促进政策、抓好政策落实

尽快完成 WTCF（世界旅游城市联合会）在空间上落地，落实独立办公空间。建议在北京市拟定发展的旅游主体功能区中落实。落实雇员的国际化问题。在享受中国政府国家奖学金的留学生中招聘 WTCF 国际志愿者。推进会员城市间的免签体系。举办面向会员城市的旅游投资峰会。编撰出版《WTCF 旅游发展年度报告》，形成 WTCF 旅游消费推荐榜单，简化世界旅游城市评价体系，尽快推出排名榜单。充分发挥 72 小时免签政策优势。提供机场到市内的免费交通、免费市区游览、酒店景点的优惠等，与上海合作，共同打造中国旅游的京沪“双子星”。开发面向国际转机旅客的北京经典旅游线路，开通市区观光巴士、机场到十大旅游主体功能区的旅游专线等专项旅游产品，联合机场、航空公司、酒店、景点等研发面向 72 小时过境免签旅客的“交通＋酒店”、“交通＋酒店＋景点”等旅游套餐。要将北京市的旅游营销费用与开发国际中转旅客旅游消费潜力很好地结合起来。

加强法律保障。完善两级多层次的旅游法律保障体系。根据《中华人民共和国旅游法》全面修改、完善相关地方法规和部门规章。制定住宿业管理、旅游公共服务设施管理、旅游资源管理、安全管理、市场监管的规范性文件。提升北京市旅游执法力量。整顿旅游执法队伍，提高旅游执法人员的素质，确保旅游执法的效率。开展全行业从业人员法制教育，宣传普及保护旅游者的法律知识。

（作者：计金标　北京旅游发展研究基地负责人　教授、博导）

首都传媒经济研究基地

（中国传媒大学）

基地名称：首都传媒经济研究基地
依托单位：中国传媒大学
项目类别：研究基地自设项目

报业转型：从“全媒体”到“全媒体营销”

内容提要： 2001—2010年对于传媒来说是重要的十年。在这十年中，报纸最初呈现最强的发展态势，但它最终成为互联网崛起的受害者，发行量和利润都大幅下滑，一些百年老店也无奈成为历史，似乎所有的信息都指向报业的危机与困境。对我国报业来说，广告和发行带来的收入越来越少，新媒体的冲击日渐加深，报纸的市场空间正在缩小，未来报纸还会存在吗？很多报人已开始思考这个问题。简单的是与否的回答似乎已经没有意义。

关键词： 报业转型；全媒体；营销

一、中国报业的跌宕经历

从中国报业2000—2010年十年的广告经营数据来看，2004年和2007年是两个关键年份。2004年报业广告增长放缓，并首次出现了负增长，当时，业内有一种声音称报纸的经营将出现一个拐点。2005年春天开始，全国各大报社的广告营业额普遍下滑，平均跌幅达15%以上。现实比人们猜测的更严酷。2007年报纸广告经营额增长率为3.07%，报纸广告增长乏力，广告营业额的下滑趋势继续，报纸在广告市场的份额持续减少。此后报纸广告也难觅此前两位数的增长速度（见图1）。

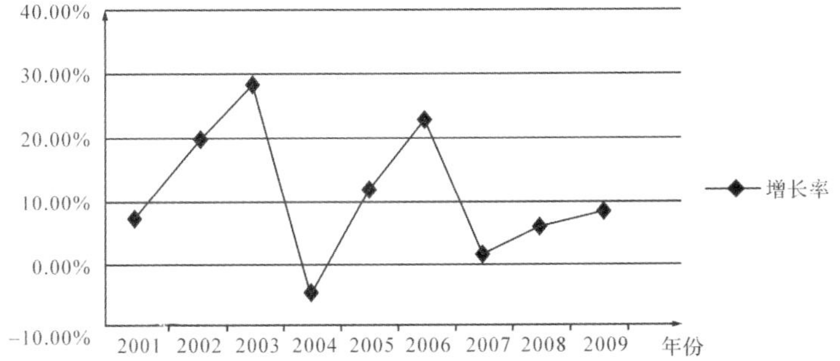

图1　2001—2009年中国报业广告经营额增长率变化

资料来源：根据国家工商管理总局广告司历年公布数据整理

从2008年开始，成本的上涨和金融危机所带来的困境，给报业敲响了警钟；2009年，受经济形势影响，报业经营成本增加，报业广告利润逐步萎缩，报纸进入微利甚至亏损时期。CTR市场研究公司2011年1月发布的统计数据显示，2010年报纸广告刊登额增长率达到18.9%。因此，不少业内人士认为纸媒复苏的时代来临。纵观中国报业在21世纪十年间的表现，随着时间的推移，报纸广告市场的环境越来越严峻，报纸不仅面临着来自新媒体的挑战，而且，报纸产业自身也存在着运行体制障碍、市场结构失衡、盈利模式单一、消费群体减少等诸多"危机"。此种生存环境下，中国报业何以唤回流失的读者，赢得更多受众，获得长足发展?

二、报业"全媒体"围城

报业要想在短期内彻底摆脱困境并非易事，然而中国经济形势总体在往好的方向发展，使整个广告市场还会有较大的增长，由此来看，纸媒的复苏也确有可能。机会总是留给改革动力强劲的强势纸媒，不少报刊用"全媒体"开拓了一条新路，并且走出了自己的模式。

(一)理顺机制体制

"全媒体"转型的基础是什么?适应目前报刊出版行业的政策改革要求，成为更加市场化、更有活力的市场主体，从而为全媒体的发展布局打下基础，这是非常重要的转型要求。事实上，我国报刊行业这一阶段的改革与调整已经上升到"体制改革"的层面。一方面是响应政策层面的要求，另一方面也是谋求自身发展的必然之举。人民网在2004年6月进行了第一轮体制机制改革和人事改革；2010年6月，人民网的改革再次推进，人民网股份有限公司正式创立、"人民搜索"测试版上线。南方报业传媒集团通过改制等方式，建立起"产权清晰、权责明确、政企分开、管理科学"的现代企业制度和适应传媒业发展趋势与现代企业集团客观要求的"控之有序、分之有度"的母子公司体制，推动南方报业成为真正的市场主体。

(二)内容流畅再造

实施全媒体转型，内容仍然是关键。无论是单一媒体驾驭还是多媒体掌控，内容永远是重中之重。一方面，新型的报刊业已经将自身定位为"报道业"，强调信息产品的重要性；另一方面，再造内容流程以适应全媒体的应用和分发也至关重要。在先行者的探索和经验总结中，内容资源整合和流程再造是两大热点。对于大型的报刊集团来说，全盘性的流程再造先期较为困难，所以大多从报系内的整合、报与网的互动开始，一步一步走向全面的整合。例如南方报业传媒集团首创的"报系"式操作，用优质品牌为龙头的报系来孵化新的子报子刊，报系化发展后集团实施一报一网。而小型的报刊媒体及集团则采用迅速进入的方式，全面改造内容生产与存取流程，一步到位实现全媒体的配置。

（三）媒体渠道拓展

媒体渠道的拓展是报业全媒体转型的落脚点。首先，有计划有目的地进入新的媒体领域，寻求最适合自身实际情况的方式与方法，例如解放日报报业集团专门针对 iPhone 开发在线新闻应用，湖北日报传媒集团与汉王合作力推数字阅读。其次，在进入方式上，既可以利用自身资源和已有的品牌效应与影响力一步步、从无到有地进入新的媒体领域，也可以积极利用外部力量，通过合作、合并等多种方式进入新的媒体领域，例如浙报集团与华数集团展开的战略合作。

三、反思报业“全媒体”实践

据统计，到 2009 年年底，我国报业集团数量已达到 54 家，而几乎每一家都已提出全媒体相关概念，其中涉及团队、部门、产品、系统平台、办公形态、合作模式等各方面。笔者也在反思，全媒体诚然是形式创新、体制改革和渠道拓展的有益探索，但它并未涉及困扰报刊行业多年的商业模式和营销方式，全媒体转型存在着缺位现象。

（一）没有解决商业模式问题

报业全媒体布局带来内容生产力的大大提高，解决了资源的利用问题，但并没有解决商业模式问题，报纸行业依旧是提供内容，而非提供产品和服务。在技术大变革时代下，业界最关心、最头疼的问题，就是一直没有寻找到新的盈利模式。全媒体的发展，并不是让报刊放弃在平面媒体领域已获得的成果，而是要求报刊媒体从大媒体和全布局的高度来看待媒体的发展趋势，用“平台”和“库”的理念来看待自身的产品，从内容生产流程着手做最根本的改变。在此基础上，报业进行全媒体转型的实践探索，构建一个完整的商业模式是相当重要的。目前，不少传统媒体在新媒体运营中的软肋就是缺乏清晰的市场模式、盈利模式，传统媒体无论是与新媒体互动、融合，还是独立创办新媒体，几乎都无法盈利。

（二）并未涉及营销层面

“全媒体”的概念并没有在学界被正式提出，它来自于传媒界的应用层面。报业实践者更多的是从“传播者”的角度出发，提出“全媒体”概念，解决了内容多渠道多终端的分发问题，但并未涉及营销层面。报业转型势在必行，而就转型方式而言，无论是整合产业链上下游全业务运营，还是实践跨地域、跨行业、跨媒体探索，乃至更深层次的资本融合，其核心都是打破界限。众所周知，报业集团中原有的新闻运作模式和经营管理模式基本上是按照媒介形态的分类来进行的，而全媒体的新闻运作模式和经营管理模式需要横向打通和纵向整合，打造全媒体平台，并在此基础上，从营销层面打通各个渠道，实现共创共赢。

(三)报业“全媒体”的缺位

当前报业全媒体转型，一方面追求全媒体的生产能力，另一方面打造全介质的传播能力，然而全方位的营销能力还有待探究。说到底，目前的全媒体是对媒介融合、报网互动、跨媒体经营、移动媒体、整合营销、社区化等多个概念的一次综合，也是数字化技术带来的转型过程中的一个阶段、一种样态。其间反映着一种趋势，是对现实媒体境遇和应变状态的一种写照；同时也孕育着某种变革，变革成功与否关键要看如何去经营。经营，才是报业未来发展的根本所在。因此，笔者认为，报业全媒体还需要回答：“报业的核心资源是什么”“报业产品为谁生产、为谁服务”“报业的盈利模式和利益分配如何”等一系列问题。

四、从全媒体到全媒体营销

三网融合的发展带来了混媒状态，这种状态使得媒体之间的界限趋向消弭，新媒体有新媒体的价值，旧媒体有旧媒体的优势。在新的营销需求中，新旧媒体被混合、交叠使用。此时此刻，老报纸也要有新变化，顺应新的营销需求，不断尝试和发展。

(一)三网融合引爆媒体的终端革命

三网融合之后，在内容领域攻防不止、传输领域争拗不断的情况下，终端却在悄然无声中实现了所有媒体的融通，达到了一个全媒体的境界。以手机、平板电脑、电子阅读器为代表的智能终端成为报业与三网融合的关键点。同一终端上承载了整合性的媒体业务和媒体功能。例如 ipad，其永远在线、离纸阅读、无线下载、移动阅读、互动功能、即时播报和数据反馈等特性，针对的都是报纸的软肋。这些特征是平面媒体，包括其他传统媒体，在绝大部分情况下做不到的。一方面，媒体业务的融合在混媒终端上是最为直接的体现；另一方面，这种终端由于日益获得消费者的青睐，并且逐渐加深了对受众的控制，因而开始改变整个营销传播环境，改变了媒体内容生产和商业模式的建立。每一个终端背后，都对应着用户的实际需求，而营销的核心是满足受众的需求，由此新的营销态势的出现成为可能。

(二)以“全媒体”为名义的营销

三网融合之下，媒体属性和各自定位出现颠覆性变化，媒体经营理念与方式要求全面革新，新的传播与沟通形式诞生。这要求新旧媒体随着终端的融合重新建构平台化的内容库、海量化的数据库以及社区型的受众群，并且在此基础上展开“全媒体营销”。

1. 何为“全媒体营销”

关于全媒体营销的概念，我们做了这样的界定：以三网融合的媒体网络和技术为基础，建立一个海量数据信息库，对受众和消费者信息进行大规模的客观普查，再根据网络社区的概念对受众进行信息反馈的主动引导和互动讨论，从而形成客观信息与主动反馈的有效结合。“全媒体营销”的核心是建造一个“共创价值”的平台，一个能够与消费者共同交换信息、创造信息，通过产品与服务来准确满足受众需求的平台。

2. 全媒体营销的操作框架

全媒体时代，更多的媒体能够准确触达目标消费者，为了使受众变得清晰可寻，营销者要利用不断发展的技术建立一个信息平台，搜集大量受众数据，帮助营销者实现低成本的、近似普查的大样本调查与信息搜集。业界对于互联网社区平台的构建及信息搜集技术也日趋成熟，谷歌与百度的搜索数据库、云计算都是非常有力的证明。信息平台的构建，因为能够较为精准地获知受众的个人信息，监测受众的行为，因此能够进行客观、科学、大规模的操作。在各种信息平台之上，受众重聚起来。至此，营销者在这些信息平台上构建社区的概念，主动设置议题，引导受众讨论，实现信息以及需求的反馈，让营销者通过科学手段获得其内心的主观诉求，低成本、大范围地科学把握受众需求（见图 2）。

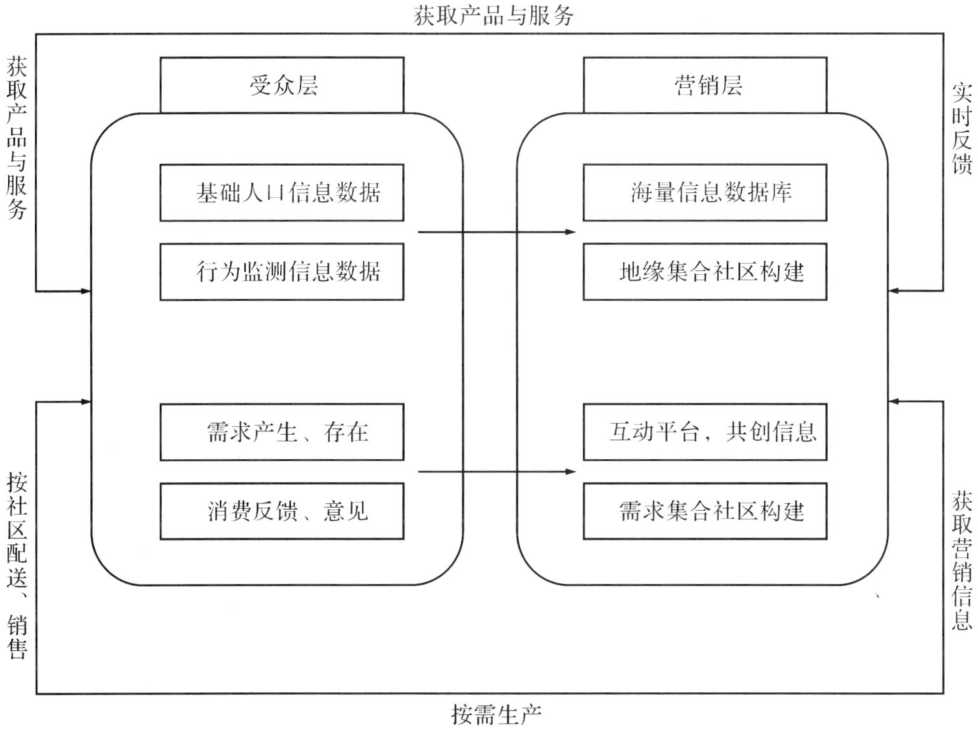

图 2　全媒体营销链

五、全媒体之后的报业经营

终端的混媒状态触发新的营销态势；全媒体之后的报业需要结合三网融合之后的新变化，快速响应，并做出调整。事实上，中国报业经营已进入一个新的历史阶段，从以销售版面、获取广告费为主的广告经营阶段，到以广告、会展、活动等多种渠道获益的多元经营阶段，建立一种全新的营销方式——全媒体营销。

（一）找到读者，使读者显在化

传统报业对于读者的把握能力最弱，不知道读者是谁。实施全媒体营销就要对读者进行过滤，使读者显在化、清晰化。报业应当重视“用户数据库”，此时的“用户”已经区别于传统意义上的“读者”，与报业的产品或服务发生关系的都可以称之为“用户”。全媒体的数字技术平台会客观、科学地记录用户的各种信息与行为数据，通过数据库和统计分析来进行用户识别和分类。此时，报纸经营者要做的就是圈定用户，提供一些分类、定制的信息服务。

（二）由提供内容变为提供产品和服务

内容，不仅限于媒体介质上呈现的新闻与广告信息，还包括报业运营中的活动、数据、方案甚至人脉资源等衍生产品，是一个建立在媒介组织平台上的产品集群概念。传统媒体所经营的产品和服务是新闻信息，作为内容产业，报纸的经营模式就是将其生产的内容直接加工成有价值的信息产品，像其他商品一样销售。实施全媒体营销后，报业可以面向个人用户、社区用户、政府和企业提供不同的产品和服务。

（三）发现需求，提供对位服务

报纸虽然是媒体，但报纸的受众却不仅只有新闻信息的需求。站在营销层面，关注并满足用户的需求始终是全媒体营销的关键。碎片化的受众并不是全媒体营销的发展障碍，只要这些碎片能够被有效地组织和管理起来，就能够产生无穷的力量。未来的媒体是互动的新型媒体，用户的需求决定着媒体的内容形态和业务分发模式。

（四）构建社区，提供生活服务

内容消费互动化，报纸读者可以通过电话、短信、网络等多种方式分享自己的消费体验，或直接与媒体沟通。此外，读者之间也可因为某种社会或者经济联系，形成一个个社区。这里的社区可以基于地缘，也可以基于需求和兴趣，产生供需的分享和交流。报业可以从社区着手进入消费者的生活，从物流、渠道等各个方面满足其需求。在报业所提供的媒介产品和服务背后，对接的是其整合的无数受众的需求及具有各种经济关系或社会关系的社区。

六、未来报业可持续发展的途径

（一）塑造品牌，形成核心价值观

三网融合背景下，面对信息海量化和媒体多元化的现实，受众不可避免地会因信息过剩产生选择焦虑，媒体品牌将成为受众选择媒体的关键依据。全媒体时代，报业媒体应塑造品牌，形成新闻力量，充分发挥品牌的力量，提升自身影响力。

1. 着眼于权威性和公信力的深度评论是“报道”的根本

著名咨询机构麦肯锡公司最近做的一项调查数据显示，“比起其他任何媒体，消费者更信赖报纸”，有66%的人形容报纸广告“能提供有效信息且令人信服”，相比之下，仅有12%的人对网络广告持类似观点。着眼于权威性和公信力才是“报道”的根本。全媒体转型是一种拓展道路，而核心内容才是报刊所应信守的媒体底线，否则报纸信息只能淹没在技术浪潮之中。

2. 聚拢特定受众群，并形成共识，即核心价值观

无论时代如何发展，对于报业来说，都需要聚拢自己的读者群和受众群。对于读者来说，报纸是一种更能彰显身份的媒体，是聚拢特定受众群，并形成共识的平台，这是互联网等其他媒体并不具备的先天优势。即使是年轻的受众群，高端与权威信息仍然是需要的，这些受众可能不会关注纸质媒体，但是对于其他形式的阅读仍然有兴趣，报刊业的多媒体渠道拓展恰恰可以弥补纸媒这部分受众群的流失。

（二）满足需求，对消费者持续耕耘

未来的报业发展将突破以往受众被动接受的格局，双向互动成为可能。此外，信息和服务也将由批量式推送信息过渡到有针对性地为个体服务。

1. 建立并优化读者信息数据库，形成定制化的个人信息服务

数据库的价值不仅仅体现在收集和规整读者信息，更体现在深度捕捉读者真正的需求，因“器”而至，进行营销跟进。《今日美国》的读者数据库已有十多年的历史，他们针对不同部门建立了不同的数据库。其中负责报道企业的就建有专门的“小企业读者数据库”。美国《圣彼斯堡时报》按“习惯阅读者”“节俭的阅读者”“新闻爱好者”“体育迷”“购物狂”分类，建立报纸读者数据库，并为每个类别配以人口和地理分布的权威信息，并根据这些信息提供对位的信息服务。此外，报纸也可根据不同地区的读者特点，投放不同内容的插页广告，利于广告更准确地到达目标读者。

2. 搭建信息平台，聚合消费者的需求

报纸媒体通过与受众充分互动，从受众的需求中寻找灵感。此时，双向互动的信息平台可以成为操作方式，在基于网络和终端载体的信息平台上，报业媒体与受众进行有效沟通。读者也可以利用在线、互动的智能终

端随时将内心需求与想法反馈给营销者，以此发现实际需求，并将此需求延伸至经济消费层面，满足需求，从而产生价值。

3. 报纸也是社区，提供全方位的生活服务

报纸即社区，是用户日常生活服务的集散地。这里的社区可以是基于地缘层面的生活圈社区，如住宅社区等，也可以是基于兴趣爱好、消费品牌、人际关系等建立的社区。这些社区中集合了大量的用户需求，通过报纸与线下社会组织有效连接，实现报纸与受众最经济快捷的互动，并为受众提供全方位、生活化的服务。如一些报社将原有的读者热线扩展为呼叫中心，将服务种类拓展为配送、中介、导医以及导购等生活化服务。

（作者：黄升民　首都传媒经济研究基地首席专家　教授、博导）

北京财经研究基地

（中央财经大学）

基地名称：北京财经研究基地
依托单位：中央财经大学
项目类别：北京市社会科学基金项目

北京科技金融公共服务平台建设研究①

内容提要：科技金融公共服务平台是科技金融体系建设的重要基础设施，也是科技资源和金融资源对接的重要载体。北京市现有科技金融公共服务平台16个，其中综合类科技金融公共服务平台6个、信用公共服务平台1个、担保类公共服务平台2个、投融资公共服务平台7个。本文在对这些科技金融公共服务平台建设现状进行分析的基础上，借鉴社会性科技金融服务平台的成功经验，提出北京市应整体设计统筹规划，科学搭建以信用平台为基础、投融资平台为主体、中介服务平台和信用担保平台为两翼的北京市科技金融服务平台结构；并通过政策聚焦，促进科技金融公共服务平台建立。

关键词：科技金融；公共服务平台；社会性服务平台

科技金融公共服务平台是科技金融体系建设的重要基础设施，也是科技资源和金融资源对接的重要载体。为此，2012年8月，国家发改委、科技部、财政部、中国人民银行、税务总局、证监会、银监会、保监会、外汇管理局与北京市人民政府联合发布的《关于中关村国家自主创新示范区建设国家科技金融创新中心的意见》(京政发〔2012〕23号)明确提出："到2015年，中关村科技金融发展环境建设取得重大突破，科技金融公共服务平台充分发挥资源对接与政策服务功能……"建立健全多维度科技金融公共服务平台，并依托平台建设不断创新科技金融合作模式，加快形成多元化、多层次、多渠道的科技金融体系，成为北京市建设国家科技金融中心的当务之急。

一、北京市科技金融公共服务平台建设现状

本文定义的科技金融公共服务平台是指为区域内的高新技术企业提供风险投资、贷款担保、资金融通、引进战略投资者(PE)、上市融资等系列

---

① 本文是"北京金融后台服务体系建设研究"项目的阶段成果，项目编号：07AfJG171。

信息的网上平台、行业联盟、行业协会、科技金融服务类公司。根据此定义，北京市现有科技金融公共服务平台16个①，分为综合类科技金融公共服务平台(6个)、信用公共服务平台(1个)、担保类公共服务平台(2个)、投融资公共服务平台(7个)。

(一)综合类科技金融公共服务平台

表1　综合类科技金融公共服务平台建设现状

综合类科技金融公共服务平台	建设模式	运作模式	业务模式
北京市科技金融促进会	政企共建共享	社会团体	全面构建
首都科技条件平台科技金融领域中心	政府支持	政府派出机构负责运作	全面构建
中关村核心区科技金融综合服务平台	政府支持	政府派出机构负责运作	全面构建
北京中关村科技创业金融服务集团有限公司	事业企业单位共建共享	组建公司	全面构建
中关村科技金融信用综合服务平台	企业共建共享	企业共同运作	全面构建
中关村科技金融创新联盟	企业共建共享	企业共同运作	全面构建

1. 北京市科技金融促进会

北京市科技金融促进会是1995年由北京市科委和在京部分金融、投资机构及科技企业联合发起的社会团体。

2. 首都科技条件平台科技金融领域中心

科技金融领域中心是首都科技条件平台下属的12个领域中心之一，其成员单位达四十余家，包括北京银行等银行以及北京市多家担保公司、证券公司、保险公司、创业投资机构、会计师事务所、律师事务所等科技金融中介机构。受北京市科委委托，北京科技金融促进会和北京创投协会负责承担首都科技条件平台科技金融领域中心的建设和日常管理运行工作。

3. 中关村核心区科技金融综合服务平台

中关村核心区科技金融综合服务平台是一个开放的金融生态网络平台，专注于为用户与机构提供中间辅助服务。

4. 北京中关村科技创业金融服务集团有限公司

北京中关村科技创业金融服务集团有限公司由中关村科技园区管理委员会直属事业单位中关村高科技产业促进中心与海淀区政府所属的海淀区国有资产投资经营公司于2009年2月重组设立。

---

① 由于中介公共服务平台种类和数量较多，本文没有把中介公共服务平台纳入进来。

5. 中关村科技金融信用综合服务平台

2012 年 12 月，中关村科技担保公司作为发起人，联合商业银行、证券公司、信托公司、中国技术交易所等金融服务机构，以为示范区内瞪羚重点培育企业提供特色金融服务为核心，共同组建中关村科技金融信用综合服务平台。

6. 中关村科技金融创新联盟

2011 年 7 月，中科金集团、北京信托公司与中关村担保公司以企业金融服务需求为核心，联合国家开发银行、国信证券、华融资产管理公司等，成立了中关村科技金融创新联盟。

(二)信用公共服务平台：中关村互联网金融信用信息平台

2013 年 8 月，中关村互联网金融行业协会成立，首批会员单位共 33 家，包括电商平台、第三方支付企业、互联网金融平台服务企业等，这也是国内首家互联网金融行业组织。其建设模式属于企业共建共享模式，运作模式是社会团体模式。

中关村互联网金融信用信息平台为园区企业提供三个层次的信用信息服务，基础服务是整合利用权威数据源提供的基本信息查询服务；在此基础之上，通过互联网金融企业间信息共享，整合其他行业信用信息，逐步建立完善信用信息库，提供包括良性信用记录和黑名单失信记录等信用信息查询服务；在真实详尽的信用数据库基础上，引入信用评分技术，提供针对不同业务特点、不同用户需求的个性化的评分评级服务。其业务模式属于特色平台型。

(三)担保类公共服务平台

表 2　担保类公共服务平台建设现状

担保类公共服务平台	建设模式	运作模式	业务模式
北京市融资担保业协会	政企共建共享	社会团体	特色平台型
北京信用担保业协会	政企共建共享	社会团体	特色平台型

1. 北京市融资担保业协会

2013 年 3 月，非营利性社会团体法人北京市融资担保业协会成立，其业务主管单位是北京市金融工作局，会员单位有 102 家。

2. 北京信用担保业协会

2002 年 11 月，由担保机构、协作银行、部分中小企业自愿联合发起成立非营利性社会团体法人北京信用担保业协会。截至 2011 年年底，协会有理事单位 189 户，即正常开展担保业务的担保机构 90%以上均自愿加入协会，另有部分协作银行和资信评级机构加入协会。

(四)投融资公共服务平台

表 3 投融资公共服务平台建设现状

投融资类公共服务平台	建设模式	运作模式	业务模式
北京市小额贷款业协会	政企共建共享	社会团体	特色平台
北京股权投资基金协会	政企共建共享	社会团体	特色平台
中关村互联网金融行业协会	政企共建共享	社会团体	特色平台
中关村创业金融服务平台	企业建设	组建公司	特色平台
中关村天使投资联盟	企业家共建	委员会集体负责	特色平台
中关村信用保险及贸易融资服务联盟	政府支持	政府派出机构负责	特色平台
中关村代办系统股份报价转让试点金融服务联盟	政企共建共享	社会团体	特色平台

1. 北京市小额贷款业协会

北京市小额贷款业协会由北京市利源小额贷款股份有限公司、北京农投诚兴小额贷款股份有限公司等小额贷款股份有限公司自愿联合发起成立，是经北京市民政局核准登记的非营利性社会团体法人。

2. 北京股权投资基金协会

北京股权投资基金协会是由股权投资行业人士自愿联合发起成立的非营利性社会团体法人机构。

3. 中关村互联网金融行业协会

2013 年 8 月 9 日，京东商城、当当网、拉卡拉、用友软件等 33 家单位发起成立了中关村互联网金融行业协会。这是全国范围内第一家互联网金融的行业组织。

4. 中关村创业金融服务平台

中关村创业金融服务平台由北京中关村科技创业金融服务集团有限公司统筹负责，依托旗下中关村科技担保公司、中关村创业投资发展中心等集团子公司的力量，设立统一的中关村企业融资服务申请通道，为企业量身打造融资方案和有效融资需求培育方案。

5. 中关村天使投资联盟

2008 年 6 月，联想控股董事局主席柳传志、用友软件董事长王文京等 43 位中关村企业家以自然人身份发起成立中关村企业家天使投资联盟。创始资本金约 430 万元，重点关注软件、能源、环保等高科技行业。

6. 中关村信用保险及贸易融资服务联盟

2009 年 11 月，中关村管委会推动成立了由保险公司、银行、信用中介机构组成的中关村信用保险及贸易融资服务联盟。共有中国出口信用保险公司等5家保险公司和北京银行等10多家银行参与试点。

7. 中关村代办系统股份报价转让试点金融服务联盟

2009年6月，由券商、银行、证券信息公司、评级机构、会计师事务所、律师事务所等专业中介服务机构组成的中关村代办系统股份报价转让试点金融服务联盟正式成立。

二、社会性科技金融服务平台经验借鉴

社会性科技金融服务平台是指由民间市场化机构主导建立的科技金融服务平台。这种民间社会化服务机构的出现是政府公共性服务手段的有力补充，有利于支持中小微企业创新创业。

(一)社会性科技金融服务平台服务模式

1. 整合多方社会资源的金融服务创新模式——中新力合

中新力合股份有限公司系一家集金融、信息与网络为一体的综合化金融服务机构，其围绕小企业融资服务领域进行信用评估、信用增级、融资方案设计、风险管理等，为投融资双方搭建桥梁，并通过信息服务、信用服务等收取服务费，实现无风险或低风险收益。

在中小企业金融服务的基层实践中，公司首创路衢模式，成功地实现了政府组织、信托、银行机构、风险投资商以及担保机构在中小企业金融服务上的资源整合配置，形成了信贷市场与资本市场的合力效应。

路衢模式是通过聚集财政资金、金融资源(银行资金、信托资金、创业投资等)和市场主体(担保公司、信托公司、银行、创业投资机构等)为科技型中小企业提供融资的一类服务模式。在路衢模式中，中新力合走向融资服务市场的“前端”，其角色由桥隧模式中风险分担方扩展为资源整合者、产品设计者及市场推广者。目前，路衢模式的表现形式是小企业集合信托债权基金，其运作方式(如图1所示)是由信托公司发起信托计划，由中新力合提供担保，点石投资提供顾问咨询，所发行的信托产品由政府财政资金(或专项引导基金)、社会资本等共同认购，所募集的信托基金将投向经过信托顾问筛选出来的、能够体现政府扶持意愿，且符合特定行业或区域经济发展特色的优质科技型中小企业。

2. 基于电子商务数据基础的金融服务创新模式——阿里金融

阿里金融通过互联网数据化运营模式，为阿里巴巴、淘宝网、天猫网等电子商务平台上的小微企业、个人创业者提供可持续性的、普惠制的电子商务金融服务。其所开发的新型微贷技术是其解决小微企业融资问题的关键所在。数据和网络互联网是这套微贷技术的核心。

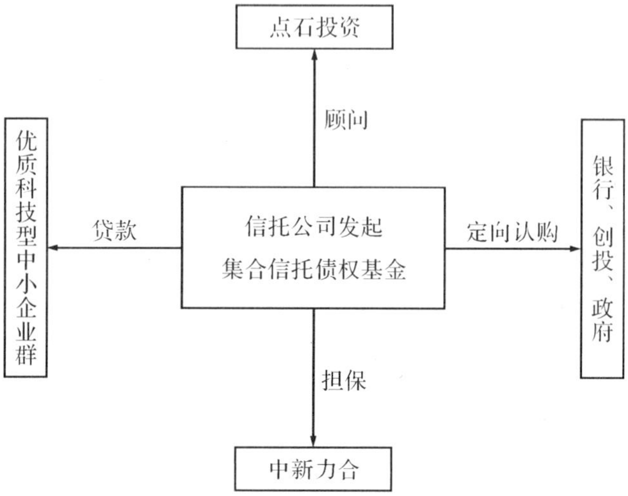

图 1　浙江中新力合小企业集合信托债权基金运作模式

3. 共建开放共享的互联网金融服务平台模式——全球网、融资城、P2P 模式

在互联网金融模式下，因为有搜索引擎、大数据、社交网络和云计算，市场信息不对称程度非常低，交易双方在资金期限匹配、风险分担的成本非常低。

(1)全球网。全球网是中国第一家以互联网为技术手段，联合政府、银行、商会等各方搭建的，具有开放性、全面性、综合性的中小企业网络融资服务平台。全球网通过开放创新，引入网络信用管理以及风险补偿机制，真正实现大批量解决中小企业贷款需求。

(2)融资城。融资城是目前中国最大的中小企业投融资资源网络，其服务对象可以是一个企业，也可以是一个准备或正在实施的项目。融资服务基于互联网来实现，但是其为融资项目提供的资金来源并不是一般的传统金融机构，融资项目在通过担保公司等进行增信后，融资城使用“资产证券化”的理念，将每个融资项目的融资需求简单地划分成同等额度的标准化“等份”，并在互联网上公布，进而通过融资城网络注册的社会机构或个人投资者进行购买标准化“等份”，有效地整合了社会化分散于个人投资者手中的零散投资资金，也满足了企业多元化的融资需求。

(3)P2P 模式。P2P 模式通过提供中介服务把资金出借方和需求方结合在一起。发展至今，P2P 已经衍生出了四种模式：担保机构担保交易模式、“P2P 平台下的债权合同转让模式”的宜信模式、大型金融集团推出的互联网服务平台和以交易参数为基点、结合 O2O 模式的综合交易模式。

(二)社会性科技金融服务平台特点

社会性科技金融服务平台具有更加市场化、更加便捷灵活的特点，与政府主导的科技金融服务平台比较，具有以下几方面特点：(1)降低金融机构与中小微企业之间的信息不对称程度，提高金融机构的运行效率。(2)基于互联网的服务模式有利于降低金融机构和企业双方的成本。由于无须承担经营场所、员工等费用开支，因而具有显著的经济性。此外，非中介化的趋势明显，从而节省大量的经济成本。(3)有效带动民间资本参与中小微企业创新创业。

三、相关建议

北京市科技金融公共服务平台建设存在两大问题：一是缺少社会性科技金融公共服务平台；二是现有科技金融公共服务平台的维度不清晰：信用平台、信用担保平台缺少，综合性科技金融服务平台的业务大而全，缺少维度上的特色。因此，本文提出北京市科技金融公共服务平台建设的相关建议如下：

(一)北京市科技金融公共服务平台构建原则

北京市科技金融公共服务平台构建原则包括：政府引导、多元支持、市场运作原则；突出共享、制度先行原则；分阶段支持原则。

(二)北京市科技金融公共服务平台功能定位

北京市科技金融公共服务平台的功能主要包括：投融资功能、引导催化功能和综合服务功能。

(三)北京市科技金融服务平台结构建议

北京市应整体设计统筹规划，科学搭建以信用平台为基础、投融资平台为主体、中介服务平台和信用担保平台为两翼的北京市科技金融服务平台结构模型。

1. 基础平台——信用平台

一是通过中关村互联网金融信用信息平台等各种渠道获取并整合相关高新技术企业信用信息，构建完整的高新技术企业信用基础数据库；二是鼓励有融资需求的企业参加外部信用评级，并将历次评级结果、评级报告以及评级公司的相关信息整理、保存，构建高新技术企业外部信用评级数据库；三是整合所有担保公司参加外部信用评级的相关信息，包括担保公司的基本情况、评级公司的基本情况、历次信用评级结果及评级报告等，构建担保机构评级数据库；四是构建高新技术企业融资网，主要用于公布各类政府部门、金融机构等对高新技术企业的优惠政策、日常管理规定、贷款要求、最新金融产品的介绍等内容。

通过一定的计算机数据库技术和网络技术手段，将上述提到的三个数据库和一个融资网规划整合，结合相应的政策法规，搭建信用平台。使政府、金融机构、企业的沟通能够畅通无阻，建立“科技企业信用通行证”，使企业快速得到政府扶持和融资帮助，可以大大节约企业经营融资成本，降低金融机构融资风险，提高北京市科技金融服务平台融资效率。

2. 主体平台——投融资平台

融资企业需要进行科技贷款融资时，平台对融资企业的融资支持可通过申请、审核、保证金、贷后管理等流程实现。

平台为企业争取创业风险投资的运作流程是：若融资企业想申请某一风险投资的股权投资，则可以在内部网上下载或向平台索取该风险投资项目的申请资料。企业提交相关申请资料，统一交由平台管理。平台将初审通过的项目申请材料交由风险投资机构进行审查。风险投资会将申请结果统一通知平台，平台在其内部网站对审查结果予以公示。

另外，中介平台与信用担保平台作为科技金融服务平台的两翼，更多的是为投融资平台提供相关服务。

(四)北京市建设社会性科技金融服务平台建议

与政府主导的科技金融公共服务平台相比，社会性科技金融服务平台具有更加市场化、更加便捷灵活的特点，因此，北京市相关政府部门应对社会性科技金融服务平台实行财税激励、政策扶持等手段，通过政策聚焦，促进类似于中新力合、融资城、全球网等社会性科技金融服务平台的科技金融服务平台的建立和完善。

参考文献

[1]赵昌文等：《科技金融》，科技出版社，2009 年。

[2]王卉彤：《科技金融及其有序演进研究》，经济科学出版社，2013 年。

[3]游达明等：《区域性科技金融服务平台构建及运行模式研究》，《中国科技论坛》，2011 年第 1 期。

[4]王勇等：《平台融资与中小企业信用增级》，《经济管理》，2007 年第 20 期。

[5]李昌青：《关于搭建中小企业融资平台解决中小企业融资难问题的探索》，《华北金融》，2009 年第 10 期。

（作者：王卉彤　北京财经研究基地研究人员　研究员）

基地名称：北京财经研究基地
依托单位：中央财经大学
项目类别：北京市社会科学基金项目

北京市提升财政绩效的方法与路径研究[①]

内容提要："十一五"以来，北京市财政收入规模迅速扩大，为政府扩大基本公共服务范围、提高基本公共服务水平创造了条件。"十二五"时期，北京市财政收入虽将继续增长，但鉴于国际经济危机深层次影响仍在，国内经济社会环境错综复杂，北京市财政收入将面临前所未有的上行压力。由此，在财政支出需求不断扩大、财政收入增速放缓的情况下，如何确保政府公共服务范围不断扩大、服务质量不断提升，就变得日益重要和紧迫。本文就此提出，应以财政支出结果为导向，以相关性、效率及效果为核心，构建新型财政支出绩效管理体系，使北京市公共服务的接受者能以较低的成本获得充足、满意的公共服务，这也将是北京市破解财政收支矛盾、提升财政支出绩效的最佳途径和方法。

关键词：结果导向；公共服务；绩效

在市场导向经济中，政府的基本作用在于克服市场缺陷，促进资源的有效配置，为经济发展和社会公众提供市场无法满足的公共服务，政府这一基本职能的实现离不开财政资金的有效支持和保障。

近十年来，北京市经济的高速增长和财政收入的迅速增加，使政府扩大公共服务范围、满足日益增长的公共服务需求成为可能。在此背景下，北京市用于基本公共服务的财政支出不断提高，在拓展公共服务领域、提高社会保障程度方面取得了显著成绩，尤其是在改善城乡基础设施条件、普及城乡义务教育、提高城乡居民社会保障水平等方面都取得了重大进展。

然而，北京市在各类基本公共服务供给方面取得的成绩依然具有典型的非均衡性，有些类别的公共服务（如医疗卫生、就业、住房保障等）在数量和质量上、在城市和农村之间仍然存在突出差距。由此，如何提升政府财政资金管理与配置能力，建立稳定的基本公共服务均等化财政保障机制，

① 本文是"北京市人大预算监督能力的影响因子和提升途径研究"项目的阶段成果，项目编号：13JDKDD002。

就成为“十二五”时期北京市各级政府及相关部门需要高度关注并着力解决的问题之一。

一、财政支持是实现基本公共服务均等化的重要保障

政府施政即是政府做出一个又一个承诺并逐一兑现的过程。在这一过程中，公共财政将政府承诺转化为具体的行动方案和资金安排，使公共财政成为政府施政最重要、也是最恰当的政策工具。通过为政府偏好的支出项目提供资金支持，贯彻政府施政意图，达成政府施政目标，使政府承诺更加可信，政府执政能力不断增强；通过削减、终止、否决低价值支出项目，提高政府决策水平，保护稀缺财政资源，使公共政策更加有效，民众满意度不断提高。公共财政由此成为政府提供公共产品和公共服务最重要的物质基础和制度保障，同时也成为政府实现基本公共服务均等化这一宏伟目标最宝贵的资金来源和政策手段。

“十一五”以来，围绕“基本公共服务均等化”这一战略目标，北京市政府投入了大量人力物力，使北京市基本公共服务均等化战略措施得以全面落实，基本公共服务均等化目标得以初步实现。2006—2012 年，北京市地方财政收入由 1117.15 亿元增长到 3314.93 亿元，财政支出由 1296.84 亿元增长到 3685.31 亿元，分别增长了 196.73%和 184.18%。财政收支规模的迅速扩大，为北京市政府提供充足、优质的公共产品和公共服务奠定了良好的物质基础。同期，北京市基本公共服务支出[①]由 750.35 亿元提高到 2520.01 亿元，增长了 234.84%，是北京市财政收入增速的 1.19 倍、财政支出增速的 1.28 倍。

高于地方财政收支的增长速度使北京市基本公共服务支出占地方财政的比重不断提高，由 2006 年的 57.86%提高到 2012 年的 68.38%，增长了 10.52 个百分点，提高了近 18.18%。

基本公共服务支出规模的持续增加，为北京市扩大基本公共服务范围、提高基本公共服务水平创造了条件。而城乡统筹的制度设计、强农惠农的政策支撑，更进一步加快了北京市基本公共服务均等化的进程。“十一五”时期，北京市基本公共服务供给情况良好，圆满完成了“北京市国民经济和社会发展‘十一五’规划纲要”提出的社会发展目标（见表 1）。

① 十六届六中全会《关于构建社会主义和谐社会若干重大问题的决定》将教育、卫生、文化、就业再就业服务、社会保障、生态环境、公共基础设施和社会治安等列为基本公共服务的主要内容。

表1 “十一五”期间北京市基本公共服务任务指标完成情况

指标名称	“十一五”规划目标	2010年	单位
城镇登记失业率	控制在3.5%以内	1.64	%
地方财政收入增长速度	年均增长12%	15.5	%
全市城镇基本养老保险覆盖率	达到95%	96	%
全市城镇基本医疗保险覆盖率	达到95%	95.6	%
全市城镇失业保险覆盖率	达到95%	95.6	%
农村养老保险覆盖率	达到60%	90	%
新型农村合作医疗参合率	稳定在85%以上	95	%
义务教育入学率	力争实现100%	100	%
高中阶段教育入学率	力争实现100%	99	%
全市从业人员平均受教育年限	超过12年	12	年
每百名60岁以上老人拥有养老服务机构床位数	2.3	2.87	张

资料来源：《北京市国民经济和社会发展第十二个五年规划纲要》

“十二五”以来，为进一步缩小城乡之间、区域之间在基础设施和公共服务方面的差距，保障公共服务均等化目标的实现，北京市在不断扩大公共服务供给范围的同时，更加注重公共服务质量和效率的提高，并将“完善公共服务体系，提高基本公共服务均等化程度；健全城乡社会保障体系；改善中低收入群众住房条件”等确定为北京市新时期社会发展的主要目标。

社会发展目标的提升和拓展，使北京市财政支出的重点更加突出，支出领域更为宽广，支出需求进一步加大，支出刚性进一步增强。虽然“十二五”时期北京市财政收入仍将继续增长，但鉴于国际金融危机深层次影响仍在，国内经济社会环境错综复杂，受诸多因素影响的北京市财政收入正面临着前所未有的上行压力：汽车消费政策、房地产市场调控将对消费投资增长带来一定的负面影响；产业结构深度调整从长远看有利于经济发展方式的转变，但新兴产业在短期内还难以形成对财政收入的有力支撑；收入分配格局向城乡居民的倾斜、优化经济发展环境等税费优惠政策的实施，还将使财政收入进一步减少。所有这一切都将制约北京市财政收入进一步的快速发展，这一点从2013年北京市财政收入的实际增长情况已可初见端倪。

由此，在支出需求不断扩展、收入增长难度加大的情况下，单纯以加大财政投入力度的方式来促进北京基本公共服务均等化目标的实现，显然具有不小的难度。那么，该如何摆脱这一矛盾、解决这一问题呢？

二、提高财政支出绩效，加速基本公共服务均等化目标实现

公共服务支出绩效是指政府为满足社会共同需要进行的资源配置活动与所取得的社会实际效果，它包含政府配置资源的合理性以及使用资源的有效性。对财政支出绩效进行控制和管理，可有效促进政府部门改进服务质量，提高财政资金使用效益。在财政收支矛盾不断加剧的情况下，向效率要效益，向管理要成果，使公共服务的接受者能以较低的成本获得充足、满意的公共服务，就成为破解财政收支难题、提高公共服务保障水平的最佳选择。

然而，如何才能提高基本公共服务支出的绩效呢？

对于任何一个国家或地区而言，公共财政首先要解决的两个关键性问题就是：基于政策优先性配置公共资源；确保公共资源得到有效运营。与私人部门不同，公共部门常常需要面对多重经济、社会和政治目标，这些目标往往相互冲突。资源的有限和用途的无限，使公共资源必须以国家和地区的战略目标和政策优先方向为导向，基于效率和公平原则建立合理的优先性排序，以确保稀缺的财政资源能被用于更具价值的地方，而这也正是保障公共资源能够有效运营的核心。

由此，在财政绩效管理过程中，政府部门首先要高度关注的问题就是：财政资金的配置是否符合国家及地区的战略发展目标及政策优先方向，是否符合民众的需求与偏好，以及财政资金的运营及管理是否合理、高效。这是决定财政资金绩效的关键，同时也体现了政府施政过程中三个极为重要的命题：政府利用稀缺的公共资源是在“做正确的事吗?”政府是在“正确地做事吗?”政府是在“负责任地做事吗?”

正确解答这三项核心命题，也是解决我国现行财政管理体制存在的几大主要问题：财政资金配置与政策脱节、预算公开性及透明度偏低、财政资金管理模式不具有绩效评价及问责功能等的关键。由此，要提高财政资金使用绩效，就必须以结果为导向，以相关性、效率及效果为核心，构建新型财政支出绩效管理体系。

(一)相关性——确保财政资金被用于正确的事业

所谓相关性是指财政资金的配置应与国家及政府的战略目标及政策优先方向保持高度一致，应与民众的需求与偏好保持高度一致，应被用于“做正确的事”。相关性是决定财政支出绩效的基础，如果财政资金的配置与战略目标及民众需求出现偏差，即使程序公正、实施高效，也将难以取得积极的成效。

(二)效率——确保财政资金被正确使用

效率是对投入及产出进行的实时监控，是在对预算资金使用质量和绩

效做出合理判断的基础上，保证预算资金严格按照设定的目标和设定的程序运行，及时发现问题，进行引导并加以改正的过程。在此过程中政府管理的重点是：是否按计划落实并使用了各项财政资金，是否能够实现预期的产出，亦即考察的重点是：政府“做事的手段与方法是否正确?”

(三)效果——强化支出责任，促进绩效目标实现

效果是政府活动的目的，是政府活动带来的可计量的成果，即“政府的特定支出产生了什么样的结果”。目前，在我国还未有真正意义上的结果考核，对绩效的评估还仅限于“投入”与“产出”，而比它们重要得多的“效果”指标则被普遍忽视。事实上，效果指标远高于产出指标。在此，绩效考核的重点是结果如何，亦即政府是否在“负责任地做事”。

三、提高财政支出绩效、保障基本公共服务均等化目标实现的途径与方法

围绕相关性、效率和效果这三个指标，准确解答政府利用纳税人赋予的资源和权利是否在“做正确的事”、“在正确地做事”和“在负责任地做事”这三个核心命题，是提高财政资金支出绩效的关键，也是保障北京市基本公共服务均等化目标顺利实现的核心。

(一)以相关性为核心，联结政策与支出

在我国，财政支出决策与战略及政策间的脱节现象长期存在，对政府施政目标的达成及和谐社会的构建产生了不利影响。一方面，宝贵的财政资源被浪费在大量华而不实的活动之中，无法对国家和社会做出实质性贡献；另一方面，政府施政和国家战略着重强调的优先领域，特别是民众偏好极为强烈的基础教育、基本医疗卫生、社会保障等民生领域，却长期无法获得财政资金的有效保障，使公共支出格局无法准确反映和支撑政府的战略方针。

由此，联结政策与支出，确保财政支出与政府发展战略与政策目标高度相关，就成为提高财政支出绩效的首要任务。在此，政府的主要工作就是：以政策引导和约束支出，以支出推动和支撑政策，保障支出决策与政府的总体目标及政策导向高度协调。

除此以外，政府还应以相关性为核心，充分表达与回应民众的偏好与需求。在民主法制社会，政府的资源来自于人民，理应按人民的意愿加以使用并产生人民期望的结果。良好的财政资金使用结果应是：政府向民众提供的公共产品和公共服务能够充分满足人民群众的偏好和需求。

要将民众的偏好和需求转化为政府的政策目标及公共服务内容，需要两个方面的基本保障：一是政府探寻公民偏好并将其转化为政府决策的主动性；二是公民参与政府支出决策的可能性与积极性。公民积极参与财政

支出决策可使政府制定出更多反映民众偏好且获民众广泛支持的公共政策，有利于建设一个减少分歧与争斗、易于管理的和谐社会。此外，财政参与既是公民参与公共决策与公共治理的过程，也是对政府行为进行监督的过程，能够有效防止财政决策过程中容易产生的贪腐行为，从而促使财政支出的安排更加合理、高效与透明。

为此，将公民参与引入地方公共治理，借助财政决策过程中的公民参与改善财政资金使用绩效、增强公共服务的可接受性、提高政府透明度、强化政府受托责任，就成为北京市政府的重要使命。

（二）加强程序控制，提高财政资金支出效率

要确保政府对公共资源的使用产生有意义的结果，效率必须得到保证。在预算执行过程中，绩效并非管理的核心，在该阶段强调更多的是程序控制，即对预算资金使用进行合规性控制。合规性控制是财政支出管理的灵魂与精髓。没有合规性控制，就不可能有牢固的财政约束和支出控制，而失去控制的支出过程将成为滋生财政风险、机会主义行为乃至违规和腐败行为的温床。

（三）以效果为核心，增强预算资源使用者的责任感

对于效果指标来说，绩效管理的任务是考察财政资金的使用结果，并利用结果信息促进政府责任感的提升。由于“效果”指标多偏重于社会领域，难以量化，因此，对“效果”的评估往往需要借助于一系列关键性指标，如成果、受益和影响①。以扶贫资金为例，在政府为贫困人口发放扶贫资金后，对效果的考察应着重关注以下几个方面：

1. 成果

主要指扶贫资金的规模及资金的实际到位情况。扶贫资金的规模过小或已发放补贴占应发补贴的比重过低，都将难以产生良好的扶贫效果。

2. 受益

受益包括受益瞄准度、受益程度及受益覆盖率等几个方面。受益瞄准度关注受益者的定位是否适当，这是考察效果的最基本、也是最重要的指标；受益覆盖率是指受益人口占贫困人口的比重；受益程度是指人均受益额与当地人均收入之间的比例关系。这三项指标过低，如受益瞄准度过低——目标受益人群不符合实际贫困人群；受益覆盖率过低——享受补贴的人群占贫困人口的比重较低；受益程度过低——补助数额过少，都将影响扶贫资金的实际使用效果。

通过对受益对象的考量可以评判政策制定的精度与准度，是考察财政

---

① 成果是指通过投入实现的产出；受益是指成果的实际受益对象；影响是指成果带来的长期经济社会影响。

资金使用绩效最为关键的指标。据调查发现：全国只有不到10%的扶贫资金真正落实到了农户手中，有些被称为“扶贫”的项目实际上可能更有利于较富裕阶层，而对贫困阶层的帮助十分有限。

3. 影响

扶贫资金的作用和目标是帮助贫困人口摆脱贫穷，由此，政府为多少人提供了多少补助仅仅只是表象，从其内涵来看，有多少人在政府的帮助下持续摆脱了贫困，这一人群占实际贫困人口的比重有多少，这才是体现扶贫资金实际效用的关键。

效果是对财政资金使用结果进行的最终总结与评定，是考察财政支出执行结果是否达到预期目标，是否满足该年度提出的财政预算承诺，并从中发现问题、查找不足、督促改进的重要依据，而对结果信息的反馈、责任追究和偏差调整，可以有效改进政府部门决策模式、提高政府部门运营效率。对效果指标的追踪、考核、评价与应用应成为政府部门总结决算、安排下年度预算、进行考评与问责、提升政府公共服务绩效与责任的重要工具与手段。

由此可见，要保证北京市基本公共服务均等化政策目标的顺利实现，就必须不断加大财政投入。但在财政收支矛盾日益尖锐的情况下，以结果为导向，以相关性、效率、效果为核心，提高财政支出绩效，增强政府部门运营责任，就成为北京市政府破解财政收支难题、加速推进基本公共服务均等化目标实现的最佳选择。

参考文献

[1]王雍君：《公共预算管理》，经济科学出版社，2011年。

[2]张璐：《北京试点推行预算绩效管理监管政府花钱效果》，《北京晨报》，2012年1月9日。

[3]范柏乃：《政府绩效评估与管理》，复旦大学出版社，2007年。

[4]童伟：《北京市财政支出分析与筹划》，经济科学出版社，2009年。

（作者：童　伟　北京财经研究基地研究人员　研究员、博导）

北京企业国际化经营研究基地（对外经济贸易大学）

基地名称：北京企业国际化经营研究基地
依托单位：对外经济贸易大学
项目类别：国家社会科学基金项目

对外反倾销一定能保护国内产业吗？①
——基于有机硅产业的研究

内容提要：本文通过对我国有机硅产业对外反倾销进行研究，发现对外反倾销在短期内保护了有机硅产业的发展，但同时造成了该产业严重的低水平重复建设、知识产权频遭侵犯等问题，从而导致我国有机硅企业的总体水平与有机硅跨国公司的差距不断扩大，离做大做强的目标也越来越远，即对外反倾销损害了有机硅产业的长远发展利益。究竟为何造成如此局面呢？通过进一步研究发现：对外反倾销形成的产品暴利是直接原因；自主创新不足和集成创新缺失是最重要的原因；我国知识产权保护体系所发挥的作用有限也是不容忽视的原因。最后，本文从企业和国家两个层面提出了相关的建议。

关键词：对外反倾销；有机硅产业；保护抑或损害

一、问题的提出

反倾销是抵制或制裁对进口国产业造成实质性损害或实质性损害威胁、实质性阻碍的倾销行为的一种合法手段，它的目的和宗旨是为了消除价格歧视，维护公平竞争，从而消除或抵制不公平价格的差异，在一定程度上起到制止倾销、保护国内产业的作用。为了保护我国产业免受国外进口商品低价倾销的损害，自 1997 年对美国、加拿大、韩国的新闻纸实施反倾销以来，我国对外反倾销立案数逐年增加。截至 2010 年年底，在已终裁的 172 件反倾销案件中，做出肯定性终裁的案件高达 139 件，占全部已终裁案件的 80.8％。

由于我国长期受西方发达国家反倾销之苦，对此有“切肤之痛”。国内大部分学者对我国对外反倾销的作用都给予了十分积极的评价（宾建成，2003），认为反倾销是保护国内产业的有力武器。也有少数学者通过研究发

① 本文是“我国企业发展国际品牌战略模式研究”项目的阶段成果，项目编号：10CGL023。

现对外反倾销产生了一些负面影响：对外反倾销导致下游产品生产成本提高，削弱了企业竞争力（Hoekman & Leidy，1992；Feinberg & Kaplan，1993；Bierwagen & Hailbronner，1998）；未被反倾销制裁的国家的相同产品涌入，导致反倾销的效果降低（Prusa，1999；鲍晓华，2007）；导致国外厂商在进口国直接投资建厂（Haaland & Wooton，1998；Belderbos & Sleuwaegen，1998；Belderbos，Vandenbussche & Veuglers ，2004）；保护了国内落后产业（张子鹏，2005）；引发相关国家的报复（Finger，1993）；导致反倾销产品价格上涨，进口国消费者的福利受损（Belderbos & Sleuwaegen，1998）。而目前国内学者对于对外反倾销对国内产业自身发展的损害研究较少，更是没有深入探究。

国内鲜有学者研究对外反倾销对国内产业发展造成的损害，何以至此？本文认为存在两方面的原因：一方面，我国对外反倾销时间较短，对外反倾销实施后，其积极效果会马上显现，表现在相关企业“欣欣向荣”，业内人士“欢欣鼓舞”，而负面影响可能需要长时间才能表现出来；另一方面，国内学者基本上是拿国外的研究成果在国内进行验证，目前的研究成果尚存在较大的争议，以至于个别学者甚至认为存在这些所谓的负面影响也是认识上的“误区”。

我国对外反倾销真正达到了“保护”国内产业的目的吗？本课题组通过对我国有机硅产业进行调研，发现对外反倾销已成为有机硅产业发展的“分水岭”，它对有机硅产业的发展产生了深刻的影响。本文以有机硅产业的对外反倾销为例，通过分析对外反倾销对该产业发展的影响，探究对外反倾销对该产业的发展究竟是保护还是损害？并试图进一步深入分析其背后深层次的原因，进而为今后我国实施对外反倾销提供具有可操作性和针对性的相关建议。

二、我国有机硅产业及其对外反倾销的基本情况

（一）我国有机硅产业及其对外反倾销的概况

有机硅产品是目前我国最大的新型化工材料品种之一，它具有耐高低温、电气绝缘、耐氧化稳定性、耐候性、难燃、憎水、耐腐蚀、无毒无味以及生理惰性等优异特性，被广泛应用于国民经济各个领域。甲基氯硅烷和 DMC 的产能与产量通常被作为衡量一国有机硅产业生产能力的最重要指标。

DMC（税则号：29310000 和 38249099）是有机硅产业国内外贸易的最大宗基础产品，是我国对外反倾销的目标。截至目前，有机硅产业进行了两次对外反倾销，见表 1。

表 1　有机硅产业两次对外反倾销的简况

	第一次	第二次
立案调查时间	2004 年 7 月 16 日	2008 年 5 月 28 日
终裁决定时间	2006 年 1 月 16 日	2009 年 5 月 28 日
反倾销对象	日本、美国、英国和德国	韩国和泰国
税率	13%—22%	5.4%—25.1%
中止时间	2011 年 1 月 16 日	—
备注	2008 年 4 月 25 日税率调整为 5.4%	反倾销保护期为 5 年

资料来源：笔者根据《中华人民共和国商务部公告》整理

(二)对外反倾销使我国有机硅产业转危为安，短期内重回增长态势

对外反倾销在短期内保护了我国有机硅产业，尤其是第一次对外反倾销后，有机硅产业迅速走出了危机，具体表现在以下四个方面：

1. 国内 DMC 价格迅速回升

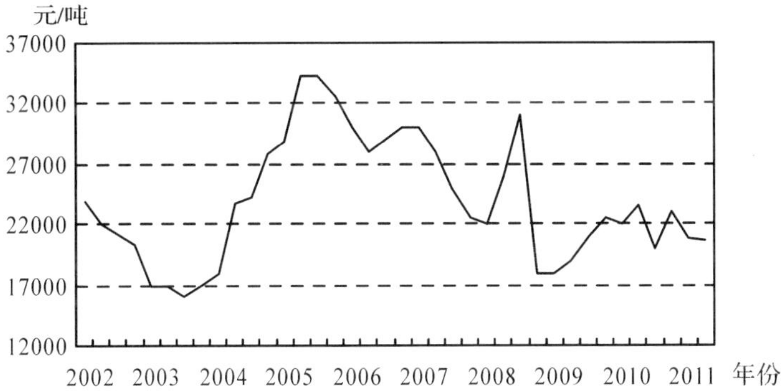

图 1　2002—2011 年 DMC 季度价格走势

资料来源：中国化工信息中心

如图 1 所示，第一次对外反倾销后，国内 DMC 价格由 2004 年年初的 16000 元/吨迅速上升至 2005 年的 35000 元/吨。第二次对外反倾销后，也使 DMC 的价格触底反弹，小幅回升。

2. DMC 进口量快速增长的势头得到有效遏制，出口量持续增长

从图 2 可以看出，第一次对外反倾销以来，DMC 进口量的增幅由 2004 年 41.3%迅速下降至 2005 年的 7.6%以下，DMC 进口量快速增长的势头得到有效遏制。第二次对外反倾销后，DMC 的进口量由 2008 年 14.9%的增幅快速降为 2009 年的−14.1%，进口量和净进口量转而大幅下滑，而 DMC 的出口量却一直呈上升势头。

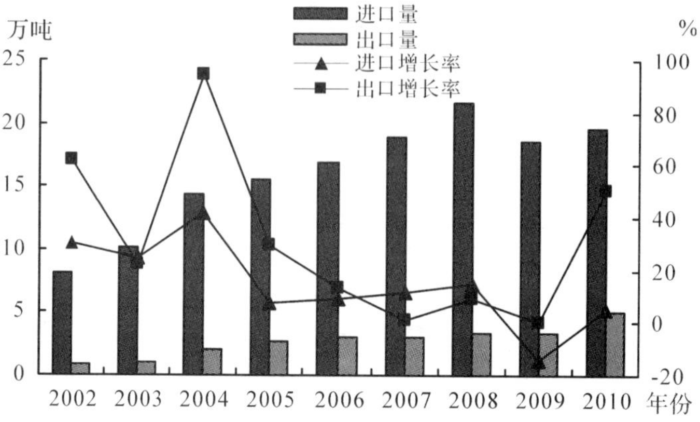

图 2　2002—2010 年 DMC 进出口情况

资料来源：中国化工信息中心

3. 甲基氯硅烷的产量和产能均快速增长

第一次对外反倾销以来，我国甲基氯硅烷的产量和产能均呈现了稳步快速增长的良好发展势头，如图 3 所示。

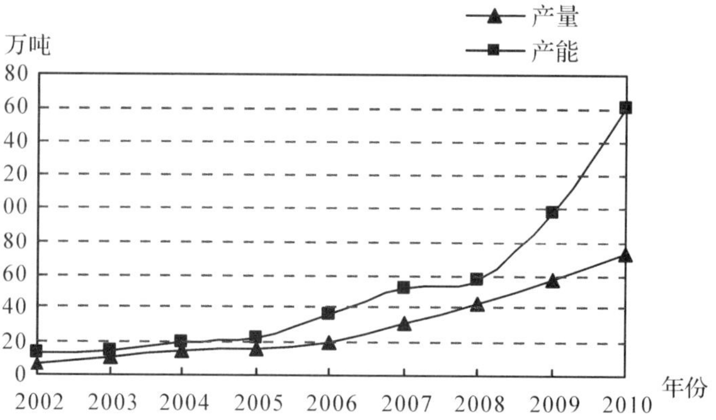

图 3　2002—2010 年我国甲基氯硅烷的产量和产能

资料来源：中国化工信息中心

4. 有机硅龙头企业营业收入持续增长

如图 4 所示，第一次对外反倾销以来，新安股份和蓝星新材的有机硅产品收入实现了短期的增长。自第一次对外反倾销后新安股份和蓝星新材的有机硅产品营业利润率快速增长，第二次反倾销后蓝星新材的营业利润率有所回升。

可见，对外反倾销的短时间效果是十分明显的，尤其是第一次反倾销后，DMC 进口量快速增长的态势得到有效遏制，价格迅速回升，龙头企业经营效益大幅改善，迅速而有效地扭转了我国有机硅企业在市场竞争中的

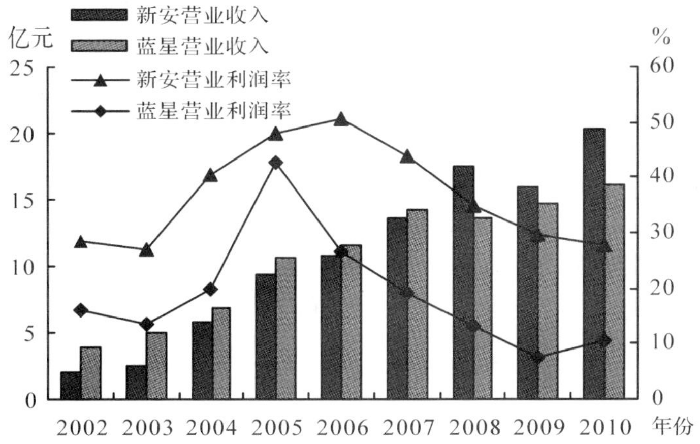

图 4　2002—2010 年新安股份和蓝星新材有机硅产品营业收入和利润率

资料来源：《2002—2010 年新安股份和蓝星新材的年度报告》

不利地位，使自身得到了快速的发展。然而从长期来看，对外反倾销对有机硅产业长期发展却产生了非常消极的影响。

(三)对外反倾销使有机硅产业乱象丛生，损害了产业发展的长远利益

1. 低水平重复建设十分严重，企业竞争力低下，抗风险能力弱

受第一次对外反倾销的影响和国内需求的拉动，国内 DMC 的价格一路攀升，但仍供不应求，形成超额利润，这种情况下投资建设有机硅单体项目稳赚不赔(瞿晚星，2005)，于是从 2004 年开始，国内有机硅单体生产装置的建设“如火如荼”地展开，在全国多个省市“遍地开花”，有机硅单体企业由 2002 年的 4 家发展到 2010 年的 20 多家，至今也没有放慢发展的迹象。

随着众多低水平重复建设单体装置的产能不断释放，低质量的产品过剩严重，国内厂家间低价恶性竞争，这可从以下三个方面得到证实。第一，从图 1 可知，2008 年年底爆发金融危机以来，受国内需求下降和跨国公司低价倾销的影响，DMC 的价格直线下滑到谷底，此后，尽管我国经济迅速摆脱经济危机影响并快速增长，且有机硅产业进行了第二次对外反倾销，但 DMC 的价格却仅出现小幅回升，2010 年后开始在大多数厂家的成本线附近低位徘徊，到 2011 年上半年 DMC 价格更加低迷，产品销售旺季不旺，个别厂家价格低至 19000 元/吨，令业内人士非常惋惜，感叹“食用油卖的是地沟油价格”。第二，由图 3 可知，甲基氯硅烷产量增长远没有跟上产能增长，到 2010 年产能利用率仅有 45%，其原因是：一方面新建装置技术不过关，实际产量达不到产能设计要求；另一方面产品质量低下，不能满足市场需要，生产装置低负荷运转。第三，DMC 进出口数据也进一步证实了上述情况，如图 2 所示。除 2008 年外，2003—2009 年 DMC 进口价格比出口价格高 16%—20%，到 2010 年进出口价格差更是达到 29.6%的最高值，且

进口量远高于出口量。这表明我国一方面需要高价进口大量高质量的 DMC，以满足国内市场对高端 DMC 的“刚性需求”；另一方面低质量的国产 DMC 又大量过剩，不得不通过低价出口来消化国内产能。

2. 知识产权频遭侵犯，大大挫伤了企业自主创新的积极性

对外反倾销导致有机硅产业暴利时代的到来，众多没有任何技术背景的企业纷纷涌入，有机硅产业的知识产权成了被侵犯的“重灾区”，“不仅装置几乎一模一样，就连管线的布置也毫无差别”，首当其冲的蓝星新材为了维护自身的利益不得不进行了一系列的诉讼，见表 2。

表 2　近年来有机硅产业涉及知识产权案件汇总

终裁时间	2008 年 5 月	2008 年 8 月	2008 年 10 月	2008 年 12 月	2009 年 11 月
原告	蓝星新材	蓝星新材	蓝星新材	蓝星新材	蓝星新材
被告	山东东岳氟硅材料有限公司、山东东岳有机硅材料有限公司、北京石油化工设计院有限公司	原浙江合盛化工有限公司的 5 名职工、原浙江恒业成有机硅有限公司的 5 名职工	原蓝星新材副厂长郭某	原江苏宏达新材料股份有限公司的 11 名职工	江苏宏达新材料股份有限公司
案件判决	驳回原告对被告的起诉	赔偿原告 50 万元	出卖图纸等技术资料给山东金岭化工股份有限公司、河南开封平煤集团东大化工公司等公司，构成贪污罪和受贿罪	向原告支付违约金共计 180 万元	补偿原告 1600 万元

资料来源：笔者根据有关上市公司公告和蓝星新材内部宣传资料整理

3. 我国有机硅产业与世界主流发展方向背道而驰，前景堪忧

通过相互间的合资合作、重组与兼并，国外有机硅产业已经形成了垄断全球技术与市场的美国道康宁公司、德国瓦克公司和日本信越公司等几大公司，近年来它们进一步发展成为综合性的有机硅和多晶硅生产企业，产品涉及整个硅产业链。有机硅跨国公司拥有强大的核心竞争力，这在其经营绩效方面得到充分体现。以美国道康宁公司为例，该公司 2002—2010 年营业收入由 26.1 亿美元增长到 60 亿美元，增长了 2.3 倍，而净利润由 1.41 亿美元增长到 8.66 亿美元，增长了 6.1 倍。即使遭遇 2008 年金融危机，其经营绩效也只是小幅下滑，并能迅速摆脱危机的影响，重回上升的发展轨道，见图 5。

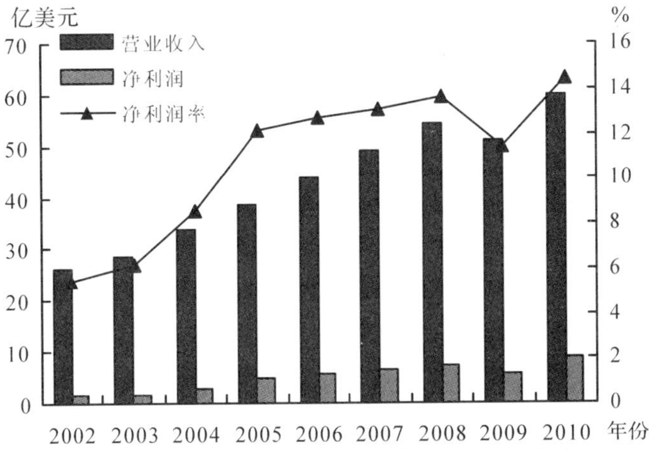

图 5　2002—2010 年美国道康宁公司的经营绩效

资料来源：《2002—2010 年道康宁公司年度报告》

反观我国的有机硅产业发展态势，由第一次对外反倾销前单体生产集中、下游极度分散的格局，变为整个产业链极度分散的局面，产业发展难以形成合力。新进企业集中于单体生产，产品十分单一，不能形成产业链，缺乏核心竞争力，抗风险能力薄弱。可见，我国有机硅企业的总体水平与有机硅跨国公司的差距在不断扩大，离做大做强的目标也越来越远。

三、讨论与分析

(一)对外反倾销是保护国内产业、制止国外公司低价倾销进行不正当竞争的有效手段

加入 WTO 后，我国进口关税大幅度降低，配额、许可证等一些非关税措施逐步取消，进口门槛明显降低，越来越多的外国产品进入中国市场，相互间的竞争日趋激烈，倾销也成为国外商品争夺中国市场的重要手段之一，严重地冲击了我国国内相关产业的发展。反倾销是世界贸易组织所认可的用于维护国际经济秩序、保护本国产业免受不合理侵犯及应对不公平竞争的合法且有效的措施。有机硅产品作为一种新型的化工材料，具有十分优异的性能，这使得它在航空、航天和精密电子等国防工业和高新技术领域有广泛的应用，是一个对国家安全具有重要意义的朝阳产业。面对跨国公司的联手低价倾销，果断采用对外反倾销手段保护我国有机硅产业无疑是正确的。

从对外反倾销实施效果来看，短时间内使有机硅产品价格回升，更确切地说使价格暴涨，产品供不应求，企业的经济效益显著改善，甚至是获得超额利润，彻底扭转了当时有机硅单体企业濒于破产的局面。

(二)对外反倾销解决不了国内产业发展的根本问题，一旦运用不当，反而使原本存在的问题更加突出

在实施对外反倾销前，我国有机硅产业面临的根本问题是规模小、技术落后、能耗高、产品质量差且不稳定、产品结构单一、竞争力低下。对外反倾销没有解决有机硅产业面临的问题，反而使原本存在的一些问题更加突出，原因何在？

1. 对外反倾销形成的产品暴利是直接原因

在暴利驱使下有机硅产业投机盛行。为了能尽快分享对外反倾销后有机硅产品暴利的“盛宴”，来自房地产、煤炭及氯碱等行业，对有机硅完全不熟悉的众多新进企业纷纷涌入，导致有机硅单体的技术和管理人才更加稀缺，于是这些企业便想方设法通过各种手段获取原有机硅单体生产企业的技术和人才，甚至不惜采用违法手段。这些企业完全抱着“短、平、快”的心理，集中投资于单体生产企业，产品结构十分单一。

2. 自主创新不足，尤其是集成创新缺失是最重要的原因

我国产业发展总体处于技术追赶和渐进创新阶段，技术创新还处于粗放式水平，大量研究各自为战，呈现低水平重复研究，研究结果多是形成“点”的突破，即使成果能够转化，产生的技术优势也十分有限。现代产业往往是多领域、多学科和多专业技术的集成，随着产业链整体技术竞争的到来，更需要技术的集成创新，有机硅产业在这一点表现比较突出。

相比有机硅单体生产技术不足，我国有机硅产业链上的整体技术更加落后。具体表现在：第一，我国虽然是金属硅的生产和出口大国，有机硅跨国企业的原料金属硅大部分来自我国，而我国有机硅企业却十分缺乏适用的原料金属硅，这主要是由我国企业未能掌握金属硅的相关技术造成的；第二，与国外相比，我国有机硅企业对副产物的综合利用处于较低水平，很多企业采用露天堆放或焚烧处理副产物的落后方法，不仅污染了环境，还带来了很大的安全隐患；第三，我国有机硅企业的深加工产品创新技术水平低，产品种类少且档次低，企业之间互相模仿，产品同质化严重，导致高性能的有机硅产品仍要花高价从国外进口。如高附加值的集成电路板所用的电子封装胶和发光二极管(LED)所用的光学封装胶，这些高性能的有机硅产品完全被跨国公司垄断。

3. 我国知识产权保护体系所发挥的作用有限

我国知识产权保护体系还亟需加强，这从蓝星新材多次涉及知识产权的案件中可以看出。第一，企业自身对知识产权保护和重视不够。蓝星新材申请的相关专利在诉讼过程中不能成为有力证据，不能有效地保护自身的技术不受侵犯，致使侵权者有空可钻；企业对重要的技术图纸和资料管理不严，内部人员可以多次轻易获得。第二，目前，我国对违反知识产权

的处罚力度太小，违法成本低。虽然通过法律途径，企业挽回了少量的经济利益，但无形的技术资产和无价的商业秘密都已无可挽回。第三，很多企业对国内技术领先企业的知识产权不够尊重，仅有少数企业愿意为获得相关的技术资料付出一定的费用。众多企业则通过不正当竞争的手段，获取蓝星新材的有机硅技术，挖走蓝星新材的技术和生产骨干。第四，企业员工知识产权法律意识薄弱，表现在不少员工在经济利益驱使下，甘冒触犯法律的风险，将不属于自己的技术和资料转让给竞争对手。这些侵犯知识产权的行为严重打击了企业“自主创新”的积极性，严重损害了我国有机硅产业的长远发展利益。

四、结论与建议

本文通过对我国有机硅产业对外反倾销，主要是第一次对外反倾销的研究发现，对外反倾销在短时间内保护了国内产业，同时，对外反倾销使得国内有机硅产业出现低水平重复建设十分严重、知识产权频遭侵犯、污染和安全事故频发等问题，这导致我国有机硅企业的总体水平与有机硅跨国公司的差距在不断扩大，离做大做强的目标也越来越远，即对外反倾销损害了我国有机硅产业的长远发展利益。进一步深入分析发现，对外反倾销形成的产品暴利是直接原因；自主创新不足和集成创新缺失是最重要的原因；我国知识产权保护体系所发挥的作用有限也是不容忽视的原因。可见有机硅产业对外反倾销所引发的问题具有一定的必然性，它是由其产业结构所决定的，这个问题也不同程度地存在于其他产业，如聚氯乙烯、尼龙 66、对苯二甲酸和甲醇等。因此，本文的研究具有一定的普遍意义。

对外反倾销是保护国内产业合法而有效的手段，但它只是临时性的保护措施，最终国内相关企业还是要面对跨国公司的竞争。因此，对外反倾销必须考虑中国的国情，并配套采取综合措施，才能真正实现有效保护国内产业的目的。基于对有机硅产业对外反倾销的研究，本文从企业和国家两个层面提出相关的建议。

(一)企业层面

第一，作为申诉企业应该充分认识到对外反倾销对自身也是一把“双刃剑”，尤其对于反倾销的力度应该慎重考量，如果反倾销的力度过大，导致产品价格暴涨，产生巨大的“财富效应”，必然吸引包括投机在内的大量的人、财和物集中于此，从而在短时间内使产能迅猛扩张，产品大量过剩，价格暴跌。企业仅能短时间受益，而长期发展利益将受严重损害。以异氰酸酯(MDI)的对外反倾销为契机，做大做强的烟台万华就是成功解决这一问题的范例。第二，企业在进行对外反倾销申诉时，应该同时做好对外反倾销之后的准备，充分利用经济效益显著改善以及 5 年保护期的有利“时间窗口”，“大干快上”，迅速扩大规模，占领国内市场。这方面有机硅产业有深刻教训，龙头企业行动迟缓，从而错失了良机。第三，企业对外反倾销后，一方面应加强自身知识产权保护的力度，积极采用法律手段，维护自身的合法权益；另一方面也应迅速提高职工的待遇水平，让职工及时分享企业发展带来的成果，从而让职工认识到自己的核心利益和企业是联系在一起的，以遏制技术和人才的外流，而待遇低就是蓝星新材人才外流的重要原因。第四，龙头企业应该通过兼并、联合和重组等方式，充分利用国内的资源优势，把自己打造成为一个产业链完整的具有国际竞争力的企业。反观最初提起对外反倾销申诉的企业，至今仍基本“偏安”于原所在县市，在对外扩张时，面对地方保护显得力不从心。

（二）国家层面

第一，国家应该在总体上充分考虑对外反倾销的各种后果，平衡上下游产业各方面的利益，兼顾对外反倾销产生的短期和长期发展的利益，最终确定一个恰当的对外反倾销力度和方式，避免出现美国钢铁反倾销的“损人害己”的全输格局。第二，为了适应产业链竞争时代的到来，国家应该以整个产业链的技术提高和突破为着眼点，整合多领域、多学科和多专业的力量攻关，协调人、财和物的投入，提升整个产业的核心竞争力，并建立起一套与之相适应的集成创新体系。第三，实施对外反倾销后，国家应该及时出台提高产业准入门槛、严格审批建设用地等相关临时性调控措施，最重要的是要加强知识产权保护力度，加强污染和安全的监管力度，依法保护产业的健康发展，为企业发展创造一个公平、有序的市场环境。第四，国家应该以对外反倾销为契机，转变实施对外反倾销行业的经济增长方式，在金融、政策等方面给予优势企业以有力支持，“锄弱扶强”，促进优势企业做大做强。

参考文献

[1]鲍晓华：《反倾销措施的贸易救济效果评估》，《经济研究》，2007 年第 2 期。
[2]宾建成：《中国首次反倾销措施执行效果评估》，《世界经济》，2003 年第 9 期。
[3]瞿晚星：《中国有机硅单体工业的竞争力分析》，《有机硅材料》，2005 年第 6 期。
[4]张子鹏：《浅议中国化工行业对外反倾销的负面影响》，《上海化工》，2005 年第 2 期。
[5]Konings J.，Vandenbussche H.，Antidumping Protection and Markups of Domestic Firms：Evidence from Firm Level Data. Journal of International Economics，2005(65).
[6]Jozef Konging，Hylke Vandenbussche，Heterogeneous responses of firms to trade protection. Journal of International Economics，2008(76).
[7]Prusa，Thomas J.，On the Spread and Impact of Antidumping，NBER Working Paper，1999，No. 7404.
[8]Haaland，Jan I.，Ian Wooton，Antidumping Jumping：Reciprocal Antidumping and In-

dustrial Location. Review of World Economics，1998(133).

[9] Hoekman，B. M.，Leidy，M. P.，Cascading Contingent Protection. European Economic Review，1992(36).

[10]Rene Belderbos，Leo Sleuwaegen，Tariff Jumping DFI and Export Substitution：Japanese Electronics Firms in Europe. International Journal of Industrial Organization，1998(16).

[11]Bierwagen，R. M.，Hailbronner，K.，Input，Downstream，Upstream，Secondary and Components of Subassembly Dumping. Journal of World Trade，1998(3).

[12]Finger，J. Michael，(ed.)，Antidumping：How It Works and Who Gets Hurt. Ann Arbor：University of Michigan Press，1993.

[13]R. Belderbos，H. Vandenbussche，R. Veugelers，Antidumping Duties，Undertakings，and Foreign Direct Investment in the EU. European Economic Review，2004(48).

（作者：王分棉　北京企业国际化经营研究基地研究人员　副教授）

基地名称：北京企业国际化经营研究基地
依托单位：对外经济贸易大学
项目类别：国家社会科学基金项目

中国企业海外退市思考：进退之间的徘徊①

内容提要：2010 年以来，美国资本市场中国概念股遭遇退市危机。美国机构刻意做空、中国企业自身财务信息虚假和信息披露不充分、中国概念股的边缘化以及上市维系费用过高导致了此次退市危机。短期应对策略包括加强与投资者沟通、股票回购、与第三方机构合作反击以及起诉恶意诋毁的做空机构。长期而言，中国企业应该强化对美国资本市场特点的认识，制定清晰的资本市场发展战略，持续提升信息披露和内部控制水平，谨慎选择中介机构，或者通过私有化选择更适合的资本市场。

关键词：美国资本市场；中国概念股；退市；信息披露

一、风云突变

美国资本市场在市场深度、市场广度以及国际化程度等方面是全球最具有竞争优势的市场，也是我国企业海外上市的主要市场。目前，美国各类资本市场交易的中国概念股有 1000 家左右，其中中小民营企业占多数。2003—2011 年，共有 100 多家中国概念股在美国主要交易所完成 IPO 发行，筹募资金总额达 183.967 亿美元(参见表 1)。中国概念股受到了国际投资者的认同，2009 年在美国上市的中国概念股股价平均涨幅超过 100%。

表 1 2003—2011 年中国企业赴美 IPO 上市情况表

年份	IPO 家数	IPO 融资总额(亿美元)	年份	IPO 家数	IPO 融资总额(亿美元)
2003	1	0.8	2008	11	3.1
2004	10	20	2009	38	19.9
2005	6	9.3	2010	41	37.9
2006	10	10.9	2011	13	19.467
2007	30	62.6			

资料来源：作者根据新浪财经公开数据统计整理

① 本文是“中央企业境外资产监管问题研究”项目的阶段成果，项目编号：13YJA630146。

但是，自2010年10月起美国资本市场出现一股中国概念股的退市浪潮。目前共有40多家中国公司从美国纽约证券交易所、美国证券交易所、纳斯达克交易所三大市场退市，主要退市方式包括退到OTCBB①，退至美国粉单市场②以及实施私有化主动退市等(参见表2)。跟退市相伴的现象是中国概念股的价格大幅下跌。截至2011年12月，美国三大市场中超过70%的中国概念股股价都在5美元以下，38.5%的股票价格在2美元以下。

表2　2010年10月—2011年12月退市中国概念股统计表

退市方式	退市家数	退市企业名称
转向粉单市场	26	绿诺科技、同心国际、新兴佳集团、新龙亚洲、新华悦动传媒、多元印刷、岳鹏成电机、中国高速频道、盛大科技、盛世巨龙、纳伟仕、智能照明、福麟国际、中国生物、瑞达电源、普大煤业、数百亿、科元塑胶、山东昱合、万得汽车、西安宝润、艾瑞泰克、江波制药、东南融通、中华网、中国教育集团
私有化退市	13	天狮生物、乐语中国、康鹏化学、同济堂、中能控股、安防科技、中消安、泰富电气、环球天下、傅氏科普威、新奥混凝土、盛大网络、中房信
转向OTCBB	1	中视控股

资料来源：作者根据新浪财经公开数据统计整理

受中国概念股退市风波的影响，2011年第三季度和第四季度，中国企业赴美IPO上市几乎停滞。2011年下半年仅有土豆网一家企业在纳斯达克上市，且上市首日即遭破发。一些拟赴美上市企业为了规避风险，暂停了原先的上市进程，如盛大文学宣布暂停在纽约证交所融资2亿美元的IPO，迅雷在上市前夜突然暂缓上市计划。中国企业的海外上市渠道正面临着严峻的挑战。

二、外患？内忧？

中国概念股大批退市的直接原因是境外机构的做空。不同于中国资本市场，美国投资者可以合法做空。市场上有相当数量的个人或独立调查机

① OTCBB是美国场外柜台交易系统(Over the Counter Bulletin Board)的简称，是全美证券商协会所管理的一个交易中介系统，带有典型的第三层次市场的特征。OTCBB少有大的基金与机构投资者，投资者以小基金与个人投资者为主。

② 粉单市场是纳斯达克最底层的一级报价系统，是美国唯一一家对上市既没有财务要求，也不需要发行人进行定期和不定期的信息披露的证券交易机构。交易的股票大多是因公司本身无法定期提出财务报告或重大事项报告而被强制下市或下柜，该类股票通常被投资人称“垃圾股票”。粉单市场股价低且交易量极小。

构刻意做空中国概念股，其中 Alfred Little ①、浑水研究公司（Muddy Waters Research）②及香橼研究公司（Citron Research）③在做空中国概念股方面已经具有很高的知名度（参见表 3）。对冲基金、研究机构、律师在做空中国概念股时常常联合行动，其中对冲基金负责建立空头头寸，研究机构负责调查中国上市公司的问题并撰写质疑报告，律师负责对上市中介或者上市公司发起相关法律诉讼。一旦股价暴跌，各方短期内均可获得巨大收益。自 2010 年 11 月 17 日绿诺科技遭遇浑水研究公司做空被停牌退市以来，在美中国概念股被集体做空的趋势尚未得到抑制。

表 3　美国主要中国概念股被狙击情况统计表

狙击公司	狙击家数	被狙击公司名称及时间
Alfred Little	12	中国绿色农业（2010. 9. 2）、西蓝天然气（2010. 9. 9）、绿诺科技（2010. 11. 10）、优酷（2011. 1. 1）、中国高速传媒（2011. 3. 8）、西安宝润（2011. 3. 28）、普大煤业（2011. 4. 9）、索昂生物（2011. 4. 28）、中国清洁能源（2011. 5. 3）、德信无线（2011. 8. 16）、德尔集团（2011. 9. 7）、希尔威矿业（2011. 9. 13）
香橼研究公司	7	中国高速频道（2010. 1. 16）、中国生物（2010. 8. 30）、中国阀门（2011. 1. 13）、东南融通（2011. 4. 26）、斯凯网络（2011. 5. 10）、泰富电气（2011. 6. 22）、奇虎 360（2011. 11. 1）
浑水研究公司	7	东方纸业（2010. 6. 28）、绿诺科技（2010. 11. 10）、中国高速频道（2011. 2. 3）、多元印刷（2011. 4. 4）、嘉汉林业（2011. 6. 2）、展讯通讯（2011. 6. 28）、分众传媒（2011. 11. 22）
OLP Global	2	新东方（2011. 11. 17）、东南融通（2011. 4. 26）

资料来源：作者根据新浪财经公开数据统计整理

在美国，中国概念股并不占据主流地位。规模较小的中国概念股被市场边缘化，很少受到关注。一些市值过亿的中国概念股日成交金额也仅仅几千美元，成交量极度萎靡。成交低迷往往导致股价低迷，很容易触动 1 美

① Alfred Little，美国人，是一名专业博客手，金融博客为 Little Al's Big Emerging Market Picks，素称“中国概念股打假专业户”。Alfred Little 从 2010 年开始质疑中国绿色农业至今，已撰文质疑了多家在美上市的中国公司，其中包括：西蓝天然气、德信无线、中国绿色农业、绿诺科技、中国高速传媒、优酷等等。

② 浑水研究公司（Muddy Waters Research），Carson Cutler Block 创办于 2010 年 6 月 28 日，因连续做空绿诺科技、东方纸业、多元环球水务和中国高速传媒等多家中国概念股而轰动业界。

③ 香橼研究公司（Citron Research），美国民间调查机构，创始人为 Andrew Left，该机构尤其擅长于狙击中国概念股。从 2010 年 3 月至今，香橼研究公司已揭露做空包括中阀科技、中国高速频道、东南融通等在内的多家中国概念股。

元退市规则①，增加了退市风险。截至 2011 年 11 月 30 日，中国概念股股价低于 1 美元的有 42 家，介于 1 美元和 1.5 美元之间的有 26 家(钟日昕，2011)。这些介于 1—1.5 美元的公司如遭遇重大利空或机构做空，会立即滑入 1 美元以下的警戒线，面临退市风险。股价低迷另一个负面影响就是上市公司估值过低，丧失了再融资的可能性。截至 2011 年 8 月 12 日收盘，在美国纽约证券交易所和纳斯达克上市的 242 只中国概念股市值 1524 亿美元，市值大于 5 亿美元的有 46 只，2—5 亿美元的 43 只，1—2 亿美元的 42 只，小于 1 亿美元的 111 只(钟日昕，2011)。正因为股价被低估、交易极其不活跃，越来越多的中资概念公司选择主动退市。2007 年，同济堂由于其中成药概念和盈利模式不被海外投资者认可，刚上市就跌破发行价。同济堂管理层最终选择主动摘牌，进行私有化退市。

美国上市融资费用比例以及每年维系费用远远高于 A 股市场和香港市场。赴美上市的公司每年必须承担上市年费、投资者关系维护费、法律顾问费、审计费、信息披露费等高额维护费用(参见表 4)。在股价过低、融资无望的情况下，部分企业不愿继续承担过高的维护费用，放弃了定期审计和信息披露，直接导致违规退市。

表 4　中美资本市场上市费用及后期维护费用比较　　费用单位：人民币万元

可预测费用	国内 A 股	香港主板	香港创业板	纽约证券交易所	纳斯达克
上市费用占融资额比例(%)	4—5	15—20	10—15	15—25	9—16
每年投资者关系维护费	5—10	25	25	630	630
每年上市年费	0.6—3	8—90	6—18	24—315	17—63
每年法律顾问费用	10	60—100	40—100	160	160
每年审计费用	30—40	100	60—100	160	160
每年信息披露费用	12	30—50	30—50	50—100	50—100

资料来源：作者根据新浪财经公开数据统计整理，汇率参照 2012 年 2 月水平，1 美元=6.3 元人民币，1 港币折算 0.81 元人民币

财务信息数据涉嫌造假是中国概念股遭到做空狙击的重要原因。客观地说，美国上市的中国公司以中小型民营企业为主，普遍存在财务信息不够严谨的问题。首先，为追求较好的估值和发行价格，上市企业会对财务报表进行一定的包装，以迎合上市条件。正如做空机构指出的，很多中国

① 纳斯达克市场规定，上市公司股票如果每股价格不足 1 美元，且这种状态持续 30 个交易日，纳斯达克市场将发出警告，被警告的公司如果在预警发出的 90 天里仍然不能采取相应措施进行自救以改变其股价，将被宣布停止股票交易，而这也就是所谓的 1 美元退市规则。

概念股递交的财报信息中的利税、资产和收入数据均与国内工商资料、纳税记录相差甚远。其次，多数企业上市采取的是反向收购的方式先进入OTCBB市场，交易所对这种反向收购方式的审查要宽松得多，客观上更难发现财务数据造假。再次，地理距离的遥远使得交易所很难对审计机构的工作严谨性进行实质性审查，这也导致中介机构在巨大利益的驱使下，提供审计与资产评估专业服务时容易丧失道德底线。

三、正道沧桑

赴美上市反向收购(RTO)[①]难度正在加大。不仅现有中国概念股在美股市场上的表现遭受巨大压力，退市风波也直接导致中国赴美上市难度增大。反向收购是中国企业赴美上市的常见模式，其优点是门槛低，费用少，速度快。但是，由于进入OTCBB审查相对宽松，“借壳上市”企业的质量不容易得到保证。美国沃特财务集团统计显示，从2003年至2010年，通过反向收购方式“借壳上市”中国企业数量为349家，但它们的市值却在上市150周后平均缩水75%。

由于近期中国公司频频受到财务数据造假的市场质疑，其中多数都是采取反向收购模式上市融资的企业，美国有针对性地出台了更加严厉的监管措施，提高反向收购的门槛。美国证券交易委员会在2011年11月16日批准了更加严格的反向收购上市规则。新规则要求反向收购企业做到：先在柜台市场交易一年，才能在美国三大交易所挂牌上市；必须提交借壳交易相关信息的详细文件；提交至少一个会计年度的经过审计的财务报表；上市之前的60个交易日内至少有30天稳定的阶段收盘价不低于4美元等。在此之前，并没“一年成熟期”以及“递交借壳详细文件”等规定。反向收购企业要想转板至纳斯达克，只要符合纳斯达克资格标准、股价在4美元以上，有投行机构愿意承销，就可以提交申请。新规则使得“借壳上市”转板融资的风险大大增加。

此外，由于退市的中国概念股问题过多，美国公众公司会计监督委员会(PCAOB)[②]开始怀疑相关审计机构的职业操守和业务能力。目前约有100多家中国内地和香港的审计公司在PCAOB注册，并从事着对赴美上市中国

---

① Reverse Take Over，简称RTO，即中国企业购买一家在OTCBB上市公司作为壳，接由壳公司反向兼并中国大陆或大陆之外的企业法人，然后壳公司转板三大证券交易所，实现再融资。“借壳上市”具有门槛较低、耗时较短、手续简单等优势，从而受到中国公司特别是中小民营企业的青睐。

② PCAOB是美国公众公司会计监督委员会(Public Company Accounting Oversight Board)的简称，该组织是根据2002年《萨班斯·奥克斯利法案》创立的私营的非营利机构，目的是监督公众公司的审计师编制信息量大、公允和独立的审计报告，以保护投资者利益并增进公众利益。

公司的审计业务。在2010年、2011年曝出部分中国公司存在会计违规行为之后，PCAOB明确表示必须对中国境内从事在美上市公司审计的中介机构进行监督和检查，并与中国监管机构商谈跨境检查事宜。但是，中国当前的《档案法》和《保密法》在法律层面上禁止这种跨境检查形式，这意味着PCAOB很难在短期内强化对中国境内审计机构的监督。因此，PCAOB有可能取缔中国国内审计机构的赴美上市相关审计业务资格，直接导致中国公司赴美上市难度加大。

中国对赴美上市的VIE模式[①]监管也日益严厉。如果反向收购模式受到美国监管部门的严厉打压，很多中国企业可能更多转向另一种比较常见的上市模式，即通过VIE模式实现IPO上市。VIE模式可以绕过我国某些行业禁止外资进入的政策法规壁垒，是目前中国企业赴美上市IPO融资的主导模式。据不完全统计，从2000年至今，已经有近300家内资企业通过VIE模式实现境外上市，行业遍布互联网、高科技、传媒、教育、消费和广电等行业。

但是，VIE模式也面临着日益加大的政策监管风险。由于VIE模式在技术上为部分机构和个人逃避外汇监管、非法转移资产提供了便利，我国政府相关部门已经着手研究如何规范相关的企业行为。为了维护国家经济安全和社会公共利益，有必要对境外上市实施一定程度的监管，境内监管应与境外上市的监管合理衔接。2011年8月25日，商务部发布了《商务部实施外国投资者并购境内企业安全审查制度的规定》，替代了此前3月份的《暂行规定》，正式将VIE模式纳入监管范围。中国企业海外退市问题的出现有可能加大中国政府强化VIE模式监管的决心，使得中国企业境外上市的难度进一步加大。

四、短期应对：见招拆招

中国企业应该与投资者及时、积极、坦诚沟通，理性分析做空机构的质疑报告。质疑报告中既可能存在对客观事实的揭露，也可能存在蓄意夸大甚至恶意诋毁之词。针对报告中的客观事实揭露，应该端正态度，积极寻找解决问题的方法。而针对蓄意夸大甚至恶意诋毁部分，应该坚决予以澄清。美国资本市场的海外投资者居多，他们亲自印证报告是否真实的难度很大，上市公司的反应和态度往往是影响投资者决策最为关键的因素。

---

① VIE是可变利益实体(Variable Interest Entities)简称，在国内被称为“协议控制”，是指境外注册的上市实体与境内的业务运营实体相分离，境外的上市实体通过协议的方式控制境内的业务实体。这一模式是当前我国企业赴美IPO上市的主要模式，最早出现在2000年4月新浪的上市操作中，因此又被称作新浪模式。

因此，中国上市公司必须在遭受质疑后积极、坦诚地与投资者沟通以稳定其投资信息。只要沟通顺畅，投资者对公司了解充分，就有信心继续持有公司的股票。长期而言，具有良好的投资者关系的上市公司通常具有较强的盈利能力和股本扩张能力。纳斯达克中国概念股展讯通信通过与投资者积极沟通，在应对质疑时取得了良好的效果。2011 年 6 月 28 日，浑水研究公司公布财务质疑公开信后，展讯通信董事长李力游马上全力与公司董事和投资者展开沟通。与此同时，展讯通信审计机构普华永道公开表态“强力支持”。由于沟通工作及时，投资者认识到企业基本面没有发生恶化。展讯通信虽然盘中最多跌了 34%，但当日即上演 V 字形大逆转，当日收盘仅微跌，收于 12.49 美元。直至 2012 年 2 月，展讯通信股价一直维持在 16 美元左右，相比质疑前还有所上涨。

受到狙击股价大跌后，上市公司或者高管层如果宣布回购本公司股票，可以提振市场对企业的信心。公司或者高管层实施股票回购，说明公司对业务经营很有信心，这无疑有利于稳定投资者信心并保证公司稳定运作。2011 年以来，共有 64 家中国概念股先后 69 次推出股票回购计划，披露金额总计 30.4 亿美元，其中包括索昂生物、航美传媒、奥星制药、博纳影业、当当网、携程网、分众传媒等多家公司。管理层宣布回购计划后，股价一般均会出现不同程度的涨幅。江南春对分众传媒的回购正是其中一个案例。2011 年 11 月 21 日，浑水研究公司发布对分众传媒的调查报告，将其股票定义为“强烈卖出”级别，当日收盘分众传媒大幅下跌 39.49%，市值蒸发超过 13 亿美元。分众传媒随即对报告进行驳斥，并宣布分众传媒将继续 3 亿美元的公司股票回购计划，而 CEO 江南春也宣布将回购 1100 万美元股票。回购消息有力地支持了市场表现，2011 年 12 月初，分众传媒股价稳定地恢复到了狙击前的水平。

充分利用第三方机构的力量也是应对狙击的有效手段。以展讯通信为例，在遭到狙击后，展讯通信开始组织第三方力量开展对浑水的反击。首先，展讯通信的审计机构普华永道在第一时间就发表声明强调公司没有问题。紧接着两家著名投研机构 Needham 和 Samsung 在第二天分别重申买入评级。Needham 的分析师 Quinn Bolton 针对浑水的八条质疑逐条反驳，详尽解释，有力地化解了投资者的紧张情绪。Samsung 的分析师 Stefan Chang 指出浑水对于展讯通信产品竞争力的质疑明显存在错误。在一系列有力反击下，展讯通信的股价在经受住了市场考验，浑水通过做空获利的可能性很小。浑水公司创始人布洛克(Block)6 月 30 日承认，此前公开信误将疑点当作危险信号，浑水公司对展讯通信的财务报告“有误解”，这是其在连续针对近 10 家中国概念股公司发布做空报告成功得手后，首度默认做空失手。

针对做空机构的明显恶意诋毁，中国概念股企业还应该积极收集相关证据予以起诉反击。中国概念股企业可以请律师研究质疑报告中的不实内容以及报告发布之前的空头建仓行为，证明其为涉嫌市场操纵的恶意诋毁行为。值得注意的是，在美国上市公司发起诉讼的成本极高，且诉讼时间可能会很长，凭借单个上市公司的力量证明机构恶意做空行为会比较困难。因此，遭受恶意做空的中国概念股企业可以联合起来，共同搜集有力证据，集中力量进行反击。由于做空中国概念股的机构集中在少数几家，美国上市的中国公司还可以考虑成立诉讼基金，专门用来搜集这几家机构恶意诋毁、捏造事实的证据。诉讼的价值不仅在于获取恶意做空机构的赔偿，也在于对其进行威慑。

五、长期应对：痛定思痛

(一)充分认识美国资本市场的市场特点

赴美上市的中国企业不能忽略海外资本市场与中国资本市场的重大差异。王国跃、王伟、杜征征(2009)指出公司治理水平差、投资者管理水平低和缺乏对境外市场的正确认识是我国企业境外上市的三大问题。成为一个美国公众公司要付出巨大的代价，包括较高的上市费用、每年较高的上市维系成本、较高的信息披露要求、严厉的监管环境以及投资者巨额索赔的风险。只有充分了解海外的法律制度、会计准则及投资者文化，企业才能在上市后有条不紊地处理各种突发状况、规避各类意外风险，促进上市后的顺利发展。

美国资本市场的监管制度非常严格。在财务管理、公司治理、信息披露等方面，上市企业只要某一环节达不到标准或经营不善，就可能遭到停牌甚至摘牌的处罚。正是这种淘汰机制的存在，致使美国资本市场退市率很高，纳斯达克市场平均每年的退市率高达8%左右。据统计，在1985年至2008年间，纳斯达克市场共新增上市公司11820家，而期间退市12965家，也就是说经过二十几年的发展，纳斯达克的上市公司数量还减少了1000多家。

美国资本市场的另一大特色是“自下而上”式的合法做空监管机制。做空机制激励个人或机构对上市企业做诚信调查，揭露会计欺诈行为，这不仅可以让市场变得更加透明，同时也让价格变得更为合理。在经济利益的驱使下，做空者成为美国资本市场中严厉监管制度的一支重要力量。

(二)制定更为清晰的企业发展战略指导资本市场融资行为

中国企业应该明确上市融资的战略意义，杜绝单纯以融资为目的的上市行为。企业资本市场融资必须服务于企业的整体发展战略。企业在上市前应该制定清晰的发展战略，明确上市融资对企业未来发展的价值和意义。只有在清晰的企业发展战略指导下，企业才能够更好地利用资本市场的融资渠道，确保资本市场长期、持续地为企业发展做出贡献。但是，很多中国企业在上市前更多的是考虑如何尽快融资，如何从资本市场获取财务资源，没有深入思考企业自身的发展战略问题，更没有制定系统的资本市场发展战略。江燕红(2009)指出相对于境内企业，我国企业境外上市持续性再融资的效果并不理想。孔宁宁、李书超(2010)认为中国实现境外上市后，外源融资支撑的企业呈现成长恶化趋势。

中国企业应该把做空看作维系市场健康的一种积极的力量，它能够更有效率地将劣质公司清除出市场。企业赴更发达的境外资本市场上市，将自身与更加严格的法律监管、更为高效的市场约束环境“捆绑”在一起，有利于取得投资者信任并降低融资成本(Coffee，2002)。沈红波、廖冠民、廖理(2009)的进一步研究表明，相比法律约束，高效的市场约束和投资者监督对中国境外上市企业的促进作用更大，带来的盈余质量更高。海外上市的中国企业必须严格遵守相关法律规范，积极完善公司治理制度，规范企业行为。这不仅是维护市场价值的需要，也是企业持续健康发展的需要。只要企业盈利持续增长，治理结构规范，保持与投资者的良好互动沟通，资本市场将为企业长远发展提供持续的融资渠道。

中国企业应该从三个方面思考资本市场发展战略问题：资本市场应该如何服务于企业发展战略？企业资本市场长期发展战略是什么？企业自身运作的规范性是否能达到上市公司的监管要求？中国概念股的退市风波是一个反思的契机。中国企业在遭遇困难时应该深刻反思自身的上市动机，制定更为完善的资本市场发展战略。

(三)持续提升信息披露意识和内部控制水平

高质量的信息披露受到市场欢迎，也会对公司股权融资成本产生积极影响，降低未来融资成本(曾颖、陆正飞，2006)。2002 年安然事件之后，美国政府签署了《萨班斯—奥克斯利》法案，构建了美国资本市场新的监管体系。安然事件之前，上市公司只需要进行自愿性信息披露，《萨班斯—奥克斯利》法案后，新的监管体系增加了强制性信息披露规定。美国上市公司强制性信息披露的主要形式是财务报告，主要包括资产负债表、利润表、现金流量表和所有者权益变动表四张报表，这与中国报表结构基本一致。自愿性信息披露是上市公司主动披露的、未被公认会计准则和证券监管部门明确要求的、基本的财务信息之外的信息。

在美国的中国上市公司首先应该保证强制性信息披露的规范性。强制性信息披露是企业义不容辞的责任，投资者对企业的盈利、营运、偿债等能力有知情权，中国企业应该按时、如实地向投资者汇报企业的财务和运作状况。其次，在当前不利的市场环境下，中国企业应该增加自愿性信息披露，增强投资者的信心。在概念股的停牌退市风波里，有一些企业遭遇了机构的恶意诋毁，企业声誉和股票价格均遭受巨大损害。如果这些企业一开始就自愿披露相关信息，做空机构的狙击难度将大大增加。

中国企业自身内部控制水平较低是遭受海外机构做空的重要原因。中国企业内部控制问题体现在财务数据的真实性上。为了尽快上市融资，企业在财务数据上都存在或大或小的问题。中国企业应该认识到，良好的治理机制和内部控制能够促进公司价值的增长（王化成、李志杰、孙健，2008），上市前在融资动机下采取各种方法掩盖问题的做法本身就是不道德的，现在问题被他人揭穿了，暴露了，应该彻底反省问题的根源，从根本上强化公司内部控制水平。目前，中国概念股应该主要从三个方面进行改进：规范财务账目、完善业务控制制度并强化信息披露意识。

（四）谨慎选择中介机构

中国企业对海外上市中介机构应该有更清醒的认识。一方面，中介机构在提供海外上市服务时要坚持专业原则，履行充分的审查义务，否则日后问题暴露时中介机构将付出巨大代价，遭受投资者起诉和行业监管机构惩罚。但另一方面，中介机构希望有尽可能多的海外上市业务顺利完成，以便能够从中赚取更多的中介费。这两方面目标具有一定冲突性。

中介机构的两面性造成的直接现象就是一些投资银行、会计师事务所和律师事务所在利益驱使下常常放弃了专业原则，跨越职业道德底线。这些机构在提供专业服务过程中，面对企业实际存在的账务问题和违规问题，采取忽视态度甚至进行指导以逃避相关监管，采取一切手段帮助企业上市以实现自身利益；但是一旦日后问题暴露，这些机构或专业人士又会不惜损害客户利益以保护自己。2011 年 3 月初，美国龙昌会计师事务所向美国证监会举报了其审计的纳伟仕、岳鹏成电机、中国晒乐照明等 4 家中国客户涉嫌财务造假。龙昌会计师事务所是 PCAOB 的注册成员，在中国赴美上市的企业中享有很高的知名度，在中国和加拿大市场都是位居前十的事务所。龙昌主动举报自己的客户很可能是因为已被监管机构盯上，希望通过举报行为减轻自身责任和司法惩罚。2011 年 3 月以来，已有 24 家在美上市中国公司的审计师提出辞职或曝光审计对象的财务问题。

面对这种现象，中国企业赴海外上市应该选择知名的中介机构。知名的投行在上市公司的财务和法律文件上签字时以其品牌和声誉作为背书，不仅监管机构对其关注度更高，其运作的专业性和谨慎性也确实能够为拟上市公司的规范化提供更多价值，出问题概率相对较小。审计方面四大会计事务所是较好选择，就目前的市场环境，中国企业赴美国上市如果不聘请四大会计师事务所审计，美国证监会一律不予受理。

（五）考虑私有化回归到更适合的资本市场

如果确实是事前对美国市场认识不够充分，上市后感觉到美国资本市场不适合公司的发展，中国企业还可以选择私有化回归到更适合的资本市场。罗仕证券研究报告显示，在 2010 年 12 月至 2011 年 11 月的一年内，已有 11 家中国公司正式启动私有化的程序。

私有化退市回归国内 A 股面临难题。根据《公司法》和证监会的相关要求，申请 A 股上市的公司主体必须是境内的股份有限公司。但目前在海外上市的中国公司主体主要是 VIE 结构下的海外壳公司。回归 A 股的中国概念股必须改变甚至清理 VIE 模式，以符合国内要求。而在这个过程中，如何与外资投资者协调、改变公司治理结构和股权结构都将是难题。另外，私有化退市再回归国内上市的成本高昂，为实现退市，企业需要雇用律师和投行机构买回所有流通股票，耗资巨大。再者，回国上市还需排队等待证监会的审核，等待期短则 3—5 个月，长的甚至会超过 2 年。相比之下，从美国资本市场转到香港交易所无须拆分海外股权结构，但香港一些行业的估值比美国市场更低，回 H 股上市又可能面临融资难的问题。综上所述，私有化回归确实是从根本上应对退市问题的一个选择，但中国企业必须理性分析其中的代价和成本。

参考文献

[1]刘轶：《境内企业境外直接上市：亟需明晰的监管框架和明确的监管标准》，《国际金融研究》，2010 年第 10 期。

[2]钟日昕：《中国概念股价值的冷思考》，《商业价值》，2011 年第 9 期。

[3]李心丹、肖斌卿、张兵、朱洪亮：《投资者关系管理能提升上市公司价值吗？——基于中国 A 股上市公司投资者关系管理调查的实证研究》，《管理世界》，2007 年第 9 期。

[4]王国跃、王伟、杜征征：《我国企业境外上市研究：基于 SWOT 分析》，《中央财经大学学报》，2009 年第 4 期。

[5]江燕红：《我国企业境外上市再融资效果的实证研究》，《经济管理》，2009 年第 2 期。

[6]孔宁宁、李书超：《境外上市有助于公司成长吗？——基于中国赴美上市公司的经验证据》，《经济管理与研究》，2010 年第 10 期。

[7]Coffee, J. C. , Racing towards the Top? The Impact of Cross-Listings and Stock Market Competition on International Corporate Governance, Columbia Law Review, 2002 (102).

[8]沈红波、廖冠民、廖理：《境外上市、投资者监督与盈余质量》，《世界经济》，2009 年第 3 期。

[9]曾颖、陆正飞：《信息披露质量与股权融资成本》，《经济研究》，2006 年第 2 期。

[10]王化成、李志杰、孙健：《境外上市背景下治理机制对公司价值的影响——基于融资决策传导效应的研究》，《会计研究》，2008 年第 7 期。

（作者：周　煊　北京企业国际化经营研究基地研究人员　教授）

北京现代物流研究基地

（北京物资学院）

基地名称：北京现代物流研究基地
依托单位：北京物资学院
项目类别：北京市社会科学基金项目

对物流几个基本概念问题的认识[①]

内容提要： 本文包括四项核心内容。一是将物质实体的宏观位置移动现象划分为自然运动、机械运转和经济运移三种基本类型，并由此界定物流学科的研究范围，分析物流概念的内涵形成与发展演变过程；二是给出物流与物流系统的新定义，剖析物流概念的社会经济、物品实体、主观目的、运作可控及综合集成五大基本特性，总结物流系统的八大基本要素与四大子系统的基本结构；三是探讨物流学科产生的根本动力、历史必然性和现实条件；四是梳理"生产—流通—消费—回收"这一社会大商流过程与"企业—社会—生活—逆向"这一社会大物流过程的相互支撑关系。

关键词： 物流；物流系统；物流学科；商流

一、引　言

物流业既是融合运输业、仓储业、货代业和信息业等的复合型服务产业，又是服务支撑生产制造与流通消费等其他国民经济产业的基础性产业。物流业在调整产业结构、整合产业链、转变经济方式以及增强国民经济竞争力等方面都有着重要的基础作用[②]。随着物流业发展和物流研究的深入，作为物流理论研究对象和研究出发点的物流基本概念问题越来越受到人们的关注。

2007 年 5 月 1 日，通过十多家国内知名物流企业和研究机构的几十名专家学者和高级管理人员一年多的工作，五易其稿修订完成的《物流术语》国家标准(GB/T 18354-2006)开始实施。新修订的《物流术语》国家标准将物流(logistics)定义为"物品从供应地向接收地的实体流动过程，根据实际需

---

① 本文是"集团型企业物流资源配置方法研究"项目的部分成果，项目编号：10BaJG407。全文发表于《中国流通经济》2013 年第 2 期，这里有缩减。

② 中华人民共和国国务院[2009]8 号文件：《物流业调整和振兴规划》，http：//www.gov.cn/zwgk/2009-03/13/content _ 1259194.htm.

要，将运输、储存、装卸、搬运、包装、流通加工、配送、信息处理等基本功能实施有机结合”。并定义物品或货物(goods)为“经济与社会活动中实体流动的物质资料”。对比 2001 年发布的原《物流术语》国家标准(GB/T 18354-2001)，我们发现，前后物流的定义不仅实质内涵无变化，连措辞也基本未变。是学界对物流的定义问题已基本认识清楚，现有定义已经较完善了吗？回答显然是否定的。

人们将国家标准物流定义实际应用于各种现实物质实体运动现象的分析与界定时，往往不能清晰地得出结论，甚至连基本的逻辑自洽都难完全满足。比如，既然说物流是“物品从供应地向接收地的实体流动过程”，那河水的流动过程是物流吗？导弹的飞行过程是物流吗？火箭的升空过程是物流吗？机械装置的运转过程是物流吗？蚂蚁搬运食物的过程是物流吗？……此等问题依据现行国家标准物流定义都难以得到合理充分的解答。正如物流界的知名专家何明珂博士在其代表性著作中指出的那样，“物流也是一个系统，即物流系统，物流就是物流系统，物流与物流系统从概念上讲没有区别，物流系统概念就是物流这个概念的省略语”，“物流的定义，尚未统一”，“到底物流系统是什么样子？这一问题是很难回答的，因为人们目前对此还没有真正从理论上认识清楚，已有的认识存在大量的冲突和矛盾，不能系统地解释物流系统的结构和功能等问题，尤其不能解答现实中存在的一些问题”。① 中国物流与采购联合会副会长戴定一教授在 2004 年“中国物流人才教育高峰论坛”的报告中指出：“物流的基本概念，有内涵无外延，反复争论无结论……”中国物流学会副会长、知名物流专家王佐先生也撰文批评指出：我国的国家标准物流定义导致“……物流管理作为一个完整的概念被分割成‘物流’和‘物流管理’，并把‘物流’定义为‘物品从供应地向接收地的实体流动过程’，这就很容易使人们对物流管理产生一种顺势的理解——物的流动或货物运输……”②。除此之外，还有何明珂、王仲君、靳伟、周元福、樊宏、蔡南珊、宋杰珍、傅新平、王健、徐寿波等众多学者也都从不同的角度对物流的概念问题提出了各自的观点。

依上情况，我们有理由相信，目前学术界对物流基本概念的科学认识和准确界定问题并没有完全解决。2001 年和 2006 年《物流术语》国家标准没有实质变化的原因是：学界对物流的基本定义问题仍然没有达成一致认识，没能提出更为合适的物流定义。由此可见，对物流及物流系统等基本概念进行认真梳理和科学界定具有非常重要的理论价值和现实紧迫性。

---

① 何明珂：《物流系统论》，高等教育出版社，2004 年，第 22 页。

② 王佐：《制造业与物流业联动发展的本源与创新》，《中国流通经济》，2009 年第 2 期。

二、物流概念的由来

需要说明的是，下面分析的是“物流”概念内涵的形成、演变过程，而不是“物流”这个名词的出处由来等文字考证。

我们知道，物质实体的宏观空间位置发生移动是宇宙中的一个普遍现象。依据移动产生的原因，可将物体宏观位置移动现象划分为自然运动、机械运转和经济运移三种基本类型。这里，自然运动现象对应宇宙自然环境中天然形成的各种物体运动现象；机械运转现象是指工程机械系统中人力造成的各样机构运转现象；而经济运移现象所要描述的是社会经济领域中由需求导致的各类物品运移现象。在人类目前的知识体系中，自然的物体运动现象主要归属天文学、地理学、大气科学、海洋科学、物理学和数学等理学学科的研究范畴；机械的机构运转现象则主要归类于力学、机械工程、控制科学与工程、土木工程等工学学科；而经济的物品运移现象则主要划归经济学、管理学以及军事学等综合学科门类。如图 1 所示。

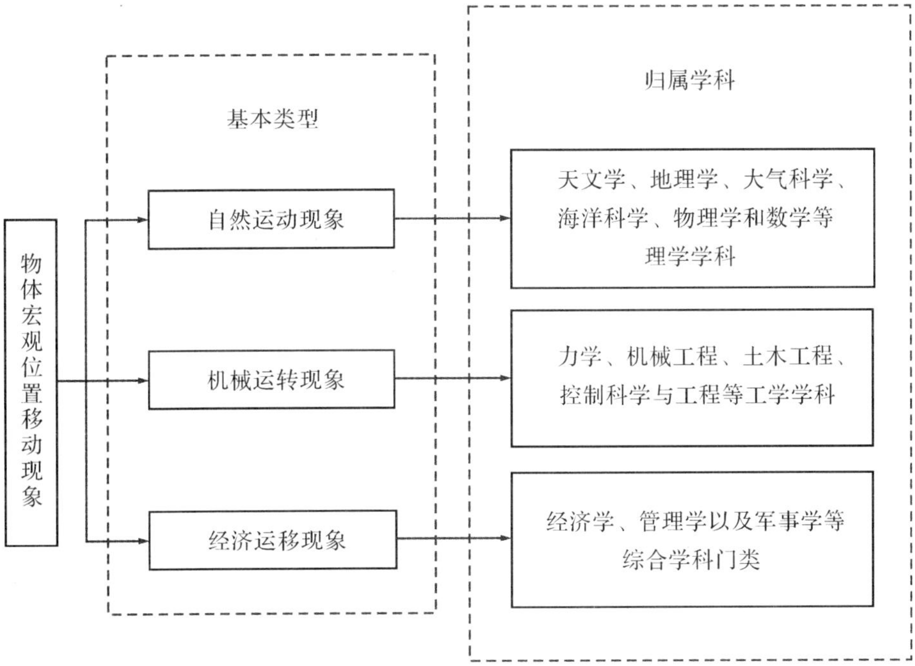

图 1　物体宏观位移现象的三种基本类型及其归属学科

需要强调指出的是，对自然的物体运动现象和机械的机构运转现象的研究一般并不需要直接考虑物质实体的商品经济属性。而对经济的物品运移现象的研究却必然要涉及物资的财产所有权转移、经济价值变化等商品经济属性。也就是说，理学学科对自然运动现象的研究和工学学科对机械运转现象的研究，其重点都主要是在物质实体的客观的纯物理性运动、运转规律的揭示上，一般并不需要直接考虑物质实体运动、运转的社会经济动因。运动、运转的主体对象是没有或被剥离掉社会经济属性之后的抽象物质；而经济管理类学科对经济运移现象的研究却要把需要运移的物品看作是具有特定社会经济属性的商品，研究的重点是要探索物质商品实体在支撑其商流活动时的经济的偏社会性运移规律。

实际上，由社会现实经济需求导致的物品实体的空间移动和时间等待是人类社会经济系统有效运转的一个基本前提。如果我们将社会经济领域中人为的物质商品的实体运移活动统称为物流活动的话，对物品移动这一人类社会经济生活基本需求的满足自然就产生了物品搬运这一自发的基本物流活动。而对物品搬运活动的深入研究与逻辑展开就形成了包装、装卸、储存、运输、加工、信息传统物流活动功能的分工。进入现代社会后，人们在丰富传统基本物流活动经验的基础上集成研究，创新出了一种非常科学有效的实用物流方式——配送。配送可以说是物流方式现代化的一个重要标志。在此基础上，利用现代科学技术成果的支撑，全面集成物品移动相关作业活动的物流概念应运而生了。这就是现代物流概念的由来，具体演变过程见图 2。

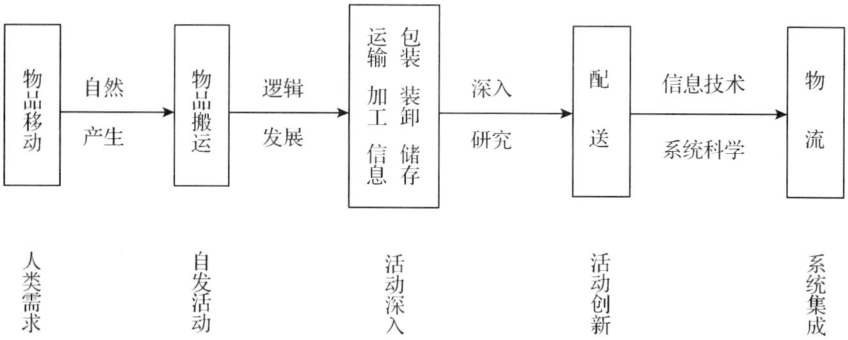

图 2　物流概念的形成演变过程

上述分析表明，物流概念的形成演变是一个与时俱进的过程。朴素的物流概念是现实社会经济生活的客观需求，概念内涵的深化确是要建立在现代科技成果的创新应用基础之上的。传统的物流概念主要是指仓储、运输等单一的基本物流功能。而现代物流概念要强调的却是单一物流基本功能的系统集成。当然，现代物流的集成化要求离不开以系统科学和信息技术为核心的现代科技成果的支撑。由此，也就决定了物流概念界定的复杂性、物流科学的交叉性以及物流产业的复合性。

三、物流和物流系统的基本定义

基于对物流概念形成演变过程的分析研究和对物流内涵的归纳梳理，本文将现代物流的概念定义为“物流是社会经济领域中，为实现由人监控的物品从供应地向接收地的有计划的实体运移而进行的相关作业活动全过程的总称”。与现有国家标准中的物流定义相比，上述物流定义有如下几个特点：

一是强调了物流的社会经济特性。物流是一种社会经济现象；这一界定将物体宏观位置移动现象的三种基本类型——自然运动、机械运转和经济运移做了相对区分，划定了物流学科的研究范围。《物流术语》国家标准中的物品或货物(goods)的二次定义对这一特性要求有间接体现。

二是强调了物流的物品实体特性。物流是物品的实体运动；这一特性强调了物流概念的最本质内涵，划定了物流与商流的研究边界。这与《物流术语》国家标准中物流定义是一致的。

三是强调了物流的主观目的特性。物流是按人的预先计划发生的；这一要求强调了物流活动的目的性，突出了物流与商流的紧密联系。在物流与商流的相互作用中，从根源上讲，商流是起引领和主导作用的，是商流方向引导物流走向。当然，物流系统技术水平、运作效率的高低对商流的方向也是会有巨大的反作用。相关学科对商流的研究也是要将物流作为一个重要可变因素加以考虑的。

四是强调了物流的运作可控特性。物流是在人的监控中发生的；强调人对物流过程的监控，一方面是强调物流的人工性和可控性，而另一方面也是强调信息对物流活动的重要支撑作用。系统科学理论和信息技术手段是物流由理想变为现实的重要前提条件。

五是强调了物流的综合集成特性。物流是相关作业活动全过程的总称。提出物流的综合集成特性，一方面是要强调物流活动的系统性，而另一方面是要间接强调物流系统活动形式的多变性和功能结构的复杂性。这改变了国家标准中通过逐一列举物流功能细分活动来定义物流概念的做法。我们认为，物流系统功能性活动的具体划分方式并不是物流概念的本质内涵。随着科技的进步和物流业的发展，不仅现有的物流功能性活动分类可能会发生变化，而且也一定会有更多的新型物流功能活动形式不断地被创新出来。

我们在定义中强调物流的主观目的特性和运作可控特性的观点，有一个旁证。事实上，在现代物流的发源地美国，对物流的定义也是强调物流的目的特性和可控特性的。1998 年，美国物流管理协会 CLM 对物流的最新定义是：物流是供应链流程的一部分，是为了满足客户需求而对商品、服务及相关信息从原产地到消费地的高效率、高效益的正向和反向流动及储存进行的计划、实施与控制过程。

由于上述定义更像是对“物流管理”概念的定义，所以国内学者大都只将中美物流定义的这种不同理解为是中美两国的文化差异导致的，美国的物流定义实际上是物流管理的定义，中国的物流定义才是真正的物流定义。比如有学者指出：“……比较中美物流定义的差异可以看出，美国的物流定义比中国的多了客户需求、效益和计划、实施与过程控制两个部分……为解决中美文化差异和较全面地反映国外物流的内涵，我们在国家标准的《物流术语》中增加了‘物流管理’这一词条，即‘为了以最低的物流成本达到用户所满意的服务水平，对物流活动进行的计划、组织、协调与控制’。所以中美物流概念没有理解的差异，只有文化的差异……”①

本文认为，尽管在表述上看，美国的物流定义确实不像是对物流概念本身内涵的界定，但美国物流定义中强调物流活动的目的特性和可控特性的部分，却是非常重要和可取的。

下面谈谈物流系统的定义问题。有了上面对物流定义的分析和界定，我们就可以相对清晰地讨论物流系统的定义问题了。我们认为物流和物流系统是有必要分开来讨论的两个不同层面的概念。当然，在有些不至于混淆的特定情况下，我们会将“物流系统”简称为“物流”。但不能说物流和物流系统在本质上是同一个概念。至于说物流概念的构成要素本身也是一个系统，这是另一个层面的意思，与我们的讨论关系不大。

基于上述认识和前面的物流定义，我们可进一步将物流系统的定义表述为：“物流系统是由物流这种社会经济现象所涉及的各种因素而构成的一个有机整体”。简单地讲，物流系统一般是指物流现象发生的现实载体。物流的基本目的是有效实现物品的有计划的实体运动。物流系统的基本目的就是实现物流的目的。

我们认为，物流系统的基本结构是由供应系统、运输系统、接收系统和监控系统四个子系统构成的。而物流系统的四个子系统又可细分为供应地、接收地、需流物品、运输系统、装卸系统、加工系统、储存系统、监控系统八大基本要素。其中，供应子系统负责物流活动的前期准备工作，是由供应地、需流物品、装卸系统、加工系统、储存系统等要素组合形成的复合系统；接收子系统负责物流活动的后期善后工作，是由接收地、需流物品、装卸系统、加工系统、储存系统等要素组合形成的复合系统；而负责完成物品实体运移这一物流核心活动的运输子系统和负责整个物流活动控制的监控子系统本身也是复杂系统。物流系统的基本结构如图 3 所示。

---

① 牟惟仲：《从物流定义谈物流企业的创新服务》，《中国储运》，2003 年第 3 期。

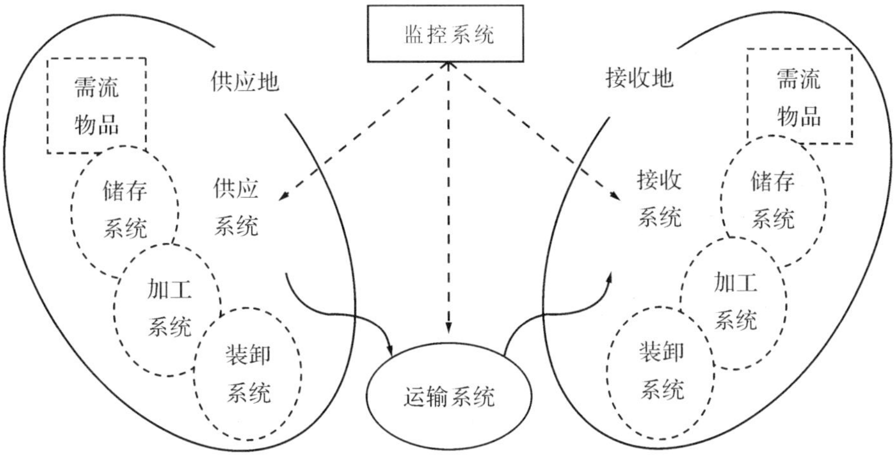

图 3　物流系统的基本结构

上述物流和物流系统的概念定义基本弥补了现行各种物流定义的不足，可以比较好地分析解释物流理论与实践中遇到的各种物流问题。限于本文的研究主题和研究重点，这里只给出我们的研究结论，不再做进一步的展开。

需要强调指出的是，中国工程院徐寿波院士基于物质实体运动的普遍性规律，提出了一个“大物流论”，希望将物质实体的所有宏观、微观的空间位置移动现象统一纳入大物流学科体系的研究范畴。虽然我们认为大物流论是一个宏大超凡的科学研究构想，但基于现实考虑，本文研究的物流还是特指社会经济领域中的物品运移现象。

四、现代物流学科的形成

社会需要是科学技术进步的原动力，物流学科的形成与发展也不例外。大家知道，物品实体的经济性运移是一个由来已久的社会需要，人类有记载的运输的历史也已有六千多年，可为何早不提物流呢？这是因为，伴随社会的发展与科技的进步，人类认识与改造客观世界的能力越来越强，导致人类各种活动的规模越来越大、要求越来越高。这在客观上也对物流服务活动的质量提出了更高的现实要求。传统的在理论和实践中将物流系统人为分割成单项功能加以研究的做法越来越不能满足当今社会对物流服务质量的高要求。社会经济领域中物流现象所涉及的相关作业活动的集成研究被提到了学术共同体的议事日程。这是物流学科产生的历史必然性。

此外，在始于 20 世纪中期的现代系统思想、系统理论方法和电子计算机及其网络技术的支持下，物流学科的产生终于变成了现实。现代系统科学理论的成果不仅为物流学科的建立提供了丰富完整的物流系统集成思想，也为物流复杂系统的分析提供了科学有效的实用建模手段。借助以计算机及其网络为核心的现代信息技术成果，物流复杂系统分析必须克服的高效信息处理问题也得到了有效的解决。

总之，社会对高质量物流服务的需求是物流学科产生的根本动力。社会需求结合物流功能集成化的思想使物流学科的产生具有了历史的必然性。历史的必然性加上系统理论和信息技术这两大现代科学技术的成果使物流学科产生具备了现实可能性。这就是物流学科兴起于 20 世纪中期的西方、繁荣于当今世界的理论缘由。上述有关物流学科形成原因的分析可归纳如图 4 所示。

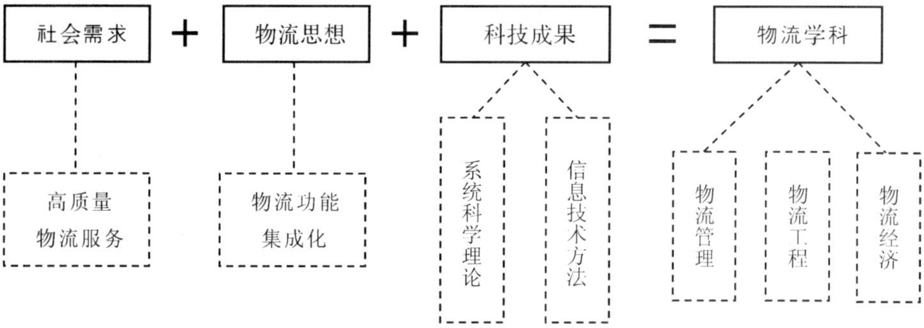

图 4　物流学科的产生

经过学术界同仁们的共同努力，目前已初步形成了诸如物流管理、物流工程、物流经济等基本的物流学科体系以及由仓储、运输、货代、信息等产业复合构成的现代物流业体系。截至 2012 年 10 月，我国开设物流相关专业的高等院校已达 400 多所。2009 年我国政府将物流业列入国家应对国际金融危机的十大产业振兴规划的举措之中，这充分说明了作为新的经济增长点的现代物流业对于一国乃至全球经济发展的重要性。同时，也迎来了物流业发展和物流学科研究的春天。

五、物流与商流的基本关系

梳理物流与商流的基本关系对于我们完整准确地认识物流和物流学科是非常重要的。商流、物流、信息流是现代流通经济的重要内容。由社会专业化分工导致的商流与物流分离是现代流通经济的突出特点。现代经济中的商流与物流是既分离又统一的。

如前所述，对应经济性物品运移现象的物流研究是需要涉及物品的所有权转移、价值的变化等商品经济属性的。也就是说，对应物品实体运移过程的物流与对应物品所有权转移过程的商流是密切相关的。商流过程是经济活动的主题，物流过程是经济活动的支撑。商流过程中主要关注商品的价值属性以及商品所有权的流转，计量价值额是度量其属性的核心。物流过程中则主要关注物品的流动属性以及物品时空性的变换，计量物流量是度量其属性的核心。

伴随生产、流通、消费及回收这一社会大商流过程的社会大物流过程可划分为企业物流、社会物流、生活物流及逆向物流。社会生产的目的是为了创造使用价值；商品流通的目的是为了传递使用价值；物资消费的目的是要实现使用价值；强调回收的目的是想挖掘使用价值。支撑商品使用价值创造过程的是企业物流；支撑商品使用价值传递过程的是社会物流；支撑商品使用价值实现过程的是生活物流；支撑商品使用价值挖掘过程的是逆向物流。也就是说，企业物流的目的是支持生产，社会物流的目的是兑现流通，生活物流的目的是完成消费，逆向物流的目的是促进回收。

社会生产、流通、消费及回收这一社会大商流过程又可细分为供应、生产、销售、流通、配送、报废、回收、再生与废弃等中间环节。与此对应，企业物流、社会物流、生活物流及逆向物流这一社会大物流过程也可细分出供应物流、生产物流、销售物流、配送物流、回收物流、再生物流与废弃物流等物流分类。现代经济社会中物流活动与商流活动的相互密切联系和基本支撑关系可归纳如图 5 所示。

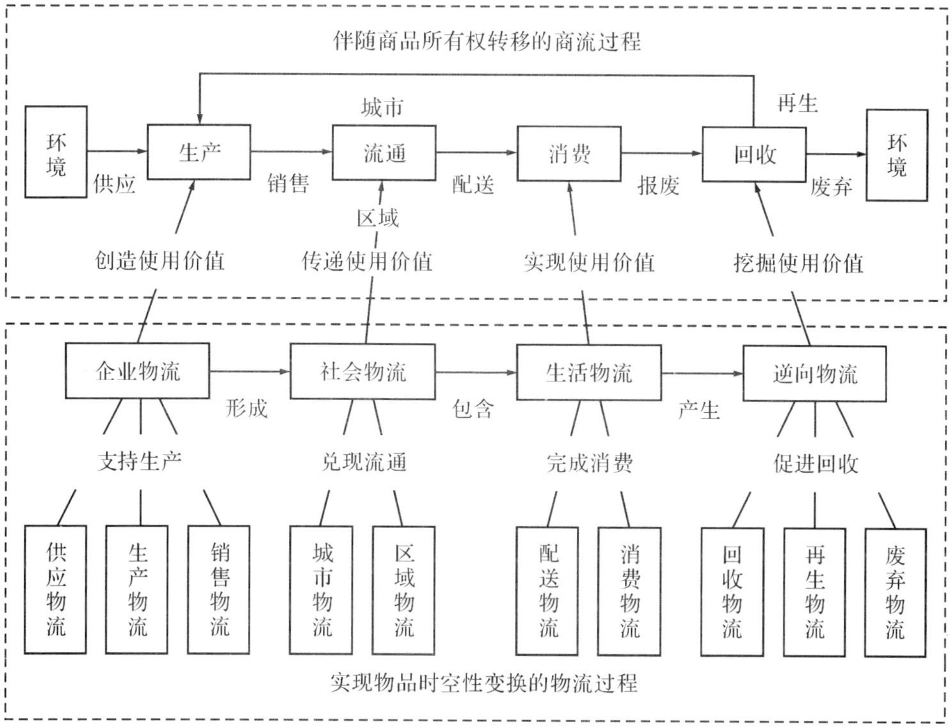

图 5　生产、流通、消费、回收过程中商流和物流的基本支撑关系图

六、结　论

本文的分析认为，目前学术界对涉及物流基本概念的相关问题还没有达成共识，对物流的基本概念问题进行认真梳理与科学界定具有非常重要的理论价值和现实紧迫性。前面我们结合对物流概念形成及演变过程的分析、对物流与物流系统定义问题的研究、对物流学科产生背景的梳理以及对物流与商流基本关系的归纳等，较为深入地探讨了几个与物流相关的基本概念问题，并给出了自己的结论和看法。

首先，我们将物质实体的宏观位置移动现象划分为自然运动、机械运转和经济运移等三种基本类型，从而界定了物流学科的研究范围；然后，在深入分析物流概念内涵的形成、演变过程的基础上，给出了我们的物流定义。该定义强调了物流概念内涵的社会经济特性、物品实体特性、主观目的特性、运作可控特性和综合集成特性；在此基础上，我们又进一步给出了物流系统的定义并提出了物流系统在本质上是由八大基本要素和四大子系统构成的观点；接着，我们又探讨了物流学科产生的根本动力、历史必然性和现实条件；最后，我们还研究了伴随生产、流通、消费以及回收这一社会大商流过程的可分为企业物流、社会物流、生活物流以及逆向物流的社会大物流过程，并分析了现代经济社会中物流活动与商流活动的基本支撑关系。

参考文献

[1]中国国家标准批准发布公告 2006 年第 11 号(总第 98 号)：《中国国家标准·物流术语》(修订版)(GB/T 18354-2006)。
[2]中国国家标准批准发布公告 2001 年第 5 号(总第 29 号)：《中国国家标准·物流术语》(国家标准)(GB/T 18354-2001)。
[3]何明珂：《解读物流定义(连载一)》，《市场与电脑》，2002 年第 1 期。
[4]何明珂：《解读物流定义(连载二)》，《市场与电脑》，2002 年第 2—3 期。
[5]何明珂：《解读物流定义(连载三)》，《市场与电脑》，2002 年第 4 期。
[6]何明珂：《解读物流定义(连载四)》，《市场与电脑》，2002 年第 5 期。
[7]王仲君：《物流概念辨析》，《苏州科技学院学报(社会科学版)》，2004 年第 3 期。
[8]靳伟：《物流概念和物流定义》，《中国物资流通》，2002 年第 1 期。
[9]靳伟：《物流概念性模糊》，《中国物流与采购》，2005 年第 3 期。
[10]周元福：《对现代物流内涵的再认识》，《经济师》，2005 年第 4 期。
[11]樊宏：《中外物流定义比较分析与建议》，《物流技术》，2005 年第 5 期。
[12]蔡南珊：《关于物流概念本质的再思考》，《中国流通经济》，2004 年第 7 期。
[13]宋杰珍：《物流涵义辨析》，《全国商情(经济理论研究)》，2008 年第 13 期。
[14]傅新平：《论物流的概念、功能与发展趋势》，《武汉交通科技大学学报(社会科学

版）》，1999 年第 1 期。

[15]王健：《现代物流概念的比较研究》，《发展研究》，2005 年第 1 期。

[16]徐天亮、刘志学：《中美"物流"定义的分析与比较》，《中国物流与采购》，2002 年第 9 期。

[17]徐寿波：《物流科学技术的研究和发展前沿》，《北京交通大学学报(社会科学版)》，2004 年第 3 期。

[18]徐寿波：《大物流论》，《中国流通经济》，2005 年第 5 期。

[19]徐寿波：《大物流再论》，《中国流通经济》，2007 年第 10 期。

[20]徐寿波：《商品物流理论研究》，《管理世界》，2009 年第 7 期。

[21]宋伯慧、徐寿波：《物流定义探讨》，《北京交通大学学报(社会科学版)》，2010 年第 3 期。

（作者：张志勇　北京现代物流研究基地首席专家　教授）

基地名称：北京现代物流研究基地
依托单位：北京物资学院
项目类别：研究基地自设项目

基于进化博弈链的成品粮应急代储企业竞合机制研究

内容提要：文章将进化博弈理论与博弈链思想相结合，建立了进化博弈链模型，以此研究代储企业的进化规律，并利用 Matlab 进行了数值仿真。由于财政补贴、投机收益、政府罚款和举报奖励等因素的取值不同，代储企业合作者比例有三种均衡状态：0、1 和介于二者之间。在不考虑政府监管的情况下，三种进化过程中的平均收益与合作者比例变化趋势相反。这为地方政府构建合理有效的代储企业竞合机制提供了决策依据。

关键词：进化博弈链；成品粮应急代储企业；竞合机制

一、引 言

2003 年的"非典"疫情引起政府对非常规突发事件应急管理的高度重视，尤其是 2008 年四川汶川地震以来，成品粮应急储备作为应急管理体系中时效性最强的生命物资保障在突发事件的应对中发挥了不可替代的作用，各省市地方政府日益重视成品粮应急储备系统的建设。如《粮食行业"十二五"发展规划纲要》中明确提出"全国大中城市成品粮油应急储备规模应满足 15 天以上的社会消费需要"的要求。

成品粮是相对于原粮而言的，是指由原粮加工而成的符合一定标准的成品粮食的统称，也称为加工粮。参照我国多省市《成品粮油应急储备管理办法》的规定，成品粮应急储备品种包括大米和小麦粉。成品粮与原粮都属于易腐品，但成品粮比原粮更容易腐坏。相比之下，成品粮的轮换频率更高、风险更大。因此，成品粮应急储备大多采取市场化储备，即由生产加工企业或流通企业代理地方政府进行承储，称之为成品粮应急代储企业（简称为"代储企业"）。按照合同要求，代储企业必须按照政府的要求进行储备，主要包括收购、储存、轮换、调配等方面。代储企业在规模、发展潜力、信誉、服务和管理能力、业务范围等方面存在一定的差异，因此，代储企业之间属于"零和博弈"的竞争。同时，代储企业也存在一定的道德风险，如以次充好、上报虚假采购价格、骗取储备补贴、故意抬高价格等。因此，代储企业之间的竞合机制的研究对于成品粮应急代储系统保障成品粮的应急供应具有重大理论和现实作用。

二、成品粮应急代储企业进化博弈链模型构建

(一)进化博弈链理论的应用

进化博弈理论又称为演化博弈论(Weibull J W，1995；Samuelson L，1997；谢织予，2008)，是研究有限理性博弈的理论(Smith J M.，1982；Axelrod R.，1984；Hofbauer J，Sigmund K，1998)。20 世纪 60 年代，在研究解释生态现象时产生了演化博弈论(Lewontin，1961)，为研究合作行为提供了有力的理论工具。

进化博弈有一种均衡选择作用，可以研究有限理性博弈方的学习和策略调整导致群体策略均衡及其效率的变化。20 世纪 70 年代，生物学家 John Smith 和 George Priee(1973)首先提出了“进化稳定策略”(Evolutionary Stable Strategy，ESS)来说明有效均衡的概念，并用生物进化的机制引入“复制动态”模拟策略调整。在分析大群体随机配对反复博弈的复制动态和进化稳定性时，分别采用了两人对称博弈和两人非对称博弈的复制动态和进化稳定性。同时，一些经济学家对有限群体的均衡问题进行了深入研究，包括：有限规模群体演化定性(Schaffer，1988)、有限数目多群体均衡(Garay，Varga，1998)、多参与人多策略演化博弈均衡的性质研究(Feldman，2009；Altenberg，2010；Traulsen A，Gokhale C S.，2012)，以及博弈联盟的效率(Isa E. Hafalir，2007)和形成的价值(Grabisch M，Funaki Y，2012)，进化博弈的动态均衡与优化行为的选择(Y f. Zhang et al.，2012)。

进化博弈和博弈链思想相结合的进化博弈链理论与分析方法试图从全新的视角揭示组织系统的复杂博弈关系及其演化规律。该理论基于系统思维方式，在抽象出复杂组织系统客观存在的组链式博弈关系的基础上，将宏观系统分析与微观博弈分析相结合，综合考虑行为互动性、因素互动性及时间变量对系统均衡和协同演化的影响，运用系统科学方法分析组织系统内部和外部的作用机制，描述构成博弈链的单个博弈局势之间的相互关联特征及其作用关系，从而揭示组织系统整体模化规律的理论与方法(侯光明，2006)。博弈链理论已被应用在社会科学的诸多领域，如通过构建企业集群的进化博弈链模型，揭示了企业集群演进的内在机理和动态过程，为探寻企业集群演进的本质规律提供了新的思路和方法(胡明礼等，2006)；在军事领域中不仅设计了基于博弈链模型的坦克战决策模拟系统(李存金，高丽丽，2008；安婷玉，侯光明，2008)，还研究了军工民品企业和民营企业针对民品生产的博弈过程(荆文宇，李存金，2008)；在产学研领域，运

用进化博弈链模型和动态决策方程，较好地揭示了产学研合作中的“囚徒困境”和演化规律(陈洪转，2012)。

进化博弈链理论及其分析方法对研究组织内各主体间关系的演化过程提供了新的研究视角，本文将学习和借鉴已有的研究成果，运用进化博弈链模型对有限群体成品粮代储企业的竞合演化过程进行研究，对地方政府建立科学的代储企业协调机制提供依据。

(二)模型假设

结合我国成品粮应急代储系统的特点，为使模型具有更强的现实意义，对成品粮应急代储企业之间的进化博弈链模型做如下假设：

(1)参与方的利益冲突为有限零和博弈，且损益矩阵为对称型。

(2)在代储企业博弈过程中不考虑政府监管。

(3)以成品粮应急代储的整个过程为研究对象，不以采购、保管、轮换、调用等某一业务环节为研究对象。

(4)参与人(即代储企业)是“有限理性”经济人，其决策为在所知信息下使其利益最大化的有限策略集中的最优选择，且为参与方的共同知识。

(5)参与人有两种策略选择：策略 1(合作)和策略 2(不合作)。合作策略指代储企业按照地方政府的要求开展各项承储活动，不合作策略指代储企业不完全按照地方政府的要求操作，存在不作为或有投机行为现象。

(三)博弈损益矩阵

进化博弈通过参与者的进化速度和方向等指标来反映进化的程度和发展的阶段情况。结合成品粮应急代储企业的特点，本文以代储企业采取合作策略的参与者在不同进化阶段的比例变化来刻画进化阶段的发展，并研究模型的进化稳定策略解，为建立科学的代储企业竞合机制提供决策依据。

各参与方在不同的进化阶段有不同的策略选择，相应的收益也有所不同。地方政府与代储企业通过签订合同建立承储关系，地方政府根据代储企业的代储量给予一定的财政补贴 R 。代储企业除了要受到法律制度和管理规范的管制外，政府通过一定的激励措施鼓励代储企业互相监督。假设代储企业不合作时的投机收益为 T ，一旦被地方政府发现即要受到相应的处罚 F ，并没收投机收益。代储企业在采购、轮换、配送等过程中所消耗的全部成本为 C 。代储企业中只要有一家企业采取合作策略，就会向地方政府举报不合作代储企业，并且举报的代储企业可以受到奖励 J ，以此加强监管力度，拓展激励措施。但若所有代储企业均不合作，则会形成合谋，相互之间的监管机制失灵。因此，代储企业之间博弈的损益矩阵如表 1 所示。

表 1　成品粮应急代储企业合作和不合作策略的损益矩阵

		代储企业 1	
		合作	不合作
代储企业 2	合作	$(R-C, R-C)$	$(R-C+J, -F)$
	不合作	$(-F, R-C+J)$	$(R-C+T, R-C+T)$

通过研究代储企业合作者比例的进化博弈过程来探索如何通过合理设置政府补贴 R 和罚款 F 等来使成品粮代储系统进化到政府期望的稳定状态，借助多种途径实现代储企业之间的协调，提高成品粮应急代储系统的应急反应能力和处置能力。

（四）成品粮应急代储企业的进化博弈链模型

在成品粮应急代储过程中，由于代储企业是有限理性，采取策略 1 和策略 2 的博弈个体都对当前阶段的博弈局面做出反应（不一定是最优反应）。参与个体通过相互学习和模仿优势策略做出进一步的策略选择，如此不断进化。

成品粮应急代储企业的进化博弈链模型可用箭线图描述（如图 1）。用圆圈表示参与者可选择的博弈策略，以箭线（箭尾表示参与方所采取的原策略，箭头表示该参与方在下一阶段将要采取的新策略）配以参与方在各策略之间相互转移的比例 p 和采取各策略时的收益 u 表示各策略在不同阶段之间的进化博弈情况。

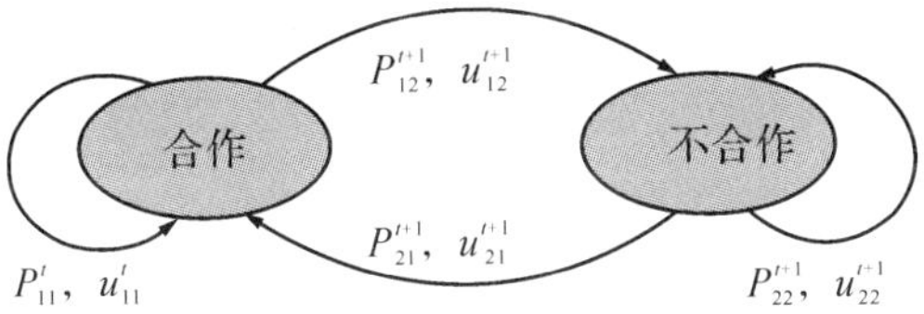

图 1　成品粮应急代储企业进化博弈链模型示意图

图 1 中的两个椭圆分别表示代储企业在博弈过程中的两个可选策略：合作策略和不合作策略。四个箭线分别表示参与方在 t 到 $t+1$ 时刻，各参与方在上述两个策略之间的转移情况，或继续采用原博弈策略，或改用相对的博弈策略，主要取决于各策略带来的收益情况。若箭线为自环形（即箭头与箭尾指向同一策略），表示 t 和 $t+1$ 时刻所采取的博弈策略相同；若箭线为非自环形，则表示 t 和 $t+1$ 时刻所采取的博弈策略不相同。箭线上的 p^t_{11} 和 u^t_{11} 表示 t 时刻仍然采取合作策略的参与方的比例和期望收益，p^t_{22} 和 u^t_{22} 分别表示仍然采取不合作策略参与者的比例和期望收益，p^{t+1}_{12} 和 u^{t+1}_{12} 表示 t 时刻采取合作策略而在 $t+1$ 时刻采取不合作策略的参与方的比例和其期望收

益，p_{21}^{t+1} 和 u_{21}^{t+1} 则表示 t 时刻采取不合作策略而在 $t+1$ 时刻采取合作策略的参与方的比例及其期望收益。

在代储企业整个承储过程中，假设在 t 时刻有比例为 x 的代储企业采取合作策略，则有比例为 $1-x$ 的代储企业采取不合作策略。t 时刻采取两种策略各博弈方的个体比例、期望收益和群体的平均期望收益，分别用式(1)、式(2)和式(3)来描述。

$$p_{11}^{t}=x \quad u_{11}^{t}=x(R-C)+(1-x)(R-C+J) \tag{1}$$

$$p_{22}^{t}=1-x \quad u_{22}^{t}=x(-F)+(1-x)(R-C+T) \tag{2}$$

$$\bar{u}_{t}=xu_{11}^{t}+(1-x)u_{22}^{t} \tag{3}$$

进化博弈主要是通过研究博弈的动态演化过程来描述合作行为达成的路径和过程，但学习和模仿是一个试错过程，不断改进以提高个体的适应性。在成品粮应急代储企业博弈过程中，选择不同策略参与方的比例的动态变化速度取决于其模仿和学习的速度，而该比例的变化方向则取决于不同的策略给参与方带来的收益差别。在博弈过程中，存在着从众心理，因为这影响着观察和模仿的难易程度，可用选择某一策略的参与者的比例来表示。同时，学习与模仿的成功程度也会影响下一阶段参与方策略的选择，可用参与者模仿和学习某一策略的收益超过平均收益的幅度来表示，这将直接影响到不同策略的差异对比以及对模仿策略的激励效果。因此，在 $t+1$ 时刻转用其他策略的参与者的比例与所转向策略的比例数量及该转向策略的期望收益比平均收益高出的幅度成正比。$t+1$ 时刻各个体的状态表示如下：

$$p_{12}^{t+1}=p_{11}^{t}\frac{u_{11}^{t}-\bar{u}_{t}}{|u_{11}^{t}|+|\bar{u}_{t}|} \quad u_{12}^{t+1}=u_{22}^{t+1} \tag{4}$$

$$p_{21}^{t+1}=p_{22}^{t}\frac{u_{22}^{t}-\bar{u}_{t}}{|u_{22}^{t+1}|+|\bar{u}_{t}|} \quad u_{21}^{t+1}=u_{11}^{t+1} \tag{5}$$

假定其模仿或学习的成本为 0，即在 $t+1$ 时刻采用与 t 时刻相对策略个体的期望收益与其模仿或学习对象的期望收益相等，$u_{ij}^{t+1}=u_{jj}^{t+1}$，$i$，$j=1$，$2\cdots p_{12}^{t+1}$ 和 p_{21}^{t+1} 分别表示在 $t+1$ 时刻改变原博弈策略的参与者个体比例，p_{12}^{t+1}（或 p_{21}^{t+1}）与其采用原策略个体数量比例 p_{11}^{t}（或 p_{22}^{t}）和 $\frac{u_{11}^{t}-\bar{u}_{t}}{|u_{11}^{t}|+|\bar{u}_{t}|}$（或 $\frac{u_{22}^{t}-\bar{u}_{t}}{|u_{22}^{t+1}|+|\bar{u}_{t}|}$）成正比，假定其比例系数为 1。其中，$\frac{u_{11}^{t}-\bar{u}_{t}}{|u_{11}^{t}|+|\bar{u}_{t}|}$ 表示 t 时刻采用原策略个体的期望收益与群体平均收益的差值占其收益之和的比例，该比值越大，说明选择该策略的期望收益越大，在下一阶段，该策略的吸引力就越大。

根据代储企业之间策略选择相互转移关系，在 $t+1$ 时刻代储企业进化过程的各项参数表达式如式(6)、式(7)和式(8)所示。

$$p_{11}^{t+1} = p_{11}^{t} + p_{21}^{t+1} - p_{12}^{t+1}$$

$$u_{11}^{t+1} = p_{11}^{t+1}(R-C) + (1-p_{11}^{t+1})(R-C+J) \tag{6}$$

$$p_{22}^{t+1} = 1 - p_{11}^{t+1} = p_{22}^{t} + p_{12}^{t+1} - p_{21}^{t+1}$$

$$u_{22}^{t+1} = p_{11}^{t+1}(-F) + (1-p_{11}^{t+1})(R-C+T) \tag{7}$$

$$\bar{u}_{t+1} = p_{11}^{t+1}u_{11}^{t+1} + p_{22}^{t+1}u_{22}^{t+1} \tag{8}$$

同理，此模型可根据博弈主体在 $t+1$ 时刻的收益，推导出 $t+2$、$t+3$ 等时刻的策略选择及其收益情况。代储企业随着合作阶段的进展不断调整策略，以提高自身的适应性，直到满足各理性主体所追求的群体共赢，最终稳定在进化博弈的均衡点。

三、复制动态与进化稳定策略的仿真

在代储企业群体中，随着时间的推移，选择合作策略和不合作策略的个体比例达到均衡，即进化稳定状态。当博弈群体达到进化稳定状态时，博弈纯策略在父代和子代个体中传递，采用各策略的动态变化速度为零，即 $\frac{dx}{dt}=x(u_{11}^{t}-\bar{u})=0$ 时，可达到博弈均衡点。

由于 $\frac{dx}{dt}=x(u_{11}^{t}-\bar{u})=0$，于是

$\frac{dx}{dt} = x(u_{11}^{t} - \bar{u}_t) = x(1-x)(u_{11}^{t} - u_{22}^{t}) = -x(1-x)[x(R-C+F+T-J)-(T-J)]=0$

解得 $x_1=0$，$x_2=1$，$x_3=\frac{T-J}{R-C+F+T-J}$ (9)

(1)当 $R+F-C>0$ 且 $T-J>0$ 时，$0<x_3<1$，x_3 是进化稳定策略。此时代储企业的策略选择处于混合状态，既有合作企业，也有不合作企业。经过一定时期的演化，代储企业合作者比例和群体平均收益均稳定在一定的水平，使系统处于稳定状态。代储企业进化过程复制动态相位图如图 2 所示。

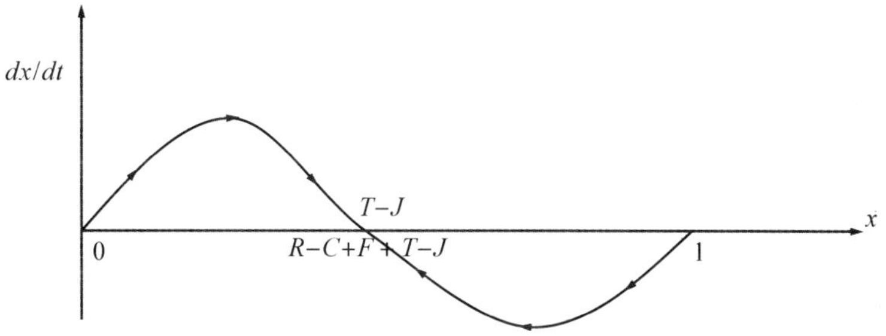

图 2 当 $0<x_3<1$ 时，成品粮应急代储企业复制动态相位图

假定取 $R=8$，$F=12$，$T=10$，$J=5$，$C=6$，x 的初始值为区间[0，1]内的取值，分别取 $x=0.01$ 和 $x=0.99$ 作为初始值，运用 Matlab 对代储企业合作比例 p_{11} 和平均期望收益 $\bar{u}$ 随时间的演化过程进行仿真。图 3 和图 4 分别表示在初始值为 $x=0.01$ 和 $x=0.99$ 时，代储企业合作比例 p_{11} 随进化代数变化的进化过程。图 5 和图 6 分别表示初始值为 $x=0.01$ 和 $x=0.99$ 时，代储企业群体平均期望收益 $\bar{u}$ 随进化代数变化的进化过程。

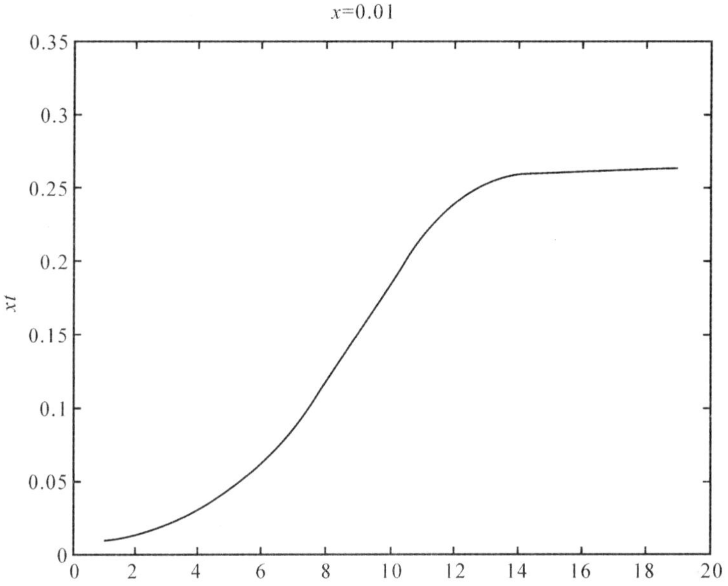

图 3　$x=0.01$ 时，代储企业合作比例 p_{11} 的进化过程

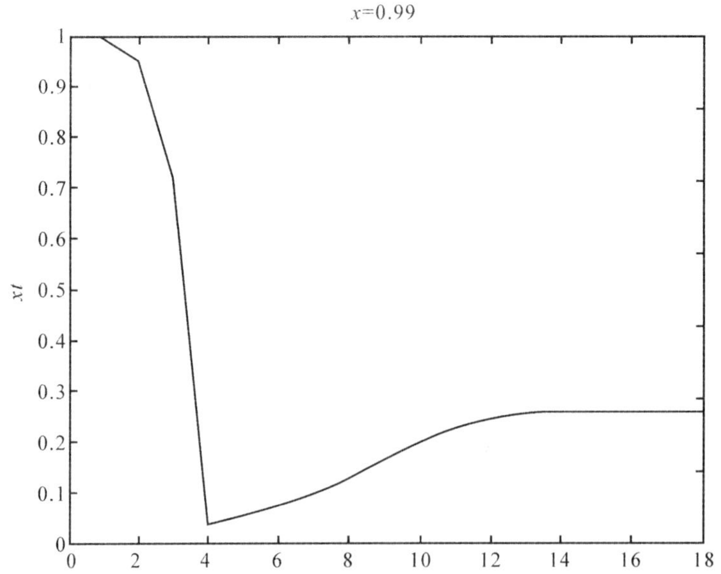

图 4　$x=0.99$ 时，代储企业合作比例 p_{11} 的进化过程

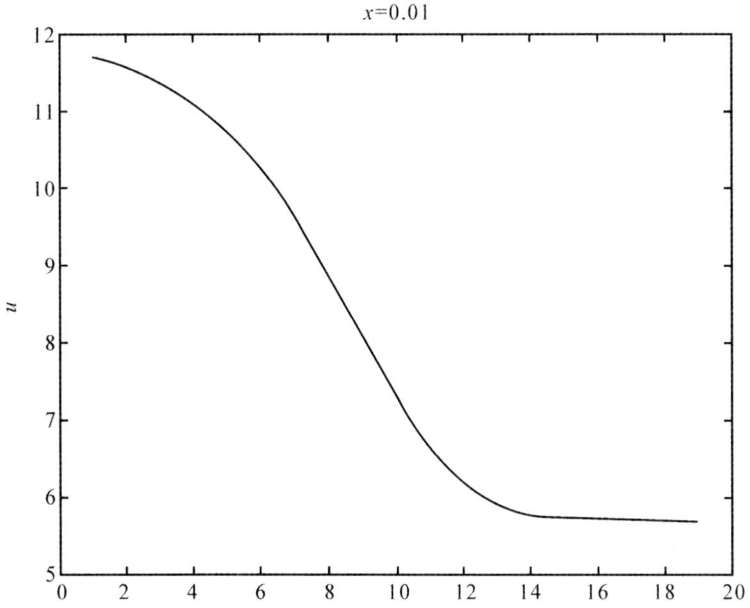

图 5　x=0.01 时，代储企业平均期望收益 $\bar{u}$ 的进化过程

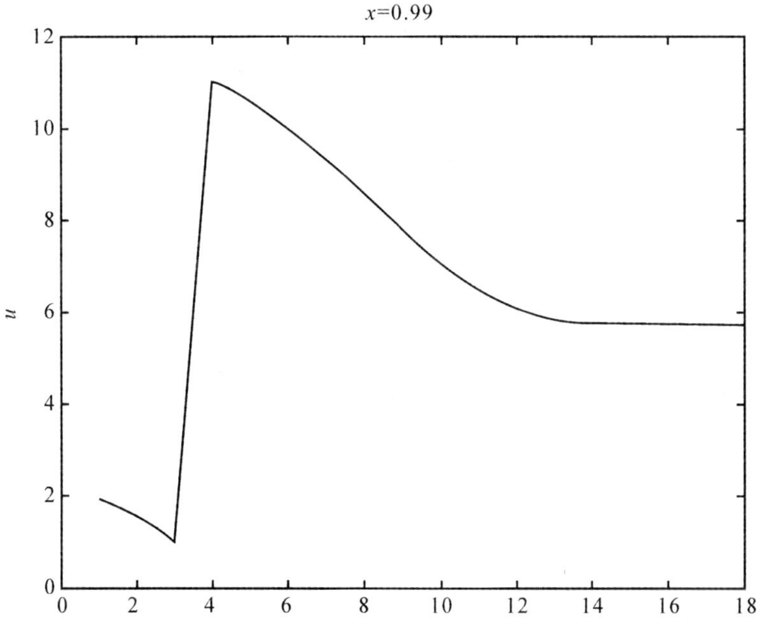

图 6　x=0.99 时，代储企业平均期望收益 $\bar{u}$ 的进化过程

由上述算例仿真可知，不论 x 的初始值取值情况如何，经过一定时期的演化，代储企业选择合作策略的比例和群体平均期望收益都将稳定在一个均衡点上。且可发现，当初始值不同时，其演化路径具有较大差异。当

初始值取值 $x=0.01$ 时，随着演化代数的增加，代储企业合作比例 p_{11} 的增长率先快后慢，一直保持增长趋势，最终稳定在均衡点；代储企业的平均期望收益 $\bar{u}$ 却是呈先快后慢的下降趋势，最终稳定在均衡点。当初始值取值 $x=0.99$ 时，随着演化代数的增加，代储企业合作比例 p_{11} 先是迅速降低到拐点，然后缓慢上升到均衡点；代储企业的平均期望收益 $\bar{u}$ 则是先降低到拐点，再快速上升到另一个拐点，然后再先快后慢地下降到均衡点。

(2)当 $0>R+F-C>J-T$ 且 $T-J>0$ 时，$x_3>1$，$x_2=1$ 是进化稳定策略，采取不合作策略的代储企业逐渐转向合作企业的阵营，最终，所有的代储企业都将采取合作策略。其进化博弈复制动态相位图如图 7 所示。

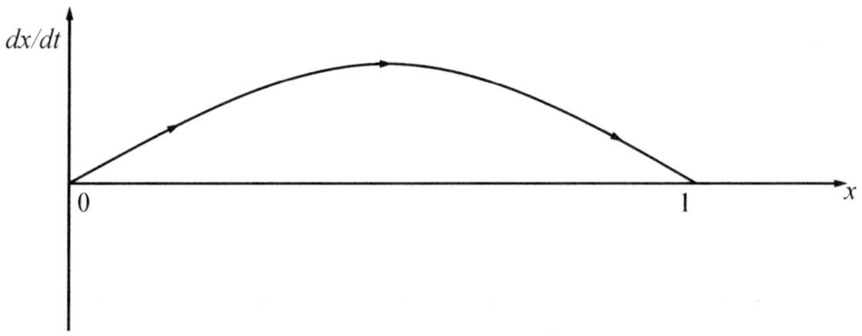

图 7　当 $x_3>1$ 时，成品粮应急代储企业复制动态相位图

对问题(2)进行仿真，其初始值可在区间[0，1]之间，取初始值 $x=0.01$，$T=8$，$R=5$，$F=4$，$J=3$，$C=10$，分别对代储企业合作比例 p_{11} 和平均期望收益 $\bar{u}$ 的进化过程进行仿真。

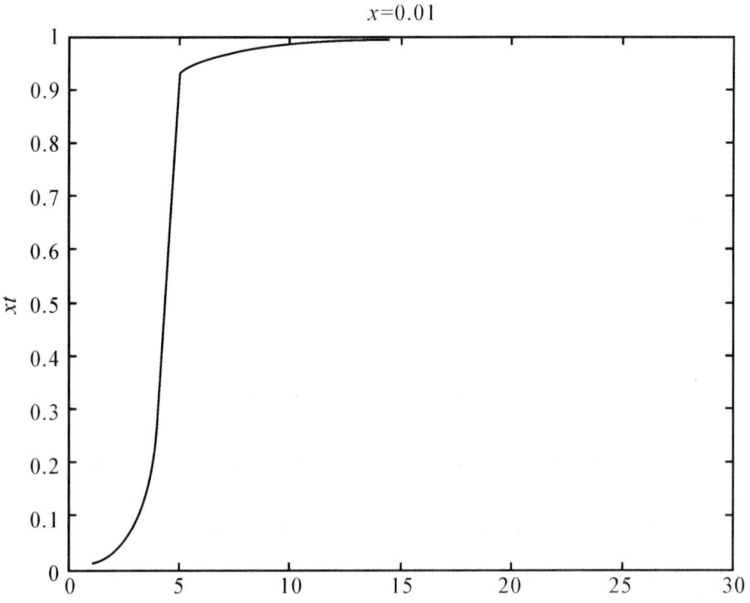

图 8　$x=0.01$ 时，代储企业合作比例 p_{11} 的进化过程

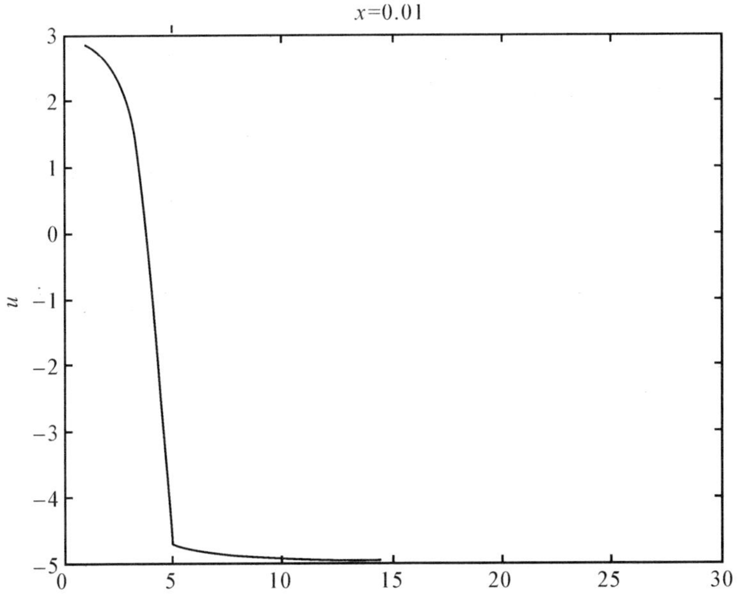

图 9　$x=0.01$ 时，代储企业平均期望收益 $\bar{u}$ 的进化过程

在满足 $0>R+F-C>J-T$ 且 $T-J>0$ 的条件下，代储企业最终将全部选择合作策略，但其进化过程速率却是先快后慢(如图 8 所示)。同时，代储企业群体平均期望收益以先快后慢的速率下降(如图 9 所示)。此状态若无一定管理策略的维持，将很快转向新的进化过程。

(3)当 $R+F-C>J-T>0$ 且 $T-J<0$ 时，$x_3<0$，$x_1=0$ 是进化稳定策略，代储企业中采取合作策略的比例越来越小，最终所有的代储企业均采取不合作策略，此过程的进化博弈复制动态相位图如图 10 所示。

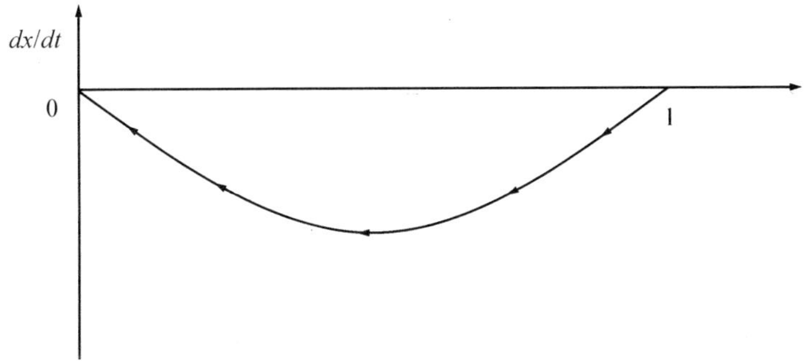

图 10　当 $x_3<0$ 时，成品粮应急代储企业复制动态相位图

对问题(3)进行仿真，可在区间[0，1]内取其初始值，此处取 $x=0.99$，$T=5$，$R=8$，$F=4$，$C=3$，$J=8$，分别对代储企业合作比例 p_{11} 和平均期望收益 $\bar{u}$ 的进化过程进行仿真。

由仿真结果可知，当符合条件 $R+F-C>J-T>0$ 且 $T-J<0$ 时，代储企业选择合作策略的比例逐步稳定在 0，即全部代储企业均不采取合作策略(如图 11 所示)，由于投机收益的不断增加，群体的平均期望收益呈总体上升趋势。这对于政府来说是非常危险的，一旦突发事件发生，成品粮应急代储系统毫无应对能力可言。因此，地方政府要通过调整相关参数改变代储企业的进化路径和方向。

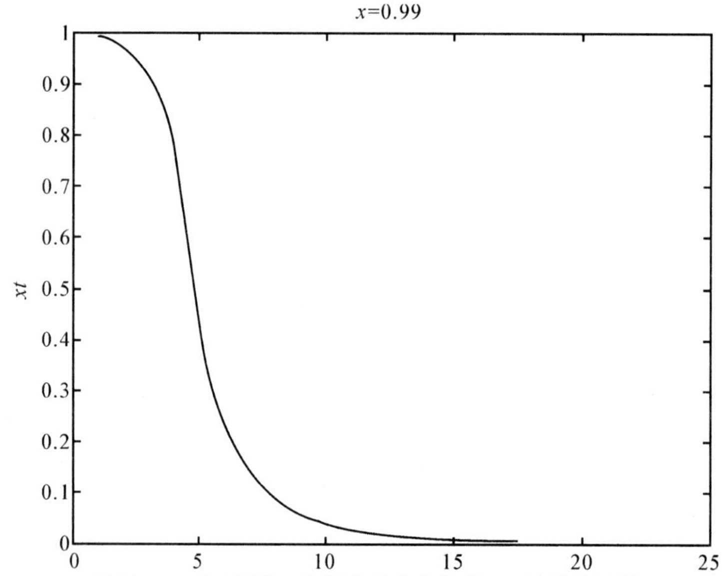

图 11　$x=0.99$ 时，代储企业合作比例 p_{11} 的进化过程

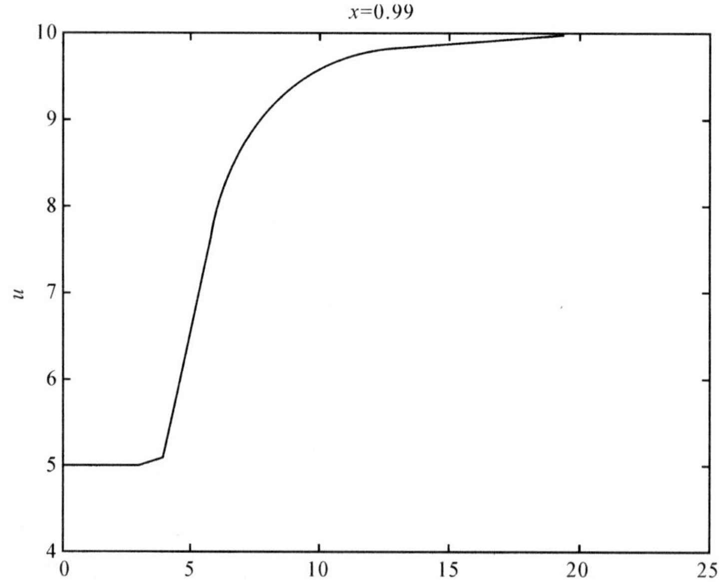

图 12　$x=0.99$ 时，代储企业平均期望收益 u 的进化过程

四、成品粮应急代储企业进化过程分析

由代储企业损益矩阵可知，在不考虑政府监管的情况下，代储企业的纳什均衡解为(不合作，不合作)策略组合。因此，在代储企业的博弈进化过程中产生了随着进化代数的增加，代储企业的平均收益变化趋势与其合作比例的变化趋势相反的情景。下面在不考虑政府监管的假设前提下分析上述三种进化均衡状态。

(1)当进化博弈均衡点介于 0 和 1 之间时，代储企业采取混合策略。一方面不考虑政府监管，另一方面缺乏健全的竞争机制和激励机制，代储企业的最佳策略选择为不合作。因此，随着不合作代储企业比例的增加，其群体平均期望收益逐渐增加，这符合 $R+F-C>0$ 且 $T-J>0$ 的情况。

(2)由图 8 和图 9 可知，随着进化代数的增加，代储企业合作比例以“慢—快—慢”的变化速率进化，最终稳定在均衡点 1，同时其平均收益以相似的变化速率向着越来越小的方向进化。在投机收益大于政府举报收益的同时，政府补贴和罚款的净收益要小于成本，因此，经济人属性的代储企业便会逐步转向不合作策略，且仿真中的净收益要小于储备成本，因此其收益随着合作比例的增加而逐渐减小为负值，这与 $0>R+F-C>J-T$ 且 $T-J>0$ 的情况相符。这也给了我们重要启示：政府科学合理的激励机制和实时的监管机制对激发代储企业积极性有重要作用。

(3)在进化均衡点是 0 时，代储企业选择合作策略的比例先是快速减小，后缓慢减小到 0，同时其平均期望收益却以相反的趋势增加。由于代储企业的最佳策略选择为不合作，且当所有的代储企业均不合作时，相互之间便形成串谋，且监督机制失灵，平均收益达到最大值，这与 $R+F-C>J-T>0$ 且 $T-J<0$ 的情况相符合。因此，在代储企业的管理中，必须有严厉的惩罚机制和健全的法律法规约束机制来规避不合作行为的发生，同时需要通过多样化的激励机制和公平的利益均衡机制为代储企业的合作提供根本动力。

五、结　论

本文以成品粮应急代储的整个过程为研究对象，建立了成品粮应急代储企业合作策略者比例的进化博弈链模型，讨论了进化博弈的稳定均衡状态，并根据进化规律对代储企业的行为进行有效管理，建立科学的竞合机制，以最大限度地调动代储企业的积极性。

(1)系统地讨论了成品粮应急代储企业进化博弈链模型及均衡问题，并运用 Matlab 进行了仿真分析，较好地解释了代储企业在博弈过程中，根据不同策略的收益状况，不断调整策略选择，最后达到均衡状态。

(2)由于不考虑政府监管，在不同的均衡状态下均出现了代储企业合作者比例进化趋势与群体平均期望收益进化趋势相反的现象，并对其产生原因进行了分析。

在 $R+F-C>0$ 且 $T-J>0$ 时，代储企业的策略选择处于混合状态。代储企业的不合作收益要大于其合作收益，导致随着合作者比例的增加(或减少)，其平均期望收益却减少(或增加)的现象。随着物价水平的提高，代储企业的仓储成本逐渐升高，即当 $0>R+F-C>J-T$ 且 $T-J>0$ 时，虽然一段时间内代储企业可以通过企业责任等来约束自己的行为，使系统进化为所有的代储企业均采取合作策略的理想状态。但如果政府不及时调整补贴额度和对投机代储企业的惩罚力度，此状态便会开始新的进化。代储企业为保障自身的正常运营，便会通过各种渠道弥补政府补贴差额的损失。直到代储企业的投机收益逐渐大于政府举报收益及其成本之和，即当 $R+F-C>J-T>0$ 且 $T-J<0$ 时，平均收益稳步上升，代储企业便会奋不顾身地转向不合作策略。

(3)在进化过程中，代储企业的不同策略选择，以及影响代储企业收益的因素的变化都会影响进化的方向和均衡状态，并一直反映在代储企业合作者的比例和群体平均收益的变化中。地方政府要根据代储企业的进化规律，利用激励机制和利益均衡机制来正确引导其行为，使其逐步转向政府期望的均衡状态，并利用各种有效手段维持。为此，地方政府可采取以下管理措施：一、根据地区经济的发展适当调整财政补贴水平，保证代储企业正常的市场收益；二、加强政府监管，适当调整惩罚力度，减少代储企业的投机行为；三、建立多样化和有吸引力的激励机制，强化代储企业之间的相互监督。

参考文献

[1]Weibull J. W. Evolutionary Game Theory. Cambridge, MIT Press, 1995.

[2]Samuelson L. Evolutionary Games and Equilibrium Seleetion. Cambridge, MIT Press, 1997.

[3]Smith J. M. Evolution and the Theory of Games. Cambridge University Press, Cambridge, 1982.

[4]Axelrod R. An Evolutionary Approach to Norms. American Political Science Review, 1986(80).

[5]Hofbauer J, Sigmund K. Evolutionary Games and Population Dynamics. Cambridge University Press, 1998.

[6]Lewontin, R. C. Evolution and the Theory of Games. Journal of Theoretical Biology, 1961(1).

[7]Maynard Smith, J. and Price, G. R.. The Logic of Animal Conflict. Nature, 1973

(246).
[8]Schaffer M E. Evolutionarily Stable Strategies for a Finite Population and a Variable Contest size. Journal of Theoretical Biology, 1988, 132(4).
[9]Garay J, Varga Z. When Will a Sexual Population Evolve to an ESS? Proceedings of the Royal Society of London. Series B: Biological Sciences, 1998, 265(1400).
[10]Feldman, M. W.. Sam Karlin and Multi-locus Population Genetics. Theoretical Population Biology, 2009(75).
[11]Altenberg L. Proof of the Feldman-Karlin Conjecture on the Maximum Number of Equilibria in an Evolutionary System. Theoretical Population Biology, 2010, 77(4).
[12]Traulsen A, Gokhale C S. On Equilibrium Properties of Evolutionary Multi-player Games with Random Payoff Matrices. Theoretical Population Biology, 2012, 81(4).
[13]Hafalir I E. Efficiency in Coalition Games with Externalities. Games and Economic Behavior, 2007, 61(2).
[14]Grabisch M, Funaki Y. A Coalition Formation Value for Games in Partition Function Form. European Journal of Operational Research, 2012, 221(1).
[15]Yanfang Zhang, Shue Mei, Weijun Zhong. Equilibrium Selection Under Evolutionary Game Dynamics with Optimizing Behavior. Commun Nonlinear Sci Numer Simulat, 2012(17).
[16]谢识予:《经济博弈论》(第三版),复旦大学出版社,2008年。
[17]侯光明等:《组织系统科学概论论》,科学出版社,2006年。
[18]胡明礼、刘思峰、方志耕、阮爱清:《企业集群演进的进化博弈链模型研究》,《科技进步与对策》,2006年第23期。
[19]李存金、高丽丽:《博弈链数学建模及在坦克战中的应用》,《科学学与科学技术管理》,2008年第3期。
[20]安婷玉、侯光明:《基于博弈链的坦克战指挥决策模型初探》,《科学学与科学技术管理》,2008年第3期。
[21]荆文宇、李存金:《基于博弈链的军工民品企业及民营企业竞争过程研究》,《科学学与科学技术管理》,2008年第3期。
[22]陈洪转:《基于链结构模型的区域产学研合作均衡研究》,《软科学》,2012年第26卷,第2期。

(作者:翁心刚 北京现代物流研究基地学术委员会主任 教授)

CBD 发展研究基地

（首都经济贸易大学）

基地名称：CBD 发展研究基地
依托单位：首都经济贸易大学
项目类别：研究基地自设项目

中国 CBD 的发展路径与特色创新研究

内容提要： 目前，我国 CBD 的发展已从建设初期进入成长期。由于经济条件、区位环境和管理制度等的不同，各地区 CBD 的发展呈现出不同特点。本文在调查研究的基础上，从发展环境、发展路径、发展模式与特色创新等方面入手，研究与分析我国 CBD 起步、成长的特征，特别是在 CBD 形成的三种模式、特色创新等方面进行深入研究，以期为我国 CBD 的发展与完善提供有意义的借鉴。

关键词： 发展路径；发展模式；特色创新

一、我国 CBD 的发展环境

外部环境是 CBD 建设能否成功的关键，这些环境因素包括：经济环境、政策环境、文化环境、硬件环境和科技环境。

(一)经济环境

中央商务中心区(CBD)的发展，是在市场经济条件下，商贸、商务功能在空间上不断集聚，经济服务化水平和服务效率不断提高的过程，并通过对外辐射，带动城市和区域经济的发展。而 CBD 的建设和发展很大程度上要受到外部经济环境的影响，主要表现在两个方面：一是外部经济环境决定了是否适合建设 CBD；二是外部经济环境影响 CBD 的经济特色。

(二)政策环境

国内外著名商务中心区建设的经验表明，一个成功的 CBD 的建设需要有效的政府行为和有效的市场机制相结合，这种结合是有机的、互动的。有效的市场机制能够扩大政府行为的作用和影响；有效的政府行为又能够使市场机制的运行更加高效。政府行为和市场机制的和谐与匹配是 CBD 的建设所必需的。如果缺乏政府的参与、协调、引导和政策支持，市场机制所能够发挥的作用明显不足。政府行为主要体现在三个方面，即政策倾斜、基础设施投资和规划控制。

（三）文化环境

文化是 CBD 的灵魂，体现出一个地区 CBD 的软实力，决定了一个地区 CBD 的活力与创造力，也是 CBD 创新和发展的智力基础和动力源泉，能够赋予 CBD 特有的内涵和魅力，对 CBD 的发展起着至关重要的作用。文化环境对于 CBD 发展的作用体现在三方面：一是文化能够赋予 CBD 特有的底蕴；二是文化能够促进 CBD 产业发展；三是文化资源直接影响了当地的人文素养和人口素质。

（四）硬件环境

硬件环境是影响 CBD 发展的重要因素之一。硬件环境可以体现在基础设施和配套功能两个方面。完善的基础设施是 CBD 现代服务业发展的必备基础；配套功能的规划和建设则是 CBD 区域全面繁荣的必要保证。

（五）科技环境

科技环境包括一个国家和地区的科技水平、科技政策和新产品开发能力等。科技环境对于 CBD 发展的影响，绝不仅仅局限于对现代服务业生产方式的改变，还体现在对高新技术服务业的吸引上。良好的科技环境更有利于培养企业创新精神，使企业不断加强自己的产品创新和服务创新。

二、我国 CBD 的发展路径

从国际 CBD 的发展历程来看，CBD 形成与发展的背后有两股主要推动力量——市场自发形成的力量和政府推动的力量。前者以美国的曼哈顿地区、英国的伦敦为代表，后者则以新加坡、法国的拉德芳斯为代表。从我国 CBD 的发展历程来看，政府因素在 CBD 的形成与发展中起着重大作用。政府因素对于我国 CBD 发展路径的影响主要表现在两个方面：一方面，在 CBD 的初创期，主导 CBD 的规划、进行大量基础设施建设和引进项目入驻，推动 CBD 的形成；另一方面，在 CBD 的发展期，地方政府给予 CBD 特殊的鼓励政策，积极引入市场运作机制，扶持其快速发展。

（一）我国 CBD 初创期的建设路径

政府因素的作用在 CBD 的初创期最为明显，主要体现在 CBD 规划设计、基础设施建设等方面，即为 CBD 的产生预先做好“设计”，然后以强有力的行政指令、政府措施、政府行为推动 CBD 的形成和发展。如表 1 所示，北京、上海、杭州、郑州等城市 CBD 的形成背后均有较强的政府行政力量的推动。

表 1 我国部分城市 CBD 发展规划列示

城市	CBD 发展规划	发布时间
北京	《北京市城市总体规划(1991—2010 年)》 《北京商务中心区控制性详细规划》	1993 年 2001 年
上海	《陆家嘴中心地区规划》 《上海陆家嘴中心区规划设计方案》	1991 年 1993 年
深圳	《深圳经济特区总体规划》 《深圳福田中心区(深圳 CBD)详细规划》	1984 年 1992 年
天津	《滨海新区中心商务区分区规划(2010—2020 年)》	2012 年
杭州	《关于进一步加快钱江新城建设和发展的若干意见》 《杭州市城市总体规划(2001—2020 年)》	2006 年 2007 年
郑州	《郑州市城市总体规划(2008—2020 年)》	2010 年
武汉	《武汉市城市总体规划(2010—2020 年)》	2010 年
成都	《成都市 CBD 规划选址范围控制图》	2003 年
青岛	《青岛中央商务区及周边地区控制性详细规划》	2005 年
长沙	《长沙芙蓉 CBD 产业发展规划》	2010 年
重庆	《重庆市中央商务区总体规划》	2003 年
西安	《西安市 2004—2020 年城市总体规划》	2005 年

资料来源：作者根据各地 CBD 规划整理

通过表 1 可以看出，无论是原有商业区升级为 CBD(北京、广州、深圳等)，还是重新规划建设新的集聚中心(上海、杭州等)，地方政府均发挥着主导作用，具体表现在制定城市 CBD 的发展规划，以及确定 CBD 的区位选择、空间布局规划、基础设施建设等方面。

(二)我国 CBD 成长期的发展路径

我国 CBD 的初创期大多由政府主导，而当 CBD 进入成长期时，政府的主导作用主要是通过各类体制性安排，强化政府、企业、市场、社会和社区的协同，有效调动各类资源参与城市 CBD 的建设，完善 CBD 的内涵，加快 CBD 的发展速度，杭州、武汉、西安、郑州等城市 CBD 的发展路径均体现出这一特点。通过对上述城市 CBD 的实地调研，我们发现，随着 CBD 由前期的规划建设进入发展成长期之后，CBD 的发展路径由政府主导型路径转变为政府引导、市场参与的发展路径。政府通过设立专门的 CBD 管委会，制定有针对性的扶持政策，引导 CBD 的发展；同时，积极引入市场化运作，吸收金融机构、企业总部进驻 CBD，成为 CBD 发展的重要支持力量。

(三)差异化路径分析

国内外著名 CBD 在发展上各有其侧重点，如有的侧重金融商务服务业

(曼哈顿 CBD)，有的侧重会展旅游服务业(拉德芳斯 CBD)，有的侧重物流金融服务业(香港 CBD)和侧重媒体动漫服务业(东京新宿 CBD)等，呈现出差异化发展路径的特点。

近年来，除了北京、上海等城市较为成熟的 CBD 外，各区域性城市 CBD 纷纷开始结合自身环境、区位优势和产业背景等因素，明确各自 CBD 的定位，并出台了一系列适合自身特点的发展规划与政策，力图实现差异化、个性化发展路径，避免 CBD 的同质化竞争。CBD 的差异化发展的关键在于结合自身 CBD 的自然环境、区位优势、产业背景和市场氛围等因素，合理选择适合自身特点的 CBD 差异化发展路径。各 CBD 只有实现差异化发展，充分发挥自身优势，才有可能在国内为数众多的 CBD 中拥有自己的一席之地。比如，北京 CBD 利用朝阳区的外资和使馆资源，发展国际金融和国际传媒产业；上海 CBD 利用金融中心的区位优势，形成国内金融集聚区；郑州 CBD 秉承"一张草图画到底，一任接着一任干"的原则，十年规划不变，大力发展期货、总部经济；深圳 CBD 逐渐形成了以基金为主的金融高端发展区；武汉 CBD 实行市场化滚动式开发模式，即开发主体多元化的发展模式；福州 CBD 大力推进海峡两岸金融。国内诸多 CBD 充分利用区位优势和产业特点，形成了较为明显的差异化发展路径。

三、我国 CBD 的发展模式和特点

根据 CBD 的核心功能分类，可将 CBD 的发展模式分为金融中心型 CBD、改革试验区型 CBD 以及商务商业混合型 CBD 三种类型，三者均有着不同的发展模式及特点。

(一)金融中心型 CBD

金融中心型 CBD 一般位于城市的黄金地带，区内集中了大量的金融、商贸、文化等现代服务业以及大量的商务办公设施和酒店、公寓等配套设施，土地利用率较高。区内具有完善的交通、通信等现代化的基础设施和良好的发展环境，有大量的金融机构、企业财团在这里开展各种金融活动。

国内 CBD 中，以上海为例。作为我国最大的经济中心，上海将建设国际金融中心作为总体战略目标，在金融环境、金融效率和金融国际化方面，与世界级金融中心的差距也在逐渐缩小。目前，上海国际金融中心基本形成了类型齐全的金融市场体系，股票、债券、货币、外汇、黄金、商品期货和金融期货以及场外衍生品市场等在内的金融市场体系不断完善。在传统金融机构加快聚集的同时，各种功能性的金融机构和新型金融机构不断涌现。2010 年年底，上海金融机构总数达到 1049 家，基本形成了全国领先的金融对外开放格局。

金融中心型 CBD 模式虽然演化过程不尽相同，却有着三方面的共同

特点。

一是金融中心型 CBD 以国内或区域内发达的经济发展水平为依托，经济发展的市场化、国际化和金融市场的自由化水平较高。

二是具有完善的金融市场结构。金融中心型 CBD 通常具备完善的金融市场体系，有利于发挥金融中心的规模经济与集聚效应，扩大金融中心的辐射深度与广度。

三是国内外金融机构大量聚集，金融中介服务体系发达。通过提供多元化的金融服务，充分发挥金融中心的集聚效应。

（二）改革试验区型 CBD

改革试验区模式的 CBD，是在经济全球化、信息化、科技化的时代的背景下，为了顺应经济全球化与区域经济一体化趋势，以国家综合改革试验区为载体，由政府主导规划建设而成的现代 CBD。国内典型的改革试验区模式有天津滨海 CBD、深圳 CBD 等。

改革试验区型 CBD 有两个特点：一是在经济全球化和网络信息经济的背景下，对传统 CBD 模式进行创新，其中的一个重要创新就是数字化和电子化，即以电子数据、电子商务和电子金融等信息技术为支撑，打造面向世界的现代化 CBD；二是随着现代化的发展进程，生态、低碳环保和可持续发展的观念逐渐替代以高层建筑、零绿化为标志的传统 CBD。改革试验区型 CBD 在建设时往往立足生态，以人为本，充分考虑人与环境的协调，并且注重低碳环保的应用；同时，CBD 建设不单单是追求优美的环境和自身的繁荣，同时需要兼顾环境、社会和经济三者的整体效益。

（三）商务商业混合型 CBD

商务商业混合型 CBD，是指在一个 CBD 内部，同时具有商务区和商业区两大功能。从我国各大城市 CBD 的发展历程来看，可以将我国城市 CBD 体系分为国际级、国家级、大区级、区域级和地区级五个等级①（见表 2）。其中，香港为国际级 CBD，上海、北京、广州为国家级 CBD，深圳为大区级 CBD，重庆、大连、南京、杭州、武汉、天津、青岛、成都、厦门、福州、宁波等城市为区域级 CBD，国内其他省会及主要城市为地区级 CBD。

表 2　我国城市 CBD 等级体系

等级	级别	CBD 所在城市	主要职能	影响范围
一	国际级	香港	商务（金融、贸易）	中国、东南亚
二	国家级	上海、北京、广州	商务（金融、贸易）	中国

① 梁绍连、胥建华、于丽丽：《我国现阶段城市 CBD 等级体系建构与发展研究》，《上海城市管理职业技术学院学报》，2008 年第 1 期。

续表

等级	级别	CBD 所在城市	主要职能	影响范围
三	大区级	深圳	商务、商业	中国大区
四	区域级	重庆、大连、南京、杭州、武汉、天津等	商务、商业	跨省区域
五	地区级	其他省会及主要城市	商业、商务	省内区域

从表 2 可以看出，我国绝大部分城市的 CBD 的发展模式都是以商务商业混合为主。商业商务混合型 CBD 发展模式主要有以下三个特点：

一是 CBD 的区位发展逐渐从城市中心演变到城市边缘功能区。CBD 功能的集中将导致用地紧张、人口过于集中、交通拥挤和建筑密集等诸多问题，因而办公等商务功能逐步脱离城市的功能中心。

二是 CBD 的结构由单核向多核演化。更多商务空间的需求使城市外围地区产生了大规模、集中化的商务空间聚集，新商务区与原 CBD 对峙，形成双核结构、内核外环式结构以及多中心结构。同时，政府决策与规划也在一定程度上引导、促使 CBD 结构由单核向多核演化。

三是 CBD 的功能兼顾商业和商务。由于 CBD 是由传统的商业中心发展而来的，因此，商业功能是其初始功能，金融、办公、管理等商务功能则是商业功能的延伸与升级，两者共同构成 CBD 的基本职能，并在不同发展阶段占据不同地位。

四、我国 CBD 的特色创新

我国各地 CBD 在发展建设过程中都有不同程度的创新，并构成了 CBD 的不同形态与特色。为此，我们对 CBD 环境营造、管理体制、服务机制三方面的创新进行了研究。

（一）环境营造方面

1. 人居环境创新

总结我国各地 CBD 的实际情况发现，在基础设施环境方面，多地 CBD 着手于完善地下停车场（库）和开展地下联系通道工程、整体提升路网建设和优化完善公交系统（着力推进轨道交通与空港站场、公交线路转换接驳）、推动商务楼宇空中连廊规划建设；在人文环境方面，如成都 CBD 规划区域涵盖了大慈寺、天府广场等成都历史文化特色区域，这不仅为浓厚的商业氛围增添了一些人文气息，还起到了传播文化、延续历史的作用；在生态环境方面，如武汉 CBD 拥有共计 1000 多亩的分散型 CBD 公园组团，共同组成其“绿肺”和天然“氧仓”，以“一心、一链、两极、四带”进行规划，体现出绿色、可持续的规划理念。

2. 商务环境创新

商务环境的创新主要体现在新经济地标、商务文化环境方面。在新经济地标方面，各地 CBD 积极开展新地标的建设，如重庆解放碑 CBD 即将迎来 339 米高的重庆环球金融中心；杭州钱江新城 CBD 的博地中心，将以 280 米第一高楼的地标之态成为“杭城第一高楼”、“世界浙商的中国总部”，这将促进杭州经济地位的改变以及城市形象的蜕变。在商务文化环境方面，创新的方式有 CBD 商务节、论坛和博览会等，如北京 CBD 商务节已成功举办了 14 届，对北京 CBD 的发展以及首都经济社会发展起到了积极的促进作用，是首都最具国际影响力的商务文化活动品牌之一。

(二)管理体制方面

各地中央商务区管理的内容包括一级土地开发与基础设施投资、建设、开发以及 CBD 项目的策划、投资、开发和招商、运营。研究表明，各地对 CBD 进行管理的体制不尽相同，主要有如下三种管理方式：

1. 中央商务区管理委员会

中央商务区管理委员会一般承担 CBD 开发建设和日常管理等职能。目前，部分区域专门成立了 CBD 管委会。比如，北京商务中心区管理委员会是 2001 年批复成立的市政府在商务中心区设立的行政机构，委托朝阳区人民政府管理，代表市政府统一行使北京商务中心区开发建设和管理职能，与区委商务中心区工委合署办公。

2. 开发区管理委员会

很多地方的中央商务区仍处于开发建设阶段，因此并未建立管理委员会，更没有采用市场方式经营，而是通过所在开发区的相关部门来管理。很多地方在 CBD 开发期，成立 CBD 项目指挥部或开发建设领导小组。比如，宁波东部新城 CBD 是由市政府决定成立东部新城开发建设领导小组，小组成员来自本区政府、规划局、建委、国土资源局等部门，CBD 的招商主要由开发区的招商局来完成。又如，郑州郑东新区 CBD 建设是由郑东新区管理委员会建设投资项目管理中心管理，招商是由郑东新区管委会招商局完成的。

3. 市场化管理

市场化管理是指在 CBD 的建设和发展过程中，包括 CBD 项目的确定、规划的编制、投资规模的选择和管理模式的安排等，均以经济上是否可行、市场能否容纳、是否具备投资价值作为运作依据。我国市场化管理 CBD 的地区不多。我国第一个市场化运作的中央商务区是武汉王家墩中央商务区。经过多年的摸索，武汉市政府提出“高起点、高标准、高品位、高效率”开发建设 CBD，采用“政府引导，市场运作”的机制。2002 年 2 月 8 日，经武汉市政府批准，设立武汉王家墩中央商务区建设投资股份有限公司，负责王家墩地区的基础设施投资建设，以及武汉 CBD 项目的投资、招商、策划、开发和运营。

（三）服务机制方面

各地 CBD 在服务机制方面的创新主要表现为以下三方面的服务：

1. 一站式服务

在一站式服务方面，青岛市市北区 CBD 的创新值得一提。2013 年，青岛市在市北区成立中央商务区综合服务中心，真正做到政府“零距离”服务企业。这种“一站式代办服务”简化了办事流程，让企业舒心办公。市北区率先提出了“楼宇社区”的服务模式，通过中央商务区综合服务中心的建设，实现由“企业找服务”到“政府送服务”的模式转变。该中心通过“楼宇企业信息管理平台”，实现了“数字感知，智能服务”的楼宇社区服务功能网格化管理，使经济服务、民生保障、城市管理、综合治理、党群建设五项服务内容进入楼宇。不仅如此，青岛中央商务区综合服务中心还通过成立青岛中央商务区商会，聚集了青岛万达商业管理有限公司、青岛银行、中海地产等近 40 家辖区重点企业，通过整合资源、团结服务、加强沟通，为中央商务区企业在参与社会建设、创业发展等方面创造更好的条件。青岛中央商务区综合服务中心内设综合服务大厅、社会组织孵化基地、党建工作室、综合活动室等，可以为中央商务区内的企业和员工提供经济、民生、城管、综治、党群等“一站式代办服务”。

2. 公共服务

CBD 公共服务包括 CBD 入驻企业的员工子女入学、就医、员工工作餐供应等生活配套问题，对此，北京 CBD 有一些创举，比如，2013 年 11 月 28 日，由北京商务中心区总工会和爱心企业共同捐资发起，联合中华社会救助基金会设立的 CBD 公益基金暨紧急援助金计划正式启动。该项救助计划提出了“员工及家庭成员综合帮扶”的特色援助模式，对罹患重大疾病或遭遇突发意外的北京 CBD 企业在职职工及其家庭成员提供即时的紧急援助。其他方面，如 2013 年 6 月 29 日，由 CBD 党工委、CBD 总工会主办的 2013 年北京 CBD“宜信杯”夏季趣味运动会在朝阳体育中心举行，吸引了包括壳牌、大众汽车、雪佛龙中国、中智、民生银行在内的 30 多家企业近两千名员工参加。

3. 客户会服务

客户会服务是武汉 CBD 在服务机制上的一大创新。CBD 菁英汇作为泛海航程会（武汉中央商务区建设投资股份有限公司股东）旗下的客户会之一，是由武汉中央商务区建设投资股份有限公司在“创造城市新生活”的经营理念下，为会员提供的高端生活交流平台和营造精英人士的社交圈。菁英汇有金卡和白金卡两种会员：金卡会员可享受置业服务（优先获得武汉 CBD 最新楼盘信息资料、优先受邀参观武汉CBD项目现场和示范单位、免费获赠CBD菁英汇会刊、享受武汉CBD免费提供的房地产相关知识和流程解惑服务)、活动服务(受邀参加CBD菁英汇安排、组织的各类会员专享活动)、商家服务(武汉CBD联盟商家优惠及服务)、交流服务(在节假日、生日等特殊日期获得武汉CBD的问候与关怀);白金卡会员除享有以上会员权益外,还有机会参加专为白金卡会员举办的尊享活动,将有机会获赠武汉CBD年度限量版礼品,重复购房可享受积分返还优惠,推荐他人购房可享受积分返还优惠等。

(作者:蒋三庚　CBD发展研究基地首席专家　教授、博导
张　弘　CBD发展研究基地主任助理　教授)

首都社会安全研究基地

（中国人民公安大学）

基地名称：首都社会安全研究基地
依托单位：中国人民公安大学
项目类别：北京市社会科学基金项目

群体性事件中的动员组织机制研究①

内容提要：在群体性事件发生、发展过程中，群体间的信息传播机制与组织动员机制具有决定性意义。群体性事件的信息传播机制主要是探讨群体行为发生时，群体成员如何编辑、采择、定型及归总各类信息，最终形成群体规范，建构群体秩序。主要表现为传言、流言与谣言三个信息传播阶段；群体心理接受机制起着受众支持与群体唤起的基础性作用，最后达到信息传递、情绪激惹、行为愤怒的互动过程。关于群体性事件的组织动员机制，本文重点探讨农村草根精英的生成与组织动员机制。

关键词：群体性事件；信息传播机制；组织动员机制；社会治理

一、群体性事件的信息传播机制

(一)群体性事件的信息传播流程

一般来说，群体性事件的群体是指拥有某些规则或标准的一类人的组合，在聚集群体向“事件群体”发展的过程中，达成群体共识、形成群体意识是非常重要的一步，它促使一群“乌合之众”走向具有共同归属、情绪、目标、规范等的“组织化群体”。这中间，群体信息传播具有重要的“合成”作用。

在群体性事件的整个过程中，信息传播可以存在三个发展阶段：

1.“议论纷纷”的意识唤醒阶段

突发案件发生时，现场群众是偶然地“碰见”，自发地、或然地麇集。由于此类案件多为相当惨烈或者强弱势力分明，大多数旁观者本能地会出现对受害者的同情、加害者的义愤等“常态反应”，相互间互相交流、询问、议论，信息传播进入轨道。这个过程可长可短，决定于案件的严重程度、关键信源出现的早晚和可信度、民众积怨的深浅及对相关权力部门的信任度，尤其是受害者的受害程度和加害者的态度，作用更为直接，往往成为

---

① 本文是“群体性事件中的动员组织机制研究”项目的阶段成果，项目编号：11SHB013。

案件升级的催化剂。

大致说来，在意识唤醒时期，群体信息的传播特征为：(1)“观众”是信息传播的主体；(2)口口相传为主要方式；(3)具有较强可信度；(4)信息容易失真。

2.“流言四起”的意识形成阶段

这是由于信息传播而聚集群众、群体意识形成与定型的阶段。在这一时期，核心信息形成，信息领袖控制信息源，在口头、文字等多种方式传播下，个体群众相互认知、相互吸引、相互作用，达成群体共识、群体意识，形成同质性的关系网络。流言是这一阶段信息传播的主要形式。

所谓流言，是传言的升级版，是指一种信源不明、无法确认的消息或言论，多为口头的、非正式的、非官方的传播。此阶段信息传播的特征主要是：(1)信息集中，核心信息出现；(2)信息领袖出现，群体中心形成。“信息——意见领袖”的形成，是突发治安事件发展的一个重要信号，表明事件已经由自发阶段向组织化阶段升级；(3)信息传播方式多样化，文字信息成为主要载体；(4)群体共识、群体意识形成。群体会按照共同利益去感知政治生活、政治关系，寻求政治支持，使群体行为发生的可能性进一步增强。

3.“谣言惑众”的群体行为阶段

此际，群体情绪多是焦虑、不安、愤懑、易怒、亢奋但又不知所措，变得非常敏感、轻信，社会责任感、自我控制力严重削弱，甚至出现原始本能宣泄尤其是暴力的冲动主宰群体的现象，“个人在群体影响下，思想和感觉中道德约束与文明方式突然消失，原始冲动、幼稚行为和犯罪倾向的突然爆发”。① 谣言成为信息传播的主流。

谣言，是指为了某个目的、主观臆测或故意制造的传言。谣言一旦形成，进入公共场合尤其是骚动的人群，传播就处于一种“循环反应”的异常状态，很难确定信源与信宿，几乎每个人都是发布者，也都是接收者，一方的刺激激发另一方的反应，而另一方的反应反过来成为这一方的刺激，这种循环吸收、相互刺激，导致群体情绪越来越激烈，越来越难以控制。

这一时期信息传播的特点是：(1)信息目标明确，攻击性强；(2)信息传播频率加快，口头语言成为主要方式；(3)信息传播主导者多元化，行为替代语言。

上述群体性事件信息传播的传言—流言—谣言三个阶段流程，只是作者为分析方便所做的一个假定，实际上在各个阶段，三种方式都有存在，

① [法]古斯塔夫·勒庞著，冯克利译：《乌合之众——大众心理研究》，中央编译出版社，2004年，第5页。

只是表现程度有所不同。这些信息在传播过程中，有一些最能刺激群体、引起群众共鸣并激励民众参与的关键信息，本文称之为“信息节点”，它们在信息传播过程中有着决定性作用，影响着事件的发展过程，大致可以分为暴力、权贵、女性(代表弱势)三类。

(二)群体心理接受机制

1. 正义感、成就感、自我替代：主动参与的动机

任何人都有渴望改变的一面，都有展示自己英雄感的一面。生活中的失意者单一化、卑微化的生活，麻木、沉闷、乏味、枯燥、疲劳、紧张、惶恐的日常情感以及长期的负面情感状态，导致他们的自我实现的成就感更需要在其他方面进行补偿，而群体行为为这些弱势群体提供了自我替代的机会。正如美国社会学家埃里克·霍弗在破解参与到码头群众运动的积极分子为什么多是失意者时认为，这些失意者通过认同于一件神圣事业而获得自豪、信心、希望、目的感和价值感，替代已经失去了的自信，使他们找到了心灵的避难所，以逃离焦虑、空虚和无意义的生活。[①]

2. 成见与刻板印象：群体意识的心象

在流言、谣言传播时，接收者、传播者囿于成见、偏见与思维定式，懒于也耻于进行合乎逻辑的甄别，甚至是基本常识的判断，只是层层加码、恶意想象、不断复制，不断矮化、丑化、妖魔化被攻击对象。耳闻的流言在民众口口相传过程中又似乎成为亲身经历的“现场体验”，变得更为“活灵活现”。恶意的、不合常规的、不合逻辑的想象在集体性行动时就这样成为“共同情绪”“共同意识”。

而且，在集体行动中，成员出于对群体组织的共同情感和活动参与的命运共担，成员的正义情感激发出炽热的参与激情，降低理性的门槛，形成“集体轻信”，为这些不实的信息所激怒，变得冲动、易怒、胆大妄为，感觉只有激烈的破坏才能泄愤、排解不满，并在激烈的行为中互相感染、互相激励、互相模仿，竞相表露能力，使得激烈行为愈演愈烈，形成“群体的暴力狂欢”，这种唯有惩罚才能排解情绪、弥补挫折的意识与思维，使得群体性事件成为不可逆的洪流。

3. 焦虑—愤懑—激昂：情绪激化三部曲

焦虑是指一种缺乏明显客观原因的内心不安或无根据的恐惧，是预期即将面临不良处境的紧张、焦急、忧虑、担心等情绪反应。民众对于不期而遇的灾难感同身受，自觉地把受害者认同于自我失意的一群，期望通过对他的灾难的圆满解决获得自我的心理困境的稀释和缓解；对加害方或者

① [美]埃里克·霍弗著，梁永安译：《狂热分子：码头工人哲学家的沉思录》，广西师范大学出版社，2008年，第88—89页。

处置当局的延缓(可能是必要程序)、霸道或蛮横，认同为即将来临的、对自我有着巨大威胁或危险的打击，情绪紊乱、暴躁，精神亢奋、痛苦，难以自制，甚至表现出植物性神经系统功能的变化失调。因此，在一群“脸红脖子粗”、情绪亢进、神经质表现明显的聚集人群中，信息传播变得激烈、短促而富于攻击性就可以理解了。

在焦虑阶段，民众的情绪多是愤怒、愤恨，还有一种观望与期待，有期望双方当事人互相协商解决或相信政府相关部门能够公平解决争端的积极心态；而到了愤懑阶段，则是冲动、易怒的心理处于支配地位，民众变得轻信、极端，情绪化反应主宰了正常的逻辑思维与判断，于是传言发展为流言，流言又为谣言所覆盖，情绪变得激昂、狂热，攻击性的暴力行为也就随之而至了。

二、草根精英的生成与组织动员机制

(一)农村草根精英

草根精英是指群体性事件过程中的产生于农村地区的组织者、指挥者、领导者，兼具“草根”与“精英”的基本特征。

1. 农村草根精英的基本特征

(1)与参与者和乡民一般处于平等关系而非上下级关系；(2)产生方式公开、直接、民主；(3)影响力多为“单一型”，即其影响力只限于某一特定事件或最多在某个特定区域，并未形成行业性、广泛地区代表性的人物，最多只局限于特定乡村(或县镇)，或在某个特定领域、类似事件中享有一定声望；(4)有较高的综合素质、资源优势，有较多的信息渠道，较为关注公共事务，且敢于发表主张与表达自身诉求。

2. 农村草根精英的主要功能

(1)招募、整合参与者；(2)提炼、发布核心信息；(3)筹集、管理资源；(4)策划、决策事件进程。

草根精英先是利用资源优势、道德勇气与能力素质等形成人格魅力，组合核心决策层(“精英团队”)，在案件——事件发展过程中持续地悲情陈示，进行情感动员，造成群情激愤的舆情氛围，壮大同情群体；制造群体规范，形成终极目标为核心的“群体价值观”，吸引、招募、固定更多的参与者；管理团队，促成参与群体的思维、信仰和行为的一致性，抱团取暖，相互激励，共同支持，整合较为稳定的积极分子群体，策划事件关键节点，使群体情绪不可逆地导向激烈行为。

(二)农村草根精英的生成机制

1. 个体结构

在个体结构方面，草根精英的个性特征、道德勇气和资源优势是其主要构成部分。

(1)个性特征。主要体现在与怨愤群体交往、规划行动目标、选择行动时机和规避行为风险的洞察力、思考力、决策力、组织力、指导力和执行力；气质与性格应与自信、沉稳、积极、担当、主动、冲动、专制、正义感、冒险等相关。

(2)道德勇气。传统村民是畏惧政府权威的，即使怨恨累积，大多不敢抛头露面，公开表达愤怒，与政府直接抗争。因此，草根精英的挺身而出的确需要巨大的献身精神和使命意识，这也使他具有了巨大的感召力。

(3)资源优势。指草根精英个人在农村社区利用自己的特殊位置而获取利益的能力，包括利用现存政府权力形成的政治资源、以金钱财富为主要构成的经济资源、人脉资源及因为家族、姓族在当地的优势地位所形成的亲族资源。新时期草根精英出外经商、学习、打工和当兵的经验(“见识资源”)亦是重要组成部分。

2. 环境结构

草根精英形成的环境结构，主要是指外部环境对草根精英成长与生成的制度性激励因素。

(1)上访制度。上访制度可能成为刺激群体性事件多发的制度诱因。民众乐于听从上级政府的指令以实现利益，高度怀疑司法效益、司法公正，造成迷信上访制度、迷信中央与上级政府权力的局面，在制度层面鼓励了民众的聚集上访。

(2)法律政策。一些得到宪法授权但为地方法规限制、政策禁止的现象，使得农民在维护权利时，依法抗争，草根精英也因此获得一定的动员、组织民众的法理空间，在法理、情理和道义上占得先机。

(3)现代化动力。现代化结果使民众欲望升级，温饱问题得到基本解决后，对个体尊严、平等权利方面的诉求提升；同时，都市化程度扩大、识字率的提高和自由流动的增加等现代化成果，强化了相对剥夺感等不平等感受，提高了解决能力，不满、怨愤情绪、反抗性行为不断增加就成为必然。可以说，正是中国现代化的努力增强了农民的抗议性运动。

(4)权力失灵与腐败。农村群体性事件每次发动的初始原因都可以归结为“事出有因”，与基层政府的不作为、乱作为的政府失灵和政治腐败高度相关。

(5)暴力压制。暴力压制的方式对于一般性的支持者有较好的阻止作用，但对于领头者却可能造成坚定意志、方式升级和死硬到底的逆向效果。换言之，政府暴力压制增加了草根精英的妥协成本和退出成本，可能使群体性事件更趋激烈与极端。

(三)农村草根精英的组织动员机制

1. 宣传鼓动机制

宣传鼓动机制，是指草根精英信息传播的不同手段，从刺激参与者情绪、激惹其行为，使事件不断升级。

宣传鼓动机制的主要方式：

(1)认知解放。将民众的怨愤进行集中归因，使斗争矛头单一化、确定化，即将全部责任指向地方政府官员的政策失误、人格败坏和牟利取向，并将过去多年的积怨、羞辱集中呈现，深化民众的怨恨，使之跨越私底下议论的边界而走向公开的表达。

(2)框架设定。在群体仇恨锁定对象后，对群体要求进行意义建构，首先标注行为的正义性，贴上合乎国家法律、中央政策的标签，赋予行为情、理、法的合理性；其次以日常经验、智慧和话语论证行为的效益，增强意义可信度，减轻恐惧感，强化参与的道义感与神圣感，使民众产生共鸣，导引同情者注入更大的情感。

(3)希望动员。将有利因素集中，如近似性的事件胜局、预期收益、正当性，以成功率提升希望值，进行正面鼓励，激发民众的参与热情；并以语言、词汇、道义和情感等传播技术鼓励民众，保持抗议热情，直至使之情感爆发。

(4)技术运用。包括：①善用网络新媒体。②"沉默的螺旋"传播。在传播核心信息时，以短信、微博、论坛、回帖和博客等多种方式短期内形成舆论洪峰。③公开性表达。④多数迷思。在组织内形成多数专断，以群体迷思的方式排斥"不和谐"声音，形成集体意志、一致性规范，划出清晰的"我们/他们"边界，使参与者成为绝对信任、过分忠诚与依附组织与领导者，最终义无反顾地走向爆炸性行为。①

2. 招募组织机制

招募组织机制是指草根精英对参与共同体的管理机制。经过 20 余年的群体性事件发展后，一些群体性事件发生历史较为长久、多发而参与人数较多的地区，草根精英的组织化机制出现了制度化、理性化和专业化的趋势。

(1)组织分层。组织分层是指草根精英对参与精英群体的分工。与政府的科层制分工类似，依任务确定分工，依能力、意愿、资历和核心领导者的意志决定岗位，并进行绩效评核。

(2)精英整合。精英整合主要是指草根精英内部权力分配和组织关系的协调。目前在草根精英内部组织权力安排多体现三个原则，一是集体决定

---

① 谢岳：《抗议政治学》，上海教育出版社，2010 年，第 92—97 页。

原则，以民主选举、集体决策、程序公开等方式赢得成员信任；二是制造核心原则，呈现个人魅力型的信任机制，要求有一个具有较高威望、较强决策能力与预见能力、较精密团结的领导集体支持的骨干领袖；三是内部清洗原则，及时清除任何“麻烦制造者”，保持内部的纯洁、保密、健康。

(3)情义链接。情义链接是指草根精英对一般成员的管理。草根精英组织动员农民参与，主要依赖道义情感的链接，而非强制性、利益交换。这种道义、情义动员模式，在呈现地域性、熟人社会性的农村社区能实现有效的权力服从关系。

(4)外部联合。外部联合是指草根精英争取外援与社会同情支持，目前主要体现为两个特点：一是问题化，以相似问题为指引，建立基层联盟，交流信息，彼此声援；二是网络化，形成局部地区的联络优势，将以个别成员为中心的网络结点扩大为以几个成员互联为中心的大网络，将诉求问题扩大化、中心化、议程化。

3. 决策指挥机制

决策指挥机制，是指草根精英在群体性事件中最优方案、最后方案的选择与事件发生的命令、调遣等方式方法。

(1)促成机制。基层民众权利表达渠道不畅是当前基层政府权力行使的常态，唯有事态超出当地政府管控范围、形成较大社会影响时，才有可能得到上级政府的重视与干预，民众诉求才有可能实现，即是俗称的“大闹大解决、小闹小解决、不闹不解决”。草根精英在问题聚集、群体抗议过程中，必须将行为导向领导会面、政府妥协、问题解决的基本程序，其中保持参与者持续性的压力是迫使政府让步的必需要素，这就是草根精英促成事件恶化、导向爆炸性参与的内在动力。

(2)防护机制。事态扩大、迫使政府妥协、抗议诉求达成，这是群体性事件的最终结局，但在事件过后，政府惯常的处理手段是解决具体问题、惩处首要分子，即以打压领导精英的方式以儆效尤，防止类似事件发生连锁反应。这时对草根精英来说，其被处置结果的轻重就与发动事件手段的激烈程度密切相关。换言之，既然抗议事件有违法后果的产生，违法程度的轻重就成为衡量处置组织、领导参与者的标尺。因此，在促成事态严重化过程中，草根精英也有防止手段过激、避免过度暴力化的内驱力。

4. 谈判善后机制

谈判善后机制是事件发生后利益分配、与政府博弈和对在事件过程中受到伤害的参与成员进行抚恤赔偿、利益补偿等的方法。在这个机制中，体现两个特点：一是法理性，利益赔偿、保障制度与法律规定对接；二是专业性，与政府部门博弈的人员一般由知识较多、熟悉政策、见多识广且立场坚定的“能人”担任。

参考文献

[1]于建嵘：《抗争性政治：中国政治社会学基本问题》，人民出版社，2010 年。

[2]应星：《"气"与抗争政治：当代中国乡村社会稳定问题研究》，社会科学文献出版社，2011 年。

[3][美]莫里斯等主编，刘能译：《社会运动理论的前沿领域》，北京大学出版社，2002 年。

[4]谢岳：《抗议政治学》，上海教育出版社，2010 年。

[5]赵鼎新：《政治与社会运动讲义》，社会科学文献出版社，2006 年。

[6]肖唐镖主编：《群体性事件研究》(第二卷)，上海学林出版社，2011 年。

[7]李永健：《大众传播心理通论》，中国传媒大学出版社，2008 年。

[8][法]古斯塔夫·勒庞著，冯克利译：《乌合之众——大众心理研究》，中央编译出版社，2004 年。

[9][美]埃里克·霍弗著，梁永安译：《狂热分子：码头工人哲学家的沉思录》，广西师范大学出版社，2008 年。

（作者：曹　英　首都社会安全研究基地研究人员　教授）

基地名称：首都社会安全研究基地
依托单位：中国人民公安大学
项目类别：北京市社会科学基金项目

当前我国警民距离的实证研究

——以北京、天津、河北、四川、安徽五省市为例①

内容提要：调查显示，调查对象与警察的接触率和见警率都较低，对警察的理解、信任程度处于中、近距离之间；多数人认为警察执法比较公正，也有一小部分人表示不公正。比较而言，调查对象对警察的理解程度较高，信任程度次之，声望评价再次之，认同程度和亲和程度最低。调查对象与警察的距离大致保持在“做邻居”和“交朋友”的距离上，他们大部分人并不想与警察保持较亲密的关系。刑警、社区警察、户籍警和治安警与居民的社会距离较小，而协警、刑警和交警与居民的社会距离较大。相关性分析显示，经济地位、文化差异对警民距离具有一定影响，文化程度和收入水平越高的调查对象，他们与警察的距离越大。居民与警察的接触率、见警率对社会距离的影响比较明显。

关键词：社会距离；警民距离；网络群众工作；碎片化警务

一、问题的提出

当前我国正处于急速社会转型期。社会转型带来了各种利益关系、思想观念等方面的巨大变化，治安形势也日益严峻。群体性突发事件频发，刑事案件发案率居高不下，各种社会纠纷、冲突不断发生。与此同时，社会公众对警察②的满意度比较低，怨警、仇警心态比较普遍，涉警负面报道屡见网页，这些情况导致警察形象受到极大损害，警察权威和社会地位受到严重威胁，警民关系一直比较紧张，基层警察的正常工作受到极大影响，由此间接影响了社会秩序与社会稳定。

多年来，党和政府领导对和谐警民关系构建、警察权威受损的情况给予了高度重视。历届公安部领导非常关心警民关系的建设问题。公安部倡

---

① 本文是“警民距离与首都和谐警民关系构建”项目的阶段成果，项目编号：09AbSH062。

② 本文所指警察均指公安民警或民警。

导开展的社区警务和群众工作的核心就是警民关系建设。然而，目前学术界对于警民关系的实证研究还非常少，仅有的一些研究也存在研究不规范、指标体系不科学、政策价值不大等问题。这些研究在为政府机关和公安部门采取科学合理的应对措施方面，没有发挥应有的作用。本研究尝试借鉴西方社会距离理论，用社会距离测量法，对我国当前警民关系的现状、影响因素进行评估，并在此基础上，提出改善警民关系的政策建议。

欧美社会距离研究多运用于测量不同种族之间的社会距离。近年来，我国的一些学者则主要将社会距离理论用来测量农民工与城市居民之间的融合问题、外地人员与本地人员之间的冲突问题等。本文主要借鉴美国心理学家帕克社会距离的观点，将社会距离分为客观行为距离和主观心理距离，通过博格达斯量表的测量，来研究公众与基层警察的社会距离，主要研究主观距离或心理距离。

本研究认为，所谓警民距离，就是公安警察在执法办案过程中与社区群众形成的亲密或疏远的关系程度。在社会距离研究中，齐美尔曾经将心理距离划分为远距离、中距离和近距离三个等级。

西方社会学研究者指出，地位与文化差异、空间隔离等因素，是影响社会距离形成的主要因素。布劳指出，金钱、权力、学历教育、社会声望、生活经历等会决定人们在社会生活中处于不同的地位；具有不同社会地位的人会拥有不同的生活的方式，不同的地位也会限制人们的交往范围，同一地位的、同一阶级的人可能会有更多的交往。[①] 马克思·韦伯指出，地位相对较高的阶层，总是会制定一些有利于自己的制度或者法律，来获得一些象征自己地位的特权或者标志，如文化价值导向支配、集团利益垄断、各种受敬的礼节礼仪。文化程度和教育水平对人们彼此之间的社会距离具有重要影响。[②] 西美尔认为，国家制度、历史发展、风俗习惯、生活方式、外来文化等都会影响人们之间的社会距离。在这些因素的共同作用下，形成了城市文化独特的一点，即人们总是倾向于对城市其他陌生人保持一定的距离，甚至敌意，导致了城市人与人之间的冷漠态度。[③]

帕克则认为文化的差异是种族之间产生距离的重要原因，生活在同一区域的不同种族，由于习俗、宗教信仰、语言文化的差异，造成彼此之间的隔阂，相互难以容易融合在一起，甚至产生各种冲突。[④]

以帕克为代表的社会学家认为，空间地理上的分布，造成人们彼此之

---

① [美]彼得·布劳著，王春光、谢圣赞译：《不平等与异质性》，中国社会科学出版社，1991年，第14页。

② 许嘉猷：《社会阶层化与社会流动》，三民书局股份有限公司，1964年，第22—24页。

③ 成伯清：《格奥尔格·西美尔：现代性的诊断》，杭州大学出版社，1999年，第87页。

④ Robert E. Park. Race and Culture, Glencoe Ill: The Free Press, 1950.

间交往、参与、竞争的缺失，造成群体之间的孤立和隔离。同时，帕克还指出，这种空间的隔离还有助于维持人们彼此之间的正常交往①。

除了社会地位、空间交往、文化教育因素外，制度因素、年龄、性别、婚姻等因素，可能也对社会距离产生影响。

二、研究设计

(一)研究思路、研究假设与测量指标

1. 研究思路

本研究根据西方社会距离理论构建警民距离的研究框架。西方社会学研究者指出，社会地位、文化差异越大，交往群体之间的社会距离越大。首先，群体交往倾向于同地位交往趋势。对于警民距离而言，作为人民警察的社会群体，他们拥有稀缺的执法资源，拥有法律规定的执法权力，具有较高的政治地位和声望地位。然而，对于多数警察而言，他们的收入水平并没有与他们的政治地位一样高，很多中西部警察的收入非常低，这就形成了政治声望地位与经济地位的较大反差。近年来，社会分化和贫富差距比较大，原来经济地位几乎相当的一些社会成员，由于种种原因，获取了较高的经济地位，但仍然有一部分人处于社会的底层。这样，处于不同经济地位的社会成员与地位反差较大的警察队伍之间，就存在着不同的距离景观。其次，文化差异也是分析社会距离成因的重要指标。文化(教育程度、语言、风俗习惯、交往方式、工作方式等)差异越大的群体，社会距离越大，反之则越小。对于社区群众而言，他们的文化程度越高，他们越有可能对警察工作方式的理解和信任程度越高，二者社会距离越小，反之越大。再次，从空间距离而言，交往群体之间接触越多，社会距离越小。对于社区群众而言也是这样，他们与警察接触越多，对警察越熟悉，越能够理解警察的工作，社会距离越小。最后，警察毕竟是一个职业群体，群众对警察的履职情况越满意，二者之间越容易产生亲近感。根据上述思路，本研究提出如下几个假设。

2. 研究假设

(1)假设一：经济地位假设

不同收入水平的城市居民与派出所警察的社会距离也有差异。经济收入较高的人，社会地位较高，他们与警察的社会距离可能更小一些；收入较低的城市居民的社会地位也较低，他们与警察的地位差异将导致较大的社会距离。

---

① 卢国显：《我国大城市农民工与市民社会距离的实证研究》，《中国人民公安大学学报》，2006年第4期。

(2)假设二：文化差异假设

受教育程度越高的居民，对公安的各项法律法规、宣传信息可能会更加了解，对警察的工作方式、办案程序更加熟悉，他们与警察的社会距离也会相对较小。反之，居民的文化教育程度较低，法律意识淡薄，则更容易触犯各种法律法规，对警察的要求也会更苛刻一些，他们与警察的社会距离也会更大一些。

(3)假设三：空间隔离假设

空间隔离是影响警察与社区居民社会距离的重要因素。见警率越高，警察与城市居民接触越多，他们的关系会越亲密，社会距离也会越小。

3. 测量指标

(1)自变量的测量指标

本研究的自变量有社会地位、文化差异、空间隔离等变量。社会地位的测量指标是月收入，文化差异的测量指标是教育程度，空间隔离的测量指标是接触率和见警率。

(2)因变量——主观距离指标

本研究的因变量是心理距离或主观距离和交往行为距离。主观距离主要是从城市居民的心理角度出发，描述城市居民在对警察的理解、信任、声望、认同、亲和程度、治安参与意愿和社会支持意愿等方面的主观感受。

• 理解

对警察的理解度主要指群众对警察工作性质、工作压力、工作难度、工作环境等方面的了解和同情程度。本研究从居民对警察工作性质、工作压力、工作难度、工作环境几个方面，设计了如下几个指标：

对警察工作性质的理解。警察是为人民服务的，要真正做到密切联系群众，时刻为人民群众着想。

对警察工作压力的理解。警察工作繁忙辛苦，有许多不为人知的苦衷，工作压力大。

对警察工作难度的理解。警察都是正义的，我敬佩他们的辛勤劳动，理解他们的难处。

对警察工作环境的理解。警察接触人员较杂，容易受不良社会现象影响。

• 信任

对警察的信任度是测量警民距离的重要指标。居民对公安警察信任度越高，两者的社会距离才会越小。本研究设计了如下几个指标：

能力信任。我认为警察具有正确解决问题的能力。

职业信任。我很信任警察，在遇到困难时我倾向于向警察寻求帮助；

我非常愿意接受警察对纠纷的解决方案。

新闻信任。我非常相信新闻中报道的有关警察的正面新闻(正向)；我愿意相信新闻中报道的有关警察的负面新闻(负向)。

• 声望

声望是居民对警察的评价。在这里，我们将之作为测量警民距离的因变量指标。本研究从态度、期望、执法公正性、形象、警容风纪和工作质量六个方面，设计了以下指标：

工作态度评价。警察办公时态度良好，及时主动解决人民群众的问题，尽职尽责。

警察期望。现在的警察不如以前的警察，我对现在的警察不抱任何希望。

执法公正性评价。警察在群众面前总是表现得高高在上，在警察面前我们是不平等的，他们存在违法乱纪现象，总是谋取个人私利。

形象评价。警察在工作过程中严格依法办事，公正合理，从不侵害百姓利益。

警察警容风纪评价。

工作质量评价。警察的工作涉及我们生活的方方面面，且高效便捷。

• 认同度

认同感是测量警察距离的重要指标。对应的问题是：如果有机会，我想当一名警察。

• 亲和度

亲和程度主要指群众对公安机关心理上的亲近程度。本研究设计了两个问题进行测量：

亲和倾向。您是否同意警察办公态度亲和，及时主动解决人民群众的问题，尽职尽责?

疏远倾向。我害怕现在的警察。

• 治安参与意愿

群众的治安参与主要指群众对公安工作的参与态度。本研究设计了如下问题："您是否愿意做治安志愿者，宣传公安的各项政策?"

• 社会支持意愿

工作支持意愿。支持意愿主要指群众对警察的执法业务工作所持的一种肯定或否定性的愿望。本研究设计了如下问题："当警察需要您的帮助时，您会尽一切所能支持配合他们的工作吗?"

舆论支持态度。本研究在问卷中设计了"我乐意宣传警察的尽职尽责"题目，测量居民对警察的舆论支持情况。

（二）测量工具——博格达斯量表及其应用

本次研究结合我国警察与社区居民实际状况，按照由远及近的顺序，设计九个问题进行社会距离测量。

(1)我愿意自己的孩子当警察；

(2)我愿意我的子女与警察结婚；

(3)我愿意与当地的警察交朋友；

(4)我愿意与当地的警察做邻居；

(5)我和当地的警察素不往来；

(6)我在内心里害怕当地的警察；

(7)我不愿意与当地的警察交朋友；

(8)我对当地的警察很仇视；

(9)如果可以，我想打当地警察。

（三）调查的实施与样本特征

1. 调查的实施

2013 年 1 月至 3 月期间，课题组经过充分的准备，按照预先制订的计划，开始了对北京、天津、河北、四川、广东、安徽五省市关于城市居民与警察的社会距离问卷调查。调查活动结束后，共回收到总问卷 1000 份，有效问卷 800 份。其中北京问卷 399 份，占总数 49.9%，天津问卷 103 份，占总数 12.9%，广东问卷 98 份，占总数 12.3%，四川问卷 99 份，占总数 12.4%，河北问卷 101 份，占总数 12.6%。其中收回男性问卷 453 份，占调查的有效百分比为 56.9%，收回女性问卷 347 份，占调查的有效百分比为 43.1%。

2. 具体调查地点

北京市海淀区中关村、朝阳区、昌平区回龙观街道；四川省成都市双流县华阳街道、黄龙溪镇、温江区金马镇；广东省深圳市福田区华强北路、宝山区龙华街道、南山区滨海大道深圳大学；天津市宝坻区、西青区、塘沽区、南开区；河北省衡水市桃城区人民路、和平路、百货大楼、人民公园等；安徽省宿州市埇桥区肯德基华夏店、宿州市文化科技广场、宿州市埇桥区工人路等。

3. 样本基本特征

在被调查的城市居民中，大部分被调查者年龄集中在 20—30 岁之间，15 岁以下和 50 岁以上被调查者较少。被调查者的文化程度以专科和本科为主，其中专科文化程度占 21.8%，本科文化程度占 38.0%，文化程度整体来讲比较高。在平均月收入统计中，被访问者的月收入主要集中在 2000—5000 元/月，其中 3000 元/月最多，占 15.7%，中等收入者居多。调查的对象主要包括城市中的机关事业单位工作人员、国企管理人员及职工、个体工商户、退休人员和待业人员。

三、统计分析

本研究首先从社会治安总体状况、见警率、接警率三个方面，对调查地区的治安状况进行简述。其次，对城市居民对警察的主观距离状况进行统计描述。

(一)社会治安总体状况

为了了解社会的治安状况，本研究在问卷中设计了“您感觉您居住地的社区治安状况如何?”一题，答案有：1. 很好；2. 较好；3. 一般；4. 较差；5. 很差。调查结果显示，“很好”和“较好”共占57.3%，一般占37.8%，较差和很差共占4.9%，说明五个调查地区的居住地治安状况很好①。见表1。

表1　五个调查地区的社会治安状况

	频率	所占百分比(%)	有效百分比(%)	累积百分比(%)
很好	87	10.9	11.0	11.0
较好	367	45.9	46.3	57.3
一般	299	37.4	37.8	95.1
较差	34	4.3	4.3	99.4
很差	5	0.6	0.6	100.0
合计	792	99.0	100.0	
总计	800	100.0		

(二)社区居民与警察的接触率

社区居民与警察的接触、交往状况，是影响警民距离的重要因素。在问卷中，我们设计了“我经常和警察打交道”一题，答案为：1. 是；2. 不是。结果发现，有20.3%的居民经常和警察接触，有79.7%的人没有与警察接触过。有效数据为793。见图1。

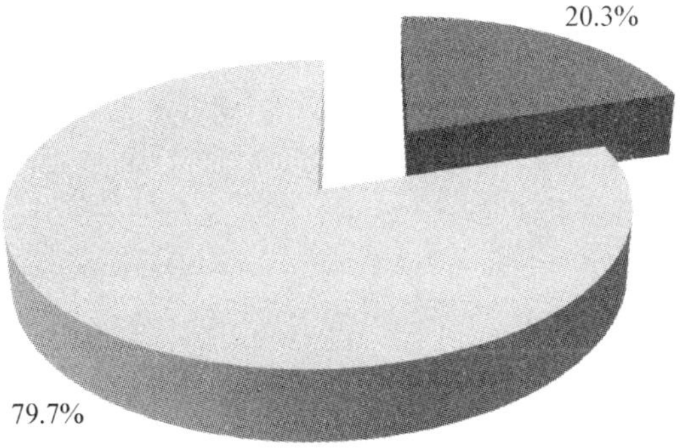

图1　社区居民与警察的接触率

---

① 本文所使用的百分比均为“有效百分比”。

(三)见警率

见警率是影响警民距离的重要指标，也是衡量警民客观距离的指标。在问卷中，我们设计了如下问题："我经常在社区看到警察工作"，答案有：1. 是；2. 不是。结果发现，调查对象的见警率为 30.9%，有 69.1%的居民经常见不到警察，见警率较低。有效数据为 793。见图 2。

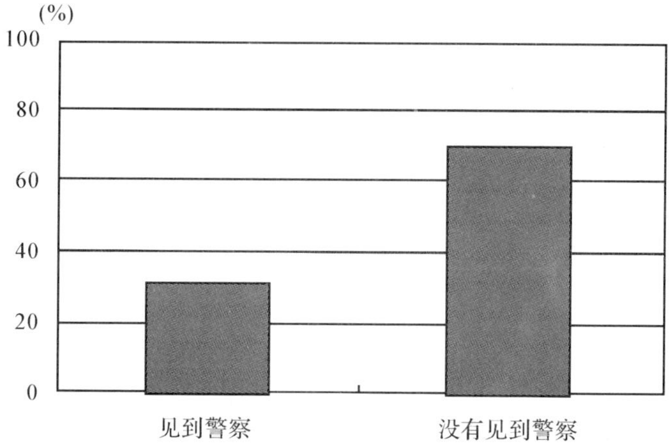

图 2　见警率

与警察的接触率高和见警率高的原因是多方面的。其一，治安状况不好，上述两个指标百分比就高；其二，与警察下社区的频率有关。如果警察经常下社区，他们与居民接触的机会就会很多，社会距离就会缩小。在本研究中，上述两个指标是自变量。

(四)理解

1. 对警察工作性质的理解

在"警察是为人民服务的，要真正做到密切联系群众，时刻为人民群众着想"一题答案中，有 34.2%的人"非常同意"，有 49%的人"比较同意"，有 7%的人回答"一般"，有 7.3%的人回答"不同意"，有 2.6%的人"很不同意"。有效数据为 772。有 83.2%对警察的工作性质表示理解，只有 9.9%的人表示不理解，均值为 1.940。见图 3。

2. 对工作压力的理解

在"警察工作繁忙辛苦，工作压力大，我表示理解"一题中，调查显示，有 18.7%的人表示"很理解"，有 52.4%的人表示"比较理解"，有 18.3%的人表示"一般"，有 10.3%的人表示"不理解"，有 10.3%的人表示"很不理解"。有效数据为 767。均值为 2.25。总计有 71.1%的被调查者表示理解警察繁忙辛苦的工作，体谅警察巨大的压力，表示不理解和很不理解警察工作的累积百分比占 11.8%，调查结果显示，大部分城市居民可以理解警察

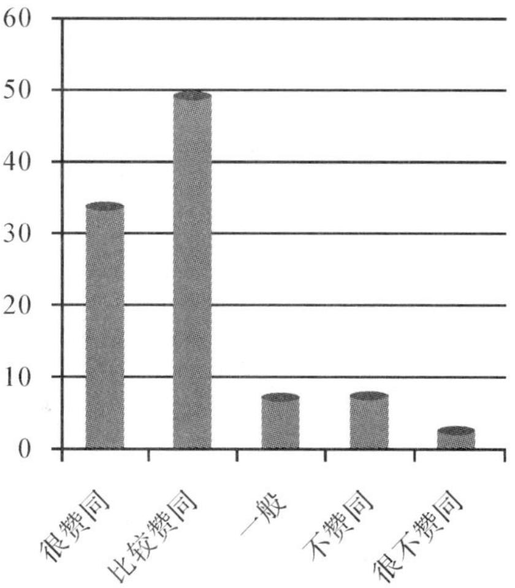

图 3　对警察工作性质的理解

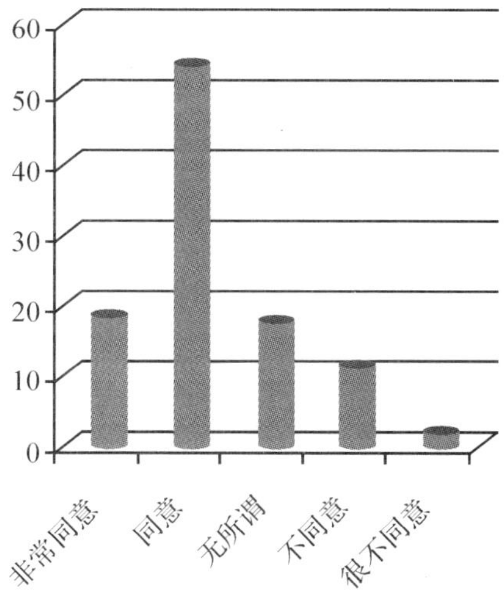

图 4　对警察工作压力的理解

的工作。见图 4。

3. 工作难度的理解

在“警察都是正义的，我敬佩他们的辛勤劳动，理解他们的难处”一题的回答中，有 16% 的人表示“很理解”，45.1% 的人表示“比较理解”，19.2%的人表示“一般”，17.3%的人表示“不理解”，2.3%的人表示“很不理解”。有效数据为 769。总计有 61.1%的调查对象表示对警察工作难度的理解，表示不理解的人数总共有 19.6%。见图 5。

从以上数据可见，虽然大部分人对警察的理解程度较高，但仍有近五分之一的人对警察工作难度表示不理解。

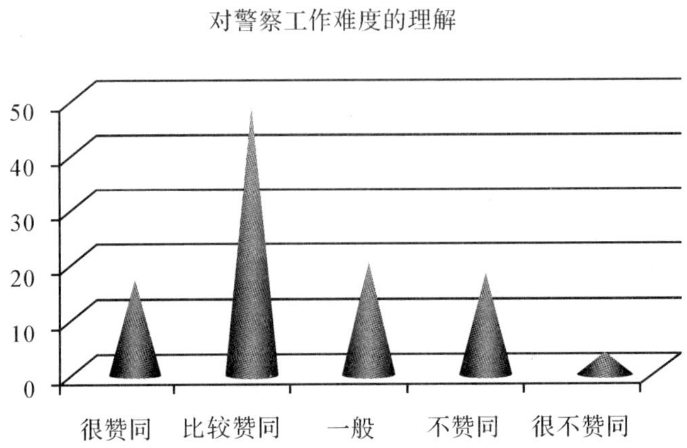

图 5　对警察工作难度的理解

4. 对警察工作环境的理解

在"警察接触人员较杂，容易受不良社会现象影响"一题答案中，有13.7%的人表示"很理解"，38.4%的人表示"比较理解"，22.3%的人表示"一般"，23.3%的人表示"不理解"，2.2%的人表示"很不理解"。有效数据为771。总计有52.1%的人表示理解，有25.5%的人表示不理解，占四分之一。见图6。

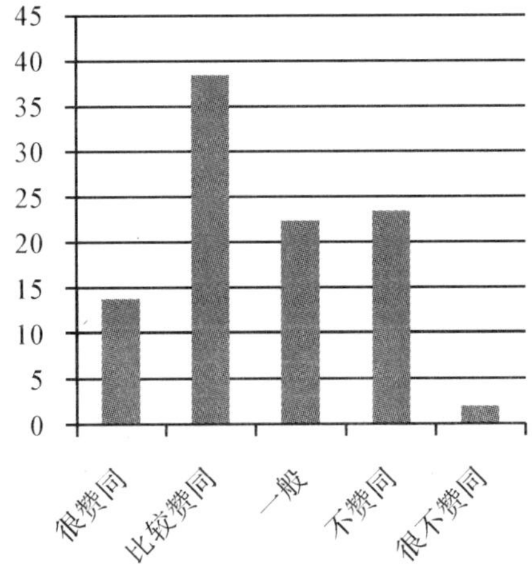

图 6　对警察工作环境的理解

通过对理解程度各指标的均值进行加总，再求其均值，即均值之均值，得分约为2.32，数据处于"比较赞同"和"一般"之间，社区居民对警察的理解程度处于中、近距离之间。

(五)信任

对警察的信任度是测量警民距离的重要指标。居民对公安警察信任度越高，两者的社会距离才会越小。

1. 能力信任

在“我认为警察具有正确解决问题的能力”一题的答案中，有14.9%的人很赞同，有47.5%的人表示“比较赞同”，二者共计62.4%。有18.6%的人表示“一般”，有16.4%的人表示“不赞同”，只有2.6%的人表示“很不赞同”。不赞同的共计18.8%。有效数据为767。见图7。

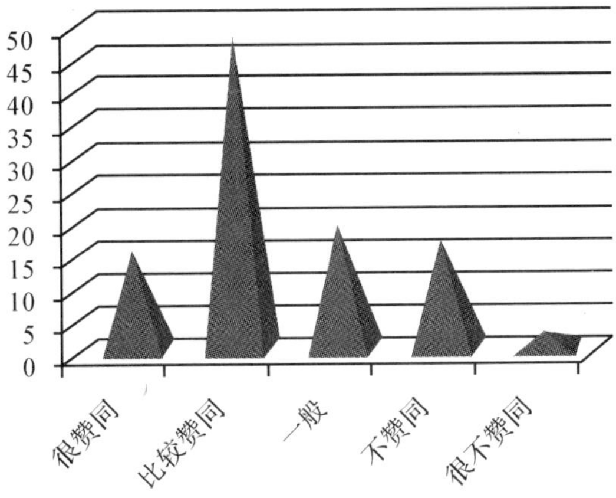

图7　对警察的能力信任

2. 职业信任：向警察求助

“我很信任警察，在遇到困难时我倾向于向警察寻求帮助”的调查显示，当遇到困难倾向于找警察解决困难，有21.5%的人表示“很信任”，48.9%的人表示“比较信任”，18.2%的人表示“一般”，8.4%的人表示“不信任”，3%的人表示“很不信任”。有效数据为773。对警察表示信任的累积百分比占70.4%，对警察表示不信任的占11.4%。调查结果显示，大部分城市居民对警察的办案能力表示信任。见图8。

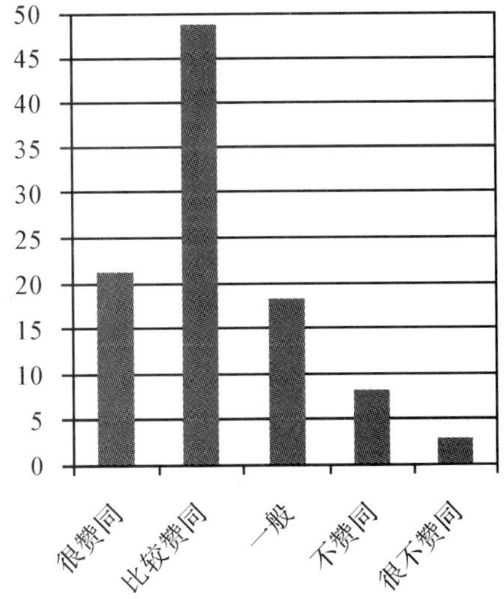

图8　向警察求助

3. 职业信任：愿意接受警察调解纠纷

在“我非常愿意接受警察对纠纷的解决方案”一题中，有12.7%的人表示“很愿意”，48%的人表示“比较愿意”，22.9%的人表示“一般”，14.7%的人表示“不愿意”，1.7%的人表示“很不愿意”。有效数据为773。有60.7%的人表示愿意接受警察的纠纷调解方案，不过仍然有16.4%的人表示不信任。见图9。

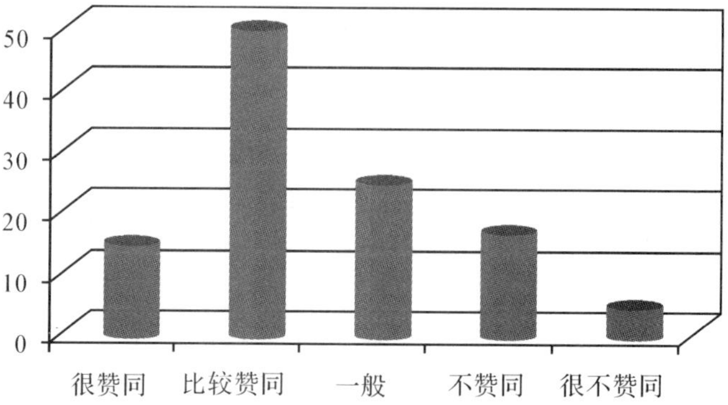

图9 愿意接受警察纠纷调解

4. 新闻报道信任

居民对新闻报道的信任也是测量居民与警察社会距离的重要指标。居民越是信任正面新闻报道，他们与警察的社会距离越小，反之越大。

(1)正向新闻报道信任。在“我非常相信新闻中报道的有关警察的正面新闻”一题的答案中，“很赞同”的占14.1%，“比较赞同”的占42.7%，“一般”的占25.9%，“不赞同”的占14.9%，“很不赞同”的占2.5%。有效数据为773。“赞同的”共计56.8%，“不赞同的”共计17.4%。见图10。

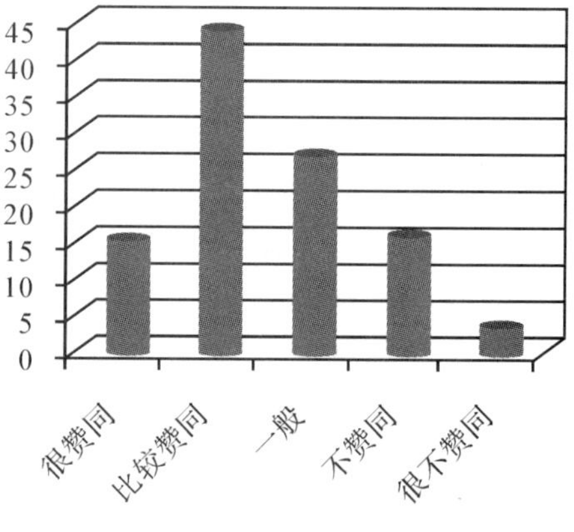

图10 新闻报道信任

(2)负面新闻报道信任

我们在问卷中设计了“我愿意相信新闻中报道的有关警察的负面新闻，我乐意传播关于警察的负面新闻”一题。调查数据可知，“很赞同”的占6.3%，“比较赞同”的占20.8%，“一般”的占33.8%，“不赞同”的占31%，“很不赞同”的占8.1%。有效数据为764。赞同的共计27.1%，不赞同的共计39.1%。见图11。

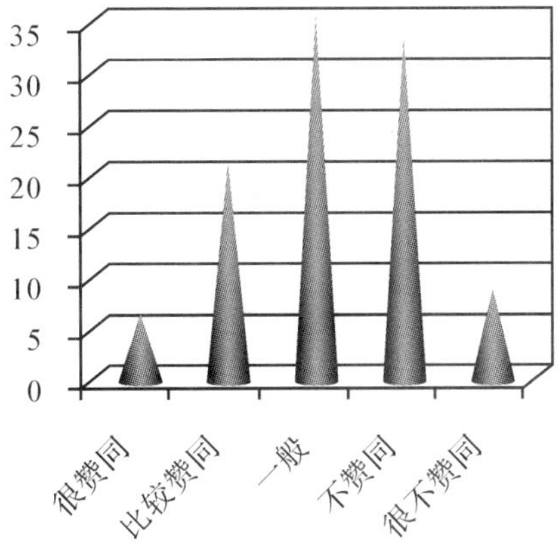

图 11　负面新闻报道信任

由此可见，在新闻报道信任上，信任警察的人数比较多。但是，我们也看到有相当比例的人对警察不信任。从信任各指标的均值之均值为 2.55，居民对警察的主观距离主要是中、近距离。

(六)职业声望

我们从对警察的期望、对警察的形象、对警察的执法公正、对警察的警容风纪等方面，对警察的职业声望进行评价，从而了解警民距离状况。

1. 居民对警察的期望

在“现在的警察不如以前的警察，我对现在的警察不抱任何希望”一题的答案中，有 28.8%的人赞成上述说法，有 43.7%的人表示反对，中立的人占 27.5%。其中，有 8.1%的人表示“很赞同”，20.8%的人表示“比较赞同”，27.5%的人表示“一般”，35.6%的人表示“不赞同”，8.1%的人表示“很不赞同”。有效数据为 770。见图 12。

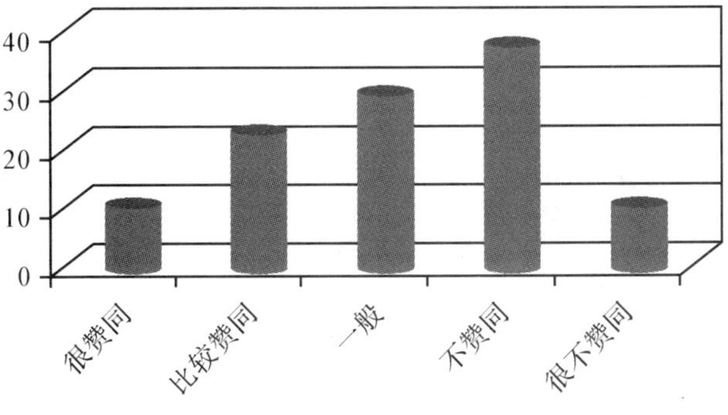

图 12　居民对警察的期望

看来，有四分之一的人对警察期望很低，有不到一半的人对警察抱有期望。

2. 居民对警察的形象评价

在“警察在群众面前总是表现得高高在上，在警察面前我们是不平等的，他们存在违法乱纪现象，总是谋取个人私利”一题答案中，有 34.9%的调查对象对警察持有偏见，另有 30.7%的人对警察形象持支持态度。其中，7.9%的人表示“很赞同”，27%的人表示“比较赞同”，34.4%的人表示“一般”，25.5%的人表示“不赞同”，5.2%的人表示“很不赞同”。有效数据为 768。见下图 13。

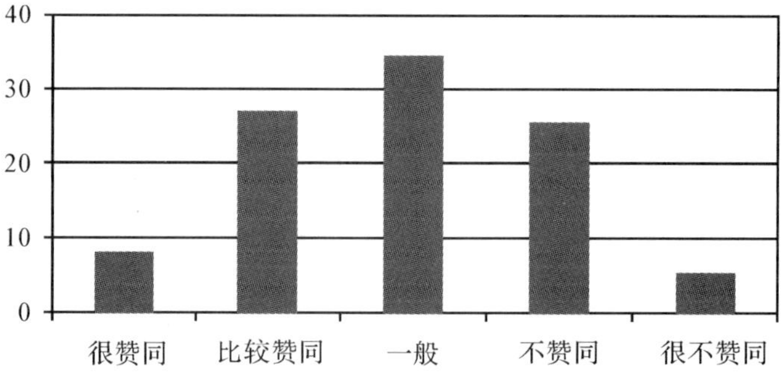

图 13　居民对警察的形象评价

3. 执法公正评价

“警察在工作过程中严格依法办事，公正合理，从不侵害百姓利益”一题的调查结果表明，赞同警察在工作过程中严格依法办事，处理公正合理的累积百分比共占 67.2%，认为警察执法不公，有徇私枉法嫌疑的占 17%。其中，24.9%的人表示“很同意”，42.3%的人表示“比较同意”，15.8%的人表示“一般”，14.1%的人表示“不同意”，2.9%的人表示“很不同意”。有效数据为 771。总体上，多数人还是比较满意警察的执法公正度的，但也有小部分人认为我们的警察执法不公。见图 14。

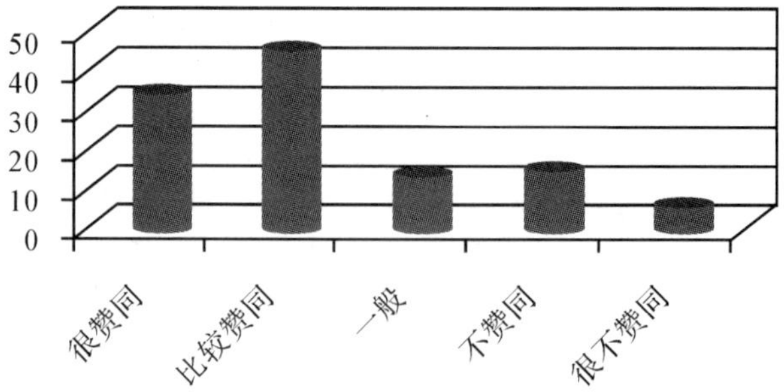

图 14　执法公正评价

4. 警容风纪评价

在“警察警容风纪好”一题的答案中，有 44.1%的人对警察的警容风纪评价较高，有28%的人认为警察的警容风纪有问题，表示不赞同。其中，“很同意”的占11.2%，表示“比较同意”的占32.9%，表示“一般”的占27.9%，表示“不同意”的占22.8%，表示“很不同意”的占5.2%。有效数据为773。见下图15。

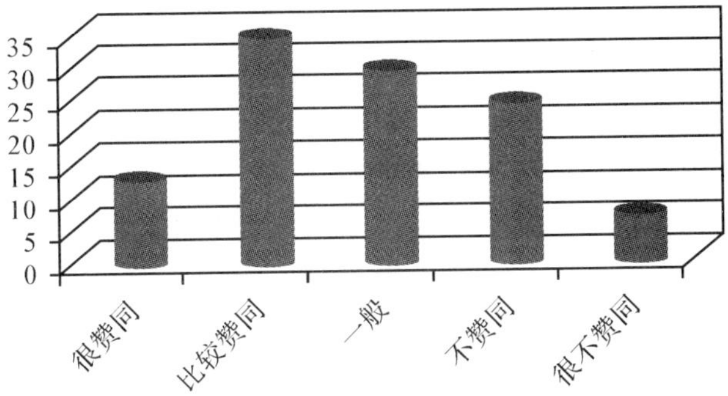

图15　警容风纪评价

（七）职业认同

认同感是测量警民距离的重要指标。在问卷中，我们设计了“如果有机会，我想当一名警察”一题，希望能够测量出居民对警察的认同程度。见图16。

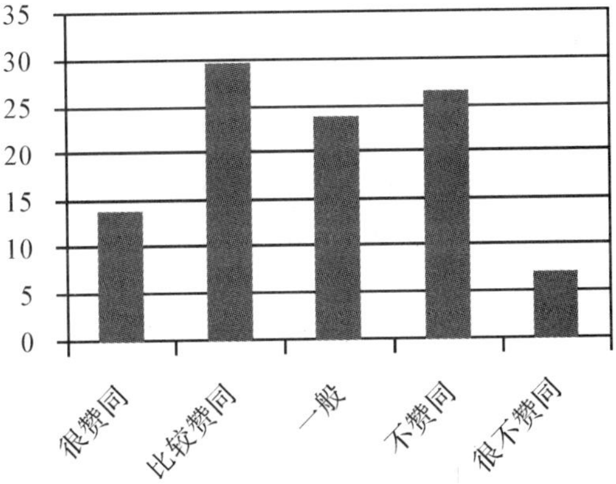

图16　职业认同

调查发现，有43.2%的调查对象对警察职业的认同度较高；有33.1%的调查对象对警察的职业不认同，约占总数的三分之一。其中，13.7%表示“很赞同”，29.5%表示“比较赞同”，26.2%表示“不赞同”，6.9%表示“很不赞同”。23.6%表示“一般”。有效数据为776。职业认同的均值为2.83，比声望距离更接近中距离。

（八）亲和度

亲和程度包括亲和和疏远两种倾向，也是测量警民距离的重要指标。

1. 亲和倾向

在对"警察办公时态度亲和，及时主动解决人民群众的问题，尽职尽责"一题的调查中，有 55.8%的人认为我们的警察在办公时服务态度良好，态度谦逊，但也有 23%的人不同意这种说法，他们对警察在办公时的态度并不满意。其中，"很赞同"的占 12.3%，"比较赞同"的占 43.5%，"一般"的占 21.3%，"不赞同"的占 19.1%，"很不赞同"的占 3.9%。有效数据为 771。见图 17。

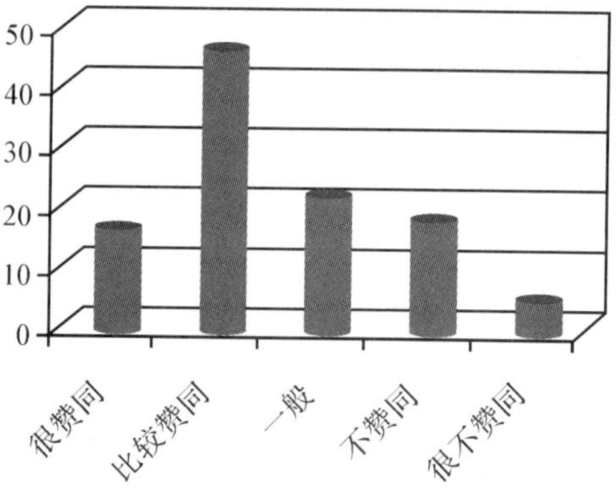

图 17 亲和倾向

亲和程度的均值为 2.59。

2. 疏远倾向

在"我害怕现在的警察"一题中，有 27%的人害怕警察，有 41.7%的人不害怕。其中，5.9%的人表示"很同意"，21.1%的人表示"比较同意"，31.4%的人表示"一般"，31.8%的人表示"不同意"，9.9%表示"很不同意"。有效数据为 771。见下图 18。

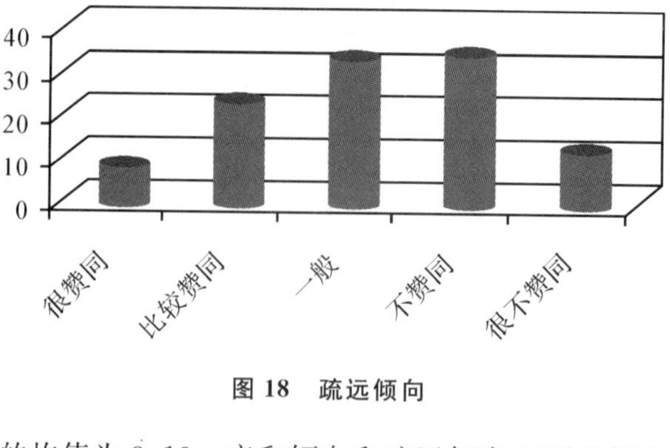

图 18 疏远倾向

疏远倾向的均值为 3.19。亲和倾向和疏远倾向两项均值之均值为 2.89。比声望距离又向中等距离接近。

(九)治安参与意愿

在“我乐意宣传警察的尽职尽责”一题中，调查显示，表示“很赞同”的占16.1%，“比较赞同”的占43.4%，“一般”的占27%，“不赞同”的占11.6%，“很不赞同”的占1.8%。表示愿意宣传公安警察尽职尽责的占59.6%，对治安参与活动比较冷漠的占13.4%。有效数据为769。均值为2.4。见图19。

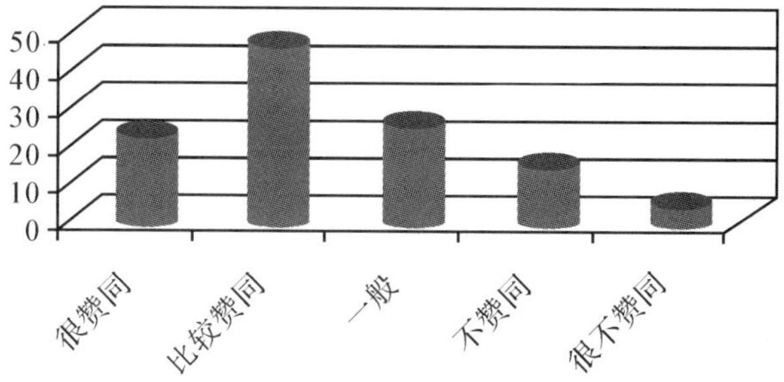

图19　治安参与意愿

(十)工作支持意愿

在“在警察需要时，我愿意尽一切所能支持配合他们”一题中，有72.3%的人表示愿意给予支持，另有8.1%的受访者表示不愿意。其中，表示“很赞同”的占22.2%，“比较赞同”的占50.1%，“一般”的占19.5%，“不赞同”的占7.5%，“很不赞同”的占0.6%。有效数据为770。总体来讲，城市居民对警察工作的支持配合度还是比较高的。工作支持意愿的均值为2.14。见图20。

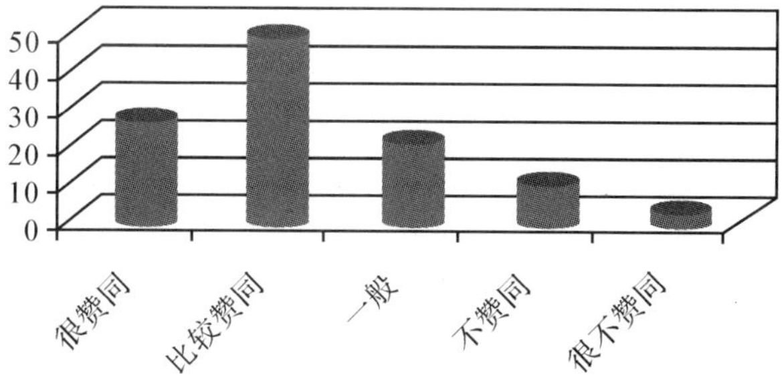

图20　工作支持意愿

(十一)主观距离的均值比较

我们将主观距离的各种均值之均值进行汇总。首先，居民与警察的主观距离介于“比较赞同”和“一般”之间，属于中、近距离类型。比较而言，居民对警察的理解程度较高，信任程度次之，声望评价再次之，而认同程度和亲和程度稍微偏向中等距离。如表2所示。

表 2　主观距离均值之均值比较

距离指标	均值之均值
理解	2.25
信任	2.55
声望	2.78
认同	2.83
亲和度	2.59
治安参与意愿	2.4
工作支持意愿	2.14

四、各警种的主观社会距离：博格达斯量表的测量结果

在博格达斯社会距离量表中，将社会距离由远及近分为 1—9 个等级（1. 我愿意自己的孩子当警察；2. 我愿意我的子女与警察结婚；3. 我愿意与当地的警察交朋友；4. 我愿意与当地的警察做邻居；5. 我和当地的警察素不往来；6. 我在内心里害怕当地的警察；7. 我不愿意与当地的警察交朋友；8. 我对当地的警察很仇视；9. 如果可以，我想打当地警察）。1 代表赞成，0 代表不赞成。我们将居民对每个警种的态度统计如下，见表 3。

表 3　居民与警察的社会距离

	1. 我希望我的女儿嫁给警察	2. 我希望自己的孩子当警察	3. 我想与警察做邻居	4. 我想与当地警察交朋友	5. 我和警察素不往来	6. 我在内心里害怕警察	7. 不愿与警察交朋友	8. 我仇恨警察	9. 我想打警察
社区警	12	7.9	25.8	26.3	3.8	2.4	2.5	2.3	2.6
巡逻警	5.5	10.1	12.8	12.6	10	5.1	5.1	3.1	2.8
刑警	19.4	23	19	20.8	26.6	19.6	10.5	6.3	4.3
户籍警	12.6	11.6	15	16.6	7	5.9	8.6	5.1	3.4
交警	6.5	5.8	11.6	17.8	9.4	10.1	6.4	7.3	5.5
治安警	6	7.8	14.4	14.4	5.3	5	3.8	2.9	3.1
协警	0.9	0.5	4.9	5.9	12.4	5.9	15.5	18.3	25.6

我们根据数据分析结果，对各警种的社会距离进行逐一描述：

(一)各警种的社会距离

1. 社区警察的社会距离

对于社区警察的社会距离来说，从图 21 可见，在第 4 项(我愿意与当地的警察交朋友)和第 3 项(我愿意与当地的警察做邻居)上的百分比较高，在第 5—9 项上，百分比都比较低。也就是说，调查对象最愿意与社区警察交朋友、做邻居，其次是让女儿嫁给社区警察和让孩子当警察。见图 21。

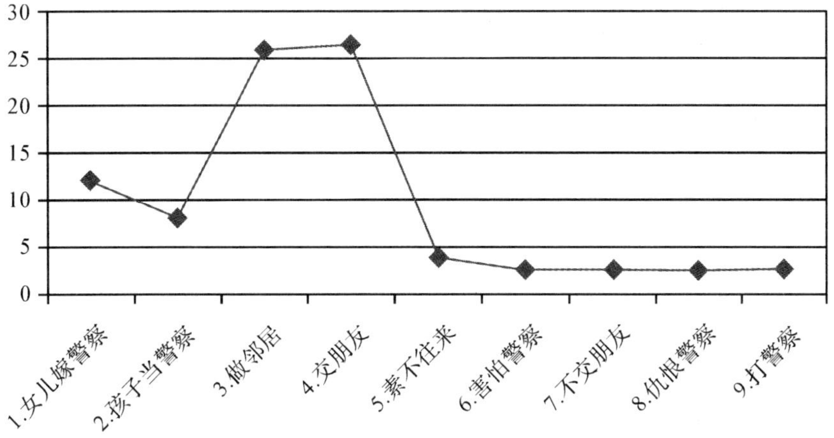

图 21　社区民警的社会距离

2. 巡逻警察的社会距离

从图 22 可见，人们与巡逻警察的社会距离依然保持在做邻居和交朋友的距离之间，其次是让孩子当警察。调查对象并不希望自己的女儿嫁给巡警。

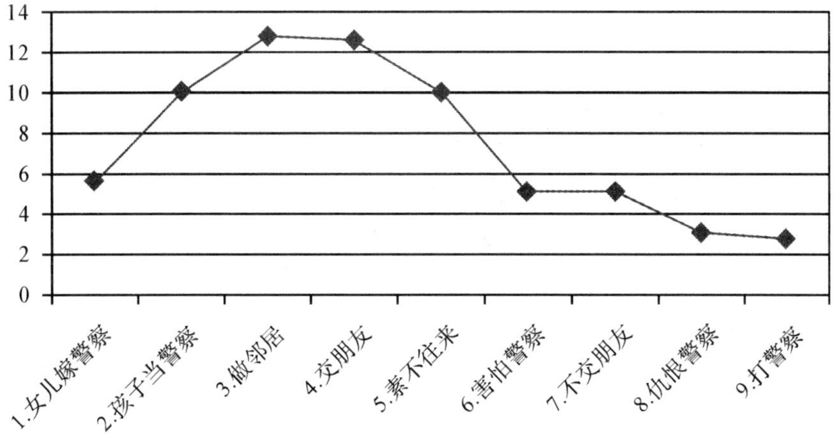

图 22　巡逻警的社会距离

3. 刑警的社会距离

调查得知，调查对象最愿意与刑警素不往来，其次是“孩子当警察”“交朋友”“做邻居”，再次是“在心里害怕刑警”和“将女儿嫁给警察”。见图 23。

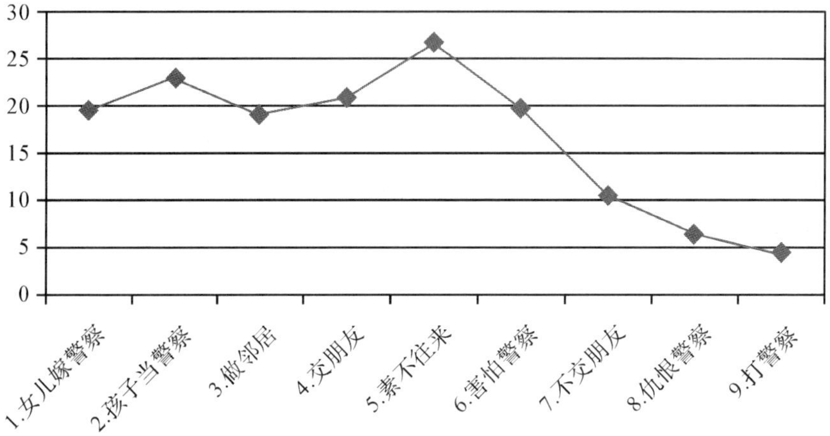

图 23　刑警的社会距离

4. 户籍警的社会距离

调查得知，人们最愿意与户籍警“交朋友”，其次是“做邻居”“将女儿嫁给户籍警”。人们与户籍警的社会距离较小。见图 24。

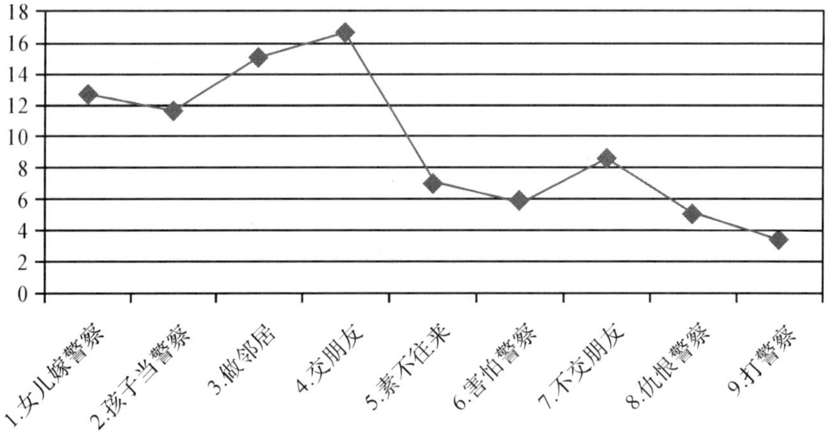

图 24　户籍警的社会距离

5. 交警的社会距离

数据分析结果可见，人们最愿意与交警“交朋友”，然后是“做邻居”。其他选项的百分比都比较小。见图 25。

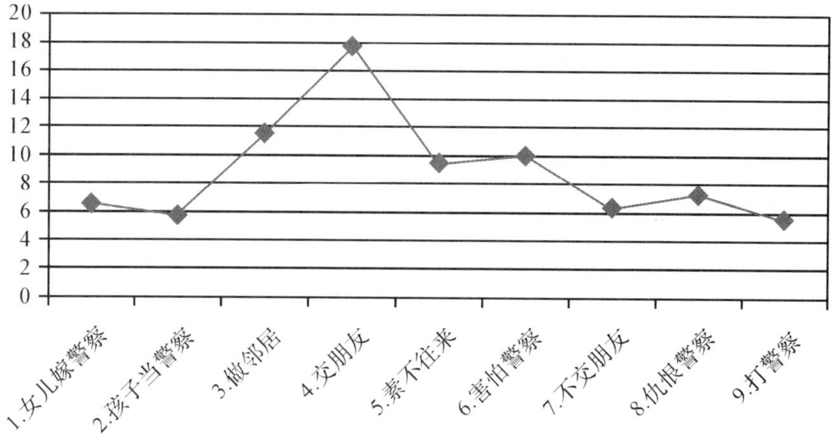

图 25　交警的社会距离

6. 治安警察的社会距离

对于治安警而言，人们最愿意与他们保持“做邻居”和“交朋友”的距离，其他选项的百分比都比较低。见图 26。

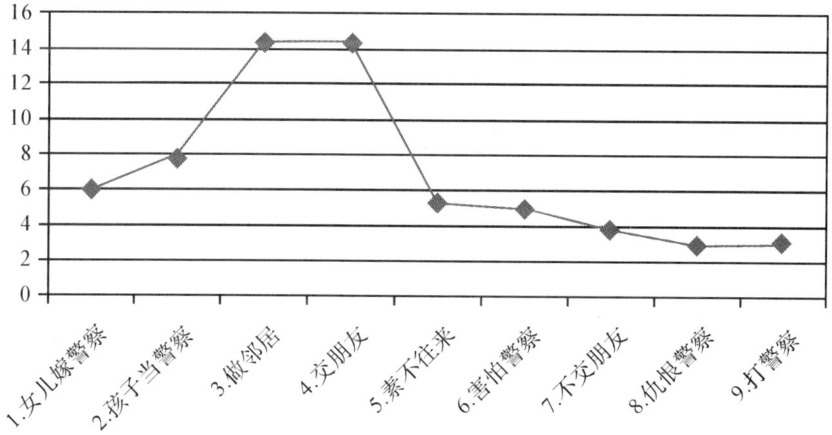

图 26　治安警的社会距离

7. 协警的社会距离

调查得知，人们与协警的社会距离较大。从图 27 可见，曲线从最亲密的关系到最疏远的关系，几乎是直线上升。

8. 各警种社会距离对比

从图 28 可见，调查对象与警察的距离大致保持在“做邻居”和“交朋友”的距离上，其次是做女婿和孩子当警察。相比较而言，人们与警察的疏远倾向所占比例较低。

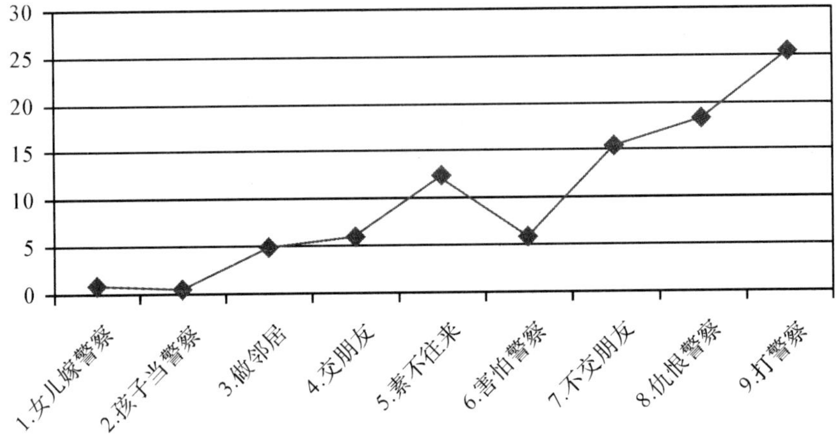

图 27　协警的社会距离

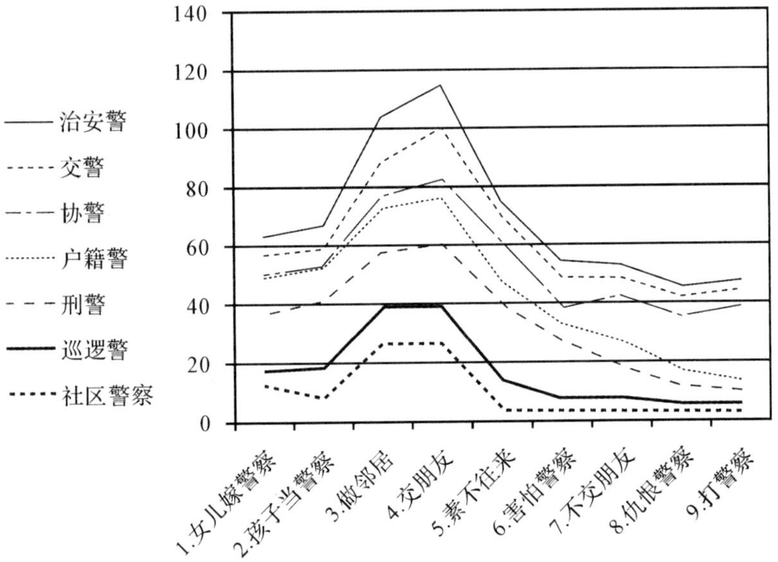

图 28　各警种社会距离比较

(二)九种距离等级上各警种的社会距离比较

从调查数据得知，在不同的距离上，人们与各警种的距离也不一样。

1. 在“我希望我的女儿嫁给警察”等级上，人们最愿意将女儿嫁给刑警，其次是户籍警、社区警察、交警、治安警和巡逻警，最不愿意的是协警。见图 29。

从人们的婚姻意愿上看，刑警的社会距离最小，其次是户籍警、社区警察、交警、治安警和巡逻警。作为参照物的协警的社会距离最大。

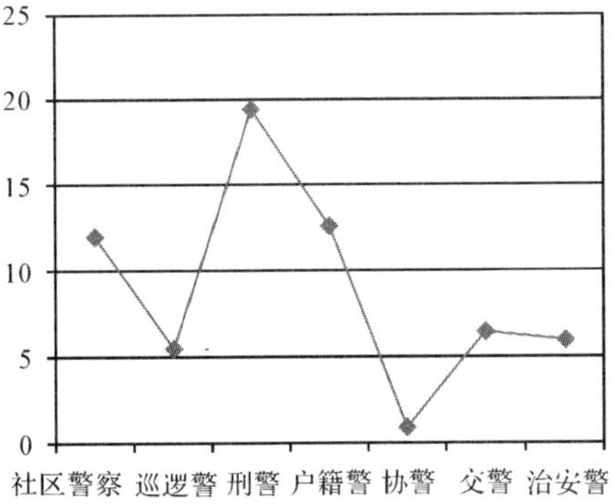

图 29　女儿嫁给警察

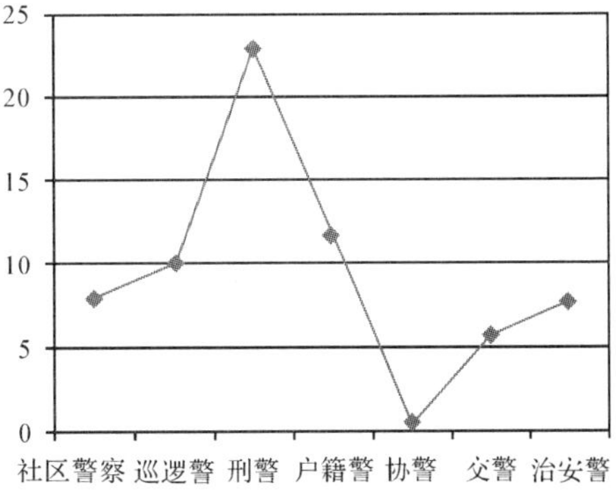

图 30　孩子当警察

2. 在"我希望自己的孩子当警察"的等级上，人们最愿意自己的孩子当刑警，其次是户籍警和巡逻警，再次是社区警察、治安警和交警，最不愿意的是协警。见图 30。

3. 在"我想与警察做邻居"等级上，人们最愿意与社区警察做邻居，其次是刑警、户籍警和治安警，再次是交警和巡逻警，最不愿意与协警做邻居。见图 31。

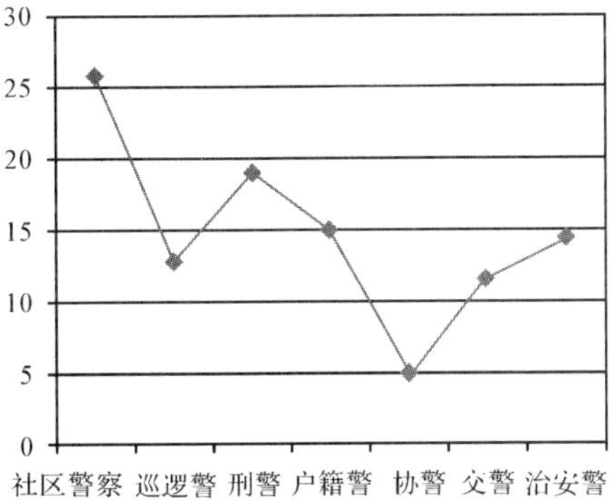

图 31　与警察做邻居

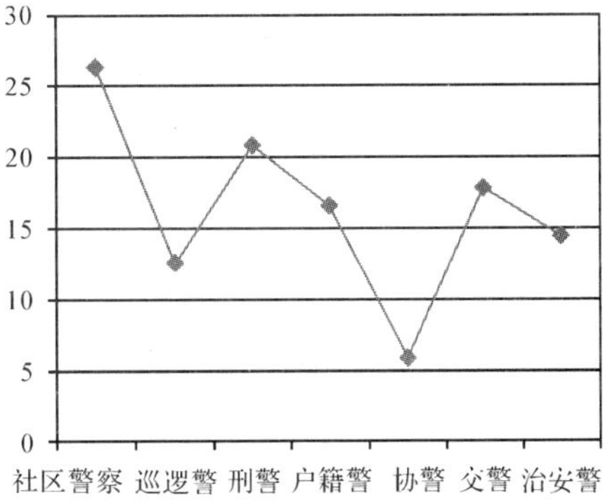

图 32　与警察交朋友

4. 在"我想与当地警察交朋友"等级上，人们最愿意与社区警察交朋友，其次是刑警、交警、户籍警、治安警和巡逻警，最不愿意与协警做朋友。见图 32。

5. 在"我和警察素不往来"等级上，首先是刑警，其次是协警、巡逻警、交警、户籍警、治安警，最低的是社区警察。见图 33。

反过来说，人们喜欢与社区警察、治安警和户籍警交往。因为他们的工作与社区群众的联系比较紧密。

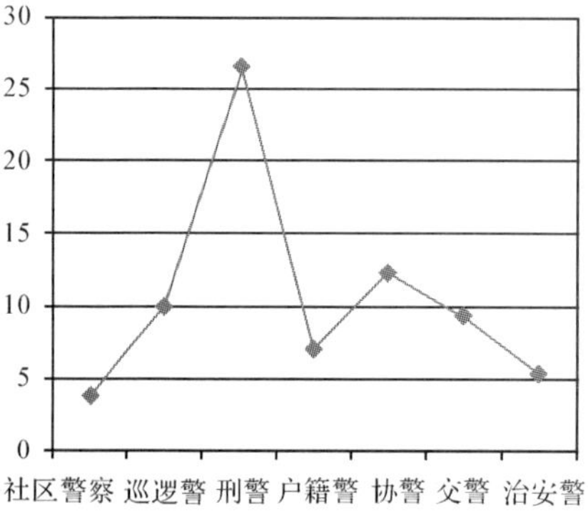

图 33　与警察素不往来

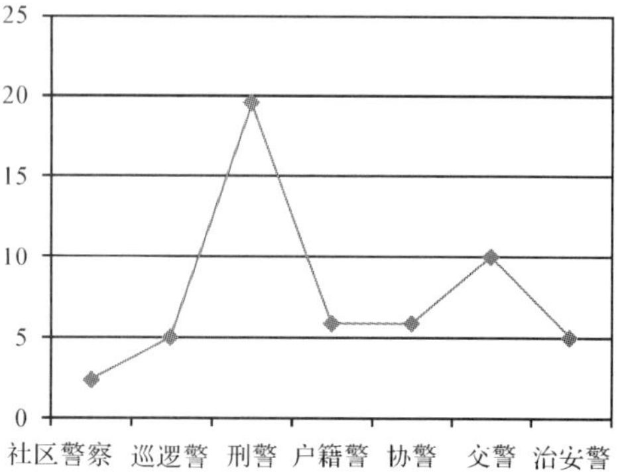

图 34　害怕警察

6. 在“我在内心里害怕警察”等级上，人们最害怕的是刑警，其次是交警、协警、户籍警、巡逻警和治安警，最不害怕的是社区警察。见图 34。

人们害怕刑警是因为刑警的工作性质决定的，害怕交警与交通管理有关系。最不害怕社区警察是因为社区警察担负着服务社区、树立形象的作用，所以社区警察必须要有良好的形象。这也说明社区警察发挥了良好的作用。

在“我不愿与警察交朋友”等级上，人们最不愿意与协警交朋友，其次是刑警、户籍警、交警和巡逻警、治安警，最愿意与社区警察交朋友。见图 35。

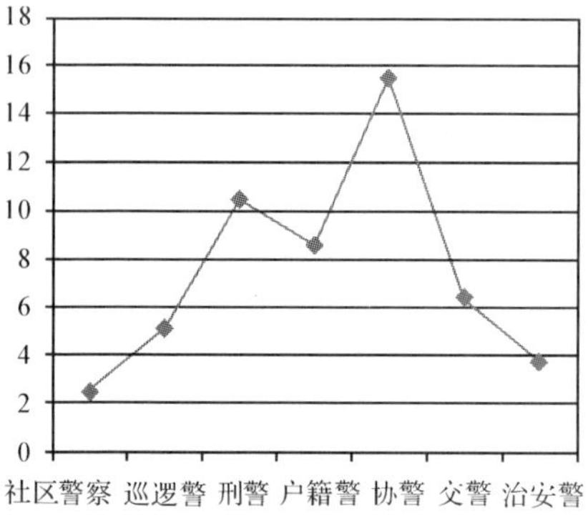

图 35　不与警察交朋友

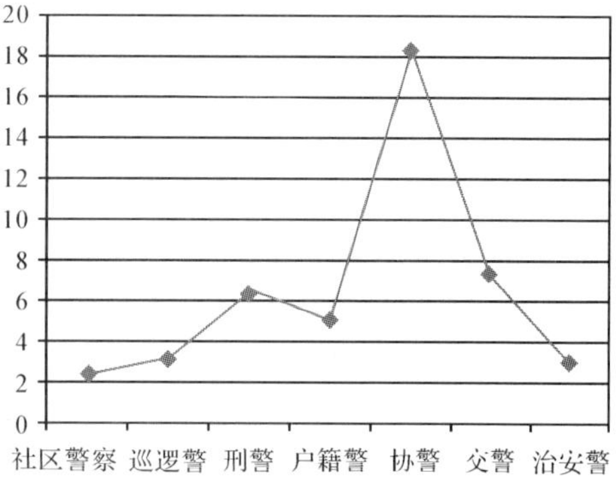

图 36　仇恨警察

8. 在“我仇恨警察”的等级上，人们最仇恨的是协警，百分比远远高于其他警种。其次是交警、刑警、户籍警、巡逻警、治安警，最不仇恨的是社区警察。见图 36。

9. 在“我想打警察”的等级上，人们最想殴打的是协警，所占百分比远远高于其他警种。其次是交警、刑警、户籍警、治安警、巡逻警，百分比最小的是社区警察。见图 37。

通过分析大致可以看出，社区警察、户籍警和治安警与居民的社会距

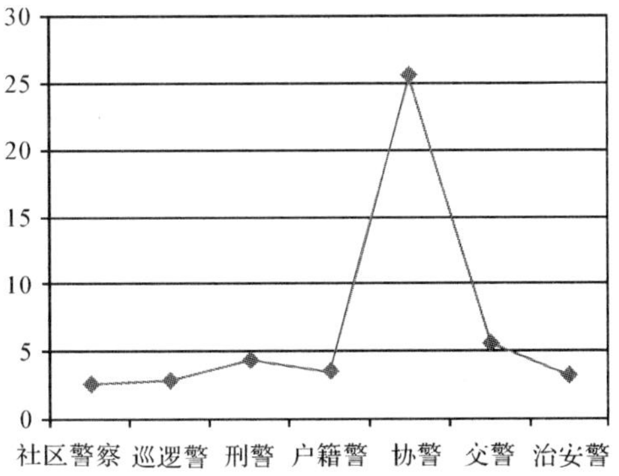

图 37　想打警察

离较小，而协警、刑警和交警与居民的社会距离较大。

五、相关性分析

我们在假设中，设立了经济地位假设、文化差异假设和空间隔离假设。下面我们通过相关性的分析，来说明三大假设的检验情况。

(一)经济收入与社会距离相关性

数据分析结果表明，居民的经济地位对警察工作性质和工作难度理解(警察工作繁忙辛苦，有许多不为人知的苦衷，工作压力大，警察都是正义的；我敬佩他们的辛勤劳动，理解他们的难处)、认同(如果有机会，我想当一名警察)、能力信任和职业信任(我认为警察具有正确解决问题的能力；我很信任警察，在遇到困难时我倾向于向警察寻求帮助)、工作支持意愿(在警察需要时，我愿意尽一切所能配合他们)、声望(警察警容风纪好)有一定影响。经济地位越高的居民，他们对警察的理解、信任、认同、支持程度越低，与警察的社会距离越大；反之亦然。这说明，高收入阶层与警察的社会距离较大，低收入阶层与警察的社会距离较小。这个结论推翻了假设一。见表 4。

表 4　经济收入与社会距离指标的相关性

	工作性质理解	工作难度理解	职业认同	能力信任	职业信任	工作支持意愿	警容风纪评价
相关系数	0.221**	0.130**	0.119**	0.180**	0.171**	0.195**	0.153**
置信度	0.000	0.000	0.001	0.000	0.000	0.000	0.000
调查总体	747	747	744	745	750	748	750

注：** 在置信度(双测)为 0.05 时，相关性是显著的

(二)教育程度与社会距离相关性描述

通过相关性分析我们发现，文化程度与理解(警察工作繁忙辛苦，有许

多不为人知的苦衷，工作压力大，警察都是正义的，我敬佩他们的辛勤劳动，理解他们的难处)、支持意愿(在警察需要时，我愿意尽一切所能配合他们)、新闻信任(我非常相信新闻中报道的有关警察的正面新闻)有一定相关性。文化程度越高的居民，他们越不理解警察，越不愿意支持警察，越不信任警察，反之亦然。数据分析结果推翻了假设二。见表 5。

表 5　教育程度与社会距离的相关性

	理解	理解	支持意愿	新闻信任
相关系数	0.129**	0.105**	0.121**	0.104**
置信度	0.000	0.004	0.001	0.004
调查总体	764	766	767	770

注：** 在置信度(双测)为 0.05 时，相关性是显著的

上述分析说明，文化程度较高的城市居民与警察的社会距离较大，而文化程度较低的人与警察的社会距离较小。

(三)见警率与主观距离相关性

1. 接触率对主观距离的影响

通过对接触率(是否经常和警察接触)与社会距离指标的相关性分析发现，居民是否经常与警察接触，同居民对警察工作性质的理解、工作难度的理解、执法公正性评价、警察职业认同和警察形象评价具有一定相关性。见表 6。

表 6　接触率与社会距离的相关性分析

	相关系数	显著性(双侧)	总体
工作性质理解	0.106**	0.003	765
工作难度理解	0.144*	0.000	763
执法公正评价	0.167**	0.000	764
警察职业认同	0.132**	0.000	760
形象评价	0.109**	0.003	761

注：** 在置信度(双测)为 0.05 时，相关性是显著的

2. 见警率对主观距离的影响

见警率就是接触率，它是测量空间因素对社会距离的影响的重要因素。在社会距离理论中，空间接触是影响社会距离的重要因素，见警率是警察与社区居民空间接触状况的重要表现。见表 7。

表 7　见警率与社会距离相关性分析

	相关性	显著性(双侧)	总体
执法公正评价	0.193**	0.000	771
对警察理解	0.122*	0.017	767
对警察信任	0.196**	0.000	788
亲和程度	0.220**	0.000	771
支持意愿	0.113*	0.027	793
治安参与意愿	0.219**	0.000	793

注:** 在置信度(双测)为 0.05 时，相关性是显著的

调查发现，居民与警察的接触频率对社会距离的影响比较明显。这个调查结论和其他研究的结论一致。缩小警民距离的有效方法就是警民要高频率地接触与交往。

从西方社会距离理论看，收入和文化水平同与警察的社会距离呈现正相关关系。然而，我们在分析警民距离时，却得出了相反的结论，这是社会距离理论研究的一个新发现。

六、政策建议与讨论

根据数据分析结果，本研究提出如下政策建议：

第一，要提高警民接触率。通过具体政策调整，鼓励社区群众与警察多接触。只有通过不断的接触，才能够让人民群众了解警察工作，改善群众对警察工作的偏见，从而树立警察亲民、爱民的形象，充分展现公安机关多年来警务改革的成效。

第二，要开展网络警务，树立网络社会治理理念。调查显示，虽然群众对警察的理解和信任程度较高，但对警察的认同程度和亲近程度较低，对警察的声望评价也比较低。我们的群众工作还没有做好，职业形象的重塑也面临艰难挑战。怎么办？本研究认为，这个政策调整具有较大难度，除了不断落实民意警务、民生警务外，还应大力推动网络警务的建设，开展网络群众工作，学会使用疏导的方式，树立合作、协作的警民关系理念。工作上，要不断增加工作透明度，提高执法办案质量，减少人情案件。

第三，要考虑继续深化公安体制与机制改革，对公安机关的组织机构继续进行网络化、扁平化改革，向机构改革和网络技术应用要警力。一方面，要改善警察待遇，提高警察幸福感，调动警察工作积极性，另一方面，要鼓励警察开展网络社区警务，保证较高的警民接触率。

第四，在警务工作开展上，要考虑做好高收入层、高文化层人群的警务工作。建议学习新加坡经验，推行碎片化警务。警务工作站或警务室要进高校、进工厂，城市警察要学会做大学生的警务工作，一方面开展各种

服务，另一方面开展教育宣传工作，与大学生做朋友。要在高档工作城区，如北京市的 IT 产业园，建设警务室，为高级知识产业人员提供各种服务。

第五，协警在本研究中只是一个比较变量。但研究表明，协警工作量大，经济地位、声望地位都很低，建议考虑提高协警地位。

总之，本研究根据西方社会距离理论，在全国五个省市进行了规模不大的统计调查，对当前的警民关系状况进行了初步的研究，存在调查样本量太少、测量工具不够可靠等问题。但是，本研究的一些调查结论与其他领域的社会距离研究基本一致，经济地位、文化差异、交往接触行为对社会距离的影响是确定的。因此，本文的研究结论具有一定的可信度。警民关系的改善受制于多种因素，而要想改善警民关系，公安警察能做的主要是尽可能地提供优质服务，做好分内的工作。不过，需要指出的是，警察从某种程度上看也是弱势群体。在我们大谈特谈为民服务、改善警民关系、提高居民幸福感的时候，千万别忘了的那些常年吃不好、睡不好、压力极大、疾病缠身、家境贫困的基础警察！

参考文献

[1]Robert E. Park, Race and Culture, The Free Press, 1950.

[2]Robert E. Park and Ernest W. Burgess, Introduction to the Science of Sociology including the Original Index to Basic Sociological Concepts, The University of Chicago Press, 1969.

[3]D. D. Steinberg and L. A. Jakobovits, eds, Semantics: An Interdisciplinary Reader in Philosophy, Linguistics and Psychology, Cam-bridge: Cambridge University Press, 1971.

[4]E. S. Bogardus, Measuring Social Distance, Journal of Applied Sociology, Vol. 9, 1925.

[5]Edward O. Laumann, Subjective Social Distance and Urban Occupational Stratification, American Journal of Sociology, Vol. 71, 1965.

[6][美]彼得·布劳著，王春光、谢圣赞译：《不平等与异质性》，中国社会科学出版社，1999 年。

[7][美]刘易斯·A. 科塞著，石人译：《社会学思想名家》，中国社会科学出版社，1991 年。

[8]许嘉猷：《社会阶层化与社会流动》，三民书局股份有限公司，1964 年。

[9]李强：《关于城市农民工的情绪倾向及社会冲突问题》，《社会学研究》，1995 年第 4 期。

[10]成伯清：《格奥尔格·西美尔：现代性的诊断》，杭州大学出版社，1999 年。

[11]吴泽霖：《美国人对黑人、犹太人和东方人的态度》，中央民族学院出版社，1992 年。

[12]朱力：《农民工的身份定位》，《南京大学学报》，2000 年第 6 期。

[13]张春龙：《民工与市民冲突的社会学分析》，《社会》，2000 年第 2 期。

（作者：卢国显　首都社会安全研究基地研究人员　教授）

北京学研究基地

（北京联合大学）

基地名称：北京学研究基地
依托单位：北京联合大学
项目类别：北京市属高等学校高层次人才引进与培养计划项目

三山五园的地位与定位①

内容提要： 本文分析了三山五园的研究现状，阐释了三山五园的历史地位、价值、现代地位与功能定位，介绍了北京三山五园研究院的定位、宗旨与目标。近十年来，特别是近两年在海淀区委区政府的大力宣传和推动下，对三山五园的关注度明显提升。三山五园是清朝的第二政治中心，其价值是“五位一体”的，包括文化价值、经济价值、生态价值、政治价值和社会价值。三山五园是北京历史文化名城的重要组成部分，是其“双核”之一。北京联合大学和中共海淀区委宣传部合作设立的北京三山五园研究院，是一个开放性科研平台，旨在开展三山五园综合性研究，有力推动三山五园文化遗产的系统保护、价值挖掘、有效传承、整体规划和综合开发，有效服务于北京历史文化名城的保护。

关键词： 三山五园；历史地位；现代地位；功能定位；北京三山五园研究院

三山五园是北京西郊海淀一带清朝皇家园林的总称，通常认为主要包括圆明园、畅春园、万寿山颐和园、玉泉山静明园、香山静宜园。过去，“三山五园”只是一种俗称，也称“五园三山”，历史上，早在150多年以前就有这个称呼了。直到2012年6月，才在北京市第十一次党代会报告里正式写入“三山五园历史文化景区”，这是在市委市政府层面的正式文件中第一次以“三山五园”取代了以往“西郊清代皇家园林”等称呼，这是人们对三山五园认识不断深化的标志。

一、对三山五园的关注与研究现状

对三山五园以及其中单个园林的研究由来已久，成果很多，但是相对而言，“三山五园”的综合性研究成果还不是很丰富，宣传的文章还不够多。

---

① 本文是“北京历史文化遗产空间重构与城市文化建设研究”的阶段成果，项目编号：CIT&TCD20140313。

不过，我们发现，近十年来，对三山五园的关注度明显提升，特别是近两年提升很快，这与 2002 年海淀区提出建设“北京市皇家园林旅游区”有关，与近两年海淀区委宣传部的大力宣传和工作推动有关。

2013 年 11 月 8 日，在中国知网(CNKI)文献总库中，对公开发表的中文文章，以“三山五园”为精确检索词进行全文检索，共检索到文献 1321 条。以“颐和园”为精确检索词进行全文检索，检索到的文献达 3200 多条，圆明园、香山更多达 7000 多条，即便畅春园也有 2400 多条。万寿山、玉泉山、静明园、静宜园的检索数据跟畅春园大体相当。①若进行主题检索，与“三山五园”相关的才有 199 条；以“三山五园”为关键词的文章，仅有 101 条；篇名中包含“三山五园”一词的文章只有 25 条。以“颐和园”进行检索，主题检索结果是 1600 多条，关键词检索结果是 3700 多条；篇名检索结果是 550 多条。

通过检索可知，在已经完成的硕士、博士学位论文中，关于圆明园、颐和园等中国皇家名园的研究已有不少。在硕博论文正文中，提到“三山五园”的有 208 条，主题中包含“三山五园”的有 10 条，以之为关键词的有 4 条，将其作为篇名的仅有 1 条。

以上是期刊、报纸、辑刊、论文集、学位论文等几种不同类别文献中文文章数量的总体情况。检索结果说明，对三山五园中单个园林的研究成果非常丰富，也比较深入，但是关于三山五园的整体性研究成果还不多，已有成果多是关于三山五园的介绍、历史变迁和对文化遗产保护的呼吁，较为深入的综合性学术研究成果还比较少，也就是说将“三山五园”作为一个地域综合体的关注度相对较低。

此外，通过读秀图书搜索网检索出来的相关中文图书有 74 种，其中与三山五园关系比较密切的有 38 种。总体看来，三山五园的学术成果中缺乏有分量的大部头专著，这就说明当前十分需要对三山五园进行全面、深入、系统、综合性的研究。

二、对三山五园历史地位和价值的认识

三山五园地区历史悠久、文化底蕴深厚。自辽、金以来北京西郊即为风景名胜之区，至清代朝廷在此大规模营建皇家园林，建设行宫别苑，这里已成为京师的有机组成部分。应该强调的是，北京西郊清代的皇家行宫苑囿是清朝的第二政治中心，从康熙开始，一直到清朝末年，三山五园地区作为清代三个政治中心之一(其他两个中心是紫禁城和避暑山庄)，历史

① 各类文献中有关“三山五园”的中文文章以及中文著作的检索、统计，是由首都师范大学人文地理学专业硕士研究生李欣雅完成的，特此致谢。

地位非常重要。

如何认识三山五园的价值？三山五园的价值是“五位一体”的，包括文化价值、经济价值、生态价值、政治价值和社会价值。现在大家对它的文化价值强调得比较多，也有强调其经济价值和生态价值的，而对于政治价值、社会价值，强调得相对不足。

关于三山五园的政治价值，应该强调的是此区域很好地体现了多民族文化的融合和华夏民族文化的多元一体，是各民族团结、和谐的结晶和象征。由于满族游猎文化的影响，清朝皇帝不喜久居皇宫紫禁城，而是经常在风景优美的畅春园、圆明园、颐和园等西郊宫苑居住、办公，康熙、乾隆等曾多次在三山五园接见各边疆民族首领、处理民族事务。三山五园的园林和建筑以汉民族传统风格为主，不仅移天缩地兼具中国南北方园林的风格，而且兼有少数民族建筑的风格，如位于颐和园万寿山后山的四大部洲就是一组藏式佛教建筑群，又如香山静宜园内的大型佛寺昭庙是乾隆四十五年(1780 年)为纪念班禅六世来京朝觐而修建的，兼有汉族和藏族的建筑风格。这些不同风格的民族建筑组合在一起，统一融入中国传统皇家园林中，非常和谐，也很美观。三山五园在 1860 年第二次鸦片战争中大多被英法联军焚毁，1900 年又遭八国联军洗劫，颐和园等园林后来陆续重建，但圆明园等昔日辉煌无比的皇家园林如今只留下了遗址，深刻铭记着中华民族曾经的耻辱。

关于三山五园的社会价值，这个地区在历史上不只分布有皇家园林，还有驻军、村镇等，其区域功能齐全，社会和谐稳定。我们做三山五园历史文化的保护、传承和开发，需要从宏观到微观全面梳理三山五园的各种组成要素，进行综合性区域保护、开发和建设，一定要考虑惠及当地百姓，保持三山五园区域功能健全、社会和谐，这也是在推进历史文化景区建设过程中需要特别强调的一点。

著名历史地理学家、中国科学院院士侯仁之先生曾经提出北京城市发展历程上的“三个里程碑”：北京城的中心建筑紫禁城是第一个里程碑；新中国建立之后天安门广场成功改造是第二个里程碑；1990 年以后，由于亚运会、奥运会的先后召开中轴线向北延伸是第三个里程碑。[①] 类同此理，三山五园的发展历程也有三个里程碑：清代最终建成的宏伟壮丽的三山五园是中国传统园林艺术的一大杰作，这是第一个里程碑；虽然民国时期部分园林已经对外开放，如颐和园于 1924 年辟为公园，但是在中华人民共和国成立以后，历史进入全新的时期，三山五园的各个园林景区才由皇权至上

---

① 侯仁之：《试论北京城市规划建设中的三个里程碑》，《北京联合大学学报(人文社会科学版)》，2003 年第 1 期。

时代只为封建帝王服务的皇家园林全部转变成为人民服务的园林景区，这是三山五园发展历程中的第二个里程碑；当今把三山五园作为一个地域综合体、文化综合体进行研究，着眼系统保护与整体开发，而且北京市第十一次党代会报告中明确提出"三山五园历史文化景区"这样的综合性概念，实际上这可以看作是三山五园发展历程中的第三个里程碑。三山五园整体保护、传承发展的新时代到来了。

三、三山五园的现代地位与功能定位

三山五园的现代地位，可以高度概括地表述为：是北京历史文化名城的重要有机组成部分，是北京历史文化名城的"双核"之一(其另一个核心是北京明清旧城)。

三山五园地区是当今北京少有的文化遗产要素数量多、质量高、密度大的区域，是海淀区甚至整个京西地区的主导文化要素、标志性文化符号，也是北京难得的大公园、大遗址、大型户外空间，还是首都西北部重要的城市功能区、教学科研文化聚集区、高尚品质生活区、上风上水生态文明区、文化科技融合区等。它具有很多方面的价值和现代意义，文化资源极其丰富，拥有良好的文化经济发展潜力。

与三山五园的现代地位相适应，其在当前北京城市发展中的总体功能定位就是北京历史文化名城"双核"之一，或者目前可以暂且表述为"次核心区"。北京历史文化名城"双核"中的明清旧城要坚持整体保护，三山五园要坚持系统保护，进行"点一线一面一体"的系统保护。

虽然目前北京历史文化名城保护相关条例、办法、规划等都仅仅强调以明清旧城为核心，但是我们不必过于受现有规划和文件表述的限制，因为规划、文件编制者的认识也是与时俱进的。从现有历史文化名城保护规划、文件的表述中可以看到，北京文化历史名城的内涵和外延一直在不断拓展，目前的保护理念和保护体系范围已经是全市域覆盖。

2005 年 3 月出台的《北京历史文化名城保护条例》明确规定：北京历史文化名城的保护内容包括旧城的整体保护、历史文化街区的保护、文物保护单位的保护、具有保护价值的建筑的保护。

同年 4 月颁布的《北京城市总体规划(2004 年—2020 年)》专门设有一章"历史文化名城保护"，强调应充分认识保护历史文化名城的重大历史意义和世界意义，重点保护北京市域范围内各个历史时期珍贵的文物古迹、优秀近现代建筑、历史文化保护区、旧城整体和传统风貌特色、风景名胜及其环境，继承和发扬北京优秀的历史文化传统。这表明我们对历史文化名城的认识有了新发展，将保护范围扩大到整个市域，而且此后在原有明清旧城内 25 片历史文化保护区的基础上又划定了两批 18 片历史文化保护区，这些新划定的保护区中有10片在旧城以外，其中就包括“西郊清代皇家园林”。

2011年12月颁布的《北京市“十二五”时期历史文化名城保护建设规划》提出“十二五”时期北京历史文化名城保护的目标，是要以更大的保护力度、更广的保护范围、更高的保护水平和五年的实施周期，举全社会之力，凝多方智慧，形成旧城整体保护趋于完善、市域文化遗产系统性保护初步建立的北京历史文化名城保护格局。在保护思路中，强调要将保护理念拓展至整个北京市域，进一步完善旧城及市域历史文化遗产和自然景观资源保护体系，使城市发展与历史文化遗产的保护有机结合起来；同时，强调要坚持旧城在历史文化名城保护中的核心地位，坚持旧城整体保护。在实施重点任务中提出拓展历史文化名城保护内容及内涵，包括“初步建立西郊清代皇家园林保护区保护管理体系，编制保护区总体规划，划定保护范围，加大颐和园、圆明园周边环境整治力度”。从中可以看出，对于历史文化名城的认识在深化、视野在拓宽、保护外延在扩展，而且明确了“西郊清代皇家园林保护区”在北京历史文化名城中的重要地位。

2012年6月，北京市第十一次党代会报告提出，要积极实施历史文化名城保护和利用工程，推进中轴线申遗工作和世界名园保护，统筹推动西山八大处文化景区、海淀“三山五园”历史文化景区、十三陵明文化景区建设，加强历史文化遗产的科学保护和合理利用。八大处的规模有限，十三陵离城区较远，使得它们都不能与三山五园相比。三山五园具有独特的地位和优势，而且第一次在政府文件中被命以“三山五园”名称，其在北京历史文化名城中的地位进一步上升，应该确定为北京历史文化名城的“双核”之一。

海淀区委区政府根据市委市政府对三山五园地区的战略定位，给予三山五园多项具体的功能定位和明确的建设目标，初步确定三山五园历史文化景区建设的核心内容是：努力把三山五园历史文化景区建设成为具有世界影响力的文化遗产科学保护示范景区和文化旅游创新发展示范景区。预期通过三到五年的时间，使该地区环境面貌得到彻底改观，历史风貌得到恢复，文化魅力充分彰显，旅游形象全面提升，初步建设成为具有世界影响力的中心城市的重要功能区、历史文物保护区、古都风貌代表区、文化和科技融合发展示范区以及世界高端旅游目的地，使这一具有悠久历史的地区持续保持旺盛的文化生机与活力。①

① 陈名杰：《海淀“三山五园”历史文化景区保护利用与城市功能提升》研究报告，未发表稿，2013年。

四、北京三山五园研究院的定位、宗旨与目标

北京三山五园研究院是北京联合大学和中共海淀区委宣传部合作共建的开放性科研平台。研究院建有北京三山五园文献馆，进行专题资料的收集、保存、利用和传播。研究院下辖的北京联合大学文化传承协同创新中心，是一个校级实体科研机构，是北京三山五园研究院的办公室所在，有专职工作人员。研究院设立专家委员会，聘请国内外知名专家学者和行业专家、企业高层管理人员担任委员。研究院专兼职研究人员相结合，并面向社会特聘研究员。

三山五园研究院的定位，是面向校内外、海淀区内外、国内外开放，各领域、多层次协同创新、整合资源、联合攻关，围绕三山五园文化遗产保护与传承发展深入开展全方位、多要素、综合性、系统性研究的高水平学科建设、学术研究、人才培养、交流合作、文化传承和文化经济发展促进平台，宏观、中观、微观研究相结合，基础性研究和应用性研究相结合，学术研究和开发规划设计、产业发展促进相结合，课题研究和人才培养相结合，旨在开展三山五园综合性研究，有力推动三山五园文化遗产的系统保护、价值挖掘、有效传承、整体规划和综合开发，有效服务于北京历史文化名城保护、首都全国文化中心建设和文化大发展、大繁荣。

北京三山五园研究院是高等学校和政府部门合作建立的学术研究机构，一方面可以及时了解政府部门的工作导向和相关信息，另一方面又可以发挥学校教师学术研究的特长，对三山五园的系统保护、价值挖掘、有效传承、整体规划和综合开发进行有力的学术推动。如可以率先提出将三山五园作为北京历史文化名城的“双核”之一，并对这一定位进行深入的学术研究和具有说服力的科学阐释。

研究院的发展目标，是努力建成首都北京文化传承协同创新研究基地和智库，并向国家级文化协同创新中心迈进。

（作者：张宝秀　北京学研究基地负责人　教授）

北京党建研究基地

（中共北京市委党校）

基地名称：北京党建研究基地
依托单位：中共北京市委党校
项目类别：北京市社会科学基金项目

思考历史才能牢记历史

内容提要：2012年11月，作者在《中共党史研究》发表《中共党史研究的人文性问题》一文，提出建立“反思的人文史观”。本文系该文的续篇。针对中共党史研究中存在的“问题意识缺失”，本文强调必须对历史进行理性的思考，思考历史研究的疑难，反思唯物史观，注重“历史进程中的人性”。本文坚持实事求是的学风，尊重历史，着力从现实当中发现问题，回到历史当中去深入思考，提高史识，增强认知能力。本文的部分内容于2013年9月—11月，曾在《北京日报》理论周刊发表，题目为《探求“活泼泼的有生命的历史”》《为何而乐，亦为何而惑?》。

关键词：思考；历史；人文；史观；史识

一、引　言

2012年11月，我在《中共党史研究》发表《中共党史研究的人文性问题》一文，提出了在中共党史研究中确立反思的人文史观。反思的人文史观究竟包含哪些内容呢？肯定见仁见智。结合中共党史研究存在的问题，我认为，至少有以下六方面内容值得予以高度重视。其一，重新认知人的本质，辨识人与历史的关系。离开人，便没有历史可言。然而人又是十分复杂，且充满矛盾的。司马迁所谓“通古今之变”的前提是“究天人之际”。大凡有成就的史学家，都具有历史人物研究的专长，这已是不争的事实。其二，将历史视为人类文明的发展演变过程，寻求人类共通的价值取向。要知道：人类文明史不仅仅是阶级斗争的历史，将阶级斗争夸大为全部文明史的内容完全不符合历史的逻辑和历史的内在规律。其三，党性与人性、民性并不构成根本的对立面，党性的内涵需要随着时代的变化而“与时俱化”，赋予符合时代潮流的内涵。其四，“以人为本”与“实事求是”不可脱节，坚持“实事求是”的历史主义原则，尊重中华民族的文化创造力，尊重中华文化的历史传统。在儒学传统中，“实事求是”的重要前提不容忽视，这就是“修学好古”“述而不作”。其五，在史学研究中，深刻反思“以论代史”的危害，笃信“理在事中”的古训，负责任地写出信史。其六，全力摈弃人为的、主观的斗争性，凸显历史过程的矛盾性、复杂性、客观性和偶然性。

反思的人文历史观不是凭空臆断，它的理性前提是文化自觉。通过历史反思，实现文化自觉，认知“人文性”的实际存在及其重要价值。在探索人文史观的学术实践和历史教学中，我感到，需要让研究生加强对历史的思考，在思辨中认知历史，发现问题，生成历史智慧，并且真正使这种思考成为“有责任的思考”(胡适先生语)、理性的思考。2013 年新学年伊始，我给在校硕士生讲授“中国近现代史”课，在导论课上，我问学生：为什么要学习历史？对历史课感兴趣吗？学生们的回答不乏以史为鉴之类的泛语，但也有学生说，想要探求未知。对历史知识绝不能死记硬背，需要有真正的理解。这些学生的回答值得重视，他们的看法正是现实中历史教学的问题所在。怎样才能从历史过程中探求未知？如何才能真正理解历史，并且不忘历史？在我看来，必须学会思考历史。假如对历史没有理性的、深层的思考，也就不会有未来，只有牢记历史的教训，才能更加自觉地开创未来。

二、思考历史的意义：培育认知理性

思考历史的意义首先在于培育认知理性。我们经常听说，智者不惑。然而对常人来讲，又必须承认确实有惑，尤其是对历史。由于我们缺少必要的历史知识和历史学训练，难于对历史问题做出理性的自我判断，往往满足于给定的经验性结论，根本谈不上有思考，这恐怕就是最大的惑。

在我的历史课堂上，就存在着各种困惑。有同学甚至直言，说困惑还好，在很大程度上，我们是无知，根本谈不上困惑，因为困惑出自于已有的历史知识的积聚。假如连基本的知识(常识)都没有，又何谈有惑呢？

我至今清楚地记得，几年前，我讲中国现代文化史，为便于学生理解历史事实，就请他们一起“看图说话”。我给他们看了一张当年清华大学红卫兵砸清华园的照片，想从中引发他们对“庚子赔款”和清华校史乃至中西文化的思考。没想到学生不解此意，更有一位女生问道：这样干，中央知道吗？当时的我真被这个突如其来的发问怔住了，无言以对，只有对多年来历史虚无主义影响的惊愕。思量之后，当我再用另一幅历史照片加以说明的时候，提问同学那张茫然的面孔着实让我终生难忘。此时此刻，英国著名史学家柯林伍德那个引发世人争议的结论——“一切历史都是思想史”，也同时在我耳边回响。

在我的历史课堂里，学生们的困惑更源自于对正面历史人物的不理解，以至于使我认为，要给那些已经被定式化、英雄化的正面历史人物正本清源，其中的难度要远远大于为反面历史人物的错误评价纠偏。因为，在我们的头脑中已经形成了特定的、先入为主的范式(英文中相应的词是 paradigm)，对这种范式，我们根本没有做过深入的反思。而恰恰在这种范式的影响和制约下，最大的问题就是头脑中完全没有问题，也无力回答问题。李大钊就是一个显例，我引导学生思考，使他们有了初步的困惑，也产生了诸多问题。作为中国共产主义运动的奠基人，李大钊为什么会始终主张调和？他为何在临刑前直呼其“天”？他为什么很少出席党的全国代表大会？他又为何没有担任过党的重要领导职务？他和那些所谓“资产阶级民主派”“资产阶级知识分子”究竟是什么样的关系？他会有“自由主义思想”吗？等等。

与这些惑相对的是乐。我们发现，今天的青年人很容易产生偏激情绪，又会为严肃、重大的历史事变所牵动，沉浸于亢奋之中。这种亢奋与影视作品和网络的感染有关。三年前，有一部献礼的历史巨片获得了极高的票房价值，成为商业运作的典范。然而我也听说，该片放映时在影院中招来一片笑声。为何而笑呢？某电视台邀我去做“影评”，我便向公众提出一系列问题，在网络时代，在市场经济条件下，我们接受历史知识的途径、渠道、手段是否应该多元化？我们了解历史是否应该更多地依靠文本？我们能否多些理性的、冷静的历史思考？我们不能任凭历史被政治化、说教化，也不能让历史被商业化、庸俗化。否则，我们必将惹怒历史，会受到历史的惩罚。

在现实生活中，类似的问题不胜枚举。那么，究竟惑从何来？又因何而乐？我以为，都与人们对历史的无知有关，也都和缺乏历史的认知能力相联系。当我们对历史茫然无解的时候，肯定是思想上出了问题。因此，我特别提倡对公众进行历史认知能力的培育，提高其客观认识历史的自觉，并且使其努力身体力行。在为党政干部学员设计历史教学时，针对成人特点，我根据“阅读史著”提出问题，要求他们学会问为什么，带着问题学习历史，让他们切身感受历史的乐趣，自然就会记住历史。三年前，我还曾“送史下社区”，为北京市北太平庄街道的退休人员讲授中国共产党的历史，重点放在“释疑”，希望帮助更多的人学会在思考中学习历史，收到了良好的社会效果，也给我以深刻的启示。不可忽视，在民间，确有思考历史的需求。

三、思考历史的基本条件：尊史与反思

思考历史必须尊重历史，实事求是。史事必须达到真实可信。

作为中国史学认识论的根基，“实事求是”由东汉史学家班固首倡。班固(公元 32—92 年)，字孟坚，陕西扶风人，出身于世代仕宦之家，博览群书，“九流百家之言，无不穷究”。在编撰《汉书》时，他为河间献王刘德(汉

景帝之子)立传，赞其收集古籍、明知深察的治学精神可嘉，称其美德为“修学好古，实事求是”，信其必“留其真”于世。

在班固眼中，刘德对中国古典文化力求精深义达，在掌握充分的事实根据的基础上，才从中去求得正确可靠的结论。因此，要全面理解“实事求是”，不能离开“好古”的前提。“好古”(注意不是“厚古”)就是要善待、尊重历史事实和历史传承，不允许随意歪曲、篡改历史事实，割断历史过程的内在联系。这里有必要记住：在这方面，历史上确实留着惨痛的教训。

需要指出，在中国思想文化史上，东汉史学家着意强调“修学好古”“实事求是”绝非偶然的心血来潮，它有着不容忽视的历史根源。我们知道：自秦统一以来，无论是秦始皇的“焚书坑儒”，还是汉武帝的“罢黜百家，独尊儒术”(章太炎另有“洞见”：“其实非只废绝百家，亦废绝儒家，孟子、荀卿之书，汉武以后不立博士也”[①])，都是专制主义政治对古代思想文化的莫大摧残，其恶果在于，从根本上模糊了真实的历史事实，从而使后世忘却民族完整的历史。汉代知识分子格外尊重历史(还有司马迁作《史记》亦可为证，他立志创出“实录”，留下信史。“究天人之际，通古今之变，成一家之言”)，力图倾全力挽救业已惨遭灭绝的古代文化学术，当然要力行“实事求是”，并努力使之成为整个学界不可逆转的学风。从这个意义上讲，“实事求是”体现着中国文化学术的生命力所在，反映了中国学术史发展之必然。

其实，在史学发展过程中，不仅需要审视“实事求是”之学，而且更要珍视为学的“实事求是”，章太炎先生就敢于公开申明自己“趣在实事求是”，更显现其学术志向的洒脱与精神境界的高尚，与西方学术为知而知的学统有异曲同工之妙，给后人留下了深刻的启迪。

我们还要看到，历史研究之美在于求真求实。历史事实与历史真实虽仅一字之差，但却有着很大的区别。无须讳言，在现实的历史研究和对历史的宣传中，有些事实会被人为地回避，有些事实会被人为地歪曲，有些事实甚至会被人为地篡改，从而极大地危害了历史的真实性。因此，从这个意义上讲，历史研究是一种有责任的、公共的研究，它要求研究者不应抱有任何偏见，既不能“因人立言”，也不能“因人废言”。它要求研究者正本清源，原始察终。它也要求研究者一定要出于良知，排除干扰，努力地还原历史的真相。

思史必疑史，需要构建理性的问题意识，善于做出反思。我国唐代史学家刘知几著《史通》，专门有“疑古”“惑经”“直书”“曲笔”诸篇，表现出对历史研究的自我反省，开历史认识论之先河，为后人奠定了值得继承的优

① 章太炎：《与柳翼谋论学书》，《章太炎学术论集》，中国社会科学出版社，1997 年，第 80 页。

秀史学传统。

当然，我深知，离开特定的思想时代，要重新唤起人们对历史的尊重和思考，反省历史，总结历史的经验教训，是异常艰难的任务。弄得不好，会对社会产生冲击。再加上某些盲目而偏激的历史宣传，对于今天的中国青年人，与其说唤醒的是理性，还不如说是刺激情绪的躁动。这的确是历史留给我们的难题。

尽管如此，我仍然十分留恋在20世纪80年代的历史反思。经过“文化大革命”磨难的中国共产党人，终于解放思想、深刻反省，形成了一份传世的历史文献——《关于建国以来党的若干历史问题的决议》。1981年6月27日，中共十一届六中全会通过了这一决议。《决议》的起草工作是在中共中央政治局和书记处的领导下，由邓小平、胡耀邦主持进行的。在历时一年多时间里，党内各方面人士畅所欲言、充分酝酿，先后经过中央书记处、4000名党员干部、40多位党的负责同志、中央政治局、十一届六中全会预备会的多次讨论，几经修改，七易其稿。如此重视总结党自身的历史经验教训，在中国共产党历史上是空前的。

这一决议最为引人注目的是反思“文化大革命”。《决议》非常明确地否定了“文化大革命”。“‘文化大革命’的历史，证明毛泽东同志发动‘文化大革命’的主要论点既不符合马克思列宁主义，也不符合中国实际。这些论点对当时我国阶级形势以及党和国家政治状况的估计，是完全错误的”。而且“实践证明，‘文化大革命’不是也不可能是任何意义上的革命或社会进步”。“历史已经判明，‘文化大革命’是一场由领导者错误发动，被反革命集团利用，给党、国家和各族人民带来严重灾难的内乱”。

我一直以为，研究现实中国的变革，一定要回归到20世纪80年代，一定要反思作为这一思想时代关键历史背景的“文化大革命”。应该承认：当代中国马克思主义最主要的理性特征之一就是从思想、理论到实践彻底告别“以阶级斗争为纲”，彻底摆脱斯大林主义的影响，向“真正的马克思主义”回归。《决议》既充分肯定了中国共产党人在中国社会主义建设中对马克思主义的发展，也明确指出了对马克思主义的曲解、背离，及其产生的思想理论误区。《决议》勇于承担历史责任，毫不讳言党在实践当中的失误，而对于毛泽东的错误也能够进行深刻的解析。《决议》不仅从根本上否定了“文化大革命”，否定了“以阶级斗争为纲”，而且从理论上彻底否定了“无产阶级专政下继续革命理论”。这就为当代中国马克思主义的健康发展开辟了新的境界。

显而易见，我们不忘历史，最重要的是要汲取历史教训，以理性捍卫尊严，避免历史悲剧重演。

四、思考历史的目的：丰富和积累“史识”

思考历史的目的是增长和积累“史识”，真正达到知史的境界。论及思考历史，人们一定非常关注其结果。事实上，其过程更为重要。思考历史的过程也就是不断丰富和积累“史识”的过程。

在我看来，“史识”是不为偏见所拘的客观态度，它包含着深刻的思辨。从史学意义上分析，知史有赖于“通识”，知类通达，明辨是非真伪，必须努力构建“史识”。从中国史学史看，是刘知几在《史通》中提出了这一珍贵的历史概念和思想命题。而在《中国思想通史》第四卷中，著者侯外庐设专章①研究刘知几，特别赞许《史通》“以史为主”，阐明治史的“通识”，富有“哲学的意义”。刘知几所讲的具有“通识”意义的“史识”包括“博采”“善择”“兼善”“忘私”“探赜”等诸方面内容，体现了理性的修史方法和历史判断能力。它对于史家固然重要，然而习史者亦可从中获益，明了习史的方向和路径。

“史识”也包含有“疑史”的内容，《史通》中有“疑古”“惑经”等篇，直指传统史学的要害问题。刘知几更敢言，不耻“庸儒末学，文过饰非，使夫问者缄辞杜口，怀疑不展”。

与“史识”相紧密联系的是历史认识论问题。在中国近代史学发展中，对历史认识论的探讨是一个薄弱环节。在中国现代，是李大钊开启了对于历史认识论的探究，其代表作便是《史观》。

李大钊对历史认识论的探讨所涉及的问题包括：史观、史观与历史、史观与人生观、今古论与历史之价值。他提出，要探求“活泼泼的有生命的历史”。“活历史”的内涵就是：历史的进步性、历史进程中的人性、历史学家的自律性。他指出，“实在的事实是一成不变的，历史事实的知识则是随时变动的；记录里的历史是刻板的，解喻中的历史是生动的。历史观是史实的知识，是史实的解喻。所以历史观是随时变化的，是生动无已的，是含有进步的”。② 在他眼里，历史的进步性从史观的演进也可以体现出来。“历史观本身亦有其历史，其历史亦有一定的倾向。大体言之，由神权的历史观进而为人生的历史观，由精神的历史观进而为物质的历史观，由个人的历史观进而为社会的历史观，由退落或循环的历史观进而为进步的历史观”。③

思考历史不仅是一种能力，也是一种修养。实现真正知史，就要树立

① 侯外庐主编：《中国思想通史》第四卷（上册），人民出版社，1959 年，第 277—318 页。

② 李大钊：《史观》，《李大钊全集》第四卷，人民出版社，2013 年，第 321 页。

③ 李大钊：《史观》，《李大钊全集》第四卷，人民出版社，2013 年，第 321 页。

科学的历史观和认识论，实现理性的复归；向历史中寻找人生、寻找世界，寻找自己的追求；从历史知识中发现社会发展变化的本质，完善自我的思想修养。

从自身的研究中，我曾经总结出一条认知理路，体现着“史识”的价值。概括起来是，要从现实当中发现问题，回到历史当中进行思考，让历史告诉未来。

近年来，我所着力思考的是关于人文史观问题，从人类文明的角度看历史、思考历史。我非常赞赏胡锦涛同志在纪念抗战胜利 60 周年大会上曾经说过的一句箴言，“我们不忘历史，并不意味着要延续仇恨”。

我们需要正视，历史学有其特有的知识形式，它更多的是和人性而不是与社会性联系在一起。否则，史学作为人文学科的特殊性就难以得到圆满的解说。联系中国现代史学的发展，不难发现，存在的问题正在于过分夸大史学的科学规律性、阶级性和社会性，从而忽略了史学的个性，使史学陷入公式化、教条化的羁绊。

总之，思考历史是对民族精神的洗礼，它将为最终实现中华民族的伟大复兴提供强大的精神动力。

（作者：侯且岸　北京党建研究基地首席专家　教授）

北京交通发展研究基地

（北京交通大学）

基地名称：北京市交通发展研究基地
依托单位：北京交通大学
项目类别：北京市社会科学基金项目

基于生命周期的环境友好产品项目评估

——环境成本内部化视角①

内容提要： 企业因环保投资使得产品成本增加而面临市场竞争的挑战。本文探讨怎样才能促使企业自愿生产环保产品以降低其对环境的负外部性影响。基于企业和政府双向视角，本文探讨了政府规制—激励政策与投资环保产品经济可行性之间的关系。从产品生命周期视角出发，建立了两阶段模型描述环保产品替代非环保产品的市场渗透特征。以新能源汽车为例，就规制—激励政策对环保产品的商业可行性和环境成本内部化的影响进行了量化分析，并对投资环保产品的净现值盈亏平衡进行了评价。研究结果表明，对政府货币化规制—激励政策的要求与环保投资额、运营成本增量、环保产品盈亏平衡销售量紧密相关，并受投资节能减排环保技术的成本效率和经营风险的影响。

关键词： 环境成本内部化；项目评价；生命周期；净现值

一、引　言

以牺牲自然环境资源为代价的企业商业行为损害了环境的可持续性，且程度愈发严重，引发了经济发展与环境可持续性的矛盾，这一问题受到了全世界的广泛关注。企业往往只顾追求其经济利益而忽视其造成的环境负外部性。环境负外部性是指企业的生产经营活动对环境造成了严重损害，但企业却不须为此付出代价。从整个社会环境来看，环境负外部性导致了市场失灵。以传统(非环保型)汽车为例，其生产和使用对环境造成了尾气损害、威胁到社会公众的健康，但这些损害造成的成本无须由汽车的生产商及使用者承担。由此引发的环境负外部性问题亟须通过内化途径进行消解(由产生污染排放的行为主体承担因损害环境导致的环境成本)，但这个

① 本文是“北京市新能源汽车市场化机制及产品政策研究”项目的阶段成果，项目编号：13JGB021。文章发表在国际学术期刊 Journal of cleaner production(SCI)2014 年第 66 期。

过程市场自身无法解决。环境成本内部化是指使外部性导致的环境成本体现在商品及服务的价格上。环境成本内部化过程提高了市场及个人参与社会运作的能动性(Henk, 1997)。通过将环境成本反映到商品及服务的价格上，外部环境因素被内化到了生产、服务和消费领域，污染者为污染防治、废物处理、资源消耗的恢复成本付费(Environment Agency of Japan, 1995)。对于谁应该承担环境成本的问题，"污染者付费"是环境成本内部化的原则(Forslind, 2005)。该原则的应用还涉及对损害的货币赔偿的评估(O'Connor, 1997)。环保产品的生产通常需要对环保技术进行投资，成本较高。在竞争市场中，环保产品被视为与非环保产品竞争的类似产品。从长期来看，受环境规制的企业相较于未被规制的竞争对手处于竞争劣势(Jaffe等, 2002; Thomas, 2009)。因此如何从经济上有效地解决环境外部性问题对于全球社会而言都是重要的课题，且并非易事(Leiby 和 Rubin, 2004)，有必要考虑从多方面采取有效的环境规制政策和措施(Lübbe-Wolff, 2001)。丁慧平等(2008)运用环保投资评价模型探讨了环境成本内部化对企业经济的影响，研究表明投资环保技术导致环保产品成本较高，不利于市场竞争，需要采取政策激励环保产品并规制非环保产品。Dobos (2001)研究了政府在企业投资环保项目中的作用以及环保政策对企业经营战略决策的影响，证实了政策确实会对商业投资决策产生影响。Luken 和 Van Rompaey (2008)研究发现政策规制和市场(成本)竞争对污染严重的行业是更为重要的影响因素。Fernandez-Vine 等 (2010) 研究发现环境管制是委内瑞拉中小企业生态保护效率的驱动因素，且其影响程度取决于对制度的执行效果。Kosugi 等 (2009) 就全球主要环境问题模拟了环境成本内部化，并用生命周期模型评估其结果。研究发现环境成本内部化会增强对森林的保护并减少化石燃料的消耗。

已有的研究文献大多侧重于宏观层面，未能深入到社会经济单元体层面，从企业和政府双向视角对解决企业个体利益与公众环保诉求之间矛盾进行探讨，且从产品生命周期视角量化分析规制—激励政策对投资环保产品的推动作用的研究还很少。本文旨在从企业和政府双向视角探究规制—激励政策与投资环保产品经济绩效的关系，探索企业通过投资环保产品降低环境污染并同时实现其经济可持续发展，促进经济与环境协调发展的机制。

二、环保产品的经济政策分析

从环境可持续性视角考虑，企业生产环保产品，需要增加降低污染的设施来改善其生产方式。企业期望通过环保投资获得收益，如降低污染处理成本或增加销售收入。本文将探讨环保投资的经济可行性，量化分析企业环保产品项目的净现值(用 ΔNPV 表示)，为企业评估环保项目投资提供理论依据和方法。为便于分析，定义如下变量：

I＝项目初始环保投资

P_H＝环保产品价格

P_U＝非环保产品价格

Q_H＝环保产品年产销量

Q_U＝非环保产品年产销量

g＝环保产品销售量年增长率

W_H＝环保产品每年支付的污染物处置费用、废旧产品回收成本

W_U＝非环保产品每年支付的污染物处置费用

T_H＝企业环保投资项目(单位产出)获得的税收优惠和政府补贴

T_U＝企业非环保产品(单位产出)致使污染环境而受到的罚款支出

C_H＝单位环保产品的变动成本

C_U＝单位非环保产品的变动成本

C＝投资环保产生的单位平均增量成本

r_1＝环保投资项目初期发展阶段适用的贴现率

r_2＝环保投资项目发展至稳定阶段适用的贴现率

ΔC ＝环保投资项目每年支付的增量运营成本

ΔS＝环保投资项目每年的增量收入，主要包括销售收入变化和环境成本减少，即 $\Delta S=(P_HQ_H-P_UQ_U)+(W_U-W_H)$。

ΔNPV＝环保投资项目的净现值

企业进行环保项目投资，可降低对环境的污染，其环境处置成本也会随之降低，即有 $W_H<W_U$。借鉴丁慧平等(1999，2008)的分析思路，研究竞争市场条件下环境成本内部化对企业经济的影响。如图 1、图 2 所示，可以通过边际成本分析考察环境成本内部化对企业行为的影响，在竞争市场环境下所有市场参与者都是价格的接受者。图 1 中实线(MC_U)表示非环保产品的边际成本。为使生产环保产品在经济上可行，政府对非环保产品征收罚款，使其承担污染的成本。由此非环保产品的边际成本曲线会相应上移 T_U，如虚线所示。图 2 显示政策激励下环保产品的边际成本曲线。由于生产环保产品需要额外的环保投资及运营成本，因此环保产品的边际成本较高(如实线 MC_H)所示。为鼓励企业投资生产环保产品，政府采取激励性货币政策以降低环保产品的边际成本，使其边际成本曲线下移 T_H 至虚线，此时 T_U 对环保产品而言是成本节约。可见，要使环保产品成本上具有竞争力，需要政策激励达到一定水平，为此我们的问题是，政府需要提供多少货币政策激励才能使环保产品生产在经济上可行？这个问题将在下文进行分析。

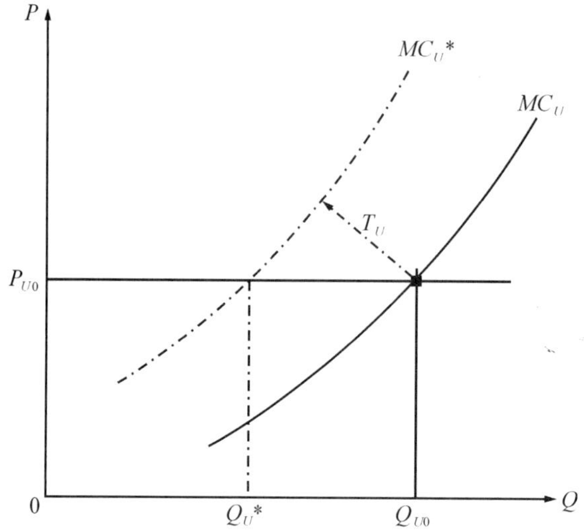

图 1　非环保产品的边际成本分析

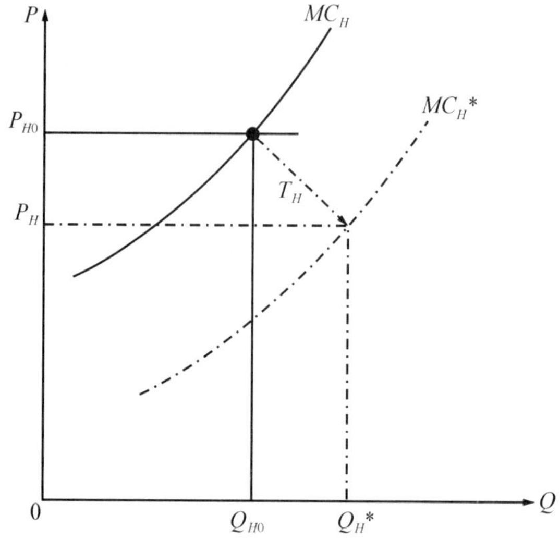

图 2　环保产品的边际成本分析

三、两阶段模型评估环保产品投资项目

(一)环保产品投资项目发展阶段特征分析

在项目初始投资一定的情况下，相对于传统项目而言，环保投资的收益效果取决于初始投资的增加和增量现金流($\Delta S-\Delta C$)的变化。由上述分析可知，在环保项目投资的初期阶段，因环境设备投入会带来较高的成本增加，环保收益显现尚需一个过程，即项目初期环保产品销售量不会达到产能水平，商业不确定性较大，该阶段项目净现金流增量可能为负。随着项

目进展，政府和公众的支持作用开始显现，商业风险会降低。随着 ΔS 逐渐上升，达到一定规模时，ΔS 会大于 ΔC 并开始回收初始投资。在 $(\Delta S-\Delta C)$ 为正后，进入项目的发展阶段，项目净现金流增量开始呈稳定增长，达到一定程度时，净现金流量增速变缓逐渐趋于零，此时项目进入稳定阶段。由此，环保产品的生命周期可分为两阶段：包括初期市场渗透发展阶段和逐渐增长至稳定阶段，如图 3 所示。

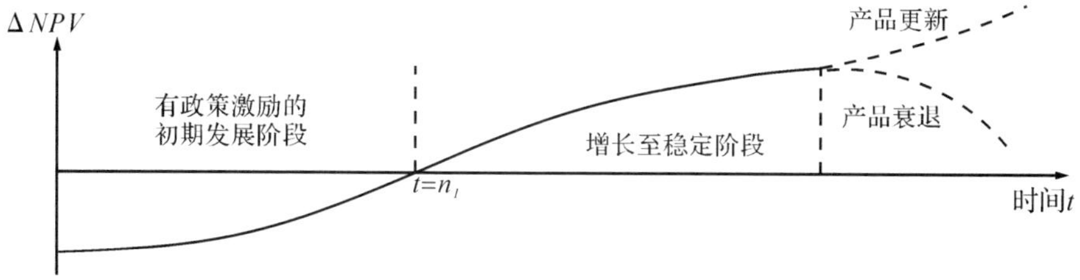

图 3　环境成本内部化项目净现值趋势

企业的期望目标是在产品项目达到盈亏平衡后实现盈利，我们的研究重点是如何量化政府政策，从而使得环保产品能渡过初期发展阶段实现盈亏平衡，在此之后政府的激励政策将推出。为此，本文侧重研究初期发展阶段。实际上，环保产品的后续更新也可采用类似的方法进行分析。分析环保产品生命周期的动态特征，可将 ΔNPV 划分为如图 3 所示的两阶段。在初期阶段，项目经历了 ΔNPV 逐步由负到零的转变，实现环保投资的净现值盈亏平衡；之后是以 $\Delta NPV=0$ 为起点并显著增长直至稳定阶段的发展过程。整个项目的净现值可表示为：

$$\Delta NPV = \Delta NPV_1 + \Delta NPV_2 \tag{1}$$

ΔNPV_1 和 ΔNPV_2 分别为项目在两阶段的净现值。环境成本内部化的目标是使环保产品可持续发展。考虑到产品生命周期特征，不同阶段产品生命周期企业面临的商业风险不同。大体来讲，环保产品投资初期风险较大，之后阶段随着市场渗透风险逐渐降低。相应地，较低风险的资本投入对应着较低的投资必要报酬率，因此 $r_1>r_2$。为方便分析，令 $t=0$ 到 $t=n_1$ 表示发展初期阶段，$t=n_1+1$ 到 $t=n_2$ 表示增长至稳定阶段。

（二）环保产品项目投资净现值分析

环保产品项目投资净现值分析如下。

1. 发展初期阶段

在该阶段，伴随环保投入给企业带来的增量收入逐渐增长和超过增量成本，$(\Delta S-\Delta C)$ 由负转为正，ΔNPV_1 逐渐由负趋于零。该阶段期间，为使环保产品在竞争中得以生存，考虑政府一方面给予补贴和税收优惠 (T_H)，另一方面对非环保产品增加税赋或征收罚金 (T_U)。令政府给单位环保产出

提供的政策货币 T_H+T_U 的总额为 T_t。当 $t=n_1$ 时，达到 $\Delta NPV_1=0$，此时环保产品项目投资净现值 $\Delta NPV=\Delta NPV_1$，可表示为：

$$\Delta NPV_1=-I+\sum_{t=1}^{n_1}\frac{\Delta S_t-\Delta C_t+\Delta T_t}{(1+r)^t}\quad(0<t<n_1)$$

$$\Delta NPV_1=0\quad(t=n_1)\tag{2}$$

假设政府补贴 T_H 是以单位环保产品平均成本增量为基础按一定比例计量，即 $T_H=\alpha C(0<\alpha\leqslant 1)$，$\alpha$ 是成本系数，由环保产品的市场需求、环保技术的投资强度、能源利用、减少污染的效率效果以及商业风险决定，C 表示单位环保产品成本增量的平均水平。由此可以将环保产品的总增量成本表示为 $C\sum_{t=1}^{n_1}Q_{Ht}=(I+\sum_{t=1}^{n_1}\Delta C_t)$，对其改写后可得到：

$$C=(I+\sum_{t=1}^{n_1}\Delta C_t)\Big/\sum_{t=1}^{n_1}Q_{Ht}=\Big[I+\sum_{t=1}^{n_1}(C_{Ht}-C_{Ut})Q_{Ht}\Big]\Big/\sum_{t=1}^{n_1}Q_{Ht}$$

$$(t=1,\cdots,n_1)\tag{3}$$

上式中 Q_{Ht} 是环保产品在 t 时期的销售量，C_{Ht} 和 C_{Ut} 分别是环保产品和非环保产品的单位可变成本。若不考虑时间因素，非环保产品每年净现金流为 $P_UQ_U-W_UQ_U-C_UQ_U$，其中 Q_U 为非环保产品年产销量。在项目初期，环保产品开始部分取代非环保产品，则每年经营现金流可表示为 $P_HQ_H+P_U(Q_U-Q_H)-[W_HQ_H+W_U(Q_U-Q_H)]-[C_HQ_H+C_U(Q_U-Q_H)]+T_HQ_H-T_U(Q_U-Q_H)$，$Q_U-Q_H$ 是尚未被取代的非环保产品销量，规制和激励政策 T_U 和 T_H 被引入以促进环保产品的市场渗透。对投资项目评估，需要以增量的形式考虑机会成本。生产环保产品的机会成本即非环保产品产生的净现金流。在扣减掉机会成本后，投资环保产品项目的年增量经营现金流为 $(P_H-P_U)Q_H+(W_U-W_H)Q_H-(C_H-C_U)Q_H+(T_H+T_U)Q_H$。根据式(2)环保项目净现值可改写为：

$$\Delta NPV_1=-I+\sum_{t=1}^{n_1}\frac{(P_H-P_U)Q_H+(W_U-W_H)Q_H-(C_H-C_U)Q_H+(T_H+T_U)Q_H}{(1+r)^t}\tag{4}$$

为简化计算，假设环保产品销量以速率 g 增长，即 $Q_{Ht}=Q_{H_1}(1+g_t)^{t-1}$，$Q_{H_1}$ 是第一年环保产品销量。假设 g_1、g_2 分别为两个阶段的销售增长率，且在各自阶段内保持不变，$g_1\geqslant g_2$。由式(3)及 $T_H=\alpha C$ 可得出实现环保产品项目净现值盈亏平衡所需的政府补贴如下：

$$T_H=\frac{\alpha I g_1}{Q_{H_1}[(1+g_1)^{n_1}-1]}+\alpha(C_H-C_U)\tag{5}$$

由上式可以看出，所需政府补贴额与盈亏平衡点销售量、初始投资成本、年增量运营成本、销售增长率以及成本因素 α 相关，在其他参数给定情况下，主要取决于环保产品的年销量。在式(4)中对各单位污染处理成本和变动成本采用其平均值，分别用 W_H、W_U、C_H、C_U 表示。将式(4)带入式(5)，并令 $\Delta NPV_1=0$，可得环保产品第一年的产销量如下：

$$Q_{H_1}^{*}=\frac{\dfrac{I(r_1-g_1)(1+r_1)^{n_1}}{(1+r_1)^{n_1}-(1+g_1)^{n_1}}-\dfrac{\alpha Ig}{(1+g_1)^{n_1}-1}}{P_H-P_{UO}+W_U-W_H+(1+\alpha)(C_U-C_H)+T_U} \tag{6}$$

2. 环保产品增长至稳定阶段

$t=n_1+1$ 往后的发展阶段是环保项目净现值从零开始增长到趋于稳定的阶段，自该阶段起政府不再给予政策补贴和税收优惠，由环保产品项目自行在市场竞争中得以持续。项目在该阶段的 ΔNPV_2 可表示为：

$$\Delta NPV_2=-I+\sum_{t=n_1+1}^{n_2}\frac{(P_H-P_U)Q_H+(W_U-W_H)Q_H-(C_H-C_U)Q_H+T_UQ_H}{(1+r_2)^t}\quad st.Q_U\leqslant Q_U \tag{7}$$

环保产品整体项目投资的净现值 $\Delta NPV=\Delta NPV_1+\Delta NPV_2=0+\Delta NPV_2$。

四、新能源汽车项目案例分析

在上述理论研究和项目投资净现值模型构建的基础上，本文将通过某汽车公司新能源汽车项目案例进行分析，新能源汽车具有节能、环保的属性特征，是环保产品项目投资的典型案例。有研究指出影响新能源汽车市场化的因素包括高初始投资成本、充汽充电设施局限、成本竞争压力和激励政策等(Romm，2006；Struben and Sterman，2008)。考虑新能源汽车项目在初期阶段环保投资净收入并不明显，但随着产品市场的拓展，在政策推动和公众推崇下，公司预期新能源汽车项目在 5 年内实现项目净现值盈亏平衡。随着新能源汽车技术成熟度不断提高，预计新能源汽车将在 10 年内更具规模，第 6—10 年为项目的增长至稳定阶段。

(一)新能源汽车项目数据收集

根据市场情况预计项目初始投资成本及运营成本数据如表 1 所示。

表 1　初始投资及营运数据

投资项目	投资成本(百万/单位)
设备设施投资	6673.8
新能源技术研发支出	1800.0
环境技术员工培训费	30.0
总初始投资(I)	8503.8

续表

项目营运数据									
项目	百万/单位	项目	百万/单位	项目	成本系数	项目	百分比%	项目	数量
P_H P_U W_H W_U	1.00 0.80 0.01 0.03	C_H C_U T_U	0.42 0.40 0.08	α	0.3	g_1 g_2 r_1 r_2	5 3 12 10	Q_U	8000

(二)新能源汽车项目初期发展阶段分析

将表 1 数据代入式(6)，可以得到实现盈亏平衡的最佳销量 $Q_{H_1}^*=5932$ 辆。将 $Q_{H_1}^*$ 代入式(5)可得所需得政府补贴额 $T_U=8.38$ 万/辆。初期发展阶段每年销量及累计净现值如表 2 所示。需要注意的是，$Q_{H_5}^*=7211<8000$ 辆，表明最后一期的销量也在公司市场份额之内。

表 2　项目发展初期各期 $Q_{H_t}^*$ 及 ΔNPV_1

t(年)	0	1	2	3	4	5
I(百万)	8503.8					
$Q_{H_t}^*$(辆)		5932	6299	6540	6867	7211
$Q_U-Q_{H_t}^*$(辆)		2068	1701	1460	1133	789
$\Delta S_t-\Delta C_t$(百万)		1186.4	1245.8	1308.0	1373.4	1442.2
T_H(百万/辆)		0.0838	0.0838	0.0838	0.0838	0.0838
$(T_H+T_U)Q_{H_t}^*$(百万)		971.7	1020.3	1071.3	1124.8	1181.2
ΔNPV_1(百万)	−8503.8	−6576.8	−4770.3	−3076.8	−1489.2	0

在考虑竞争市场环境下，为使得投资环保产品在经济上可行，政府需要在多大程度上提供货币激励政策并执行严格的规制政策才合理有效，本文提供的定量分析模型可用于确定政府环境规制—激励政策的量化值，以有助于促使企业从被动转为自愿投资生产环保产品。

(三)新能源汽车增长至稳定阶段

假设公司在该阶段当 $Q_H<Q_U$ 时，销售增长率 $g_2=3\%$；当 Q_H 达到 Q_U 即产能上限时，$g_2=0\%$。将数据代入式(7)，可以得到第 10 年 $\Delta NPV_2=75.13$ 亿。由 $\Delta NPV_1=0$，项目整体净现值 $\Delta NPV=\Delta NPV_2=75.13$ 亿。增长至稳定阶段每年的销售量及项目累计净现值如表 3 所示。本文运用两阶段模型生命周期法对环保产品投资项目进行了评价，发现在竞争市场中，环保产品投资项目在发展初期需要政府的政策支持，以有助于实现其可持续发展。新能源汽车案例表明环境成本内部化不仅对整个社会具有重大意

义，还可以改善商业组织的环境行为，保障环境的可持续发展。同时环境保护需要企业、政府及公众的联合努力。

表 3 增长至稳定阶段各期 Q_{Ht}^{*} 及 ΔNPV_2

t（年）	6	7	8	9	10
Q_{Ht}^{*}（辆）	7427	7650	7880	8000	8000
$Q_U-Q_{Ht}^{*}$（辆）	571	350	120	0	0
$T_UQ_{Ht}^{*}$（百万）	1485.4	1530	1576	1600	1600
ΔNPV_2（百万）	1723.88	3338.07	4849.73	6244.73	7513.01

由表 3 可以看出，从第 8 年开始，新能源汽车已经完全取代了传统汽车。新能源汽车的 NPV 趋势如图 4 所示，虚线部分表示 10 年后新能源汽车产品更新换代的市场需求趋势。

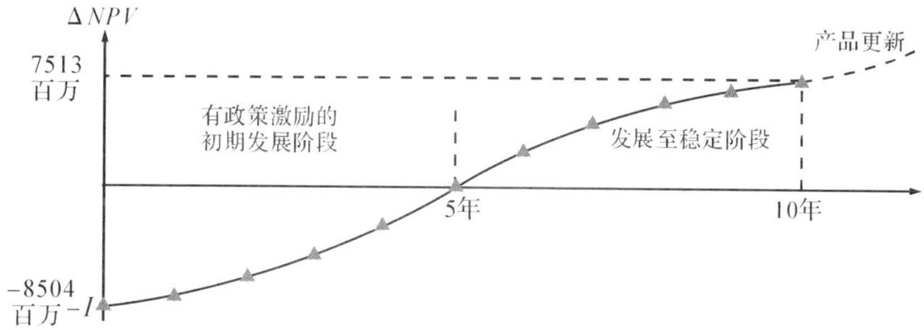

图 4 新能源汽车项目净现值趋势图

五、结 论

环境保护是永恒的主题，基于环境成本内部化的项目投资评价是需要研究讨论的重要问题之一。合理地设计环境规制—激励政策可以推动环保技术的进步（Montalvo，2002；Montalvo 和 Kemp，2004；Sharma 和 Nguan，1999；López-Gamero et al.，2010）。本文基于环境成本内部化视角构建了环保产品项目投资评价及政府规制—激励政策量化分析模型。结合产品生命周期特征，探析了环保项目投资的经济可行性。通过模型分析可以求解实现净现值盈亏平衡的环保产品销量，并由此定量分析得出需要政府给予的政策补贴水平。本文结合新能源汽车案例分析，讨论了新能源汽车项目得以持续发展的情境，论证了在政府、企业和公众的共同努力下，环境成本内部化是解决经济发展与环境保护之间矛盾的有效途径，能够给企业、消费者和社会带来多赢效益，追求经济、环境和社会的可持续发展。本研究期望对企业进行环保投资决策、政府促进产业绿色化的政策制定提供参考和借鉴。

参考文献

[1]Dobos, I., Production Strategies under Environmental Constraints: Continuous Time Model with Concave Costs. International Journal of Production Economics. 2001(71).

[2]Ding, H., Shen, J., Jiang, X., Internalizing Transport Social Costs and Marketizing Electric Vehicle in China. J. North. Jiaotong Univ. 1999, 23 (3).

[3]Ding, H., Liu, L., Ouyang, F., Analysis of Social Cost Internalization and Investment Valuation of Reverse Logistics. In: Proceeding of 2008 IEEE International Conference on Service Operations and Logistics, and Informatics, Beijing, China, 2008, Oct.

[4]Environment Agency of Japan, Harmonizing Environment and Trade Policies. Advisory Group on Global Environmental Problems, 1995.

[5]Fernandez-Vine, M. B., Gomez-Navarro, T., Capuz-Rizo, S. F., Eco-efficiency in the SMEs of Venezuela. Current Status and Future Perspectives. Journal of Cleaner Production. 2010(18).

[6] Forslind, K. H., Implementing Extended Producer Responsibility: The Case of Sweden's car Scrapping Scheme. Journal of Cleaner Production, 2005(13).

[7]Henk, L. M., NCTAD/IRSG workshop, 1997.

[8]Jaffe, A., Newell, R., Stavins, R., Environmental Policy and Technological Change. Environmental and Resource Economics. 2002(22).

[9]Kosugi, T., Tokimatsu, K., Kurosawa, A., Itsubo, N., Yagita, H., Sakagami, M., Internalization of the External Costs of Global Environmental Damage in an Integrated Assessment Model. Energy Policy 2009(37).

[10]Leiby, P., Rubin, J., Understanding the Transition to New Fuels and Vehicles: Lessons Learned From Analysis and Experience of Alternative Fuel and Hybrid Vehicles. In: Sperling, D., Cannon, J. (Eds.), The Hydrogen Energy Transition: Moving Toward the Post-petroleum Age in Transportation. Academic Press, 2004.

[11]Luken, R., Van Rompaey, F., Drivers for and Barriers to Environmentally Sound Technology Adoption by Manufacturing Plants in Nine Developing Countries. Journal of Cleaner Production, 2008(16).

[12]López-Gamero, M. D., Molina-Azorín, J. F., Claver-Cortés, E., The Potential of Environmental Regulation to Change Managerial Perception, Environmental Management, Competitiveness and Financial Performance. Journal of Cleaner Production, 2010(18).

[13]Lübbe-Wolff, G., Efficient Environmental Legislation E On Different Philosophies of Pollution Control in Europe. Journal of Environmental Law, 2001(13).

[14]Montalvo, C., Environmental Policy and Technological Innovation, Why Do Plants Adopt or Reject New Technologies? Edward Elgar Publishing Company., Chelten-

ham, 2002.

[15]Montalvo C., Kemp R., ESTO Project Report: Industrial Cleaner Technology Diffusion, 2004.

[16]O'Connor, M., The Internalization of Environmental Costs: Implementing the Polluter Pays Principle in the European Union. International Journal of Environment and Pollution, 1997(7).

[17]Romm, J., The Car and Fuel of the Future. Energy Policy, 2006, 34(17).

[18]Sharma, S., Nguan, O., The Biotechnology Industry and Strategies of Biodiversity Conservation: The influence of Managerial Interpretations and Risk Propensity. Business Strategy and the Environment, 1999(8).

[19]Struben, J., Sterman, J. D., Transition Challenges for Alternative Fuel Vehicle and Transportation Systems. Environment and Planning B: Planning & Design, 2008, 35(6).

[20]Thomas, W., Do Environmental Regulations Impede Economic Growth? A Case Study of the Metal finishing Industry in the South Coast Basin of Southern California. Economic Development Quarterly. 2009(23).

（作者：丁慧平　北京交通发展研究基地研究人员　教授、博导）

基地名称：北京交通发展研究基地
依托单位：北京交通大学
项目类别：北京市社会科学基金项目

基于新路权分配方案的北京小汽车出行政策措施建议[①]

内容提要：伴随机动车辆的快速增加，北京市交通拥堵日益严重，治堵愈加困难。本文基于路权分配理论，结合学术研究、实证分析以及国内外实践案例，针对不同形式路权分配方案缓解交通拥挤的效果进行了分析，认为机动车总量的快速增加以及机动车不受限使用是造成北京交通拥堵的重要原因，治理北京交通拥堵应采取道路供给增加措施与路权分配相结合的方案。通过比较北京相关数据，发现北京现有路权分配政策存在的问题，并针对这些问题、基于新路权分配方案，提出缓解北京交通拥堵的政策措施建议。

关键词：路权分配；交通拥堵；小汽车出行

一、引　言

机动车的快速增加使北京治理交通拥堵变得更加困难。2005 年北京城市道路平均 1 千米机动车拥有量是 525 辆，经过连续 7 年的巨大投入，到 2012 年，北京市新增道路超过 2200 千米，但平均 1 千米机动车拥有量却多出 248 辆，拥堵程度反而上升。2013 年，北京政府决定启动疏解中心城区人口的方式根治这一顽症。本课题认为，机动车总量的快速增加与机动车不受限制地使用是造成北京交通拥堵的重要原因。依据相关理论及国外实践案例，在对北京交通实证分析后，课题组提出采用路权分配方式能够控制北京小汽车的出行需求，并对此提供了若干建议。

路权分配是对道路使用者在一定空间和时间内拥有道路通行权利的分配，包括上路通行权、先行权和占用权。路权分配目标是保证道路使用的公平、效率与安全。北京及国内外其他城市实践案例均表明，单靠扩张和

① 本文是“北京城市发展、经济集聚与城市交通动态适应性研究”项目的阶段成果，项目编号：13JDJGB035。

优化道路来缓解交通拥堵往往事与愿违，会诱导更多机动车出行。因此，增加道路供给的措施被认为是缓解城市交通拥堵的重要而非唯一措施。“做大蛋糕”与“优化分配蛋糕”缺一不可。路权分配承担着优化道路配置的作用，以路权分配为基础的交通需求管理在治理拥堵方面显示出独特作用，越来越多的国际化大城市将其纳入到可持续发展交通战略之中。北京市也已采用了一些路权分配措施，虽然力度不够，但沿着这一方向探究治堵措施方向正确、意义重大。应用路权分配政策治堵已成为国际的主流观点。路权分配中的道路拥堵收费、停车场收费以及交通税收等多种措施已被越来越多的特大型城市所应用。早在17世纪英国就开始征收道路通行费，但当时并非想通过分配道路空间来缓解拥挤问题，如今，拥堵收费已成为实现道路资源合理配置、平衡道路资源的合理关系及提供道路建设资金的重要手段。

道路收费理论是20世纪80年代前由Arthur Pigou开创、前诺贝尔经济学得主James Buchanan、William Vickrey以及英国前首相撒切尔夫人的主要经济顾问Alan Walters等研究形成的。该理论认为，城市道路是准公共品，为有效利用道路资源，政府部门有必要通过道路收费平衡交通供需关系。诺奖得主Ronald Coase指出道路收费政策是通过政府干预获得合理交通流量的最有效办法。道路自由使用，即使用者不需支付出行费用，导致大量非必需需求的产生，如小汽车的出行，形成拥堵。当城市扩建道路的空间接近极限时，采用路权政策分配稀缺道路资源，缓解交通拥堵就成为一项可替代性选择。路权理论认为，道路收费可以实现卡尔多—希克斯(Kaldor-Hicks)社会福利改进。高收入者重视时间价值，因有能力购买不拥挤的道路而获益。中产阶级则可能由私车出行改选公共交通出行，由于拥堵收费的大部分资金用于改善公共交通服务，因此他们也从中受益。同样改善的公共交通系统为低收入者提供了更为优质的服务，他们是最大的受益者。

路权分配的理论探讨已经相当成熟，实践案例也十分丰富。中国香港、东京、首尔、巴西库里蒂巴、巴黎、伦敦等许多大城市将路权分配纳入到解决拥堵的城市交通战略层面上。计划实施此政策的国际城市也越来越多。

二、不同形式的路权分配方案对缓解交通拥堵的影响效果

丰富的学术研究和政府实证研究分析了不同形式的路权分配方案对缓解交通拥堵的影响效果，主要表现为：

(一)路权分配在引导、控制出行需求方面作用无可替代

路权分配能起到抑制不必要的道路需求，特别是不必要的小汽车需求的作用。新加坡交通战略规划就将“城市交通要最大限度地为必需性交通需

求服务”作为其战略目标之一，通过路权分配提高用车成本，其抑制小汽车的非必需性需求与使用频率的效果显著。例如，实施收费后，拥堵区域交通流量起初下降了 44%，至 1988 年继续下降了 31%。实施类似政策，其效果在其他城市也同样存在，如 2001 年罗马下降了 20%，2003 年伦敦下降了 18%，2006 年斯德哥尔摩下降了 30%。

(二)路权分配能使道路使用效率最大化

路权分配能够有效调节交通出行总量与结构，影响居民出行方式选择，提高道路使用效率。例如，新加坡有 33%～46%的居民改乘公共交通，伦敦高峰时期选择公交出行人数增加了 18%，这极大提高了道路客流通过量，显著提高了道路使用效率。

(三)路权分配能够充分践行公交优先战略

对高密度、特大型城市，路权分配能够充分践行公交优先的城市交通发展战略，能充分支撑城市的集聚发展。例如，新加坡交通日出行量超过了 1000 万人次，其中 1/4 集中在早晚高峰 2 个小时之内，能够承受如此大的客流量得益于其有效的道路使用分配政策。

(四)路权分配能够最大限度地体现道路使用的公平与效率的统一

国外实践表明，交通严重拥堵时期往往也是道路资源严重滥用的时期，这违背了人人公平享用道路资源的原则，也使道路的使用功能如快捷性、安全性大大降低。路权分配能同时顾及道路使用的公平性与效率性，实现道路资源的最佳利用。

(五)丰富城市交通管理措施

路权分配方式应用多种多样，既可实时解决城市交通拥堵，又可对城市交通发展产生长期影响，是交通需求管理的重要实现形式。

三、北京市现有路权分配政策存在的问题

然而，通过比较北京相关数据，本课题组发现北京现有路权分配政策存在以下问题：

(一)路权分配理念初步形成但尚未普及

重按车流量分配道路轻按人流量分配道路，重人口疏散思路轻路权分配理念，这些现象均表明北京路权分配理念尚未普及，道路使用公平性和效率性存在缺失等。

(二)路权分配在交通战略规划层面上体现不够

重道路建设轻路权分配的做法依然存在。2004 年至今，北京已进行了九个阶段的缓解交通拥堵综合治理工作，但上述工作主要以道路建设和优化为主，对道路使用分配涉及较少，目前路权分配还多处在微观层面的应用阶段。实证分析表明，北京道路建设的正效应不抵北京机动车增加的负

效应。机动车拥有量每增加 20 万辆，城市拥堵系数增加 2 倍，而道路建设每增加 100 公里，拥堵系数才降低 0.5，即若要抵消机动车增加数量，就必须新增 1 万公里的道路，且大多数要在市中心完成。

(三)北京尚缺增加用车成本的路权分配措施

实证表明，用车成本对北京居民购买小汽车行为具有较大的影响力，同时实证发现，用车成本效应高于公共交通替代效应。为缓解城市交通，北京近年来加大了公共交通建设，但同时，北京用车成本继续下降，用车成本效应使得道路资源被小汽车过度挤占。

(四)路权分配政策中公共路权分配倾斜度不够

公共交通替代效应弱于用车成本效应的实证结果本身就隐含着路权分配的缺失。在小汽车过多挤占城市道路、公共交通“路权优先”无法保证的情况下，乘坐公共交通低效低质，迫使更多的人选择私家车，加剧道路拥堵，形成“恶性循环”。

(五)路权分配政策体系缺乏系统性与规范性

事实上，北京已经尝试着通过路权分配措施来解决问题，如尾号限行、提高停车收费标准等措施。但这些措施却不时引发社会的争议，其出台带有单点性，没有形成政策的系统性。保证路权分配调控完整高效的制度，包括措施的形成、颁布、实施、评估及动态调整等机制都没有真正建立。

以上诸多现象表明，面对北京交通现状以及城市高密度、高集聚态势，路权分配措施是一种必然选择。一方面，路权分配不需要占用城市用地，其所需资金也远低于道路建设及人口疏散所需的巨额资金。另一方面，健全并实施以权利公平、机会公平、规则公平为主要内容的路权分配体系，将更加有利于实现和维护广大市民的出行需求。

四、基于新路权分配方案的政策措施建议

为促使路权分配制度化、规范化、程序化，道路资源使用应体现公平性兼顾效率性原则，本课题建议如下：

(一)加强路权宣传

目前，交通运输决策者已意识到路权分配的作用，但还没有将其上升到应有的长期性、战略性高度。因此，决策者应该加强路权分配意识，深入理解路权理念，从而有效地制定路权分配政策。另外，决策者还应向广大居民，尤其是庞大的私家车居民大力普及路权分配理论。只有得到这些居民的理解支持，才能顺利颁布新的路权方针并让路权分配措施发挥更大的调节作用。

(二)政策措施应从建设及优化道路转向道路优化与路权分配并举

当务之急就是要从速限制小汽车的使用，决策者应重新考虑各种交通

方式路权之间的平衡，纠正对机动车路权过分倾斜的倾向。

（三）提高北京居民的用车成本和公交替代效应

交通拥堵收费是经济手段，也是行使路权的一种方式，目的是为了减少私车对大城市中心道路资源的过度使用，同时体现路权分配的公平性。在最拥堵时刻最拥堵路段实施拥堵收费具有现实意义。增加用车成本的其他可行措施还包括征收燃油税和提高停车收费。

韩国首尔收费政策表明，实施拥堵收费政策需要配套的、运能充分的公共交通设施做支撑或前提。因此，需要先期完成一定的公共交通投资建设，让市民充分感受到公共交通的高性价比而自愿放弃私车。

（四）坚持以人为本、公交优先，按人流分配路权

政府部门需将公交优先车道的建设和划定纳入城市整体规划，进一步加大对占用公交优先车道车辆的处罚力度；大力发展轨道交通这一公共交通形式；在离地铁较远、居民达到一定人数的地区，采取公交摆渡车解决出行问题，实现地铁与公交零接驳；提高公交服务水平，包括可达性、舒适性、经济性及信息化服务。本课题组通过实证分析验证在非高峰期，公交专用通道可以放开，但目前在高峰期北京公交专用道供给不足。同时，可尝试高峰时段限行空驶车辆，鼓励自行车、步行等出行方式，鼓励班车、校车，考虑出租车准公交化的可能性，大幅度降低短途出租车费用，提高远程出租车费用。适当调控小汽车的使用强度和范围，降低小汽车的使用量和出行比例。

（五）规范路权分配调控机制

路权分配政策实施应当按照合理的程序进行，要广泛听取和征询意见，经过公众审查，给予各个阶层市民向政府诉讼的权利，给市民足够的应对时间。同时，定期发布评价报告，将政策建议等最新变化公开化、透明化，取得公众信任。此外，还要对特殊车辆的道路特殊使用权进行规范。

以上建议应在根本上坚持路权分配的公平性原则和效率性原则。同时，政策制定者和实施者应将路权分配从微观层面提升到交通战略规划层面上来，把落实兼具公平与效率的新路权分配作为治理北京拥堵、改善首都交通现状的系统工程来组织实施。

同其他交通决策问题一样，新路权方案是社会不同利益群体之间博弈的结果，政府在其中权衡。解决城市交通问题是漫长的过程，需要多方面努力。新路权分配方案的执行和实施也需要足够的时间和努力。

参考文献

[1]季金华：《公平与效率：路权制度安排的价值基础》，《甘肃政法学院学报》，2009 年第 6 期。

[2]刘善亮、冯振杰：《公路路权开发的对策与建议》，《剑南文学》，2011 年第 6 期。
[3]崔晓：《浅议快速公交系统发展中优先路权的保障》，《城市公共交通》，2012 年第 8 期。
[4]徐精华、张卫星、申邹：《关于路权和路权的限制》，《交通与运输》，2011 年第 12 期。
[5]陈映芳：《城市开发的正当性危机与合理性空间》，《社会学研究》，2008 年第 3 期。
[6]杨涛、过秀成、张鉴等：《库里蒂巴一体化公共交通系统》，《城市交通》，2009 年第 5 期。
[7]沈华：《感受新加坡陆上公共交通》，《运输经理世界》，2011 年第 7 期。
[8]冯立光、曹伟、李潇娜等：《新加坡公共交通发展经验及启示》，《城市交通》，2008 年第 11 期。
[9]刘峰：《新加坡公共交通体系的规划特点》，《人民公交》，2010 年第 2 期。
[10]高云胜：《浅析东京都市圈的公共交通系统》，《北方交通》，2009 年第 3 期。
[11]顾煜、叶春明：《大伦敦交通体系》，《交通与运输》，2010 年第 2 期。
[12]杨祖元、黄席樾、杜长海：《基于 FFCM 聚类的城市交通拥堵判别研究》，《计算机应用研究》，2008 年第 9 期。
[13]关伟、何蜀燕：《基于统计特性的城市快速路交通流状态划分》，《交通运输系统工程与信息》，2007 第 5 期。
[14]张雪莲、于雷、刘梦涵：《基于交通需求的路网交通拥堵评价模型》，《现代交通技术》，2008 年第 6 期。
[15]姜新廉、姜亮、吴慧燕：《交通拥堵宏观评价指标体系研究》，《商场现代化》，2010 年第 22 期。
[16]GUAN Wei，HE Shu-yan. Statistical Features of Traffic Flow on Urban Freeways，Physical A：Statistical Mechanics and Its Applications，2008(4).
[17]Thomson I，Bull A. Urban Tragic Congestion：Its Economic and Social Causes and Consequences，CEPAL Review，2002(76).
[18]李志勇：《关键是改善出行结构》，《经济参考报》，2013 年 1 月 29 日。
[19]周继坚：《公交优先关键是“路权优先”》，《光明日报》，2013 年 1 月 9 日。
[20]社论：《限制小汽车路权才是“治堵”之本》，《新京报》，2010 年 10 月 15 日。

（作者：高宏伟　北京交通发展研究基地研究人员　副教授）

基地名称：北京交通发展研究基地
依托单位：北京交通大学
项目类别：横向委托项目

北京高密度功能区发展趋势及其对交通系统的要求

内容提要：高密度功能区是带动城市经济发展、调整经济结构的重要"增长极"，也是交通拥堵的"重灾区"。为缓解交通拥堵，北京市一直以疏解和分散城市功能为政策导向，并大力发展郊区公共交通。但从目前的发展现状来看，高密度功能区交通拥堵的问题没有取得根本解决，分散式的交通规划引导和日益严峻的交通拥堵形势间的矛盾引发了我们的思考。因此，本文通过对比分析北京高密度功能区与国际大都市功能区存在的差距，探讨了北京高密度功能区持续集聚的必然性和可能性，并提出了高密度功能区持续集聚发展对交通系统的要求，即建立以公共交通为主导、以轨道交通为骨干的综合交通网络；确立完善、有效的路权分配方案；进行立体化、人车分流的交通规划管理；创新交通需求管理政策。

关键词：高密度功能区；CBD；集聚；交通系统

随着城市经济的高速发展和城市化进程的快速推进，北京人口总量高速增长、中心城就业密度持续升高、产业功能区继续集聚、土地开发强度持续加大，高密度功能区则成为带动首都经济发展、调整经济结构、转变经济增长方式、优化城市布局的重要"增长极"。而随着集聚程度的增加，由此带来的北京中心城特别是高密度功能区出行总量将进一步增长，交通压力也将进一步加大，交通拥堵问题成为制约其进一步发展的重要瓶颈。虽然北京市一直以疏解和分散城市功能为政策导向来缓解中心城区交通拥堵，但从目前的发展现状来看，中心城区特别是高密度功能区交通拥堵状况没有取得实质性突破，甚至愈加严重。因此，探究北京高密度功能区未来的发展趋势，并探讨其对交通系统的要求，能够为解决高密度功能区交通问题提供科学依据，从而促进北京高密度功能区持续健康发展。

一、北京高密度功能区发展与国际大都市高密度功能区的比较分析——以 CBD 为例

北京 CBD 作为高密度功能区的典型代表，自 1993 年政府批准规划以

来，经过二十几年的发展，其产业形态、空间形态已初具规模。高端产业集聚效应明显，已形成以国际金融为龙头、高端商务为主导、国际传媒聚集发展的产业格局。北京 CBD 规模以上企业实现区域增加值约 400 亿元，约合 100 亿元/平方千米；直接从业人员约 20 万人，约合 5 万人/平方千米。虽然北京高密度功能区已经有了很大的发展，但是与国际大都市高密度功能区相比，在发展水平、开发力度、利用程度、人口和产业聚集程度以及交通发展水平上仍存在较大差距，表现在以下方面：

(一)北京高密度功能区对城市经济的贡献率较低

相对于整个都市，CBD 尽管所占的面积很小(一般在 1%～5%，最多 10%)，但是它对城市经济的作用和贡献是非常巨大的。如东京市的大丸有占地仅 1.2 平方千米，拥有 24.1 万个就业机会，平均就业密度达 192500 人/平方千米，这意味着 CBD 的就业机会占整个东京市(非东京都)的 29%。同样，纽约曼哈顿华尔街甚至一平方千米就能提供 40 万个就业机会。而北京 CBD 与世界级 CBD 相比，不仅就业密度相对偏低，在 GDP 产值、对城市 GDP 的贡献率以及单位面积产值方面，北京 CBD 都处在相对落后的阶段，在人口和产业上仍有继续集聚的空间和需要，如表 1 所示。

表 1　北京 CBD 与国际大都市高密度功能区概况比较

CBD	伦敦金融城	纽约曼哈顿	东京大丸有	巴黎拉德芳斯	北京 CBD
面积(km^2)	2.59	59.5	1.2	14	3.99
占市区面积(%)	0.16	7	0.50	1.20	0.42
就业人口(万人)	50	160	23.1	20	23
就业密度(人/km^2)	129231	78941	192500	93800	60000
GDP(亿美元)	579.64	4360	15867	1545	130
占城市 GDP(%)	13.4	28.50	53	19.00	4.60
单位面积产值(亿美元/ km^2)	223.8	73.3	13222.5	110.4	32.6

数据来源：根据伦敦、纽约、东京、巴黎等相关网站整理而成

(二)北京高密度功能区的建筑开发密度总体偏低

以高强度土地开发著称的纽约曼哈顿，平均容积率接近 15，个别地块超过 20；在首尔市 CBD 的核心区，容积率一般在 10 以上，CBD 的其他地区和次中心容积率为 8，而北京 CBD 的建筑容积率平均只有 5 左右(见表 1 所示)。同时，世界城市高密度功能区的另一个发展特征是建筑高度越来越高，如曼哈顿的新世贸中心一号楼高 541 米；伦敦 CBD 的“碎片大厦”高 309 米，是伦敦乃至欧洲的最高建筑，而且英国最高的五栋建筑中有三栋位

于伦敦 CBD。从北京市规划委及 CBD 管委会得知，北京 CBD 东扩区的密度最高地块将达到 26 以上，高度也将有超过 400 米的标志性建筑规划，而且在规划后，东扩区的 6 栋高楼申请调整高度高于 200 米。

表 2　世界城市高密度功能区与北京 CBD 容积率比较

CBD	新加坡 CBD	纽约曼哈顿	东京大丸有	北京 CBD
平均容积率	17	14.63	6.86	5.67
最高容积率	25	26.21	13	7

数据来源：根据伦敦、纽约、东京、巴黎等相关网站整理而成

（三）北京高密度功能区交通系统不完善，交通拥堵严重

高强度的土地开发和高密度的就业人口分布导致了 CBD 高强度交通需求的产生。目前，北京 CBD 已成为交通拥堵重灾区，平时 90%以上道路处于饱和状态，稍有事故就会造成交通拥堵。虽然 CBD 中心区高峰期交通拥堵是必然的，但是一些世界级的 CBD 却为北京 CBD 交通发展提供了良好借鉴。

1. 北京 CBD 轨道交通线路少、覆盖范围小

与国外中心城高密度功能区相比，伦敦金融城面积仅约 2.6 平方千米，却有 11 条轨道交通线路，分布有 6 个火车站、12 个地铁站和轻轨站，此外还有 54 条公交线路。在东京，占地仅仅 1.2 平方千米的大丸有地区星罗棋布地分布着共 13 个车站、20 条轨道线，其中轨道占整个区域面积的 10%，而同样作为高密度功能区的北京 CBD，面积为 3.99 平方千米，仅有 3 条地铁线通过如图 1 所示，拥有 7 个地铁站，没有火车站。可以看出，北京高密度功能区轨道交通线路少、覆盖范围小，与国际大都市存在着相当大的差距，难以满足高密度功能区继续集聚的发展要求。

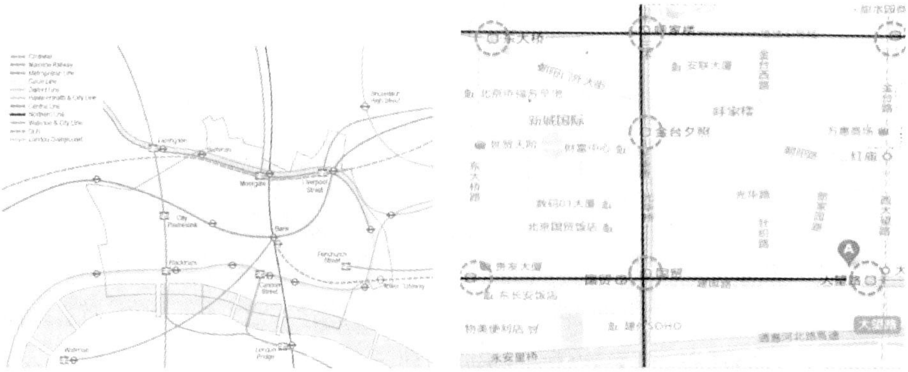

图 1　伦敦金融城和北京 CBD 交通发展概况

2. 北京 CBD 路网密度低、未连接成网

北京 CBD 路网结构呈棋盘式方格状，其道路用地面积约为 1.55 平方千

米，占CBD总面积的39%，路网密度为8.8km/平方千米；与国际大都市路网密度相比，北京CBD路网密度相对较低，如伦敦金融城为自由式的道路网络，其路网密度达16km/平方千米；纽约曼哈顿采用的是美国19世纪典型的栅格规划，路网密度达17km/平方千米。另外，北京CBD的道路微循环系统不足，主干路与支路的比例失调、“断头路”“瓶颈路”多、未连接成网等问题突出，不仅没有真正缓解因集聚而产生的交通出行压力，反而加重了整个交通系统运行的负担。

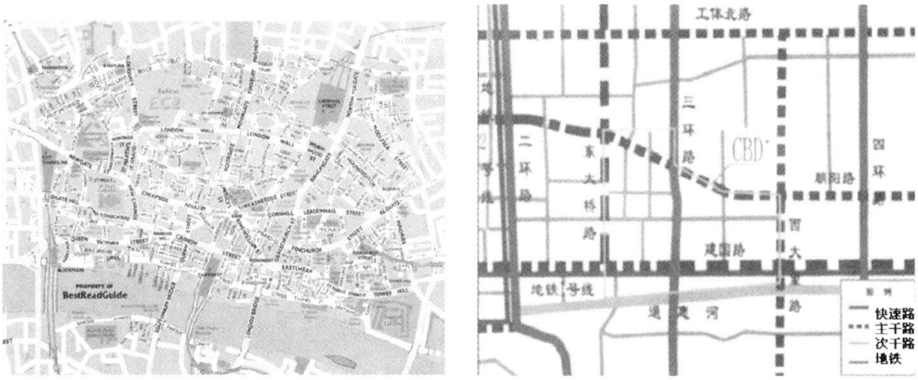

图2　伦敦金融城和北京CBD路网结构

3. 北京CBD公交出行比例低，小汽车“三高”问题突出

与世界级CBD相比，北京CBD公共交通出行比例较低，如纽约全天出行中公交比例超过60%；伦敦公共交通承担了约90%的通勤出行，在高峰期间近80%进入中心城的交通是由轨道交通实现的；东京全天出行中公交比例达到86%；而北京公交系统由地铁、轻轨、市郊铁路和公共(电)汽车组成，但公共交通比重不足45%，与其他世界城市差距较大。同时，小汽车高速度增长、高强度使用及高密度聚集等“三高”问题突出，与世界城市普遍的小汽车出行比例从中心区向外围递减相比，北京中心城小汽车出行比例在35%以上，与近郊区小汽车出行比例相当，且北京小汽车年均车辆行驶里程为1.5万千米，是伦敦的1.5倍，东京的2倍多。

二、北京高密度功能区发展的必然性及可能性分析

通过对比北京CBD与世界级CBD发展情况，北京CBD与之仍存在较大的差距。未来北京CBD仍有继续集聚发展的空间，这源于人口、产业、土地等因素的发展变化，既是城市空间结构演变的必然结果，也是遵循城市规模经济和集聚经济客观规律的内在要求。

(一)必然性分析

1. 聚集经济的强大“吸力”是北京高密度功能区集聚发展的根本动力

阿尔弗雷德·韦伯(Alfred Weber，1909)的工业区位论、马歇尔(Marshall，1920)的外部规模经济理论以及克鲁格曼(Krugman，1991)的中心—外围模型，都从不同角度分析了集聚的因素，深化了集聚经济观点。实践证明，经济活动的集聚能够产生集聚经济，因而诱导经济活动为追求集聚经济而在空间上趋于集中，规模经济和集聚经济是促使产业在某一区域集聚发展的根本动因。北京高密度功能区凭借着大量高素质劳动力资源、共享的生产配套基础设施、较低的交易成本以及知识、技术外溢效应等，形成集聚经济和规模经济优势，成为吸引产业进一步集聚发展的根本动力，逐渐发展成为北京经济的“增长极”。

2. 城市土地资源的有限性是北京高密度功能区集聚发展的现实选择

北京市山地面积占全市总面积的 62%，而平原面积只有 6390.3 平方千米，在既有建成区面积内，土地资源已经所剩无几，根据《北京市土地利用总体规划(2006—2020 年)》，2010 年至 2020 年，预计以每年平均 0.06%的速度增长，每年约有 7.3 平方千米的新增建设用地，其增长速度远远低于人口增速与 GDP 增速。可见，北京城市建设用地规模受到极大的限制，未来北京可利用土地面积会越来越少，未利用土地转换为可利用土地的空间也越来越少，这样的现实要求北京城市发展空间必须在存量开发土地上进行改造和优化，走高密度集聚发展道路将是满足北京城市经济社会持续发展的必然要求。

表 3　北京市土地利用结构调整表(单位：平方千米，%)

类别名称	2005 年		2010 年		2020 年		2006—2010 年变化		2010—2020 年变化		2006—2020 年变化	
	面积	比重	面积	比重	面积	比重	面积	比重	面积	比重	面积	比重
全市土地	16411	100	16411	100	16411	100	0	0	0	0	0	0
农用地	11055	67.4	11831	72.1	11904	72.5	776	4.7	63	0.4	849	5.1
建设用地	3230	19.7	3480	21.2	3817	23.3	250	1.5	337	2.1	587	3.6
未利用地	2126	13	1100	6.7	690	4.2	−1026	−6.3	−400	−2.4	−1436	−8.8

数据来源：《北京市土地利用总体规划(2006—2020 年)》

3. 产业结构的优化升级是推动北京高密度功能区集聚发展的内在动力

新中国成立后，北京产业结构大致经历了三次产业结构的升级，伴随着产业结构的调整，北京城市形态、城市空间结构也随之发生变化。在第三产业结构转型中，现代化服务业逐步取代传统服务业的地位，形成了主体功能区的圈层划分方式以及六大重点功能区的建设方案。从北京市产业结构下一步发展的趋势来看，受市场规律、政府规划和资源环境的影响，北京市产业结构将不断趋于合理和高端化。根据级差地租理论和区位理论，高附加值产业由于其较强的付租能力以及接近市场的原则，越来越集中于城市的CBD以及其他核心城区，如高级商业、金融保险业、高级商务服务业等高度集中在北京CBD或西城区金融街及周边辐射区。因此，推动北京市产业结构优化升级，大力发展高附加值产业，势必要求在既有空间格局基础之上，在中心城区进行高密度的开发利用，即产业结构的高端化发展必然带来更大密度的土地开发和空间集聚。

(二)可能性分析

1. 北京历史定位与资源优势为高密度功能区集聚发展创造了前提

北京历史悠久，是世界历史文化名城和古都之一。作为首都，北京是全国的政治、经济、交通和文化中心。这样的历史定位直接影响着政治资源、文化教育资源、科技及金融资源的集聚。纵观伦敦、巴黎、纽约等世界城市的发展历史，其高密度功能区的形成无一不跟城市的地位及资源优势有着密切的关系。

2. 北京雄厚的经济基础为高密度功能区集聚发展奠定了基础

纵观北京历年GDP指标，自改革开放以来北京经济发展水平有了很大提高，这符合城市经济发展规律的客观要求。通过对代表经济规模总和的GDP未来发展远景进行乐观型与保守型预测，见图3和图4。可以看出，未来北京市经济仍旧有较大的发展空间：乐观型预期到2022年，北京GDP将达到5.5万亿元，是目前水平的2.8倍，年均增长率为11.8%；保守型预期到2022年，北京GDP将达到2.7万亿元，是目前水平的1.35倍，年均增长率为3.4%。

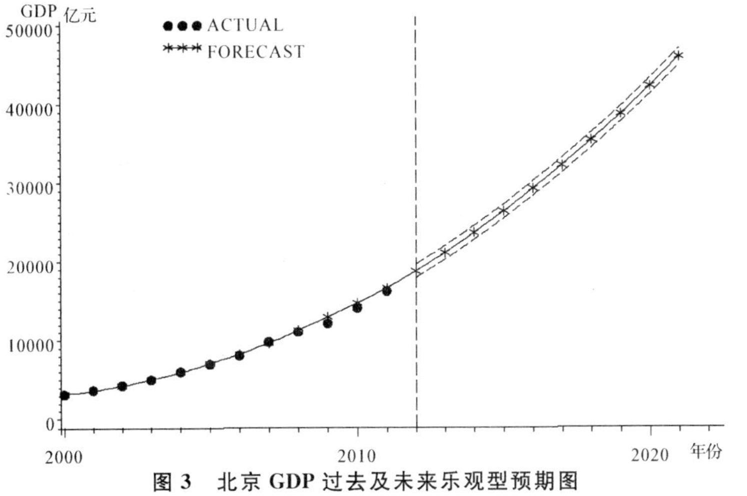

图3 北京GDP过去及未来乐观型预期图

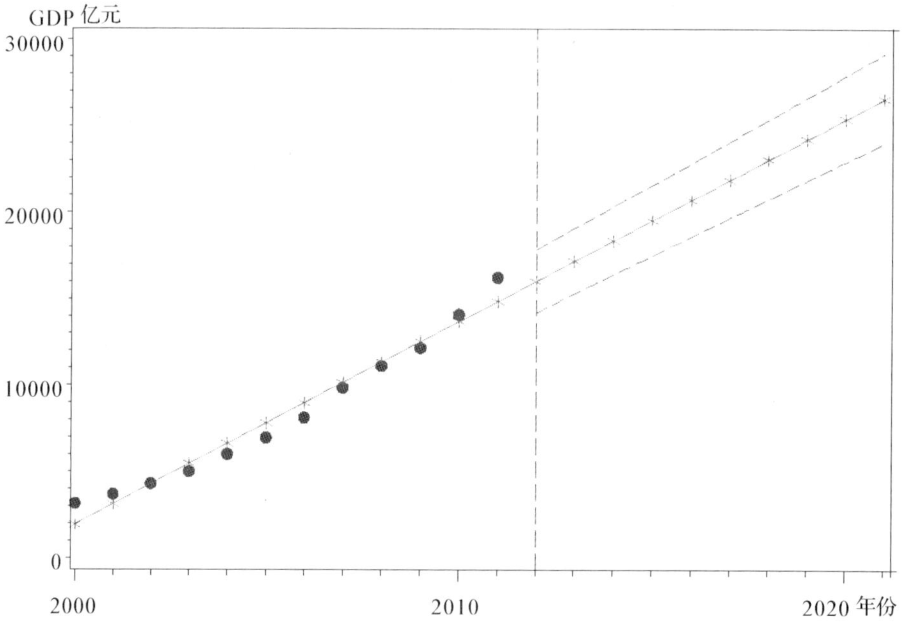

图 4　北京 GDP 过去及未来保守型预期

经济规模的持续扩大意味着北京需要在现有的土地上获得 35%～118%的产业增长，采用高密度发展战略是保持城市经济可持续发展的内在要求。北京市各区由于产业结构、经济资源的集聚程度不同，GDP 差异十分明显。中心城区经济发展水平高，拥有明显的优势，成为吸引产业集聚的重要条件，而高密度功能区受这种优势吸引，往往成为中心城区的“增长极”。

3. 北京建设世界城市的发展目标为高密度功能区集聚发展指明了方向

《北京城市总体规划(2004—2020 年)》提出了在 2050 年左右将北京建设成为世界城市的目标，并制订了分阶段实施计划。在 2009 年，“全球化与世界级城市研究小组与网络(简称 GaWC)”将世界城市的标准归纳为 14 条，其中一条是“重大的金融储备、支出、跨国公司的总部，金融服务供应中心”。从目前北京的经济功能定位来看，通过强化金融、保险行业地位，加快世界金融机构和跨国公司的入驻速度，使更多的跨国公司愿意“扎堆”进驻，形成集聚优势，这势必对城市承载能力提出更高的要求，而高密度功能区成为承载这一功能的必然选择。

4. 政府强有力的支持为高密度功能区集聚发展提供了保障

纵观世界城市高密度功能区的发展，政府的推动及政策扶持是高密度功能区形成及发展的重要条件，无一功能区是完全由市场作用自发形成的，而政府这只“看得见的手”却是功能区繁荣发展的重要保障。伦敦金融城的发展离不开政府的大力扶持，如 1917 年英国政府通过了《竞争和信用管理条例》；在战争和萧条时期，伦敦金融城通过金融创新和优惠政策，推进金融资源集聚。同样，北京市政府对高密度功能区的形成及发展也给予了大力支持，为推动北京高密度功能区的集聚发展创造了良好的政策环境和保障，如北京市政府出台的各类战略规划、政策规章等。

三、北京高密度功能区发展对交通系统的要求

随着人口、产业在高密度功能区继续集聚，北京现有的交通系统难以满足高密度功能区进一步集聚和发展的需要，其集中表现为交通拥堵严重，特别是在早晚高峰期，交通因素已成为阻碍北京高密度功能区继续集聚发展的首要瓶颈。北京高密度功能区继续集聚的发展趋势必然对交通系统提出更高的要求。

(一)构建以公共交通为主导、以轨道交通为骨干的综合交通网络

从国际经验来看，小汽车不可能成为世界级CBD通勤交通的主要方式，过高的小汽车通勤比例不仅导致高峰时段道路网络交通拥堵，还要求CBD提供规模巨大的停车场；常规公交受客运能力、运行速度、出行时间可靠性等因素限制，也不可能成为通勤交通的支撑系统。只有轨道交通系统(包括通勤铁路系统)能够克服道路容量的约束，支持世界级CBD超高密度开发和岗位规模的持续增长。因此，以公共交通为主导、以轨道交通为骨干的功能区综合交通网络成为高密度功能区的主要交通方式。轨道交通作为骨干，要融合多种轨道交通方式，尤其引入市郊铁路和快速轨道交通，包括城际铁路，通过建立火车站等大型枢纽中心来发挥最大的集散功能。

(二)确立完善、有效的路权分配方案

面对北京城市高密度、高集聚态势以及持续交通拥堵的现实，其他交通政策已无太大发挥空间，而路权分配措施作为大力发展城市公共交通的保障，应被推向前台、委以重任。健全并实施以权利公平、机会公平、规则公平为主要内容的路权分配体系，将更加有利于实现和维护广大市民的出行需求。因此，应从建设及优化道路转向道路优化与路权分配并举，重新考虑各种交通方式路权之间的平衡，当务之急是要从速限制小汽车的使用，纠正对机动车路权过分倾斜的倾向，而不是绕过路权分配方式，采取自愿和鼓励性质的扩张道路建设、优化道路的措施。

(三)进行立体化、人车分流的交通规划管理

在既有土地可利用开发空间有限的形势下，北京CBD未来的发展方向一定也是寻求立体化的交通设施，将不同交通工具的使用与交通需求结合起来，设计综合性的立体化方式。可以借鉴巴黎拉德芳斯人车分流的经验，例如，在地下二层、三层设计成地铁、快速铁路的换乘中心，在地下一层和地面一层设计为铁路、市郊铁路、城际列车的换乘中心，在地面一层和

二层为快速公交以及轻轨的换乘中心，在地面二层和三层设计成行人的专用通行廊道。

（四）创新交通需求管理政策（TDM）

国外经验表明，TDM在解决大城市交通拥堵方面的作用不容忽视。结合北京高密度功能区的现实，将经济手段与行政手段有效相结合，制定合理的交通需求管理政策，为缓解交通拥堵提供途径。北京CBD从交通需求管理实施的深度上来看，有三个层次：第一层次是通过对可能引起交通量源头的调整来减少交通发生量；第二层次是通过对交通方式的引导和私人小汽车的高效利用来减少汽车交通量，这一层次包括经济措施和出行限制措施，如汽车拥有调节税、汽车牌照税等以及单双号行驶、区域准入、停车控制、车辆分时段限行等；第三层次是通过信息发布和路径诱导等手段调整交通发生的时空特性，避免或者减少高峰时段和高峰路段的出行，使城市交通在道路的时空上均匀分布，具体措施有错峰上下班、弹性工作制、推行轮休制，鼓励合乘、增加公交吸引力、交通流诱导等。

四、总　结

北京高密度功能区与国际大都市高密度功能区在集聚发展程度上存在着巨大的差距，北京高密度功能区仍有极大的发展空间，未来仍将呈现出继续集聚的态势，这不仅是顺应城市空间结构演变规律的必然结果，也是城市经济持续快速发展的内在要求。

基于目前北京高密度功能区继续集聚的态势和交通拥堵不断加剧的现实，为保障高密度功能区的持续健康发展，从长期来看，通过疏解中心城区功能和大力发展郊区公共交通可以达到缓解交通拥堵的目的，但难以在短期内在解决交通拥堵上取得成效，难以有效满足当前经济快速发展的现实要求。当务之急是要大力发展和完善高密度功能区以轨道交通为骨干的公共交通，增加交通供给，将线网建设与路权分配并举，辅之有效的交通需求管理政策以有效缓解交通拥堵。

参考文献

[1]陈建军、陈国亮、黄洁：《新经济地理学视角下的生产性服务业集聚及其影响因素研究——来自中国222个城市的经验证据》，《管理世界》，2009年第4期。

[2]楚天骄：《城市转型中新加坡CBD的演化及其启示》，《现代城市研究》，2011年第10期。

[3]丁成日、谢欣梅：《城市中央商务区（CBD）发展的国际比较》，《城市发展研究》，2010年第10期。

[4]赵娇：《世界城市空间演进规律及其启示》，《开放导报》，2010年第5期。

[5]肖亦卓：《北京城市空间结构演变特征及动力分析》，《北京规划建设》，2011 年第 6 期。
[6]宋迎昌：《北京 CBD 功能分区与空间布局研究》，《城市》，2010 年第 11 期。
[7]毛蒋兴等：《高密度土地开发对交通系统的影响——以广州为例》，《规划师》，2004 年第 12 期。
[8]蒋三庚：《香港中环 CBD 产业集聚原因及启示》，《首都经济贸易大学学报》，2006 年第 3 期。
[9]王司成：《城市机动化及密度土地开发对交通系统的影响分析》，《科技资讯》，2006 年第 10 期。

（作者：张梅青　北京交通发展研究基地执行主任　教授、博导
王　超　北京交通大学经济管理学院　讲师
周辉宇　北京交通大学经济管理学院　讲师
郝伟伟　北京交通大学经济管理学院　博士生）

首都高等教育发展研究基地（北京航空航天大学）

基地名称：首都高等教育发展研究基地
依托单位：北京航空航天大学
项目类别：全国教育科学规划项目

北京地区四所研究型大学本科生国际能力研究①

内容提要：本文从国际能力的内涵入手，尝试构建国际能力评价框架和测量指标，以北京四所研究型大学为样本抽样测评，研究北京研究型大学本科生国际能力现状。研究表明，当前本科生的跨文化交际能力较差，建议从着力提高学生国际能力技能、增进知识文化的学习和理解、进一步培养国际化开放态度三个方面提高本科生的国际能力。

关键词：北京地区；研究型大学；本科生；国际能力

随着经济全球化的深入发展和知识经济时代的到来，高等教育的国际化已成为一种必然趋势。经济一体化进程加强了各国教育资源的交流，信息传播的全球化为高等教育的国际化提供了便捷条件和有利手段，我国大学的国际化进程不断推进和发展。高等教育的国际化，归根结底是要实现人的国际化。研究型大学是我国高等教育体系中的最高层次，本科生的教育是其中的重中之重。新形势下，提高国际化办学水平、培养具有国际能力的高复合型人才是研究型大学的重要历史使命。国际能力的研究需提上日程。

一、研究大学国际化的时代背景

改革开放以来，特别是自2001年加入世贸组织起，我国的高等教育在国际化发展方面取得了很大的成绩，国内大部分高校将国际化作为重要办学目标和强校战略，如高校师生出国学习交流渐频，来华留学生的数量逐年增加，与国外机构合作和交流的程度不断加深。然而，由于我国创新能力不足、国际化课程缺失以及语言文化等的限制，面对日益加剧的竞争，21世纪我国高校注定面临着巨大挑战。

---

① 本文是“高等教育国际化背景下我国大学生国际能力评价指标体系研究”的阶段成果，项目编号：EIA120383。

作为高等教育体系中的顶层，研究型大学在人才培养特别是高层次人才培养方面具有示范作用。在引领高等教育发展的同时，其人才优势的“溢出效应”对其他的高等教育机构具有较强的辐射带动作用。自国家施行“211”和“985”工程以来，国际化已成为研究型大学持续发展的必要选择和必由之路，是提高我国高层次人才国际竞争力的有效途径。在知识经济和全球化时代，如何建设世界一流大学、培养具有国际竞争力的高层次人才是我国研究型大学的重要使命。应对国际劳动力市场提出的新要求，学生国际能力的提高和发展显得越来越重要。

二、国际能力的概念及框架

（一）国际能力的概念发展

在经济全球化、国际竞争日益激烈的背景下，国际能力是人才素质的一个重要方面，其内容不仅涉及全球化知识、全球视野、跨文化敏感性等知识和态度，还包括跨文化交际能力及跨文化合作能力等技能层面的内容，是大学生在全球化环境下参与竞争并获得发展空间的必备能力。

当前，国外学者对于国际能力的定义和维度的研究较为系统。国外对高等教育国际化及大学生国际能力的研究起步较早，Schechter(1993)将高等教育国际化的目标定义为三个方面：实用性，即在全球背景下获得就业所需的技能和知识；自由化，对文化差异和跨文化交流持包容和尊重的态度；公民化，培养多面的全球公民①。很多学者从多角度定义了在全球化的背景下大学生需要具备和发展的能力，比如发展全球视野的需要、具备全球化的竞争力、培养全球意识、发展成为全球公民等。学界虽已提出国际能力的多种描述，但仍未达成一致性的定义。

Olson 和 Kroeger(2001)从国际能力和跨文化敏感性的关系的角度，提出：“具有国际能力的人是拥有足够的实质性知识、感性认识和跨文化交际能力，能在相互依存的世界里有效交流和互动的人”②。该定义表明，具备国际能力的人应具备一定的知识、认知和技能，三个层面彼此独立又相互影响，为国际能力的内涵框架的建立提供了理论来源。

William D. Hunter(2004)采用 Delphi 调查法探讨一些专家对国际能力内涵的认识，专家们将国际能力定义为：积极了解其他国家的文化规范和期望，持有开放的态度，并能够有效利用获得的知识在本地以外的环境里

---

① Schechter M. Internationalizing the University and Building Bridges Across Disciplines//Internationalizing Business Education：Meeting the Challenge. Michigan State University Press，1993，p. 130.

② Christa lee Olson，Kent R. Kroeger. Global Competency and Intercultural Sensitivity. Journal of Studies in International Education，2001，5，p. 116.

互动、交流和工作①。该定义表明思想与行为之间存在必然联系，也说明了有形测量的重要性和可行性。

在不同的角度下，很多学者尝试对国际能力的内涵进行阐释。全球化视野方面，Lunn(2008)认为，发展全球化的视野就是培养学生对异域文化的知识，使他们能够从一个新的视角去思考世界和当代社会②。除了知识和理解，全球化的视角需要培养新的价值观和态度。Brookes 和 Becket(2011)在对酒店专业本科生国际化学位项目的调查研究中，提出了国际化框架的三个维度：知识和理解、态度和价值观、技能③。针对如何做有准备的全球公民，Hunter et al. (2006)将“global competence”定义为“保持开放的心态，积极寻求对他国文化规范和期望的理解”④。Oxfam(2008)指出要想在自己的群体乃至更广泛的世界范围内成为“世界公民”，大学生需要必备的技能和能力⑤。大学生的知识、理解、态度与价值观对于其自身技能的发展也有不可忽视的意义。Shiel(2006)提出，全球公民需要具备在全新的社会工作的能力，在这个社会里，跨文化能力是获得就业机会至关重要的因素⑥。

国内对于国际能力的研究还处于起步阶段，学者们开始关注高等教育国际化浪潮下培养大学生国际能力的重要性，开始着手研究“国际化人才”所需的素质。综合国外学者对国际能力的研究和定义，本文将国际能力定义为：具有世界历史文化、语言以及全球性问题等方面的基础知识，具备作为全球公民的国际化开放态度，对文化差异保持理解和尊重，能够运用有关知识在非本土环境下，有效进行跨语言和文化沟通、交流和工作的能力。

(二)国际能力的结构框架

Hunter et al. (2006)提出，国际能力包括三层结构：第一层包含评价跨文化行为、在全球化竞争中识别文化差异、跨文化合作、全球化活动参与等技能和经历；第二层包含全球化、世界历史等知识；第三层包括非判断

① William D. Hunter. Knowledge, Skills, Attitudes, and Experiences Necessary to Become Globally Competent. UMI Dissertation Services, 2004.

② Lunn, J. Global Perspectives in Higher Education: Taking the Agenda Forward in the United Kingdom. Journal of Studies in International Education, 2008, 12, p. 3.

③ Maureen Brookes, Nina Becket. Developing Global Perspectives Through International Management Degrees. Journal of Studies in International Education, 2011, 5, p. 376.

④ Hunter, B., White, G. &Godby, J. What Does It Mean to Be Globally Competent? Journal of Studies in Higher Education, 2006, 10, p. 270.

⑤ Oxfam. Getting Started with Global Citizenship: A Guide for New Teachers. Retrieved on December 3, 2009, from www. oxfam. org. uk/education/teachersupport/cpd/files/GCNew-TeacherENGLAND. pdf.

⑥ Shiel, C. Developing the Global Citizen. Academy Exchange, 2006, 5, p. 19.

性反应、尊重多样性、开放性态度、对其他文化的认知等态度和价值观①。

通过对国际能力概念的梳理，基于 Schechter 及 Hunter 等的国际能力理论，本文构建了包含知识和理解、技能、态度和价值观三个维度的国际概念模型，如图 1 所示。

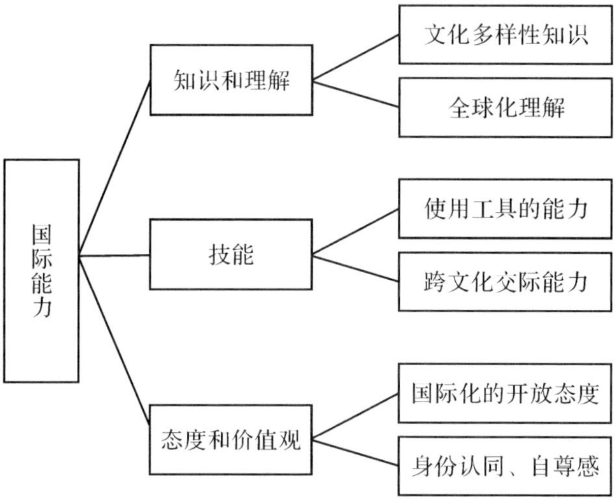

图 1　本科生国际能力概念模型

三、问卷设计及确定

(一)问卷编制

本研究编制的问卷主要有三个部分。第一部分是学生的个人信息及家庭背景等基本情况；第二部分为国际能力的测量量表；第三部分是学生国际化活动的参与情况。问卷的题目设计在已有研究的基础上，主要借鉴了 Hunter(2004)的分析及常桐善、杜瑞军(2013)对全球化知识和活动的调查分析②。

(二)研究样本

本研究选取两组样本：初测和正式施测。初测样本即样本 1，为北京航空航天大学本科生，共发出 650 份问卷，收回 617 份，回收率 95%，有效问卷 585 份。本研究对样本 1 的初测数据进行问卷的项目分析和探索性因素分析。

正式施测样本(样本 2)数据从北京市四所研究型大学选取，其中，北京

---

① Hunter，B. White G. &Godby，J. What Does It Mean to Be Globally Competant? Journal of Studies in Higher Eelucation ，2006，10.

② 常桐善、杜瑞军：《中国大学离世界一流大学还有多远——以本科学生的全球化知识和经验为例》，《高等教育研究》，2013 年第 34 期，第 96 页。

航空航天大学、北京师范大学、中国农业大学三所为部属985院校，北京工业大学为市属211院校。问卷发放及回收情况为：北京航空航天大学发放问卷300份，回收287份，有效问卷267份；中国农业大学发放300份，回收289份，有效问卷272份；北京师范大学发放问卷280份，回收257份，有效问卷238份；北京工业大学发放问卷300份，回收278份，有效问卷242份。有效样本量共计1019份。本研究对样本2数据进行验证性因素分析、信效度分析。

(三)问卷信效度分析

对回收的有效问卷，首先进行项目分析，根据项目分析，剔除了第48题，剩余的34题进入下一步的因素分析。

经KMO检验和Bartlett球形检验，KMO的检验值为0.928，达到0.9以上，呈现的性质为“极佳的”标准，说明样本极适合进行因子分析。采用主成分分析法抽取3个因子，解释的总变异量为51.889%。从旋转后的成分矩阵中可以看出，因子负荷分布与问卷设计的定义相一致，依次命为：态度和价值观、知识和理解、技能，见表1所示。

表1　效度检验

KMO取样适切性量数		0.928
Bartlett球形检验	卡方(χ^2)	10821.075
	df	561
	Sig.	0.000

根据样本2数据，本研究利用AMOS对国际能力量表进行验证性因素分析。分析结果显示，各项指标分别为：df = 6，χ^2 = 18.01，NFI = 0.924；NNFI = 0.893；CFI = 0.932；IFI = 0.931，RMSEA = 0.054，表明量表模型各拟合指标均达到较为理想的标准，对数据的拟合度较好。

经信度检验后，结果如表2所示，α系数为0.932，可见，各维度及问卷总体的内部一致性系数均有较好的接受水平。因此，本问卷具有较好的信度，说明对大学生国际能力的测量是稳定可信的。

表2　可靠性统计变量

因素	Cronbach's Alpha	项数
知识与理解	0.888	11
技能	0.903	12
态度与价值观	0.896	11
总体问卷	0.932	34

四、研究发现

(一)国际能力及各维度总体特点

经分析，如表 3 和表 4 所示，在国际能力三个概念维度上，按分值高低依次为：态度和价值观、知识和理解、技能。其中，技能维度的均值明显低于其他两个维度，表明学生在技能层面的水平有待提高。技能维度下，因子 1 使用工具能力均值为 3.0098，因子 2 跨文化交际均值为 2.8916。可以看出，学生在技能维度的跨文化交际方面分值最低，即学生的跨文化交际能力较差。

表 3　国际能力各维度描述性统计

		N	最小值	最大值	均值	标准差
1	态度和价值观	1019	1.00	5.00	3.7842	0.63394
2	知识和理解	1019	1.00	5.00	3.2452	0.67211
3	技能	1019	1.00	5.00	2.9311	0.69491
	Valid *N* (listwise)	1019				

表 4　各维度及因子描述性结果

维度	因子	*N*	最小值	最大值	均值	标准差
知识与理解	文化多样性	1019	1.00	5.00	3.1486	0.72732
	全球化理解	1019	1.00	5.00	3.4141	0.78448
技能	使用工具	1019	1.00	5.00	3.0098	0.82531
	跨文化交际	1019	1.00	5.00	2.8916	0.72997
态度与价值观	国际化开放态度	1019	1.00	5.00	3.6959	0.73976
	价值观	1019	1.00	5.00	3.9607	0.65175
	Valid *N* (listwise)	1019				

此外，从表 4 中可以看出，在态度与价值观方面的分值居于最高，即态度和价值观层面的能力相对较高，在知识与理解，尤其是技能方面有待进一步提高。

(二)人口统计学变量在国际能力及各维度的差异性检验

本研究采用独立样本 T 检验和单因素 ANOVO 分析对人口统计变量在国际能力及各维度上的差异性进行检验，结果如表 5 所示。

表 5 各维度的差异检验统计

	性别（t 值）	专业（F 值）	年级（F 值）	学校（t 值）	家庭所在地（t 值）	跨文化经历（t 值）	出国经历（t 值）
知识和理解	0.533	3.533**	3.237**	1.657	3.608**	4.154**	3.386*
技能	−2.094*	2.822**	2.600**	−0.401	4.914**	8.736**	9.186**
态度和价值观	−6.266**	5.398**	4.945**	5.018**	3.650**	5.039**	4.280**
国际能力	−3.158**	4.466**	4.098**	2.435*	5.107**	7.600**	7.159**

注：* 表示在 0.05 水平上显著，** 表示在 0.01 水平上显著

独立样本 T 检验的结果表明，本研究群体中性别在国际能力及技能、态度和价值观维度上存在差异；985 和 211 学校的学生在态度和价值观、国际能力上存在差异，在知识和理解、技能两个维度上不存在差异；不同家庭所在地、跨文化经历、出国经历的学生在国际能力及各维度上均存在显著性差异。

对变量“专业”和“年级”单因素的 ANOVA 分析结果显示，总体来看，不同专业及不同年级的人在国际能力及各维度上均存在显著性差异。经事后比较，在知识和理解维度上，历史学＞管理学＞法学＞经济学＞文学＞教育学＞工学＞理学＞农学；在态度和价值观维度上，管理学＞历史学＞经济学＞教育学＞理学＞农学＞法学＞文学＞工学，大一＞大二＞大四＞大三；从国际能力来看，不同年级均值之间不存在显著差异，专业间存在显著差异，经济学、教育学、法学、文学、管理学等专业均值较高。

（三）人口统计学结果

1. 性别因素

从样本的总体看，女生占 46.7%，男生占 53.3%，男女比例分布均衡。女生在技能、态度和价值观及国际能力层面，得分高于男生。

2. 专业因素

工学专业占 55.6%，理学居其次，占 12.1%，经济学、法学、教育学所占比例均高于 5%。专业分布以理工科为主，其他专业分布相对均衡。

在知识和理解方面，分值较高的依次为历史学、管理学、法学、经济学；在实际技能层面，经济学专业得分依旧较高；在态度和价值观方面，得分较高的几个专业依次为管理学、历史学、经济学、教育学等；在国际能力的均值上，历史学分值最高，其次是经济学。从中可以看出，学生的知识学习和储备对其国际能力的培养有一定影响。

3. 学校和年级因素

985 院校的学生占 76%，211 院校占 24%。年级分布比较均衡，大一的学生占 21.1%，大二的学生占 21.5%，大三的学生占 27.9%，大四的学生

占29.5%。在知识和理解方面，985高校的学生分值高于211院校的学生，同样，态度和价值观方面及国际能力的均值上，985高校的学生分值高于211院校的学生，而在“技能”层面，结果表明，211院校的学生要高于985高校的学生。此外，不同年级的学生在国际能力及各维度上的得分没有体现出顺次提高的趋势，如态度和价值观、国际能力均值方面，大一的学生有很高的水平。

4. 家庭因素

从样本总体来看，在被调查学生中，家庭在城镇的学生占70.7%，农村的学生占29.3%，城镇学生的比例高于农村学生，且城镇学生的国际能力及各维度均高于农村学生。表明，家庭对学生国际能力的培养有重要的影响。

5. 跨文化经历和跨国经历

调查结果表明，81.7%的学生回答“没有”，仅有18.3%的学生有跨文化的实习或实践经历，其中时间在一个月以下的学生占大多数。有出国经历的学生占13.8%，86.2%的学生没有出国经历。出国经历中有出国旅游和学习交流经历的学生中，一个月以下(不含一个月)的学生均占较大比例，时间越长，所占比例越低。有跨文化经历的学生在国际能力均值及各维度，特别是技能方面，得分远高于没有跨文化经历的学生。表明，跨文化经历和出国经历是影响学生国际能力的重要因素。

五、结论与对策

研究结果表明，在国际能力的三个维度中，态度和价值观维度的分值最高，达到较高水平；其次为知识和理解；本科生在技能维度的均值最低，其中，尤其是跨文化交际能力较差。说明学生在国际化环境中，态度和价值观层面的能力已相对较高，在知识与理解，尤其是技能方面有待进一步提高。在国际化活动参与方面，学生在国际化课程选修、外文阅读、国际会议及论坛参与等方面的参与度和积极性不高。要提高学生的国际能力，应从着力提高学生国际能力技能、增进知识文化的学习和理解、进一步培养国际化开放态度三个方面展开。

(一)技能层面，需着力提高学生跨文化交际能力

研究结果显示，本科生在技能维度的分值最低，其中，跨文化交际能力最差。因此提高本科学生的国际能力，最主要的是要从提高学生的跨文化交际能力入手。

一方面，对于工具使用的能力，要推进教学方式向国际化方向的变革，调整教学方法，在大作业的布置、实验课的安排、项目实践、考试方式等方面进行调整，鼓励学生提高对国际化软件的应用能力。此外，作为国际

化人才，还需拥有一门国际通用语言的听、说、读、写能力，提高国际语言的应用能力。语言的学习是综合的，掌握基础的同时，还需要了解各民族语言的特性，掌握每一种语言背后的政治、历史、文化、宗教等方面的知识，提高国际语言沟通能力和综合应用能力。

另一方面，跨文化交际能力的提高，是提高学生国际能力的重点。经研究，学生在跨文化情境中，“自如应对一小时以上”“注意文化差异”“找到共同语言”“调整沟通方式”等方面的能力较差。当前校园环境日趋多元化、国际化，在这样的大环境下，学校还应进一步营造国际化的校园氛围，创建外语学习的文化环境和平台，鼓励学生自主组织和开展各项国际化活动，如定期开展英语角、组织英语辩论、模拟国际会议、联谊交流等，搭建本科生与本校外国留学生交流和沟通的平台，帮助学生在“国际化环境”中更好地感受其他国家的文化，在文化交流、碰撞中更快地成长为一个国际化人才。

(二)知识和理解层面，需增进本科学生世界知识和文化的学习及全球化理解

研究结果显示，本科学生对于全球化有较好的理解，在文化多样性知识储备方面尚有不足，有待加强。知识和文化是交流交际和理解的基础，是国际化环境下对复合型人才提出的新要求。要成为一个“国际人”，国际知识和国际视野是必备的。要创造环境、营造条件，鼓励学生提高自身知识文化素养。

一方面，加强知识储备，要关注和了解国际时事和国际惯例。从学校的角度，相关部门在政策制定和实施方面进行相应的调整和变革，在教材和学习课件方面，引进国外原版教材和学习课件，研究建立符合本校师生实际、与国际接轨的课程体系，引进国外优质师资资源，加强合作和交流，为学生开设更多的双语课程及国际化课程，帮助学生掌握相当的世界历史知识、地理知识、主要国家政治体制和法律知识。

另一方面，增进全球化理解，要推进面向世界的学生培养平台建设，开展更多的教育项目。积极开拓本科学生交流方式，通过联合学位、学期交换、暑期课程等多种形式，为学生提供一种独特的跨文化经历和对海外一流大学教育和文化的深入体验，经历从文化冲击到文化适应的学习和发展过程，帮助学生在学业、科研和生活等诸多方面获得深入而全面的海外经历，对全球化有更深入和更全面的理解。

(三)态度和价值观层面，需进一步培养国际化开放态度

国际化人才应具备国际理解意识，愿意为维护国际正义做出贡献，关心地球环境变化和人类科技进步发展。在国际交流和合作过程中，尊重文化差异性，尊重不同国家的文化和价值观。研究表明，当前本科生的国际化开放态度已相对较高，要提高学生的国际化能力，还需进一步提高学生的开放态度。

一方面，从态度层面，首先要自觉培养国际化的开放态度，关注国际化的动态和信息，积极主动地参与学校组织的活动，如国际化的学习活动、学术交流活动、英语研讨活动及国际交换生计划等。要利用学校提供的资源和创造的环境，敢于挑战自我，在交流和学习中不断提高自身的语言水平和应用能力，提高自身的跨文化交流交际能力和国际竞争力。另一方面，在尊重和理解外国价值观的同时，要增强对本国文化和价值观的认同感，抵制外国不良文化的影响，避免“崇洋媚外”，保持自身的文化传统。青少年是一个国家和民族的未来，要树立正确的世界观、人生观和价值观，实现自我的个人价值和社会价值。

高等教育国际化归根到底是毕业生的国际化，即毕业生的国际能力。在当前经济全球化和高等教育国际化背景下，国际劳动力市场提出了新的要求，学生国际能力的发展显得越来越重要。当前，需要个人、学校及社会共同努力，搭建平台，营造环境，以提高学生的跨文化交际能力为重点，提升本科学生的国际能力。目前，学术界对学生国际能力的研究较为贫乏，提高学生的国际能力，促进高校的国际化，未来还需要更多研究的支持。

此外，农村家庭背景的学生由于缺乏涉外环境，他们在技能方面相对不足，因此需要给予特别的帮忙，比如提供外语或者外企实习实践的环境等。由于留学和跨文化环境能给学生更多的跨文化锻炼机会，因此需要在培养学生能力时给予学生更多的出国交流和学习的机会，以增加他们在外国文化中的锻炼。

六、结 语

国际能力的本土化研究亟待进一步整合资源，明确相关概念，通过更多的实证研究，尽可能建构统一的测量工具，使研究成果具有对比性，从而更好地为提高学生的国际能力提供有益建议。国际能力的各维度的研究，态度和价值观、知识和理解、技能，尤其是技能维度学生能力的欠缺，是进一步探索和挖掘的方向。

（作者：刘 扬 首都高等教育发展研究基地研究人员 副教授
王 慧 首都高等教育发展研究基地 硕士研究生）

首都流通业研究基地

（北京工商大学）

基地名称：首都流通业研究基地
依托单位：北京工商大学
项目类别：研究基地自设项目

2013年北京电子商务回顾与2014年展望

内容提要：论文从北京在电子商务城市中的地位、所占的比例、大宗商品交易市场、电子发票试运行、B2C网站及特色电商模式、创新驱动与总部带动相结合、行业整合与产业融合相并重、移动商务、电商发展政策、电商融资等方面，对2013年北京电商发展进行了回顾；分析了北京电子商务存在的六个方面问题：环境优化、价值发掘、协同发展、支撑体系、市场监管、盈利模式；探讨了北京电子商务对流通业传统交易方式、流通技术、供应链技术、流通效率、流通秩序、流通特色六个方面的影响；探讨了2014年北京电子商务发展的十个趋势，相应地提出了北京电子商务快速发展的建议，如明确电商发展阶段、统筹全局发展、建立协同机制、规范市场秩序、中小企业应用、突出优势和特色、创新多种电子商务模式、实现长远发展和国际化发展、推广电子发票。

关键词：电子商务发展期；电子商务影响；电子商务趋势

一、2013年北京电子商务回顾

（一）北京是电子商务发达城市

北京市作为国家首批电子商务示范城市之一，电子商务的发展水平位居全国前列，软硬件基础雄厚，是华北区域电子商务的核心城市。经过近年来的持续快速发展，电子商务已经成为北京市综合竞争力和信息社会建设成效的典型代表和展示窗口。2013年，北京网民人数达1556万人，普及率73.58%，远高于全国普及率45.8%。据中国电子商务研究中心《2013年度中国电子商务市场数据监测报告》，从综合电子商务交易量、网上市场吸引力、基础设施建设、零售业发展、创新、行业活力与垄断六项指数评价，中国电子商务城市中，北京以总分最高位居第一，接下来分别为广州、上海、深圳、杭州、南京、成都、重庆、天津、金华。

（二）网上零售额占比超过10%

2013年2月，北京网上零售额占社会消费品零售总额比例超过10%，提前两年零 11 个月超过 10%，率先在全国实现 2015 年的 10%目标，2013 年全年限额以上批发零售企业实现网上零售额 926.8 亿元，增长 44.3%，占社会消费品零售总额 8375.1 亿元，比重超过 11%，对社会零售总额增量贡献率达 44.5%，预计 2015 年将实现网络零售额 1 万亿元。2013 年京东销售额 1250 亿元，再跨一个台阶，而且实现整体微盈。

(三)大宗商品交易市场得到发展

2013 年北京有大宗商品交易市场 29 家，约占全国交易市场总数的 6%，北京华商储备商品交易所通过对国家储备糖、储备肉的收储和投放，成为国家宏观调控食糖及肉类市场的重要平台；全国棉花交易市场推出的“中国棉花价格指数”，成为反映中国棉花供求和现货价格走势的“晴雨表”，形成了两家 2000 亿元以上交易规模的大宗商品市场。2013 年全国棉花市场和北京石油交易市场交易量分别为 2440.5 亿元和 2152.1 亿元。此外，较有影响的市场还有北京国际葡萄酒交易所(以下简称“北酒所”)、北京文化艺术品交易所(由汉唐艺术品交易所更名)。

(四)电子发票成功试运行

2013 年 6 月 27 日，北京市试点在京东成功开出我国内地第一张电子发票。2013 年，京东已在全品类开具电子发票 240 万张，截止到 2014 年 1 月底开具发票 413 万张。电子发票降低企业经营成本，原来每年购买纸质发票成本就达 4000 万元，实现电子发票后节约 3.6 亿张纸质发票，相当于 240 吨纸。由此可见，开具电子发票一方面可以降低电子商务企业纸质发票成本，另一方面可以提高企业经营效率。至今，北京、江苏、上海先后试点电子发票。

(五)B2C 继续保持全国领先地位

北京汇集了一大批全国知名的 B2C 网站，如京东、亚马逊、当当、国美在线、凡客为代表的 B2C 电子商务和不断开放 B2C 平台，在百货零售、家电及 3C 产品等领域，陆续出现了一批如京东、红孩子、西单、翠微等典型的电子商务应用案例，为 B2C 市场注入了新的活力。

(六)特色电子商务模式不断创新

北京拥有 B2B、B2B2C、B2C、C2C、C2B 等多种电商模式，如我买网的“双品牌”运营；2013 年北京新发地农产品批发市场与京东商城结盟，开设新发地国际农产品网上旗舰店；中国地理标志产品商城——我国第一家地理标志产品商城，2013 年 8 月两个星期销售 6000 箱平谷久宝鲜桃；龙宝溯源商城成为我国第一家农产品食品安全网站、香蕉皮网站成为我国第一家电子废弃物回收网站；燕莎友谊商城的“蓝色引擎”在完善企业供应链建设与管理的同时，为大型零售商提供了 B2B 专用平台；国美电器通过强化网上商城的功能，注重了消费者的上网体验；西城区什刹海街道于 2006 年

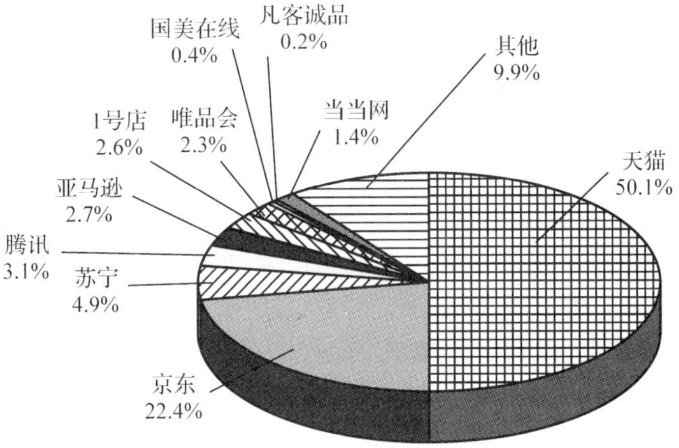

图 1　2013 年 B2C 交易额结构图

开通了首家电子超市、城东区和平里开通了覆盖 17 个街道的“181”菜篮子平台。

(七)创新驱动与总部带动相结合

北京拥有 30 家世界 500 强企业总部和全国 3/4 的央企总部，包括京东、当当网、凡客诚品、亚马逊(中国)、慧聪网、敦煌网、库巴网、银泰网、国美在线、艺龙旅行网、中粮我买网等。总部经济的要素集聚力、经济辐射力和国际影响力位居全国之冠，为大力发展电子商务提供了有利的条件。2013 年，万达集团在北京注册万达信息科技有限公司，成为电商业务全国总部，计划未来五年做成交易规模超过 1000 亿元的平台。至 2013 年，北京在电子商务方面拥有 2 个国家级示范基地、4 座特色楼宇、12 家示范企业。

(八)行业整合与产业融合并重

制造业企业电子商务应用功能向集成化方向发展。如首钢集团开通了首钢钢铁产品交易网，不仅打破了传统销售渠道单一的局限性，实现了传统销售方式和网上销售的有机结合，同时通过电子商务平台实现现货交易、仓储服务、金融服务、物流配送、加工服务、客户服务一体化，显著提升了企业服务效率和运营效益，成为先进制造业企业全流程电子商务应用的新模式。

(九)移动商务得到较大发展

中国电信、中国联通等电信企业不断拓展信息增值服务业务，培育移动电子商务平台，发展即时通讯、信息搜索、文化娱乐、在线交易等电子商务应用功能。甘家口百货、天虹百货、燕莎百货、超市发、王府井、丰联广场等先后开展了微信、微博等营销活动，微店成为新型渠道资源。京东、当当、凡客诚品等均相继推出各种手机客户端产品，进入移动商务领域。

（十）电子商务发展政策出台

北京市先后出台了《北京市人民政府关于促进电子商务健康发展的意见》《北京市信息化促进条例》《关于贯彻落实〈北京市信息化促进条例〉加强电子商务监督管理的意见》《关于促进网上零售业发展的意见》等系列政策措施，建设了以企业登记注册信息和日常监督管理信息为基础的企业信用系统，统筹规划了一批电子商务集聚区和产业园，加大了对电子商务发展的扶持力度。

（十一）电子商务融资开始回升

2013 年上半年，资本对电子商务的追逐开始回升。在 2012 年电子商务融资规模热度降下来之后、中国电子商务企业估值重新恢复焦点，再加上国际融资环境良好，整体融资热度有所回升。根据中国电子商务研究中心（100EC.CN）数据显示，2013 年电子商务企业融资主要集中在北京（25 起）、上海（10 起）、杭州（3 起）、香港（3 起）和广州（3 起）等一线城市。其中，北京以发生 25 起电子商务融资案例排名第一。

二、北京市电子商务发展存在的问题

（一）电子商务发展环境有待进一步优化

从北京市出台的《北京信息社会发展战略（2006—2020 年）》到《北京市电子商务发展"十二五"规划》，不断推出的政策彰显出政府对电子商务发展的重视，各个规划都提出了对电子商务发展的众多全局性的要求，但是具体的行动计划存在欠缺，导致规划执行力不足，未达到预期效果。同时，在具体的推进过程中，部门间各自为政的现象仍然存在，在一定程度上影响了规划执行的力度及效率，因此，各部门之间需进一步加强联系与合作，形成良好的协同工作机制。

（二）电子商务战略价值尚未充分发掘

相比较美国、日本等信息化社会建设较为先进的国家而言，北京市电子商务发展水平尚有较大差距。美国早在 1998 年就已有 60%的小企业、80%的中型企业和 90%以上的大企业开展了广泛的电子商务，其网上交易额目前已占商业总交易额的 20%左右。而北京市开展电子商务的大型企业数不到 70%，中小企业数仅约 15%。这一应用比例严重影响到了电子商务战略价值的展现，无法形成强大的网织全国乃至全球市场的能力。

（三）中小企业发展进程缓慢且尚未协同发展

一个城市电子商务发展的好坏不仅要看其拥有几家全国性的龙头企业，电子商务应用的覆盖面和渗透率也是非常重要的指标。作为电子商务之都的杭州诞生了阿里巴巴、淘宝网、支付宝、余额宝、网盛生意宝等国内外知名企业，基础设施完善，政府扶持力度大，营造了一个较好的发展氛围。北京市长期以来的总部带动模式使得大型龙头企业数量众多，但中小企业的电子商务较少。然而，在创新问题上，无论从国际经验还是国内实情来看，中小企业都是创业创新的主体。电子商务市场的逐步成熟离不开大中小企业的全面协调发展。北京市应借鉴杭州市的经验，引导大中小企业全面均衡发展。

（四）支撑体系建设还需要进一步加强

尽管近几年来北京市的电子商务发展取得了长足的进步，但是不可否认的是，北京市电子商务支撑体系的建设与其需求还存在一定程度的差距，尤其是在与其密切相关的法律、标准、网上支付以及物流等方面，仍有很多工作需要加强。美国电子商务处于全球领先地位，这与其支撑体系健全有很大的关系。我国长期以来缺乏系统化、专业化的全国性物流配送体系，难以发挥集约经营优势，导致北京市电子商务的发展受到严重制约。

（五）网购投诉明显增加，网络市场监管亟待加强

据中国电子商务投诉与维权公共服务平台监测数据显示，2013 年上半年，广东、江苏、上海、浙江、北京、安徽、天津、山东、四川、河北为“全国十大热点电子商务投诉地区”。统计数据显示，2012 年以来，北京市网络购物消费投诉超过 2.5 万件，占投诉总量的 52.3%，同比增长 1.86 倍。售后服务、退款问题、虚假促销、退换货物、网络诈骗、发货迟缓、质量问题、网络售假、订单取消、节能补贴，是 2013 年上半年网友投诉最多的十大问题症结，网络购物也因这些问题而备受诟病。

（六）缺乏合适的盈利模式，恶性竞争阻碍企业发展

由于电子商务行业起步较晚，电子商务企业发展尚不完善，尤其是近几年来电子商务的迅速扩张，众多电子商务网站纷纷建立以谋求线上发展，各企业水平参差不齐，纷纷采取不同手段吸引顾客，各种促销手段层出不穷，价格战愈演愈烈，直接导致了电商成本的增加，真正盈利企业较少，这种依靠低价格来吸引顾客的盈利模式无法实现企业的长远发展。另一方面，众多电商企业中还存在盲目扩张建设的现象，只考虑规模的扩大而忽视了自身实际情况，盲目开展自建物流，不仅达不到预期的促进效果，反而造成资源浪费。以上种种原因都导致中国电商陷入了“销售越多亏损越多”的怪圈。

三、电子商务发展对首都流通业的影响

改革开放以来，北京流通产业取得长足发展，交易规模持续扩大。2013 年北京社会消费品零售总额达 8375.1 亿元，增长 8.7%，基础设施显著改善，新型业态不断涌现，现代流通方式加快发展，流通产业已经成为

国民经济的基础性和先导性产业。电子商务发展对首都流通业的影响主要归纳为六个方面，见图 2：

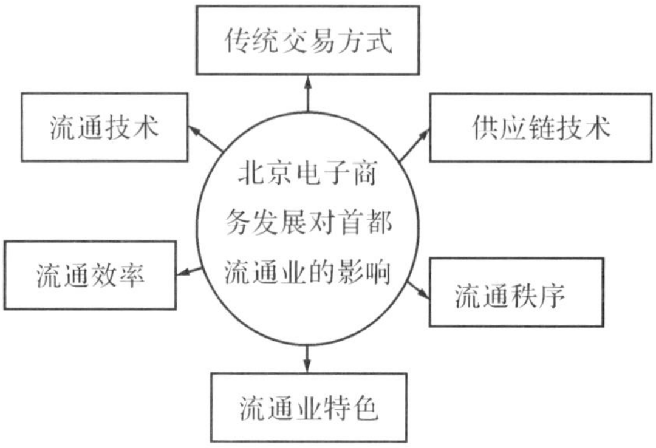

图 2 北京电子商务发展对首都流通业的影响

(一)电子商务变革了传统的交易方式

电子商务依托互联网实行网上购物，改变了原有的购进、存储、运销的业务流程，使得商流和物流分离，形成了扁平化的新型业务流程。同时，打破了时空界限，提供的 24 小时在线服务以及全国乃至世界的物流配送突破了传统零售业的时间以及地域限制，增强了流通企业的辐射能力和影响力。

电子商务的出现与发展也使得消费者的"个性化"消费成为可能，消费者可以直接向厂家进行订货，形成了互动的经营方式，同时也为企业节约了库存，减少了资源的浪费。如坐落于北京市总部基地的中国地理标志产品商城就采取了预售订货的方式，根据消费者的需求提供产品及服务，不仅满足了消费者的需求，也实现了零库存管理，得到了互利双赢。

(二)电子商务促进流通技术的提升

电子商务的发展，对流通企业信息处理、仓储物流配送等方面提出了更高的要求，反过来也就促进了流通技术的全面提升。

伴随着电子商务的应用，产生了以销售时点管理系统(POS)、电子订货系统(EOS)等为代表的一系列基础性系统资源，以决策信息系统(MRS)、供应链管理系统(SCM)等为代表的管理系统，以电子数据交换系统(EDI)、全球定位系统(GPS)和互联网等信息技术改造的采购、配送和管理的运营系统等，大大促进了流通的信息化水平。

(三)电子商务促进供应链技术的发展

电子商务将商品生产、流通和需求有机地联系在一起，实现了在库存数量、存货地点、订货计划、配送运输等方面的最佳选择，产生了生产经营过程中的供应链管理和技术，使信息技术从消费领域延伸到销供产的全过程，促进了企业优化资源配置。

(四)电子商务提高流通效率

通过电子商务减少了流通环节，降低了人力、物力等流通成本，大大提高了流通效率。根据行业平均数据，淘宝能够为全社会节省每年约280亿元的租金成本，网上店铺通过减少环节，可为商家节省约20%—30%物流成本。近期正热推的电子发票，也将为纸质成本和环境成本的降低做出巨大贡献。

(五)电子商务促使流通秩序的改善

电子商务的出现降低了中间商的作用，突出了消费者的地位，平衡了生产者与流通者的关系，从而降低了“店大欺客”现象，如降低零售商盘剥生产商的渠道垄断的能力，缓和了零供矛盾。电子商务公开透明的竞价、交易系统，使得交易更加透明，规范了交易秩序。各色论坛以及商品评价等，也提高了消费者对生产者产品好坏的话语权，促使生产者规范生产与销售。

(六)电子商务为流通业特色发展提供了新途径

线上与线下的结合，为流通企业发展特色业务提供了相当大的便利，为特色流通企业的产生与发展提供了很好的新型路径。网上店铺的虚拟性、低成本性，使得众多的中小型特色企业可以低成本运营特色网上店铺，扩大产品的影响力，建立属于自己的品牌。

四、2014年北京市电子商务趋势与建议

(一)北京电子商务将进入“发展期”

国务院副总理汪洋于2013年12月27日在北京京东世纪贸易有限公司调研，并主持召开电子商务工作座谈会。汪洋指出，各地方、各有关部门要正确把握电子商务发展态势，借鉴国际先进经验，加强顶层设计，夯实基础工作，为我国电子商务持续健康发展营造良好的法治环境、政策环境和市场环境。他要求：①创新适应电子商务快速发展的管理体制，充分发挥企业主体作用，明确政府管什么、谁来管、怎么管等问题；②建立健全电子商务法律法规，建设法治化的营商环境；③强化政策支持，鼓励有条件的电子商务企业探索智能物流、药品流通、跨境电子商务等新型业务；④完善信息网络、物流配送、电子支付等基础设施，为电子商务发展提供支撑；⑤加快信用体系建设，严厉打击侵权假冒、虚假宣传等不法行为，营造公平竞争的市场环境；⑥推动电子商务统计科学化、制度化、规范化。

(二)充分发挥首都资源优势，统筹全局发展

北京良好的政策环境、经济环境为电子商务的发展提供了坚实的基础，基础设施完善、零售业发达，诞生了一批诸如京东、当当网、凡客诚品等

的知名企业，但其资源优势仍没有充分发挥出来，政策措施实施力度不足。因此，我们需要以首都人才、技术和环境基础为依托，以《北京市电子商务发展“十二五”规划》为指导，加强政策执行力度。同时，强化支撑体系建设，加强资源整合，建立健全有效支撑首都经济格局的电子商务服务体系，逐步把北京市建设成为国际化的电子商务中心城市。

（三）实行部门联动，建立有力的共同合作与推进机制

建立电子商务联席会议制度，整合行政资源，开展跨部门业务协同。按照国家八部委推进电子商务工作健康快速发展的有关要求，积极联合有关部门共同落实各项措施。建立政策规划和重大项目申报等方面的协调配合机制，强化对电子商务发展的宏观指导，做好电子商务发展与现代服务业、战略性新兴产业等规划与项目的衔接。加强与财政部门协调，加大对电子商务发展的扶持力度，积极争取省商务发展资金重点支持电子商务发展，并根据“十二五”规划推进电子商务发展的需要，逐步加大财政支持力度。

（四）加强法律法规建设，规范电子商务市场秩序

电子商务市场的良好发展离不开完善的法律法规建设。对于政府来说，必须加强法律法规建设，积极建立规范的监管体系、信用体系、安全体系等规范行业发展，建立公正透明的市场秩序，消除无序竞争，实现电子商务行业的健康发展。

（五）加强中小企业电子商务应用，扩大覆盖面

鉴于中小企业对于产业发展的重要作用，加强对相关行业中小企业的扶持，采取财政补贴等手段重点鼓励中小企业开展信息化建设，扩大电子商务的覆盖面。同时，加强对中小企业的教育培训工作，提高中小企业对电子商务的认识，积极引导中小企业开展电子商务。

（六）突出优势和特色，创造首都电子商务品牌

以北京市现有的优势行业及领域为重点，发挥龙头企业的引领带动作用，在现有电子商务平台的基础上加快推进配套服务体系建设。同时，充分发挥北京浓厚的历史和文化底蕴的优势，积极开展文化领域的B2C应用，形成北京特色电子商务品牌。

（七）创新多种电子商务模式，实现多样化联合发展

2013年5月9日，阿里巴巴以5.86亿美元购入新浪微博18%的股份，表明电子商务正在加速与社交元素的融合。随着各大社交网络系统的日渐成熟以及影响的日益扩大，用户与品牌之间的互动交流逐渐增加，用户之间的相互分享产生着独特且辐射力极强的交叉营销效应，使得社交网站的广告宣传效益不断显现。北京市应积极引导本市众多电子商务企业开展类似创新活动，不仅仅局限于传统的那些运营模式，而是从多角度多方面拓宽电子商务应用，实现多领域互利共赢全面发展，使互联网及电子商务发挥其最大的效用。

(八)创新电子商务盈利模式，实现长远发展

电子商务取胜的关键不仅在于其价格低、规模大，而且在于其服务的特色化与专业化。拥有无法被别人取代的特色才是企业立于不败之地的重要保证。各企业在积极拓展电子商务业务的同时，要切实结合自身实际，找到适合自己的盈利模式，创新发展。探索多种模式的O2O电子商务，超越价格竞争，把握消费趋势，创新盈利模式。

(九)践行“走出去”，实现国际化发展

依托于互联网的电子商务能够超越时间、空间的限制，有效地打破国家或地区之间的壁垒，随着国际电子商务环境的规范和完善，北京市应在立足国情市情的基础上，推进国际化服务平台和城市门户建设，加快与国际电子商务市场的接轨，不断融入全球市场。

(十)应广泛推广电子发票

北京市国税局、市商务委、市地税局、市工商局四部门于2013年12月联合发布公告，从2014年1月1日起，北京在电子商务领域推广电子发票应用试点，消费者可随时登录网站查询并在线管理发票，保存自己的维权凭证。

参考文献

[1]北京市经济和信息化委员会：《北京市电子商务发展“十二五”规划(征求意见稿)》，2011年4月。

[2]北京市人民政府：《北京市人民政府关于促进电子商务健康发展的意见》，2013年5月31日。

[3]北京市信息化工作办公室、北京市统计局：《北京市电子商务发展报告(2007)》，2008年10月。

[4]仲锁林、倪海清：《探索有江苏特色的电子商务发展模式——电子商务在江苏省商贸流通业的实践与思考》，《江苏商论》，2013年第1期。

(作者：洪　涛　首都流通业研究基地学术委员会副主任　教授
王亚男　首都流通业研究基地　硕士研究生)

基地名称：首都流通业研究基地
依托单位：北京工商大学
项目类别：北京市社会科学基金项目

京津冀流通业与区域经济协同发展研究[①]

内容提要：自 1978 年改革开放以来，流通产业在我国国民经济中的基础性及先导性地位越来越突出，其功能作用正在不断放大。京津冀流通业也取得了较快发展，为京津冀区域经济的发展做出了巨大贡献。本文基于协同学理论，构建了京津冀流通业与区域经济协同发展成熟度模型，定量分析了两者协同发展所处的阶段。研究发现，京津冀流通产业与京津冀区域经济的发展不够协调，两者协同发展还有较大的上升空间。

关键词：流通产业；区域经济；协同发展

一、引 言

京津冀区域发展在我国改革开放和社会主义现代化建设过程中具有非常重要的作用，很多学者也都建议把京津冀作为继珠三角、长三角之后又一个经济隆起带，打造一个首都经济圈。京津冀区域发展是国家战略发展的重要组成部分，2014 年习近平总书记提出京津冀区域协同发展重大战略思想，对京津冀一体化寄予厚望，为京津冀的协同发展提供了前所未有的机遇。“京津冀协同发展”不仅是三地发展的问题，而且对全国经济发展有示范作用，更是探索引领中国经济全面深化改革的问题，对打造首都经济圈、推进区域发展体制机制创新具有引领作用。随着世界经济的发展，随着中国改革的深入，必须打造更蓬勃更有生机活力的经济发展模式，引领中国经济参与世界经济竞争。流通是社会再生产的重要环节，流通业是国民经济的先导产业和服务业中最大的产业部门，事实证明，流通业与区域经济发展有着积极的互促作用，流通产业已经成为区域综合竞争力的重要因素所在。

随着经济全球化和区域经济一体化的日益发展，协同发展已成为区域

---

① 本文是“首都流通业与京津冀区域经济协调发展研究”项目的阶段成果，项目编号：12JGB068。

经济发展的一个重要课题。区域间的经济联系越来越密切，在此背景下，任何区域都不能独善其身。研究京津冀流通业与区域经济协同发展的关系，具有以下几点意义：考察京津冀流通业与区域经济两者的发展状况，评估两者协同发展的程度，分析两者在协同发展过程中面临的问题，以及如何改善这些问题；明确两者协同发展所处的阶段，指明进一步的发展方向，即如何才能更好地协同发展，对制定促进京津冀流通业健康发展的政策具有一定的参考价值。

二、京津冀流通业与区域经济协同发展成熟度模型的设计

协同学是20世纪70年代初联邦德国理论物理学家哈肯创立的。协同学是研究协同系统从无序到有序的演化规律的新兴综合性学科。协同发展就是指协调两个或者两个以上的不同资源或者个体，相互协作完成某一目标，达到共同发展的双赢效果。协同系统是指由许多子系统组成的，能以自组织方式形成宏观的空间、时间或功能有序结构的开放系统。我们假定京津冀流通业和区域经济组成一个复合系统，该系统存在一个相对稳定的系统结构和协同模式。本文中所指的京津冀流通业和区域经济协同度是指京津冀流通业与区域经济间的相互协作、相互配合、协调一致的状态或程度。

协同发展成熟度的测评可通过构建模型来完成，本文构建了京津冀流通业与区域经济协同发展成熟度的模型，采用定量方法分析了两者协同发展所处的阶段。

（一）模型的设计思路

在上述理论假设条件下，京津冀流通业与区域经济之间是两个互相关联、互相渗透，但具有不同属性的复合系统。模型的具体设计思路如下：首先，划分子系统；接着确定序参量；然后，收集各序参量在考察期内的具体数值并确定取值范围；最后，建立模型进行计算，并针对模型结果进行分析。

（二）京津冀流通业与区域经济协同发展成熟度模型构建

1. 子系统划分：定义京津冀流通业与区域经济组成的复合系统为$A(A_1, A_2)$，其中，A_1、A_2分别表示京津冀流通业子系统和区域经济子系统。各子系统的具体指标见表1。

2. 序参量选择。序参量是各子系统相变前后所发生的质的飞跃最突出的标志，测算指标为$A_i(A_{i1}, A_{i2}, \cdots, A_{in})$ $i\in(1, n)$，A_{ij}表示i子系统第j个序参量，对应数值为$c_i(c_{i1}, c_{i2}, \cdots, c_{in})$，并且有$b_{ij}\leqslant c_{ij}\leqslant \alpha_{ij}$，$b_{ij}$、$\alpha_{ij}$分别是$c_{ij}$的下限和上限。

3. 指标数据的预处理

描述系统运行状态的指标一般来说有两类：正向指标，即数值越大的指

标，系统的有序程度越高；逆向指标，即数值越大的指标，系统的有序程度反而越低，因此需要进行预处理。

对于正向指标的预处理值为：$m_{ij}=(c_{ij}-b_{ij})/(\alpha_{ij}-b_{ij})$；（1）

对于逆向指标的预处理值为：$m_{ij}=(\alpha_{ij}-c_{ij})/(\alpha_{ij}-b_{ij})$。（2）

$m_{ij}\in[0,1]$，数值越大，表明 c_{ij} 对于系统有序的"贡献"越大。

4. 子系统的有序度测算模型

子系统 A_i 的有序度 P_i 通过各指标的取值来反映，每个指标对子系统序参量的作用不同，采用线性加权平均法求和。$P_i=\sum_{j=1}^{n}w_j m_{ij}, w_j\geqslant 0$，

$$\sum_{j=1}^{n}w_j=1 \tag{3}$$

各指标权重 w_j 采用相关系数矩阵法确定。

这里，将 P_i 定义为子系统 i 的有序度。可知 $P_i\in[0,1]$，数值越大，子系统的有序度就越高，反之就则越低。

5. 测算模型

综上所述，P_1 即为京津冀流通业子系统的有序度，P_2 为区域经济子系统的有序度。对于某个初始时刻 t_0，子系统的有序度为 P_i^0，其后的某时刻 t_1，子系统的有序度为 P_i^1，如果 $P_1^1\geqslant P_1^0$ 和 $P_2^1\geqslant P_2^0$ 同时成立，可以认为两个子系统实现了协同发展，并且定义协同成熟度为 $d=sig\sqrt{|P_1^1-P_1^0|\ |P_2^1-P_2^0|}$，其中，当 $P_1^1\geqslant P_1^0$ 且 $P_2^1\geqslant P_2^0$ 时，$sig=1$，否则，$sig=-1$。

三、实证分析

(一)序参量指标的选取

模型构建应综合考虑科学性、实用性以及数据的易获得性。科学性是指模型变量应具有实际的经济意义，符合现实经济社会的运行规律。实用性是指模型确实能反映各经济系统的运行状态。京津冀流通业与区域经济是一个大的协同系统，又可分为京津冀流通业与区域经济两个子系统，要研究大系统的协同发展成熟度，需要对各子系统的有序度进行研究。

根据以上原则，借鉴中商流通生产力促进中心和中国人民大学流通研究中心联合编著的《中国城市流通竞争力报告 2009》和中国社会科学院宋则的《中国流通现代化核心评价指标研究(上)》，综合考虑指标的科学实用性，本文从规模、结构、效率三个方面设计了三级指标，用以反映流通能力。根据区域经济的运行规律及主流观点，综合考虑国内外学者对于区域经济发展质量的评价标准，本文从总量性、结构性以及效益性三个方面设计三级指标对区域经济子系统的序参量进行测算，具体指标见表 1。

表 1　京津冀流通业和区域经济子系统的评价指标体系

<table>
<tr><td rowspan="15">京津冀流通业与区域经济系统</td><td>子系统</td><td colspan="2">序参量</td></tr>
<tr><td rowspan="7">流通业子系统</td><td rowspan="4">规模指标</td><td>流通业增加值(亿元)</td></tr>
<tr><td>社会消费品零售总额(亿元)</td></tr>
<tr><td>流通业从业人员(万人)</td></tr>
<tr><td>货运总量(万吨)</td></tr>
<tr><td rowspan="2">结构指标</td><td>流通业增加值占 GDP 比(%)</td></tr>
<tr><td>流通业增加值占第三产业比(%)</td></tr>
<tr><td>效率指标</td><td>流通业对 GDP 贡献率(%)</td></tr>
<tr><td rowspan="7">区域经济子系统</td><td rowspan="4">规模指标</td><td>地区生产总值(亿元)</td></tr>
<tr><td>总就业人数(万人)</td></tr>
<tr><td>进出口总额(万美元)</td></tr>
<tr><td>全社会固定资产投资(亿元)</td></tr>
<tr><td rowspan="2">结构指标</td><td>第三产业占 GDP 比重(%)</td></tr>
<tr><td>最终消费支出贡献率(%)</td></tr>
<tr><td>效益指标</td><td>区域人均 GDP(万元)</td></tr>
</table>

(二)数据收集及运算

在上述指标基础上，考虑到数据的可得性，将数据样本期定为 2000—2012 年，收集整理京津冀流通业与区域经济子系统的相关统计数据，数据取自 2001—2013 年的《中国统计年鉴》《中国物流统计年鉴》《第三产业统计年鉴》和北京、天津、河北的《统计年鉴》。其中，最终消费支出贡献率来自凤凰财经网站，经过汇总整理得出，分别见表 2、表 3。

表 2　京津冀流通业子系统序参量指标数值

年份 \ 数值 \ 流通业子系统序参量指标	流通业增加值(亿元)	社会消费品零售总额(亿元)	流通业从业人员(万人)	货运总量(万吨)	流通业增加值占 GDP 比(%)	流通业增加值占第三产业比(%)	流通业对 GDP 贡献率(%)
2000	1787.799	4009.23	145.15	133925	18.04	39.57	9.91
2001	2057.325	4442.36	150.64	140050	18.46	39.02	21.73
2002	2290.01	4914.81	152.16	146292	18.34	37.36	18.05
2003	2524.125	5397.04	153.98	146728	17.40	35.92	12.37

续表

流通业子系统序参量指标 数值 年份	流通业增加值（亿元）	社会消费品零售总额（亿元）	流通业从业人员（万人）	货运总量（万吨）	流通业增加值占 GDP 比（%）	流通业增加值占第三产业比（%）	流通业对 GDP 贡献率（%）
2004	2664.08	6194.28	157.64	156899	15.12	32.28	3.45
2005	3022.61	7054.66	152.02	164102	14.47	30.68	10.50
2006	3563.89	8049.49	151.61	173194	14.82	30.63	16.89
2007	4051.17	9425.14	157.81	176296	14.11	28.76	10.01
2008	4783.33	11715.3	166.18	188333	14.13	28.92	13.99
2009	6039.24	13505.63	172.01	202374	16.36	32.38	24.33
2010	7551.74	15953.65	178.93	242631	17.27	34.38	30.92
2011	8871.44	18330.88464	195.01	283829	17.04	34.04	15.66
2012	9647.19	20878.2467	208.65	319234	16.82	33.14	12.78

表 3　京津冀区域经济子系统序参量指标数值

区域经济子系统序参量指标 数值 年份	地区生产总值（亿元）	总就业人数（万人）	进出口总额（万美元）	全社会固定资产投资（亿元）	第三产业占 GDP 比重（%）	最终消费支出贡献率（%）	区域人均 GDP（万元）
2000	9907.5	4491.9	7179201	3,708.19	45.60	42.47	1.096119592
2001	11143.9	4526.4	7439284	4,130.85	47.31	41.84	1.226194619
2002	12484	4606.81	8199794	4,624.03	49.10	43.37	1.362086644
2003	14506.5	4684.43	10685009	5,686.63	48.44	41.86	1.570530543
2004	17621.8	4898.59	15012096	6,992.63	46.84	41.53	1.889662287
2005	20887.3	4989.49	19496475	8,462.06	47.17	40.46	2.214509118
2006	24048.1	5092.61	24113579	10,587.14	48.38	41.11	2.511817422
2007	28706.9	5221.6	29008824	13,145.03	49.07	41.00	2.949134991
2008	33846	5353.88	39065040	16,071.10	48.86	41.86	3.406398953
2009	36910.3	5467.92	30834634	21,624.90	50.54	45.19	3.646487509
2010	43732.3	5625.44	42579345	26,764.50	50.22	45.79	4.182833597
2011	52074.9	5795.28	54657324	29,035.93	50.05	45.61	4.906167033
2012	57348.3	5996.18	57427825	33,708.43	50.77	47.31	5.324595537

然后，按照前面讲述的计算方法和步骤，分别对采集的京津冀流通业子系统和区域经济子系统的数据进行预处理，在此基础上测算各子系统的序参量的有序度，并测算京津冀流通业和区域经济子系统的协同发展成熟度，结果见表4。

表4　京津冀流通业与区域经济协同发展的成熟度

年份	流通业子系统的有序度	区域经济子系统的有序度	协同发展成熟度
2000	0.163478	0.140879	
2001	0.173545	0.147118	0.007925
2002	0.181142	0.155541	0.007999
2003	0.186993	0.170928	0.009488
2004	0.198064	0.196272	0.016751
2005	0.205518	0.220360	0.013400
2006	0.218818	0.246497	0.018645
2007	0.235260	0.279281	0.023217
2008	0.263408	0.323725	0.035370
2009	0.292608	0.335954	0.018897
2010	0.337141	0.394262	0.050957
2011	0.384638	0.450000	0.051453
2012	0.425284	0.487157	0.038862

将协同发展成熟度绘制成趋势图，见图1。

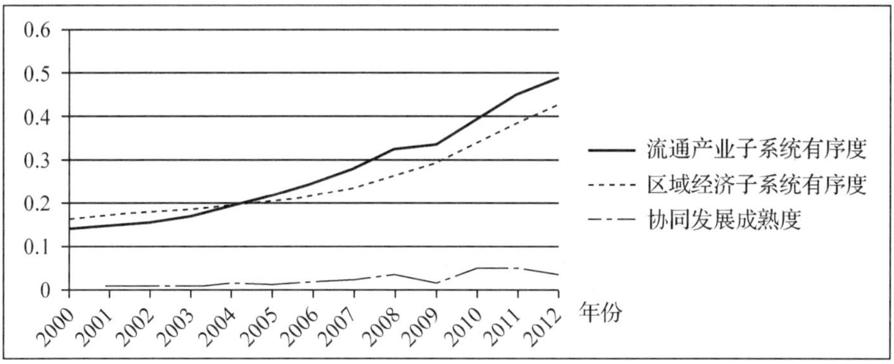

图1　京津冀流通业与区域经济子系统有序度与协同发展成熟度

放大后可以看到京津冀流通业与区域经济子系统的协同发展成熟度如图2所示。

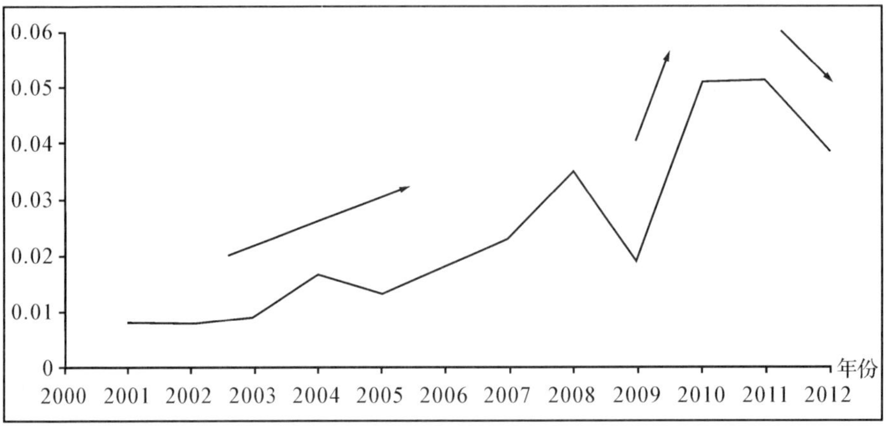

图 2　京津冀流通业与区域经济协同发展成熟度(放大后)

(三)实证结果分析

图 1 是京津冀流通业子系统和区域经济子系统的有序度及复合系统协同发展成熟度的变化趋势图，图 2 更清楚地描绘了它们之间协同发展的轨迹。协同发展成熟度的变化取值范围为[－1，1]，协同发展成熟度小于零，则表明两个子系统没有达到协同发展；协同发展成熟度大于零，才表明两个子系统处于协同发展状态；协同发展成熟度越接近于 1，则表明两个子系统的协同发展成熟度越高。对模型结果分析得出：

1. 京津冀流通业和区域经济子系统有序度和协同发展成熟度整体都呈上升趋势

2000 年以来，我国约 10 年时间的经济增速保持在 9%以上；在 2008 年经济危机前期，GDP 增长速度曾经达 14%。虽然近两年遇到经济结构转型过程中不可避免的增速回调情况，但是随着中央稳增长政策的不断出台，增速依然能保持在 7.5%左右。国民经济的快速发展和经济结构转型，使得全社会需求快速扩张，也从各个方面带动了第三产业中流通业的快速发展。而京津冀地区的经济发展速度要高于全国水平，且产业结构不断升级，所以京津冀流通业和区域经济的有序度及协同发展成熟度呈明显上升的走势。

2. 京津冀区域经济子系统有序度增长快于流通业子系统有序度

图 1 中，2004 年之前京津冀流通业子系统的有序度要高于整个区域经济的有序度，而 2004 年之后情况发生变化，区域经济子系统的有序度超过流通业的有序度。2004 年年底我国商贸流通业全面开放，流通业面临的机遇与挑战使之与原本的封闭发展格局出现较大的变化，冲击子系统内部的有序发展状态，而整体经济则因受益于全面开放出现了较为快速、协调的增长。京津冀区域属于我国经济开放程度最高的地区之一，因此上述情况表现更为明显。

3. 京津冀流通业子系统与区域经济子系统协同发展成熟度有明显的阶段性特征，与经济增长有高度相关性

从图2可以看出，2004年之前，我国商贸流通业尚未完全开放，京津冀流通业和区域经济的协同发展成熟度以一个较低的速度上升，此时经济整体与流通业尚处于稳步提升阶段。而2004年流通业全面开放，原有流通业系统受冲击程度高于整个经济的受冲击程度，2004年、2005年两个系统成熟度出现小幅波动。2005—2008年，经济快速发展，也使流通业充分发展。2008年、2009年两年间，协同发展成熟度出现了巨大缺口。结合当时的全球性经济危机，可以知道这个缺口是区域经济子系统受到冲击造成的。经济危机使出口和社会生产部门受到严重影响，经济增速遭遇断崖，而消费部门所受到的影响不是很大，因此协同发展成熟度下降。2009年随国内一系列经济刺激政策的出台，流通业和区域经济迅速扩张，协同发展成熟度又从低点急速反弹。当前，国内经济转型造成的经济增速回落，协同发展成熟度又出现拐头向下的迹象。

4. 京津冀流通业对区域经济的推进效应大于抑制效应

2001—2012年，京津冀流通业与京津冀区域经济的协同发展成熟度虽然不高，但都是大于零的，说明京津冀流通业对京津冀区域经济的推进效应大于抑制效应。改革开放以来，特别是“十一五”时期，经过成功举办2008年北京奥运会、新中国成立60周年庆祝活动，有效应对国际金融危机以及南方雨雪冰冻灾害、汶川特大地震等应急保障突发事件，京津冀流通业实现了跨越式发展，流通基础设施不断完善，流通效率和现代化、国际化水平不断提高，流通规模成倍扩张。但是，在京津冀流通业发展过程中，城乡发展不均衡、流通成本过高、创新发展能力和企业主体竞争力不足等问题依然存在。

5. 京津冀流通业与京津冀区域经济的整体协同发展程度还有较大的提升空间

京津冀流通业与京津冀区域经济相互依赖、相互促进，两者之间存在双向因果关系，客观上要求两者协调发展。以邓小平理论、“三个代表”重要思想、科学发展观为指导，认真贯彻党的十八大和北京市十一次党代会精神，按照“便民利民、促进发展，服务全国、辐射世界”的发展定位，坚持城乡村统筹、创新与规范齐抓、国内流通与国际流通并重、硬环境与软实力兼顾、促进发展与服务全国共融、立足当前与着眼长远结合等六项原则，加快发展京津冀流通业，不断提高其规范化、现代化、特色化和国际化水平，进一步发挥流通业对保障民生的基础支撑作用和推动经济发展方式转变的战略引领作用，为形成与建设中国特色世界城市目标相适应的国际商贸中心奠定坚实基础，从而实现京津冀流通业与京津冀区域经济的协

同发展。

参考文献

[1]郭湖斌：《长三角区域物流与区域经济协同发展的经济计量研究》，《商业时代》，2010 年第 19 期。
[2]黄国雄：《论流通产业是基础产业》，《财贸经济》，2005 年第 4 期。
[3]荆林波、王雪峰：《我国流通业发展现状、存在的问题及对策》，《中国流通经济》，2012 年第 2 期。
[4]李丽：《我国流通产业与国民经济的协同演进分析》，《财贸经济》，2014 年第 1 期。
[5]刘国光：《加快流通产业向先导产业的转化》，《价格理论与实践》，2004 年第 6 期。
[6]钟家雨、柳思维、熊曦：《旅游业与城镇化协同发展的区域差异分析》，《经济地理》，2014 年第 2 期。
[7]冉净斐、文启湘：《流通战略产业论》，《商业经济与管理》，2005 年第 6 期。
[8]宋则：《中国流通现代化核心评价指标研究(上)》，《商业时代》，2004 年第 32 期。
[9]涂智寿：《重庆邮政物流与区域经济协同发展研究》，《中国流通经济》，2010 年第 4 期。
[10]张中强、宋学锋：《区域经济与区域物流协同发展状态与调控模型研究》，《数学的实践与认识》，2013 年第 14 期。
[11]赵凯、宋则：《商贸流通服务业影响力及作用机理研究》，《财贸经济》，2009 年第 1 期。
[12]中商流通生产力促进中心、中国人民大学流通研究中心联合编著：《中国城市流通竞争力报告 2009》，中国经济出版社，2010 年。
[13]杨宜苗：《试论流通产业的贡献》，《财贸经济》，2006 年第 7 期。

（作者：李　丽　首都流通业研究基地研究人员　副教授
张益民　首都流通业研究基地　硕士研究生）

北京出版产业与文化研究基地

（北京印刷学院）

基地名称：北京出版产业与文化研究基地
依托单位：北京印刷学院
项目类别：北京市社会科学基金项目

北京公众数字视听资源需求与使用行为调查①

内容提要：基于问卷调查和分析，本研究从获取策略、接触频次、内容源与主题偏好、付费情况、创造性参与等方面，描述了北京地区公众数字视听资源的需求与使用状况。调查发现：北京地区公众已经进入数字视听资源移动获取与多屏接收的时代；不同的使用群体在视听行为上有显著差异，公众视听资源需求中个性化的因素正在凸显，这也引发了影视剧等付费使用项目的拓展；数字技术引发的媒介融合、传播竞争以及公众媒介使用习惯的变化，正在削弱公共图书馆等在公共文化服务体系中的价值；借助数字终端与传播技术，公众正以积极的面貌，在不同层面参与到数字视听资源的生产之中，形成了视听资源生产的社会化趋势。

关键词：公共数字文化服务体系；数字视听资源；需求与使用

以数字技术为引擎，配合“三网融合”与“大部制”的稳步推进，中国大陆地区的公共数字文化服务体系已显示出其骨干架构。与公共数字文化服务体系相配适，公共数字文化资源成为近一两年来研究领域关注的新焦点。公共数字文化资源可大体分为数字阅读资源与数字视听资源两大类。本研究旨在了解公共数字文化服务体系成型过程中，公众数字视听资源需求及使用行为的改变，并进一步探讨以上变迁对公共文化服务管理体制所提出的挑战及可能的应对策略。

一、基本概念与调查执行情况

本研究以北京地区为例，力图以一种整合性的视角，初步描述和分析北京地区公众的数字视听资源需求与使用情况。

本研究所指涉的数字视听资源是一个广义的概念：所谓数字视听资源，指来自广电网、互联网（含移动互联网）和公共文化场馆服务网络的各类数

---

① 本文是“北京地区公共数字文化资源需求与使用状况研究”项目的阶段成果，项目编号：13JDWYB010。

字化的音频和视频资源。

本次调查以问卷调查法为主导方法。调查的执行分为两个阶段：第一阶段(2013 年 6—10 月)，调查人员深入北京城乡，发放纸质问卷，主要对象为进城务工人员、老年人、农村人口等；第二阶段(2013 年 11—12 月)，调查人员通过专业的网络调研平台发放网络问卷。调查最终回收有效问卷 3339 份。

本次调查的有效样本中，城市样本占 91.64%；县/乡/镇样本占 5.06%，农村样本占 3.29%(详见表 1)。在城市化进程中，大量户籍隶属北京农村的被访者实际工作、生活于城市或县/乡/镇，故此次调查也将这一人群归为城市样本。调查人员也用这种标准来处理进城务工人员等样本的划归问题。这样处理虽然会造成城市样本比例过大，但也更贴近被访者的实际情况。

此次调查样本男女比例分别为 46.69%和 53.31%。样本年龄以 20—49 岁的中青年群体为主。其中，15—19 岁年龄段样本主要是年轻的进城务工人员(详见表 1)。

调查样本以就业人口为主。其中，排前三位的样本群所占比例为：“企业单位”样本占样本总量的 42.83%，“事业单位”样本占样本总量的 15.21%，“进城务工/在村镇从事非农业生产”样本占样本总量的 12.52%。详见表 1。

从表 1 中可以看出，调查样本家庭月收入以“3001—6000 元/月”居多，占样本总量的 31.93%；其次是“6001—9000 元/月”，占样本总量的 19.02%。

表 1　样本年龄分、职业、家庭月收入、受教育程度分布(N=3339)

年龄(岁)	数量	比例(%)	职业类型	数量	比例(%)	月收入(元)	数量	比例(%)	受教育程度	数量	比例(%)
15—19	34	1.02	企业单位	1430	42.83	1000 及以下	52	1.56	没上过学	7	0.21
20—24	106	3.17	事业单位	508	15.21	1001—3000	383	11.47	小学	64	1.92
24—29	1084	32.46	教育系统	162	4.85	3001—6000	1066	31.93	初中/高中/中专	683	20.45
30—34	655	19.62	自营职业	278	8.33	6001—9000	635	19.02	大专/本科	1932	57.86
34—39	492	14.73	进城务工/在村镇从事非农业生产	418	12.52	9001—12000	444	13.30	研究生及以上	653	19.56
40—44	488	14.62	务农	41	1.23	12001—18000	442	13.24			
44—49	144	4.31	退休	233	6.98	18001—24000	186	5.57			

续表

年龄（岁）	数量	比例（%）	职业类型	数量	比例（%）	月收入（元）	数量	比例（%）	受教育程度	数量	比例（%）
50—54	80	2.40	照顾家庭	47	1.41	24001 及以上	131	3.92			
54—59	79	2.37	待业	34	1.02						
60—64	50	1.50	学生	188	5.63						
64—69	52	1.56									
70 及以上	75	2.25									

调查样本受教育程度以“大专/本科”为主，占样本总量的 57.86%，这与我国企事业单位的用人机制有一定的关联。其次是“初中/高中/中专”，占样本总量的 20.46%。“没上过学”及“小学”教育程度的样本主要来自进城务工人员和老年人。

二、数字视听资源获取策略

首先，调查人员请被访者对各类数字视听资源接收终端按照常用程度进行了排序。数据显示，手机已经成为公众接收数字视听资源的第一终端，固定电视机居第二位，笔记本、上网本、超级本等居第三位，平板电脑、阅读器等居第四位。移动终端的优势已经十分明显。（见图 1）

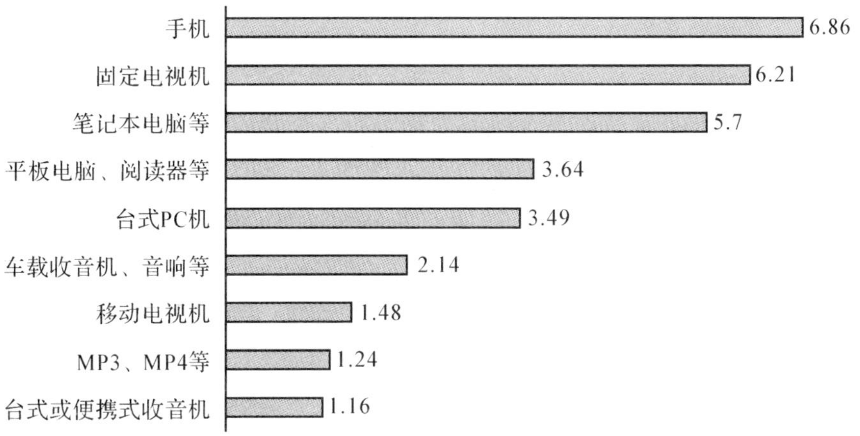

图 1　数字视听资源接收终端排序（*N*=3339）

注：选项得分=（Σ 频数×权值）/本题填写人次

调查人员又请被访者对资源获取方式按照常用程度进行了排序。数据显示，通过“上网使用免费资源”的方式获取资源是最普遍的，“看电视”居第二位，“听广播”居第三位。值得注意的是，“上网使用付费资源”居第四位，已超过了“通过公共文化场馆网络借阅数字化资源”和“私人之间传输、复制”的公众人数。（见图 2）

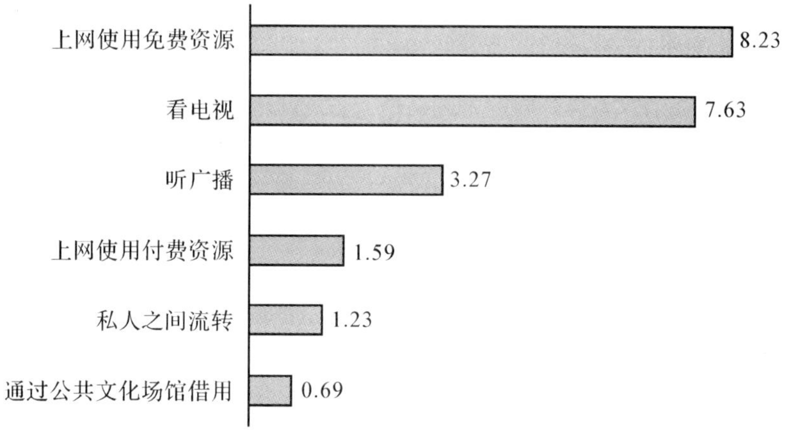

图 2　常用数字视听资源获取方式排序（$N=3339$）

注：选项得分=（Σ 频数×权值）/本题填写人次

综合接收终端与获取方式可以得知，北京地区公众获取数字视听资源主要有三个策略：首先选择以移动终端等上网获取免费资源，其次是看电视，听广播，再次是上网获取付费资源。

调查显示，89.46%的被访者是渠道多获取策略的实施者，即他们利用多个终端，交叉或同时使用广电网络和互联网来获取视听资源。调查亦显示，也有部分公众采取了较为单一的获取策略，如 5.09%的被访者单纯地看电视；0.18%的被访者单纯地听广播；5.27%的被访者单纯地上网，而不怎么使用其他获取策略。

三、不同获取策略下的数字视听资源接触频次

在“上网”（含移动互联网，下同）方面，54.00%的被访者每天上网以接触视听资源，23.18%的被访者每周上网以接触视听资源。二者合计，有 77.18%的被访者频繁地上网以接触数字视听资源。

在“看电视”方面，50.85%的被访者每天看电视以接触数字视听资源，20.19%的被访者每周看电视以接触数字视听资源。二者合计，有 71.04%的被访者频繁地看电视以接触数字视听资源。

在“听广播”方面，18.60%的被访者每天听广播以接触数字视听资源，15.09%的被访者每周听广播以接触数字视听资源。二者合计，有 33.69%的被访者通过频繁地听广播以接触数字视听资源。

总体而言，通过上网获取数字视听资源带来的接触频次最高，其次是看电视。（见表2）

表2　不同获取策略下的数字视听资源接触频次（$N=3339$）

获取策略 / 频次	上网		看电视		听广播	
	小计	比例(%)	小计	比例(%)	小计	比例(%)
每天使用	1803	54.00	1698	50.85	621	18.60
每周使用	774	23.18	674	20.19	504	15.09
偶尔使用	421	12.61	663	19.86	1191	35.67
不使用	341	10.21	304	9.10	1023	30.64

交叉分析还显示，年龄是影响视听资源获取方式及接触频次的重要因素之一。对每天接触数字视听资源的样本进行分析后发现，45—49岁是一个明显的分水岭：小于45岁的被访者每天更多地通过上网来接触数字视听资源，而大于(包含)45岁的被访者则每天更多地通过看电视来接触数字视听资源。（见表3）

表3　不同年龄段样本的视听资源获取方式与接触频次（$N=3339$）

获取策略与接触频次 / 年龄	每天电视		每天听广播		每天上网	
	小计	比例(%)	小计	比例(%)	小计	比例(%)
14—19岁	4	11.76	1	2.94	9	26.47
20—24岁	40	37.74	10	9.43	60	56.60
24—29岁	527	48.62	99	9.13	721	66.51
30—34岁	320	48.85	138	21.07	387	59.08
34—39岁	224	45.53	105	21.34	255	51.83
40—44岁	228	46.72	107	21.93	246	50.41
44—49岁	92	63.89	37	25.69	50	34.72
50—54岁	59	73.75	17	21.25	26	32.50
54—59岁	64	81.01	25	31.65	20	25.32
60—64岁	37	74.00	25	50.00	11	22.00
64—69岁	46	88.46	30	57.69	13	25.00
70岁及以上	57	76	27	36	5	6.67

以上数据也可以与中国互联网的发展历程相互映照。1995年，中国大陆地区的互联网进入大规模商用阶段，当时20多岁的那批上网者现在正是40多岁。随着这批上网者年龄的增长，可以预见，处于分水岭的年龄段还会不断向后推移。

四、公众对数字视听资源的内容源偏好

目前，基于互联网平台的视听内容源主要有三类：(1)电影、电视、广播、唱片等传统内容产业生产的内容；(2)互联网产业自制内容；(3)互联网使用者创造的内容。整体而言，北京地区公众已经更多地通过上网来接触数字视听资源。那么他们偏好哪些视听内容源呢？

当被问及“您经常通过互联网使用哪些视听资源？”时，75.05%的被访者表示经常通过互联网看电影，66.19%的被访者经常通过互联网看电视剧，52.47%的被访者经常通过互联网收听音乐或看 MV，另有 48.34%的被访者则经常通过互联网收看各类电视节目。(见表 4)以上数据显示，虽然偏爱上网所带来的自由便利，但公众目前仍更多地通过互联网来接触传统内容产业生产的内容。

同时，我们也看到，部分公众已经接受并习惯性地使用互联网产业自制内容和使用者创造的内容。被访者中，32.61%的人经常观看互联网原创电影、微电影，17.91%的人经常听网络原创音乐，17.25%的人经常观看互联网原创节目，15.39%的人经常观看视频网站自制剧集，还有 11.17%的人经常观看草根视频。目前，互联网产业自制内容的品质正逐步提高，当其足以媲美甚至超越传统内容产业制造的内容后，相信会有更多的使用者选择观看此类内容源。(见表 4)

表 4　基于互联网(含移动互联网)平台的视听内容源偏好(N=3339)

视听内容源	小计	比例(%)
电影	2506	75.05
电视剧	2210	66.19
音乐(含 MV)	1752	52.47
电视节目	1614	48.34
网络原创电影/微电影	1089	32.61
游戏	938	28.09
网络原创音乐(含 MV)	598	17.91
网络原创节目(定期、连续播出)	576	17.25
视频网站自制剧集	514	15.39
草根视频	373	11.17
其他	33	0.99

注：问卷题为多选题，合计百分比大于 100%

交叉分析显示，性别对内容源偏好施加着显著的影响。例如，73.09%的女性经常通过互联网看电视剧，而男性的这个数值是58.31%；54.38%的女性经常通过互联网看电视节目，而男性的这个数值是41.44%；56.29%的女性经常通过互联网听歌或看MV，而男性的这个数值是48.11%。也就是说，女性主要把互联网当成了电影院、电视机和广播的延伸物或替代物。虽然一样喜欢传统内容产业生产的内容，但相较于女性，男性显得更加愿意尝试新的内容源。如，14.24%的男性经常看“草根视频”，而女性的这个数值是8.48%。相较于女性，也有更多的男性经常看“网络原创电影/微电影”“视频网站自制剧集”等。（见图3）

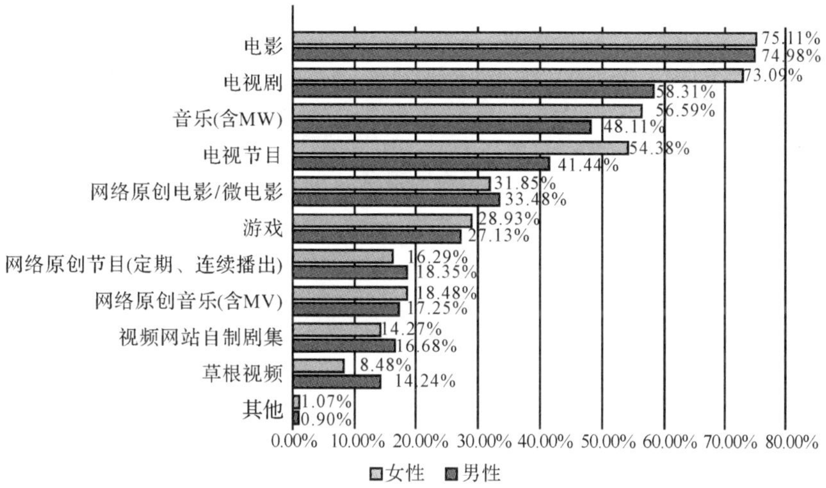

图3　性别与基于互联网平台的视听内容源偏好（*n*1 男=1559；*n*2 女=1780）

五、公众对数字视听资源的主题偏好

在设计问卷的过程中，我们将常用视听主题分为34个。数据显示，“新闻”和“影视剧”为公众所普遍喜爱。55.23%的被访者表示经常使用“新闻/时政/军事/外交”类资源，51.75%的被访者经常使用“热门影视剧”类资源，46.45%的被访者经常使用“经典影视剧”类资源。其他视听主题的偏好情况详见表5。

表5　常用视听主题（*N*=3339）

排序	选　项	小计	比例(%)
1	新闻/时政/军事/外交	1844	55.23
2	热门影视剧	1728	51.75
3	经典影视剧	1551	46.45

续表

排序	选　项	小计	比例(%)
4	美食	1306	39.11
5	综艺	1209	36.21
6	热门音乐	1204	36.06
7	经典音乐	1201	35.97
8	旅游	1183	35.43
9	医疗/保健/养生	1182	35.40
10	名人访谈	972	29.11
11	生活窍门/消费知识	935	28.00
12	脱口秀	899	26.92
13	相声/小品/评书/笑话/广播剧	851	25.49
14	自然科学类纪录片	751	22.49
15	体育	739	22.13
16	投资理财/经营管理	727	21.77
17	人文社会类纪录片	686	20.55
18	汽车	671	20.10
19	选秀/相亲/求职等真人秀	631	18.90
20	政策法律法规/热点案例/纠纷调解	592	17.73
21	名家讲座	520	15.57
22	时尚/服饰/健身/美容	470	14.08
23	母婴/育儿/家庭教育	372	11.14
24	动漫游戏/电子竞技	371	11.11
25	远程教育/公开课	324	9.70
26	路况信息	314	9.40
27	有声读物	270	8.09
28	摄影/美术/设计/装修/收藏	267	8.00
29	舞蹈	190	5.69
30	戏曲/戏剧	176	5.27
31	致富项目	155	4.64
32	棋类	92	2.76
33	进城务工技能	67	2.01
34	农林畜牧相关技术	54	1.62
35	其他	36	1.08

注：问卷题为多选题，百分比合计大于100%

进一步的分析显示，受教育程度越高的人经常使用的视听主题也越广泛，使用知识性的视听主题越多。如，高中及以下受教育程度的被访者对“政策法律法规/热点案例/纠纷调解”“相声/小品/评书/笑话/广播剧”“选秀/相亲/求职等真人秀”更为偏爱；大专及以上受教育程度的被访者则更常使用“人文社科类纪录片”“名家讲座”“远程教育/公开课”等视听主题。（见图4）

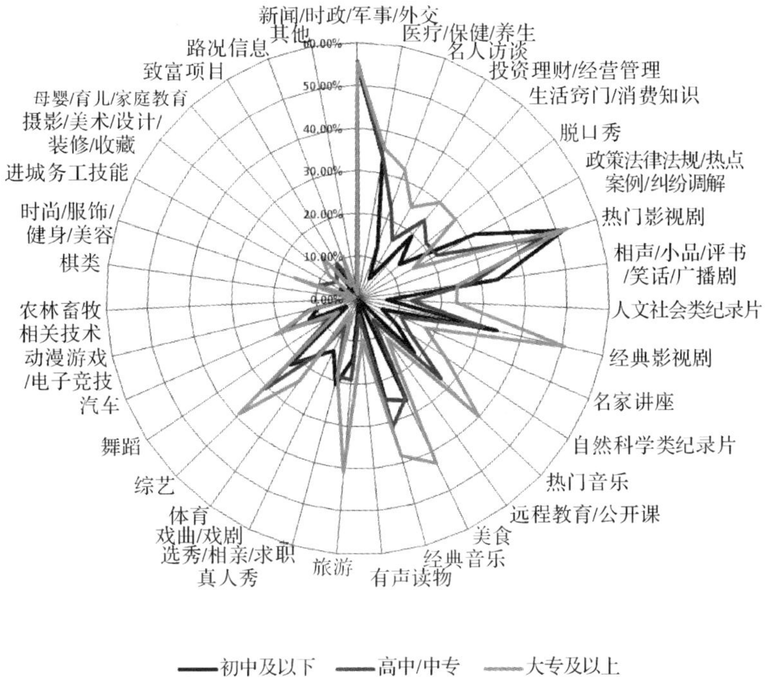

图4　教育程度与视听主题偏好

注：初中及以下 $n1=366$，高中/中专 $n2=388$，大专及以上 $n3=2585$

六、公众为数字视听资源使用付费的情况

公众为数字视听资源使用付费，可以大致分为两类：一类是为基本的网络接入和基础内容包付费，一类是为特定内容的视听、下载、高品质观赏、点播、互动等付费。前者体现的更多是使用者的共性需求，后者则更多体现了使用者的个性化需求。

为基本的网络接入和基础内容包付费方面，被访者中有80.65％的人为手机流量付费，72.36％的人为宽带付费，71.31％的人为有线电视付费，14.97％的人为网吧使用付费。可以看到，为手机流量和宽带付费的人比例已经高于为有线电视付费人的比例。

在为特定内容的付费方面，21.77%的被访者为网络游戏付费；18.21%的被访者为影视剧付费；6.32%的被访者为数字音乐付费。随着用户个性化需求的增长，影视剧成长为继网络游戏之后最大的付费使用项目。（见表6）

表6　付费使用数字视听资源情况（N=3339）

付费类别	付费项目	小计	比例（%）
为基本的网络接入和基础内容包付费	手机流量	2693	80.65
	宽带	2416	72.36
	有线电视	2381	71.31
	网吧	500	14.97
为特定内容的视听、下载、高品质观赏、点播、互动等付费	网络游戏	727	21.77
	影视剧	608	18.21
	数字音乐	211	6.32
	其他	15	0.45

注：问卷题为多选题，百分比合计大于100%

七、公共文化场馆网络数字视听资源接触情况

北京地区的公共文化场馆网络由三大类场馆构成：公益性的公共文化场馆，如公共图书馆、博物馆等；经营性的公共文化场馆，如电影院、音乐厅等；还有民间志愿者创建的公共文化场馆。公共文化场馆网络的视听资源数字化有两种最基本的途径：一种是在文化场馆内部，利用数字化技术，丰富产品体验，提升服务品质；另一种是将资源数字化，支持使用者远程获取。以下主要分析公益性文化场馆提供的数字视听资源。

（一）公共图书馆等及其数字视听资源

北京市现有公共图书馆、阅览室的数字视听资源基本包括以下四个基本类别：①教育类音视频数据库，如英语学习等；②娱乐类音视频数据库，如动漫、影视等；③国家级数字文化资源库“文化共享工程”；④自建的馆藏特色资源库。

调查显示，实地或通过图书馆网络，有14.23%的被访者使用过娱乐类音视频库，有10.21%的被访者使用过教育类音视频库，有5.72%的被访者使用过“文化共享工程”数据库，有5.24%的被访者使用过馆藏特色资源库。（见表7）

表 7　通过图书馆、阅览室等使用数字视听资源的情况（$N=3339$）

排序	数字资源类型	小计	比例(%)
1	娱乐类音视频库	475	14.23
2	教育类音视频库	341	10.21
3	文化共享工程	191	5.72
4	馆藏特色资源库	175	5.24

注：问卷题为多选题，百分比合计大于 100%

（二）博物馆等及其数字视听资源

调查显示，实地或通过网络，有 6.38%的被访者使用过网络虚拟博物馆，各有 5%以上的被访者使用过电子导游器、数字技术支持的互动体验区、二维码展品介绍；各有 3%以上的被访者使用过网络虚拟美术馆、手机等 APP 讲解等。（见表 8）

表 8　通过博物馆等使用数字视听资源的情况（$N=3339$）

排序	资　源	小计	比例(%)
1	网络虚拟博物馆	213	6.38
2	电子导游器	193	5.78
3	数字技术支持的互动体验区	189	5.66
4	二维码展品介绍	189	5.66
5	网络虚拟美术馆	115	3.44
6	手机等 APP 讲解	111	3.32

注：问卷题为多选题，百分比合计大于 100%

整体而言，公共文化场馆网络中的数字视听资源利用率不高。这意味着数字技术引发的媒介融合、传播竞争以及公众媒介使用习惯的变化，正在削弱公共图书馆等在公共文化服务体系中的地位。如何借助数字技术焕发公共文化场馆的价值，是需要我们认真探讨的课题。

八、公众创造性参与数字视听资源生产的情况

我们将制作和上传视频，为作品写评论、打分，通过互联网与文化名人、文化企业和机构互动等行为视为在不同层面参与了数字视听资源的生产。

调查表明，在参与数字视听资源生产的被访者中，有 23.67%的人制作和上传了视频；14.11%的人制作和上传了音频。除了自己制作内容，参与者也通过评价与互动参与到制作与传播环节，如，29.74%的人为影视剧、

音乐等写评论，打分；12.75%的参与者与文化名人或文化企业、机构互动。(见表 9)

表 9　公众参与公共数字文化资源生产的主要方式($N=659$)

排序	选　项	小计	比例(%)
1	为影视剧、音乐等写评论，打分	196	29.74
2	制作和上传视频	156	23.67
3	制作和上传音频	93	14.11
4	通过网络与文化名人/企业/公共机构互动	84	12.75
5	其他	3	0.46

注：问卷题为多选题，合计百分比大于 100%

值得一提的是，在参与者中，进城务工人员占了 7.56%，他们从事着餐饮服务、美容美发、送水送餐、建筑装修等各种工作。通过参与视听资源的生产，他们描述了自身的处境与喜忧，表达着唯他们才能表达的声音。参与者也并没有被高学历者垄断。参与者中有 0.28%人为小学教育程度，3.17%的人为初中教育程度，9.03%的人为高中教育程度。随着数字终端的越发普及及公众媒介素养的普遍提高，会有更多样的人群参与到数字视听资源的生产中，推动数字视听资源生产的社会化。

九、结　论

通过本次调查，我们的主要发现如下：

1. 北京地区公众已经进入数字视听资源移动获取与多屏接收的时代。手机等移动终端成为最常用的终端，为手机流量与宽带接入付费的人比例超过了有线电视，上网使用免费或付费资源成为公众最主要的数字视听资源获取方式。

2. 在年龄、性别、受教育程度、职业等因素的影响下，不同的使用者在视听行为上有显著的差异。公众的视听资源需求中个性化的因素正在凸显，这也引发影视剧等付费使用项目的拓展。

3. 数字技术引发的媒介融合、传播竞争以及公众媒介使用习惯的变化，正在削弱公共图书馆等在公共文化服务体系中的价值。

4. 借助数字终端与传播技术，公众正以积极的面貌，从不同层面参与到数字视听资源的生产中，形成了视听资源生产的社会化趋势。

综上所述，数字技术的广泛应用与公众多样化的需求正对政府管理公共文化体系的方式提出挑战。为了迎接这种挑战，政府一方面要以“三网融合”与“大部制”为背景，扩大图书馆等之外的公共数字文化服务渠道；另一方面，要在推动公共数字文化服务普适化、标准化的同时，积极推进公共数字文化服务的个性化、社会化。对北京等城市而言，公共数字文化建设下一阶段的主要任务应是建立满足不同层次需要的、开放式的数字文化服务平台，有针对性地提供多层次、多样化、专业化、个性化的数字文化服务。而这一切的前提是，充分尊重公众的参与权和表达权，研发公共数字文化资源需求的即刻反馈机制和需求的长效揭示机制，促进以需求为导向的公共数字文化资源内容生产与服务模式开发，进而整体提升公共数字文化服务体系的可用性、有效性和吸引力。

参考文献

[1]于群、李国新：《中国公共文化服务发展报告(2012)》，社会科学文献出版社，2012 年。

[2]田嵩燕：《文化体制改革的历程回顾与路经思考》，《珠海市行政学院学报》，2012 年第 2 期。

（作者　魏　超　北京出版产业与文化研究基地执行主任　教授
畅　榕　北京出版产业与文化研究基地研究人员　副教授
吴微星　北京出版产业与文化研究基地　本科生）

首都卫生管理与政策研究基地

（首都医科大学）

基地名称：首都卫生管理与政策研究基地
依托单位：首都医科大学
项目类别：北京市社会科学基金项目

“乡政村治”体制对首都村级卫生人力资源配置的影响[①]

内容提要： 20世纪80年代中期，我国乡村治理模式由“政社合一”体制变革为当前仍在实行的“乡政村治”体制，这在不同程度上影响了村级卫生人力资源配置政策的落地，影响了村级卫生人力资源的准入，影响了乡村医生的考核和服务提供，致使政府和村委会放松了一些保障机制的建立和完善。为了妥善解决这些问题，必须进行以下四个方面的努力：一是卫生政策的制定要适应农村政策的变化，使之契合于乡村治理模式的变革；二是需要立足于农村卫生队伍的实际，适度改革乡村医生的执业准入制度；三是有关部门应当加强对乡村医生的服务和监管工作，提高乡村医生的医技水平，促进其合理分布；四是应当建立健全相关体制机制，保障乡村医生平稳、安全地执业，以切实消除其后顾之忧。

关键词： “乡政村治”体制；农村卫生室；人力资源配置；影响

首都医科大学“医改背景下的首都农村卫生人力资源配置研究”课题组在负责人王晓燕教授的带领下，前往北京市密云县进行了为期2天的问卷调查和15天的实地观察，累计问卷调查635份，实地观察3个乡镇、16个行政村和17所村卫生室。本文运用卫生管理学、卫生法学、医学教育学等多学科分析方法，以“乡政村治”体制为视角，较为深入地探究了该体制对首都村级卫生人力资源配置的影响，并初步提出了一些对策措施，以期为卫生行政部门制定与完善相关农村卫生政策提供理论参考和实践依据。

一、主要问题

（一）“乡政村治”体制在不同程度上影响了村级卫生人力资源配置政策的落地

首先，在管理体制上，国家权力上收至乡镇，乡镇以下的村实行村民

---

① 本文是“医改背景下的首都农村卫生人力资源配置研究”项目的阶段成果，项目编号：11ZDA05。

自治，这在形式上改变了长达 25 年(1958—1983 年)“政社合一”体制下公社(相当于乡镇一级)和生产大队(相当于行政村一级)之间的领导关系。但问题在于，延续多年的基层政权全能型命令式管理并未完全转变为规划性、指导性和服务性管理，仍然保有一定的制度惯性。卫生体制改革后的“上划”(即由属地管理为主转变为垂直管理为主)使医疗卫生不再是乡镇政府的重要工作，亦无具体的职责范围与事权划分，这在很大程度上助推了乡镇政府工作的随机性，对属于公共产品领域的医疗卫生工作重视不够，村级卫生人力资源配置问题更是少有涉及。其次，乡政管理与村民自治在衔接和职能划分上一直存在模糊不清的状态，但有一点是共通的，即都在抓经济、抓项目，乡镇政府认为医疗卫生属于卫生行政部门的事务，村委会则认为医疗卫生更多的是“上面”(即乡镇及其以上政府)的责任，这就导致村级卫生人力资源配置政策难以在“乡政村治”的体制环境中完全落地。于是，在政策执行过程中出现相互推诿的现象就不足为奇了。最后，尽管新医改气势如虹地提出了“保基本、强基层、建机制”的目标，这一度让乡村医生看到了希望，增强了信心，但又不得不承认，其重心仍然是公立医院改革，也就是说新医改主要是在体制内进行改革。北京市具有“大城市、小农村”的特点，这一特点进一步加剧了新医改重心的偏移，即先忙城市，后忙农村，农村也是先忙体制内的县和镇，最后关照一下村，至今最令人值得称道的仍然是 2007 年的“1486”工程，这从侧面反映出新医改过程中的“淋下效应”。

(二)“乡政村治”体制在不同层面上影响了村级卫生人力资源的准入

“乡政村治”体制下的乡村医生实行“自主经营、自负盈亏”，这改变了“政社合一”体制下赤脚医生(乡村医生的前身)实行的工分制保障模式。在横向比较上，乡村医生的收入有所下降，社会地位有所降低，这导致了尽管当前首都乡村医生平均年龄已达 58 岁，但其后续人力补充却较为乏力。原因之一就是，乡镇政府和村委会均无法亦无权从事乡村医生的遴选和培养工作。此外，根据我国《乡村医生从业管理条例》的规定，自 2004 年之后进入村医疗卫生机构从事预防、保健以及医疗服务的人员，需要具备执业助理医师以上资格，这一要求与城镇以上医疗机构医务人员的资质持平，在乡村医生的身份和村卫生室的地位均属国家体制之外的现实情境之下，能够取得执业(助理)医师以上资格的人员通常不会选择在村级医疗卫生机构执业，而是流动到乡镇及其以上级别的医疗卫生机构，除非其因为各种原因(如年龄偏大等)不能进入，否则难以自我证成。需要指出的是，“乡政村治”体制取代“政社合一”体制的深刻影响之一，就是极大地松绑了土地以及组织对个人的束缚，释放了农村的剩余劳动力，在增加了人员竞争性的同时，亦为其自由流动提供了可能。另外，“乡政村治”体制下村委会对宅基地的统一管理与调配，在不同程度上致使即便取得相应资质的"外村人"，亦难以融入本地村落。

（三）"乡政村治"体制一定程度上影响了乡村医生的考核和服务提供

"乡政村治"体制在改变乡村医生收入模式的同时，亦基本实现了将村落作为公职与非公职的分界线的目标。尽管我国《乡村医生从业管理条例》《乡村医生考核办法》等法律与政策文件对乡村医生的考核做了较为详细的规定，但就当前所取得的社会实效而言却是一般。理由是，卫生行政部门限于十分有限的人力而授权乡镇卫生院对村卫生室进行考核，但乡镇卫生院既不是村卫生室的（直接）领导，亦非政府购买服务的村卫生室的直接补助单位（实践中仅是代为政府发放补助），这种间接权力的行使容易致使乡镇卫生院对村卫生室的考核走向形式化。实地观察中发现，卫生院在二十分钟之内考核完一个村卫生室并不少见。村委会尽管是村卫生室的属地领导，而且有的村卫生室将属地村委会主任作为其法定代表人，但由于村委会既不懂村卫生室的业务，又不参与村卫生室收入的分配，因此村委会在绝大多数情况下无须承担责任，尤其是法律责任。由于村落是一个血缘和地缘关系均非常浓厚的地域，人情因素不可避免，这些因素的综合影响，导致了村委会对村卫生室的考核更为形式化。实际上，卫生行政部门的撒手锏是，倘若乡村医生考核没有获得通过，可以对其不予注册，乡村医生就要暂停执业，但在当前首都乡村医生人员老化（甚至已经超期执业）且后继人员乏力的情状之下，卫生行政部门实难严格考核。因此，可以这样说，对乡村医生考核的形式化问题实际上是在村级卫生人力缺乏的情境下卫生行政部门、乡镇卫生院和村委会共同妥协的结果。

前文已述，"乡政村治"体制改变了乡村医生的收入模式，使其走向了"自主经营、自负盈亏"为主的道路，尽管有的纳入政府购买服务的乡村医生享有一定的补助，无奈补助数额偏低（2013 年 1 月 1 日之前每人每月补助 800 元，2013 年 1 月 1 日之后调整至每人每月 1600 元），因此乡村医生仍然保有一定的营利动机，并逐步在执业行为（如抗生素的滥用、乱输液等）上有所体现，这使得村卫生室自"政社合一"体制时期一直被设定的"非营利性"定位受到冲击，亦促使乡村医生开始重新审视自己的服务提供。根据"趋利避害"的基本规律，乡村医生对于一些费力（如技术要求较高）不赚钱或者尽管赚钱但风险较高的业务进行收窄甚至取消，而把主要精力放于药品销售等业务上，这亦是为何现实中一部分村卫生室的功能异变为药房的原因之一。但无论如何，乡村医生业务发展上的不平衡不仅使得村卫生室的功能无法得以充分地、完整地发挥，而且直接影响到农村居民享有医疗卫生服务的公平性和可及性。面对这一现状，无论是乡镇政府，还是村委会，都是看在眼里，想在心里，但在具体的行动措施上，仍然是十分欠缺。

（四）"乡政村治"体制容易使政府和村委会放松一些保障机制的建立与完善

从"政社合一"体制变革为"乡政村治"体制，使得乡村医生的遴选和培养机制并没有得到很好的延续。由于乡村医生需要取得一定的资质才能执业，而资质的取得则由乡镇以上的政府（卫生行政部门）授予，这就容易致使村委会形成错误的认识，即村级医疗卫生人力资源配置问题主要甚至全部是政府的责任，因而其举荐工作几乎停滞。处于"政社合一"体制之下的赤脚医生，由于特殊的时代背景和历史动因，使得其绝大多数并未受过正规化和系统化的医学学历教育，因此毕业后教育更是无从谈起，继续教育亦严重不足。受其影响，尽管乡村治理体制发生了巨大的变革，称谓亦从赤脚医生改为乡村医生，但在培养机制方面并没有随之及时变革与发展，这一状况一直延续到 21 世纪之后才有所改观。

新型农村合作医疗与旧农村合作医疗的关键区别之一便是后者普遍实行报销，而当前参合农村居民只能在局部地区（北京市仅有密云县在合格的村卫生室）才能报销，影响了其享受基本医疗卫生服务的公平性和可及性。在少数实行报销的地区的村卫生室，要求乡村医生先行垫付农村居民新型农村合作医疗的报销比例，然后持相关单据到乡镇合作医疗所初审，再由县合作医疗中心复审，复审无误后下拨报销款返还给乡村医生，如此烦琐的流程和相对"漫长"的等待使得一部分乡村医生用于经营卫生室的可支配资金容易受到周转上的困难，影响了村卫生室的业务开展。此外，由于大部分乡村医生财力有限，使得其抗击医疗损害赔偿风险的能力大大减弱。而面对上述情状，乡镇以上的政府与村委会并没有建立相应的举措予以防御或者克服。

二、对策建议

（一）卫生政策的制定应当适应农村政策变化，契合于乡村治理模式的变革

20 世纪 70 年代末 80 年代初，我国农村政策的最大变化可以说有两个方面，一是在经济领域逐步确立了家庭联产承包责任制，取代了先前的集体化生产模式，二是在政治领域逐步确立了"乡政村治"体制，取代了先前的"政社合一"体制。因此，国家在制定基层卫生政策时，首先就是要适应这些农村政策的变化，提出符合农村实际的政策措施，并针对政策执行过程中遇到的问题及时做出调整。尽管乡村治理模式发生了巨大的变革，但乡与村的事务并不能少，只是重新进行厘清与划分。不过，对于属地管辖内的公益事业，无论是乡镇政府，还是村委会，均应承担起义不容辞的责任，而公益事业就包括村级的医疗卫生问题。具体而言，就是要加强乡镇

政府和村委会在乡村医生的后备人才培养、乡村医生职业吸引力(如收入水平、养老保障、发展空间)提高等方面的投入和属地管理职责，从村卫生室的管理体制和运行机制上提出适宜的政策措施，为村卫生室和乡村医生的可持续发展创造有利的政策环境和运行保障。

(二)立足农村卫生队伍的实际，适度改革乡村医生的执业准入制度

《关于农村卫生改革与发展的指导意见》《中共中央国务院关于进一步加强农村卫生工作的决定》等一系列政策文件规定，至2010年左右要实现全国大多数乡村医生具有执业助理医师以上资格的目标。我国《乡村医生从业管理条例》亦明确规定，2004年之后进入村医疗卫生机构从事预防、保健和医疗服务的人员需要具备执业助理医师以上资格。然而当前的情况却是，北京市仅有8%左右的乡村医生具备执业助理医师以上资格，低于全国14.31%的水平，这亦是近些年来为何乡村医生后继乏力的原因之一。当然，现阶段乡村医生年龄老化、学历偏低等不利因素亦不容忽略。因此，有必要适度改革乡村医生的执业准入制度。具体而言，就是要充分利用我国《乡村医生从业管理条例》第12条第2款规定的变通性权力，通过政府立法的形式予以完善。在考试制度上，可以考虑在执业(助理)医师考试之外增设乡村执业(助理)医师考试，由国家卫生行政部门或者授权省级卫生行政部门统一组织和命题。当有关人员不能通过执业(助理)医师考试时，还可参加乡村执业(助理)医师考试，若获得通过，需要限定在本乡镇执业。这一举措在为乡村医生解决执业合法性的同时，亦可吸引一部分后备人才，进而保障农村卫生队伍的稳定、健康和持续发展。另外，乡镇政府和村委会应当积极创造条件，切实解决乡村医生执业的业务用房、用电、用水等困难，助力乡村医生尽快融入村落。

(三)有关部门应当加强对乡村医生的服务与监管工作，提高其医疗技术水平，促进其合理分布

卫生行政部门、卫生院以及其他医疗卫生机构、村委会等应当联合加强乡村医生尊重和保护患者隐私等权利意识，提高乡村医生药品管理的规范化水平，促进乡村医生医疗技术水平的提高，而要实现上述目标，培训起到了至关重要的作用。具体而言，在培训次数与时长上，要严格按照《乡村医生从业管理条例》以及其他规范性文件的要求对乡村医生提供培训。在培训内容上，按照实用性、针对性的原则，加强乡村医生在传染病防治、急救、合理用药、常见病和多发病诊疗等方面的医疗技术。另外，需要坚持中西医并重的原则，引导并支持乡村医生提供一定的中医药服务。在培训方式上，综合采取面授、视频等多种教学模式，达到二者的优势互补。培训单位应当竭尽所能为乡村医生提供一定的交通、就餐等便利。此外，应当定期聘请一些县级或者三甲医院的专家对乡村医生进行培训，增加互动和实际操作环节，以有利于其知识的学习、理解和掌握。相关部门在乡村医生培训之后要加强考核，并逐步建立公平、公正和公开的考核制度，防止对乡村医生的考核流于形式。同时，卫生行政部门应当坚持以区(县)为基本单位，以区(县)所辖乡镇的乡村医生自我服务为基本原则，在兼顾个人意愿的基础上，统筹安排村级卫生人力资源，分流冗余，填补空白，纠正偏移，进而根据本区(县)的区域卫生规划，使村级卫生人力资源得到优化配置和均衡分布，逐步实现国家基本医疗卫生服务均等化的目标。

(四)建立健全相关体制机制，保障乡村医生平稳、安全地执业，消除其后顾之忧

目前，无论是村卫生室还是乡村医生，均处于体制之外，随着社会的发展和农村居民医疗卫生服务需求的提高，将其纳入乡村卫生服务一体化管理是未来的发展趋势。无论身份是否转变，但在待遇方面应基本与乡镇卫生院的医务人员持平，在边远、贫困地区执业还可适当享受一定的额外补助。2012 年 8 月 22 日，重庆市人民政府颁布了《重庆市村卫生室(所)管理办法(试行)》，其第 23 条明文规定：建立村卫生室(所)补助预付机制。对村卫生室(所)发生的应当由医疗保险基金报销的费用按规定实行按月结算。其他政府补助资金按照预算管理的有关规定及时足额拨付。各区县(自治县)卫生行政主管部门应当及时将到位资金预拨给村卫生室(所)，并根据绩效考核结果及时据实结算。课题组认为，北京市亦应参照重庆市的做法建立新农合报销费用的预付机制，切实解决乡村医生资金周转上的困难和程序上的烦琐。针对乡村医生执业风险较大和损害赔偿能力不足的现状，北京市应当以区县为单位，通过政府投入、社会捐助、乡村医生出资、村委会出资等多种筹资方式，为本区县乡村医生建立医疗损害赔偿基金，由出资人选举理事会共同监管，做到专款专用。这些举措将在很大程度上消除乡村医生的后顾之忧，激励其进行技术创新，提高其医疗服务水平，最终增加人民的福祉！

参考文献

[1]罗平汉：《农村人民公社史》(第二版)，福建人民出版社，2006 年。

[2]吕兆丰、王晓燕、线福华：《吾乡吾情——北京市密云县村卫生室实地研究》(序言)，北京燕山出版社，2013 年。

[3]中共中央文献研究室编：《三中全会以来重要文献选编》(下册)，人民出版社，1982 年。

[4]兰迎春、王敏、王德国：《基本卫生服务均等化的伦理思考》，《中国医学伦理学》，2009 年第 1 期。

[5]谭同学：《桥村有道：转型乡村的道德权力与社会结构》，生活·读书·新知三联书店，2010 年。

[6]刘炫麟、刘晓霜、王晓燕等：《论首都农村卫生室乡村医生的前世——以政策及法律变迁为研究主线》，《中国医院管理》，2013年第6期。
[7]张自宽：《中国农村合作医疗50年之变迁》，《中国农村卫生事业管理》，2006年第2期。
[8]刘吉成、崔光成等：《新农村建设框架下的农村卫生人才培养策略与实现途径》，《中国高等医学教育》，2010年第4期。
[9]首都医科大学"医改背景下的首都农村卫生人力资源配置研究"课题组：《北京市村级卫生人力资源配置标图信息兜底调查报告》，北京出版社，2012年。
[10]张自宽：《亲历农村卫生六十年——张自宽农村卫生文选》，中国协和医科大学出版社，2012年。

（作者　王晓燕　首都卫生管理与政策研究基地副主任兼秘书长　教授、博导）

北京对外交流与外事管理研究基地（外交学院）

基地名称：北京对外交流与外事管理研究基地
依托单位：外交学院
项目类别：国家社会科学基金重大项目

全球治理失灵与秩序理念的重建①

内容提要：全球治理失灵指国际规则体系不能实现有效治理，导致全球层面秩序紊乱的现象。冷战后全球性问题不断涌现，至今得不到有效解决，正是全球治理失灵的反映。全球治理失灵在实践层面上表现为规则滞后，不能反映权力消长，不能适应安全性质的变化，不能应对复杂的相互依存关系；在理念层面上则表现为理念滞后，依然以一元主义治理观、工具理性主义和二元对立思维方式为主导。全球治理本身是一个协商过程，是一个参与和身份重塑的过程，要真正改变全球治理失灵现象，就需要以多元主义的世界观、以伙伴关系的思维方式、以参与治理过程的实践活动建构一种真正的全球身份认同。

关键词：全球治理失灵；治理话语；多元主义；伙伴关系；参与实践

冷战结束以来，世界发生了重大的变化。冷战时期两极对抗的体系不复存在，同时，世界作为一个整体也似乎失去了明确的目标和方向。全球性问题不断涌现，内战、恐怖主义、经济危机、金融失控、自然灾害、气候变化、流行疾病等不一而足。②国际社会一直在努力解决这些问题，提出了一个又一个的方案，但是效果不很明显。跨国威胁和全球性问题没有一个得到根本的解决，有些甚至越来越严重。

为什么全球性问题得不到彻底解决？听到的回答常常是失败市场、失败政府、失败国家。实际上，不断涌现的全球性问题远非任何一个国家、一个政府、一种市场的失败能够解释清楚。失败市场、失败政府、失败国家的问题可能存在，但是，在全球层面上，首先需要考虑的可能更是“失败

① 本文是“我国积极参与国际体系变革进程研究”的阶段成果。原文已发表于《世界经济与政治》2013年第4期，本文对原文做了删节和修改。

② 参见 Bruce Jones, Carols Pascual, and Stephen John Stedman, Power and Responsibility: Building International Order in an Era of Transnational Threats, Washington, D. C.: Brookings Institution Press, 2009.

世界"的问题。[1]从整体主义观点看，市场、政府、国家都是局部因素和单位层面，如果全球层面出现问题，就需要首先在全球层面上考虑原因。本文提出全球治理失灵(global governance failure)的观点，强调治理在全球层面失去效力。如果仅仅孤立地应对一个又一个的具体问题，仅仅思考如何解决失败市场、政府、国家的问题，在今后相当长的一段时间，世界仍然会在无目标的混沌中彷徨，稳定和可持续的世界秩序也很难得以建立。

一、全球治理失灵

全球治理失灵指国际规则体系不能有效管理全球事务，不能应对全球性挑战，致使全球问题不断产生和积累，出现世界秩序失调的状态。冷战结束开启了一个新的时期，两极对抗结束、相互依存度加强、全球化迅速发展、跨国威胁凸显、国际行为体多元化等都是这个新时期的重要特征。但是，对于这样一个新的世界，国际管理体系及其制度安排却严重滞后，规则背后的支撑理念也没有根本性演进。用治理国家间关系的思想理念、秩序原则和制度安排来治理全球性的国际社会，就会表现出面对挑战无能为力的局面。简而言之，世界迅速变化，但制度安排和秩序理念严重滞后，这是全球治理失灵的基本原因。

(一)世界的变化

冷战之后的世界发生了深刻的变化，其中三种变化尤其需要关注，即：权力分布、安全威胁性质、日益加深的相互依存和复杂关系。

首先，权力分布呈现由集中到流散的态势。[2]主要的流散趋向有两个，一是从原有大国向新兴大国流散，二是由民族国家向市民社会流散。国际市民社会的迅速兴起，非政府组织的数量和影响力大大增长，在世界事务中的作用越来越明显。[3]这些发展实实在在地影响到世界政治，影响到国家的行动和国与国之间的关系。

其次，安全威胁性质发生了重要的变化。冷战之前，安全威胁主要涉及国家。这种威胁以占领其他国家领土和消灭对方国家为基本目的，以军事实力为主要手段，以战争为最高形式。在国际体系层面，则表现为大国

---

① 关于"失败世界"的概念，参见赵汀阳：《天下体系：世界制度哲学导论》，江苏教育出版社，2005年。

② Susan Strange, The Retreat of the State: The Diffusion of Power in the World Economy, Cambridge: Cambridge University Press, 1996.

③ Margaret E. Keck and Kathryn Sikkink, Activists beyond Borders: Advocacy Networks in International Politics, Ithaca: Cornell University Press, 1998.

战争，尤其表现为霸权国家与挑战国家之间的战争。①冷战结束之后，国家间战争频率明显减少，在国际体系的整体层面，发生战争的可能性减弱；同时，非传统安全威胁则明显加强。非传统安全不是由某个国家制造，也不能由一个国家应对。

最后，相互依存深入发展，导致了错综复杂的国际关系。冷战时期大阵营分野清晰；冷战之后，相互依存在经济领域首先得以扩展和深化，两个经济集团的壁垒完全打破，经济体之间、经济体与世界经济体系之间都产生了高度的相互依存态势。与之并行发展的是经济全球化。现在的相互依存是全球化条件下的相互依存，是一荣俱荣、一损俱损条件下的相互依存。冷战时期的敌友阵营变得模糊起来，利益性结盟不断出现。

(二)治理规则的滞后

全球治理需要根据这些重要的变化，有效应对出现的新问题和新挑战。如果治理思路陷入已有的、被认为是成功的治理模式及其背后的治理理念之中，②就无法解决当今面对的重大问题，结果只能导致治理赤字，使得正在经历重大变化的世界因治理失灵而成为失败世界。现在世界出现了“规则滞后”的现象，也就是说，全球性治理理念、原则和方式不能适应全球化的迅速发展和全球性问题的大量涌现，规则的供应在质量上和数量上落后于实际的需求。可以说，“规则滞后”是治理失灵的又一基本原因。

第一，规则滞后于世界权力结构的变化。冷战期间存在两种相互对立、相互竞争的规则，一种是美国主导的，主要在西方实施；另一种是苏联主导的，主要在苏联势力范围内实施。苏联解体之后，国际体系和国际社会实施的主要是美国主导的规则体系。冷战之后 30 年，一个新的全球性现象开始出现，这就是新兴经济体的群体崛起。以金砖国家为代表的新兴经济体的迅速发展，使得国际体系中权力分布状态发生了变化。国际体系规则要继续发挥有效的作用，就需要反映这种权力的发展趋势。金砖国家随着自身实力的增长，已经也必然更多地参与国际事务。所以，对于全球治理而言，原有大国和新兴大国之间的互动关系至关重要，规则体系、规范体系的改革与创新如果能够真正融合这两种重要力量，世界才会进入有序健康的状态。

---

① A. F. K. Organski and Jacek Kugler, The War Ledger, Chicago: University of Chicago Press, 1980; Robert Gilpin, War and Change in World Politics, Cambridge: Cambridge University Press, 1981; John Mearsheimer, The Tragedy of Great Power Politics, New York: W. W. Norton, 2001.

② 杰维斯谈到一个十分重要的认知错误，就是过去的成功经验导致后来的认知错误：环境变了，但仍然依照过去成功的经验来应对变化了的环境，结果导致失败。参见[美]罗伯特·杰维斯著，秦亚青译：《国际政治中的知觉与错误知觉》，世界知识出版社，2003 年。

第二，规则滞后于安全性质的变化。现行国际规则设计和制定的依据是部分而不是整体，大部分国际制度和规则是在以国家为唯一主导行为体的国际体系下设计和建立的。换言之，现行的规则基本上是以管理国家与国家之间互动为目的的制度设计。自 1648 年欧洲国际体系建立以来，国际政治的重心是国家之间的互动，尤其是国家与国家之间的安全威胁。冷战虽然集中在两个超级大国之间，但国际关系的基本性质没有发生变化，国家之间的安全威胁几乎占据了安全认知和安全讨论的全部空间。冷战后世界发生了历史性变化，其中一个至关重要的变化就是非传统安全的涌现，不仅与传统安全并存，而且时而显得更为严重。如果管理制度和规则从原本上是为了管理国家间威胁，那么，对于这种新的威胁形态显然会应对乏力，全球性治理失灵也就是在所难免的事情。

第三，规则滞后于相互依存态势的深化。世界已经处于全球性依存状态，经济的相互依存尤为明显。全球性相互依存是冷战之后出现的新的现象，明显标志就是新兴经济体全面加入了世界经济体系。一方面，主要发达国家和发展中大国之间的相互依存达到了历史上从未有过的高度；另一方面，两者之间在经济结构和行为方式上都是既有相同也有不同的地方。以发达国家为依据、为发达国家设计的国际规则，由于新的重要行为体的加入，在治理方面表现出明显的不充分性。

(三)治理理念的滞后

规则滞后是人们已经意识到的事情，这才出现了对现有规则体系的改革倡议和方案。不过，改革迄今并没有重大进展，一方面是利益使然，但在更深层面上存在治理理念滞后这一更加严重的问题。如果世界正在发生深刻的变化，新兴力量正在强劲地进入世界体系，而治理世界的理念却仍然停留在旧的时代，治理失灵也就难以避免。

现有的治理理念是与现代性思维相关的，其中一元主义治理观、工具理性和二元对立思维方式尤为明显。一元主义治理观是一种基本认识，强调全球治理只能有一种基本的或是正确的方式，这就是规则治理。冷战后兴起的全球治理研究主要是沿袭了国际机制研究议程，重点也是放在国际规则上面。[①]规则治理因之成为全球治理研究中的主导话语。这样一来，其他治理方式都有意无意地被压抑，基于西方现代化过程的治理实践所形成的治理理念也就成为唯一正确的治理模式，任何多元主义的治理思维都可以被忽视。当非西方国家开始成为全球治理重要力量的时候，这种一元主

---

① Friedrich V. Kratochwil, Rules, Norms, and Decisions: On the Conditions of Practical and Legal Reasoning in International Relations and Domestic Affairs, Cambridge: Cambridge University Press, 1989.

义的治理话语自然会受到挑战。

工具理性是规则治理的基本理念支撑。工具理性的基本内涵是将个体行为体视为理性人，可以根据自己的利益，计算成本效益，并据此采取行动。国家出于自身需求，为了获取自身利益，势必维持和遵守规则，这是行为体的理性使然。①后来的全球治理研究在理论上遵循新自由制度主义的基本观念，制度主义的核心内涵——国际规则，也就成为全球治理研究的聚焦点。但是，基于理性主义的规则治理模式不是唯一的治理模式。当不同行为体，尤其是非西方文化传统中的行为体，比如中国、印度等国家，开始进入全球治理体系的时候，自然会将自身的经验和实践带入这一体系。由于理性主义是西方现代化的核心理念而并不是这些新兴力量的核心理念，规则治理也不是这些新兴力量的唯一治理实践，这样就会出现互不适应、互不理解且难以达成有效协议的情况。

二元对立思维方式则是如何看待治理世界中不同力量之间关系的方法。冲突辩证法是二元对立思维方式的理论概括，认为在任何一种结构中，正题与反题是两极，二者之间的关系是矛盾、对立、冲突的。任何两种力量、结构或是过程之间以冲突为基本取向，以消灭对方为发展前提。只有当一个主体占据主导地位，消解或是消灭另一个，这种内在的、非调和性的矛盾才能得到解决，之后才会形成一种更高层次的新的合体。它的核心是通过不断斗争和冲突得以变化和进化，是“世界凭借‘既有’及其反面之间的冲突与对立，来实现自身。”在这种辩证法里，“冲突的存在使斗争成为必须，唯有尽力的斗争，才能消灭内在的逻辑矛盾”。②

冲突辩证法的关键在于它强调对立性和排他性。冲突辩证法虽然强调进化，但进化过程被视为一个斗争性零和博弈。冲突因此具有了本体意义，成为一种自我实现的预言，甚至被内化为一种所谓的客观存在。这种冲突性在西方思想史和历史学那里具有十分重要的意义，被视为推动人类社会进化发展的基本动力。在西方主流国际关系理论中，这种冲突思维几乎无处不在。将冲突视为世界万物之间的关系本质和世界发展动力，这成为西方思想界的一种基本思维方式。③

当今的国际社会中出现了两种力量，一种是原有的大国，是在西方现代化过程中发展成世界大国的国家；另一种是新兴国家，主要是在全球化过程中迅速成长起来的金砖国家。这种基本力量态势很容易被置于冲突辩

① Robert O. Keohane, After Hegemony: Cooperation and Discord in the World Political Economy, Princeton: Princeton University Press, 1984.

② 成中英：《论中西哲学的精神》，东方出版社，1995年，第184—185页。

③ 自西学东渐以来，这种思维方式也在影响着中国近现代的知识精英和政治精英。参见李泽厚：《中国近代思想史论》，天津社会科学院出版社，2003年，第75、80页。

证法的认知框架之中，也就是说被结构为“既有”和“反面”，如果以冲突辩证法和二元对立的观点来审视这两种力量之间的关系，势必强调其对立性和冲突性，原有大国会将新兴力量视为现行规则的破坏者，新兴大国会将原有大国视为旧秩序的维护者。在这样一种思维定式导致的认知框架中，是很难就全球问题达成协议的。

二、秩序理念原则的重建

全球治理失灵的出现，说明现行规则体系不能有效地发挥全球性治理功能。虽然世界成为一体，普遍的共识是国际制度改革势在必行，但真正改革现行规则体系是一件十分困难的事情。诚然，国家从自身利益思考问题，在全球性问题上很难达成一致。但是，全球治理的原则，还有这些原则背后的理念和范式，可能是当今世界在许多问题上无法达成一致的更加深层的原因。所以，重要的是理念创新。只有这样，才能够真正建立适应治理全球而不是治理国家的新的体系。在一个全球化的时代，需要确立融合各种文明治理思想的新的治理体系，重建世界秩序的理念原则。本文提出以下三个基本的秩序理念：多元主义（pluralism）、伙伴关系（partnership）和实践参与（participation）。

（一）多元主义：多样性、包容性与互补性

多元主义是第一原则。在讨论世界秩序的时候，霸权秩序或曰“霸权治理（hegemonic governance）”是一个基本的范式。无论是霸权稳定理论还是自由制度主义，都强调是霸权国建立了国际秩序，提供了国际治理必需的公共物资。因此，霸权国是国际治理必不可少的要素。比如，新自由制度主义认为，维护国际制度不需要霸权，但是建立国际制度则需要霸权国的权力支撑。[①]霸权治理模式很容易被延展开来，成为一种垄断治理思维，也就是说，治理一个体系或是一个社会，需要一种主导力量。人们已经很习惯以这种理念思考问题，而忘记了我们现在生活在一个真正多元和多维的世界之中。治理一个多元世界，多元主义作为一种理念是至关重要的，需要以“多元治理”的概念代替“垄断治理”或是“霸权治理”的概念。

本文提出的多元治理模式与霸权治理或是垄断治理有着根本的不同，它包含了三个基本要素，即多样性、包容性和互补性。多样性是当今世界的现实，尤其是非西方国家进入国际体系和国际社会并开始发挥重要作用，

① 基欧汉虽然相信国际机制的存在和变化可能与权力消长没有关系，但也认为当代国际机制的建立基本上是战后美国权力的产物，并通过美国权力得以实施。参见 Robert O. Keohane, After Hegemony: Cooperation and Discord in the World Political Economy, Princeton: Princeton University Press, 1984, pp. 14—15.

多样性就更加明确地表现出来。承认多样性是构建多元治理模式的基础，也是全球治理的合法性基础。包容性具有同样重要的意义。包容性意味着融合来自不同行为体的不同观念和实践，以便形成合理有效的全球治理。互补性在某种意义上更加重要。互补性不仅承认世界的多样性，而且自觉地相信不同文明的理念、价值、规范不仅不是冲突的，而且是互补的；认为源自不同文明的思想和实践可以通过平等对话相互融合并形成新的合体。

（二）伙伴关系：集体身份与关系治理

伙伴关系是第二个重要的秩序理念。伙伴关系是对全球范畴内关系的一种再定位，认为包括国家在内的世界行为体不应当是现实主义世界的敌对关系，也不完全是自由主义描述的那种仅仅为利益展开合作或是竞争的利益攸关方。伙伴关系是一种基于信任和认同的关系，它背后的治理理念是关系治理。

关系治理将全球治理视为一种对相互之间关系的塑造、协调和管理过程，将塑造关系身份视为治理的要素，将协商过程视为治理的根本所在。[①]关系治理作为一种有益的治理方式，可以弥补规则治理的诸多不足。关系治理的成功与否在很大程度上基于全球伙伴关系的培育与发展，伙伴关系是一种相互身份而不是一种个体身份，关系治理也总是把行为体视为关系中的行为体。[②]

关系治理更多地来自中国的思维方式，也是中国传统治理实践的组成部分。在这种治理方式之中，关系性被视为社会的一个基本概念，行为体之间的关系是基本分析单位，治理因之也被界定为管理、协调、平衡与和谐关系的过程。换言之，关系治理将行为体之间的关系而不是行为体个体作为社会的关键所在，强调和谐关系是治理的重要内涵。根据这样一种思维方式，整体利益而不是个体利益就成为良治的关键目标。伙伴关系是一个关系性概念：行为体可以通过建构伙伴关系形成一种集体身份，共同应对全球公地所面临的挑战。伙伴关系从根本上否认自我—他者或是既有——反面的一分为二世界观，而是强调利益和价值的互补性。对于国际社会的治理，规则是十分重要的，但管理和发展良好的关系也是十分重要的。在一个具有良好关系的环境中，社会治理的有效性就会大大提升。因此，规则和关系不是相互排斥的二元对立，而是相互补充的二元融合。

（三）参与实践：积极治理与共同进化

使国际社会成员形成伙伴关系、参与全球治理，是比仅仅惩罚违规者

---

① 秦亚青：《关系与过程：中国国际关系理论的文化建构》，上海人民出版社，2012 年。

② Qin Yaqing, International Society as Process: Institutions, Identities, and China's Peaceful Rise, The Chinese Journal of International Politics, Vol. 3. No. 2, 2010, pp. 129—153.

更加有效的治理方式。在国际关系学界对全球治理的研究中，对参与实践和伙伴感的研究甚少。但心理学和社会心理学的许多研究发现，行为体参与程度越高，其反馈就越积极。行为体积极参与国际社会活动与接受国际规范是密切相关的。①有效的治理模式可使国际社会成员参与到全球治理的过程之中，参与到国际制度设计、制定和实施的过程之中。只有这样，才能塑造集体身份。现行国际社会的主导力量是西方国家，现行国际规则体系也基本上是西方国家设计和制定的。对于后来进入国际体系的国家而言，伙伴感而不是异化感是十分重要的。

参与实践是奠定全球治理合法性基础的必要条件，是克服异化感的有效途径。但这种参与必须是积极参与而不是消极参与。有效治理需要的积极参与，不是要求行为体简单地遵守规则，而是一个共同设计和制定规则的过程，一个对话协商的民主过程，一个分担责任、分享权力、共同维护全球公地的过程，同时也是一个培育伙伴感和建构伙伴关系的过程。

在积极参与的基础上，就可以出现"共同进化（co-evolution）"效应。②如果仅仅以正题和反题式进化观来观察世界，则会将世界看成是一个处处充满二元对立、冲突四伏的场所。如果换一种世界观，则可能将世界视为一个本质上是自我和他者二元互补的社会，他们之间的关系是"共同进化（co-evolution）"，是双方通过互补的方式融合，形成新的合体。③这种参与过程不是建立同质性身份，不是要用一种话语替代、征服、消除其他话语，而是一个共同进化的过程：即自我和他者相互学习和借鉴、互为生成条件、互为变化条件、形成新的生命合体的过程。这是共同进化的根本意义，而这种意义只有通过以真正多元主义的理念参与全球治理实践和形成伙伴关系才能够体悟到。

三、结　论

全球治理失灵是当今世界面临的一个严重问题，直接结果是导致从经济到反恐等一系列问题接连不断地出现，但国际社会作为一个整体却无法有效应对这些问题。世界发生了重要的变化，但全球治理的方式却没有跟上形势的发展，过去的治理理念仍然主导全球治理的实践。一方面，国际社会对有效治理的需求越来越大；另一方面，全球治理的机制和方式却在

---

① 颜琳：《武装组织的社会性克制：参与进程与儿童兵规范的传播》，外交学院博士论文，2012 年。

② 秦亚青：《关系与过程：中国国际关系理论的文化建构》，上海人民出版社，2012 年，第三章。

③ 秦亚青：《关系本位与过程建构：将中国理念植入国际关系理论》，《中国社会科学》，2009 年第 3 期。

供应一端表现得越来越不足。这已经成为管理世界公地的重要障碍。

现有国际规则体系难以有效应对跨国问题。规则无疑是治理的最重要机制，但是，现有规则体系在全球治理方面遇到前所未有的挑战。本文讨论了三个基本原因：这些规则不是为管理作为整体的全球公地而设计的，所以难以治理一个越来越全球化的世界；这些规则没有充分反映国际体系中权力的变化消长，所以难以反映和管理原有大国与新兴大国之间的真实关系；这些规则继续以个体国家为基本的治理对象，所以难以应对多元行为体高度相互依存的复杂关系。

之所以治理供给落后于治理需求，一个根本原因是治理理念仍然大大滞后。支撑当今国际规则体系的最重要的理念是理性主义。遵循理性主义，几乎所有现行规则从一开始就将治理对象设定为国际社会的个体成员，认为它们之间存在的利益冲突只能通过契约的方式加以解决。这种理念在变化的世界上表现出很大的不充分性，因为从本源上讲，这类规则就没有将世界视为一个整体。

对国际社会中的个体成员、对原有大国与新兴大国、对不同文化和文明，不能够用简单方式假定它们是冲突的二元。为了有效改变全球治理失灵状态，需要有一种理念革命，需要以多元主义的方式审视世界，以伙伴关系的方式应对跨国威胁，以积极参与治理过程的方式管理全球公地。简而言之，要真正改变全球治理失灵现象，就需要以多元主义的世界观、以伙伴关系的思维方式、以参与治理过程的实践活动建构一种真正的全球身份认同。世界正处于一个新的历史时期的关口，如果全球性问题得不到有效解决，走回弱肉强食的“霍布斯丛林”并非完全不可能。

（作者：秦亚青　北京对外交流与外事管理研究基地学术委员会主任
教授、博导）

基地名称：北京市对外交流与外事管理研究基地
依托单位：外交学院
项目类别：北京市教委共建项目

复杂系统思维的整体观与中国外交战略规划①

内容提要：现实世界的复杂性要求从整体性进行认知。只有强调部分与整体的有机结合，才能更好地认识和分析事物。当今世界，各种全球性问题层出不穷，联系日益密切。无论是全球治理还是中国外交战略规划，复杂系统思维的整体观都具有重要的启示意义。中国正在由地区大国转向世界强国，面临的国内外问题日益增多，更趋复杂，加强整体观对外交战略规划的指导，有助于更好地统筹国际、国内两个大局，服务于中国和平发展大战略。

关键词：复杂系统思维；整体观；中国外交战略

一、引　言

复杂系统思维是20世纪三四十年代形成的系统思维的深化与发展。复杂系统思维强调认识对象的复杂性、整体性、相关性、联系性和互动性，主张从系统全局的角度认识和把握问题。它超越了过分注重细节与局部的认识局限，其核心就是整体观。系统的整体观的主要观点包括以下三点：

第一，部分不能等同于整体。复杂系统的属性不能够从其组成部分独立具有的属性中推断出来，对于局部的、要素的认识不能等同于整体的认识，不能夸大局部的作用。整体观强调从整体中把握局部，整体中不再有部分与要素，无法通过简单分解与还原其要素而得到认识。系统的整体观要求我们既需要从个体的视角来把握细节和深入了解特点，也需要从整体的视角来审视局部。局部的意义有时要通过整体的层面才能够真正理解与把握。

第二，整体具有非加和性。整体是由部分组成的，部分是整体存在的基础和前提，但整体不一定等于部分之和，它可以大于或小于部分之和。整体既可以形成一加一大于二的系统效应，也可能由于系统的约束与整合

① 本文是“复杂系统思维与中国外交战略规划”项目的阶段成果。

不力而出现整体小于部分之和的结果。这里的关键在于不能简单地或想当然地相信整体等于部分之和，而是需要关注到整体并非简单地等同于部分之和。同时，系统是否能够有效运行与组成部分密切相关，如果组成因素没有很好地协调，则整体效应反而不如部分。

第三，如果忽视部分与整体的关系，将可能导致漠视个体的现象出现。以个体代替整体，将多样化的个体简单地视为一个整体也是错误的。同时，部分中有整体，不涉及部分的整体是空洞的。只有注重部分与整体的有机结合，才是我们认识和分析事物的关键。

虽然国际关系研究也强调整体主义和层次分析，但在实际运用之中往往陷于国家至上的分析，导致对于形势总体判断失误。同时，在国际关系研究中也往往出现简单加和的惯性思维，对于事物整体不同于局部的观点重视不足、分析不透。整体观思想对于国际关系研究具有一定的启示意义。我们可以尝试借鉴复杂系统的整体观的观点来补充和丰富国际关系的诠释和分析能力。

二、整体观与国际关系研究

人类社会是有组织的复杂系统。许多问题的解决涉及多数国家，涉及交叉领域，必须以系统整体观才能加以解决。毛泽东在《中国革命战争的战略问题》一书中指出："因为懂得了全局性的东西，就更会使用局部性的东西，因为局部性的东西是隶属于全局性的东西的。"①邓小平讲："要提倡顾全大局，有些事从局部看可行，从大局看不可行；有些事从局部看不可行，从大局看可行，归根到底要顾全大局。"②

第一，整体观有助于我们对国家战略的把握。在研究国际政治时，不能孤立地分析一个国家的内外政策，而必须将其置于国际政治这一整体框架之中，否则就会陷入部分至上的误区。我们制定或分析一个国家的对外战略也不能囿于某一个层面或某一狭小区域，而应该具有更加宏大的视野。

如2011年美国的亚太"再平衡"战略出台后，美国官方和学界人士相继表示，美国把亚太地区作为重心，将会极大地改变美国原有的全球战略。但是也有人认为，不应过分强调美国战略的地区均势的目的，其实它还有全球平衡的需要。③ 亚洲只是美国全球战略中的一个部分，比如中东地区。罗伯特·卡根则认为，当前的世界秩序是不可分割的整体，需要同样整体的全球战略来维系这一秩序。美国必须同时对欧洲、亚洲和中东三个重要

① 中共中央文献编辑委员会：《毛泽东选集》(第一卷)，人民出版社，1991年，第175页。
② 中共中央文献编辑委员会：《邓小平文选》(第二卷)，人民出版社，1994年，第82页。
③ 王帆主编：《美国对华中长期战略研究》，世界知识出版社，2012年，第384页。

区域保持介入并提供保障，现在这些区域在经济和战略上的内部关联都比以往更加紧密。美国在给予一个地区比如亚洲关注的同时，不能贬低另外两个地区的重要性。①

同样，一个国家制定对外政策时如果仅依据一国内政或意识形态的需要，也会由于整体观的缺失而出现政策或战略的失误。冷战的最大问题在于对世界进行分割和阵营划分，人为制造对立与分裂，贬低了世界整体的意义和作用，从而使冷战双方都受到重大损伤。

第二，整体观有助于我们把握国际形势的宏观变化趋势。这里的关键是避免将局部因素或国家层面的问题等同于国际整体趋势的变化。局部的简单加和不等于整体。世界是一个整体，国家是其组成部分之一，世界整体的趋势不因某个国家的意愿而改变。国际形势中，一些主要大国固然会发挥重要的作用，但并不能将主要大国的战略转变简单等同于国际格局的转变。

从系统观的角度看，我们完全可以得出结论：单元的改变未必带来系统的转变。单元层次和国际层次显然存在互动关系，但并非同步转变。当单元层次出现改变时，国际层次未必马上出现变化，甚至还可能在很长一段时间内维持稳定。这表明国际系统有其自身整体性。当前，大国支配资源的能力虽未下降，但支配事件过程和结果的能力下降了。国家对于国际体系的作用已经下降了，因此，我们对于整体和系统的关注应该大于对于国家实力消长的关注。从整体上看，国家的作用在减弱，因而，国家力量的消长对于国际体系的作用大不如前。国际体系有其自组织性，不是由国家兴衰而决定的。我们应该从国际体系的构成因素的总和出发来分析国际体系，同时应该将体系内的国家和非国家行为体以及它们之间的相互作用综合起来加以考虑。全球化也不仅仅是国家相互联系的增强，全球化是国际体系的综合性和趋势性演变。

第三，整体观有助于我们认识国家关系变化组合的系统效应。整体大于部分之和，整体也异于部分之和。国家的组合带来了复杂的结果，一个结盟的国家不同于一个不结盟的国家，在责任与权利方面都是不一样的。一个在体制内的国家不同于体制外的国家，遵守规范或规范认同的程度大不一样，责任意识和权利意识也很不相同。正像国家之和不等于联合国，全球化也不等于国家间普遍合作。由此，国家的组合会带来复杂的结果，比如北约东扩、欧盟一体化进程、二十国集团(G20)合作新平台，这些均不

① Robert Kagan. United States Can't Pivot Away from Middle East，http：/www. wpost. com/opinions/robert-kagan-us-cant-ignore-the-middle-east/2012/11/20/a2Mede0-3331-11e2-bfd5-e20266d7b501 _ story. html.

是简单的国家复合体，而是可能带来持续变动的复杂系统效应。同时，我们还应该从全球化这一整体系统来分析全球化浪潮中的国家间关系。

整体在一定程度上是包容无序的，同时整体又在促进有序的产生和发展。国家间在信息时代普遍加强了沟通能力，大国间普遍增强了协调能力，国际组织的约束力增大。没有一国可以超脱于世界的整体变迁之外。世界上多数国家形成了利益共同体。在全球性问题增多的情况下，不仅需要国家层面的合作，也需要发挥国际体系层面和国际组织的影响力。

第四，整体观有助于改善世界不合理的分割局面。当今世界仍处于不合理的分割状态之下。有学者指出，21世纪的世界在技术上和经济上是一个统一的体系，而在政治上和文化上是一个分裂的世界。[①] 这个世界仍是一个处于分化状态的整体。美国的金融危机迅速演变为国际金融危机。这场危机的出现也印证了当今世界在经济上处于全球化而政治上仍处于分散化或地区化的现实。因此，在分析整体时必须注意到分割的现实，研究这种分割对于整体的影响。对于分割现象的研究不仅是为了减少人为划分的错误，更在于强化整合和推动相互联系。从另一个角度看，国家应该积极融入国际体系之中。自我封闭的国家无法成为国际社会的正常行为体。从人类社会整体来看，国家凝聚力之外的全球凝聚力将决定人类命运的未来。日益严峻和迫切的共同威胁将促使人类强化密切的合作。这些共同威胁的紧迫性与严重性已经远远超出国家间的那些传统威胁。

三、整体观与中国外交的战略规划

孟子云："大而化之谓之圣。"以整体观规划中国外交与中国传统文化一脉相承。东方文化相对于西方文化表现为两种不同的思维方式：整体观取代部分至上，有机联系取代分割视角。中国的数千年历史使得中国具备了其他大国很少有的大历史观，善于从宏观的角度来看问题，也往往能够从长远的角度来考虑长远的问题。因此，在处理问题时也更有耐心。[②]

中国传统文化中有四海一家的思想。当前，国际格局更加复杂，重大危机具有全局性影响。人类面临的共同挑战也越来越多，自然生态政治和全球政治生态的分量上升，许多问题已经超出了国别政治。中国政府提出扩大利益共同点、构建利益共同体是远见之举。中国共产党第十八次全国代表大会报告提出：人类只有一个地球，各国共处一个世界。[③] 这进一步强

---

① 苏国勋等：《全球化：文化冲突与共生》，社会科学文献出版社，2006年，第372页。

② 郑永年：《当代中国外交的文化地缘环境》，《联合早报》，2012年2月7日。

③ 《坚定不移沿着中国特色社会主义道路前进　为全面建成小康社会而奋斗》，新华网，2012年11月8日，http://www.xj.xinhuanet.com/2012-11/19/c_113722546.htm.

化了人类命运共同体、利益共同体的概念。多边治理与中国传统思维理念也是相吻合的。中国哲学强调事物之间的相互关联、相互作用，认为事物绝不可能孤立存在，这是一种有机观念。李约瑟则将中国的有机观念称为"关联式的思考"或"联想式的思考"。[1] 有机观念强调的整体框架下的联系思维对于丰富和拓展多边外交和多边治理具有重要指导意义。中国传统文化强调在处理问题时要有登高望远的心境和超前的意识，如孔子的"登东山而小鲁，登泰山而小天下"。中国外交理论是和平合作理论，是把人类共同威胁置于首位、而不是把他国威胁置于首位的理论。中国的政策是全局的、高远的、多层次的。

复杂系统整体观对于中国外交战略的制定具有重要的指导意义。整体观所倡导的总体视野、统筹兼顾、综合协调正是大战略制定必不可少的思维要求。

中国的外交战略必须从综合整体的角度加以谋划，重长放远，克服仅仅重视短期效益或见效快的局部行为的做法；纠偏促全，强化整体的均衡的发展。在发展的规划中既要有所侧重，也要注意保持合理的均衡发展，保持系统效应的有效呈现。中国的崛起是规模崛起，具有规模效应和系统效应。中国外交必须为国家未来的全面、均衡发展做出更多贡献。谋划在先、苦练内功、统筹资源、协调局部是关键。中国外交应充分调动积极性，运用好中国特有的举国体制优势。

转型期的中国大国外交战略尤其需要注重从整体观看问题，避免囿于局部思维。在全球化时代，中国作为一个大国，不仅对自身负有责任，同时也对地区和全球负有责任。转型期的中国外交也是树立中国全球战略的过程。未来的中国外交战略应更加强调全球性，战略设计要特别注意全方位覆盖。

改革开放的历史是中国融入世界的历史。融入世界的进程拓展了中国的发展空间，也强化了中国对于世界整体的责任。改革开放以后，中国外交的一个重要转变是学会了用整体观看世界，不再以意识形态划界，不再分裂地看世界。中国已经成为世界发展趋势的主要变量。相互依存和中国融入国际体系改变了中国与世界的关系，中国不可能置身事外。中国必须树立起"全球一盘棋"的整体观念，从战略和长远高度谋划全球治理、体制改革，加强对国际格局调整、国际力量对比、国际体系变革、国际战略态势、国际思潮演变等重大问题的研究，深化对国际关系发展规律以及中国与外部世界互动规律的认识，这是中国外交战略把握好未来的关键。中国外交需要顶层设计，而顶层设计的新的时代要求就是必须把中国外交置于

---

① 黄金南等：《系统哲学》，东方出版社，1992 年，第 64 页。

全球视野之下，必须以全球大势作为制定中国外交的基本依据。要以全球战略布局的视角来认知周边布局，以全球利益的视角来分析中国利益。更加重视地区和全球稳定对于国家发展的重要意义，更加强调地区和全球的整体合作意义与合作影响力。在人类面临的共同威胁日益严峻的今天，中国应加强对周边和全球范围内跨国事务的主动介入、预先谋划，抢占先机，主动提出和设计跨国事务管理的议题，制定可行的并且能够被其他国家所接受的新准则。

从整体观的角度来看，应该更加重视东西共治而不是中美共治，虽然中美关系具有地区和全球意义，但不能以一组双边关系来评判全球性事务，否则就会“一叶障目，不见泰山”。应该把中美关系融入中国外交战略全局之中，以全球视野下的国际格局变迁为主线，注重对更符合世界发展潮流的整体性趋势的把握，更多地参与全球性多边平台的活动，比如努力营造发展中国家群体参与的G20平台。

从整体观的角度出发，我们还需要对牵一发而动全身的系统效果和系统整体运行风险给予更多关注。维护国际体系的总体稳定是一方面，防止系统失灵或系统崩溃同样也不容忽视。从国际社会深度相互依存的现实来看，后者的风险在提升。国际体系具有自身的系统效应和自身运行方式，国际体系作为一种由众多行为体紧密耦合而成的体系，具有复杂性和不可预测性，对于“系统失灵”现象要尽量规避。在此情况下，世界各国尤其是世界大国都负有维持国际体系平稳转型的重大责任，为此我们需要做到以下几点：第一，强化责任和分责意识，共担责任和风险，不能仅仅考虑一国利益最大化而忽视协调利益。第二，规范国际组织活动手段和范围，对于实施效果和方式进行客观评估。第三，限制国际组织中的国家自主行为，避免各国自行其是，尊重和把握国际组织自身的系统性规律。

从中国的战略规划而言，强化整体性思维对于谋划新的地区战略和跨地区战略也具有新的重要的时代意义。

近些年，中国外交囿于防御战略的考虑，内敛有余，伸展不足，紧紧围绕小周边做文章，战略格局受到很大限制。应打破原有地理划界，确立大周边概念。这个大周边既应包括欧亚一体的构想，也要覆盖跨太平洋合作的理念。要在与小周边相关区域确立一定意义的深度合作区域的基础上，建立更大的战略合作区域。

从整体观的角度出发，继续发挥中国全方位外交的优势更具有紧迫性。现在中国外交战略上的点状分布多，整体部署还不足，连不成片，织不成网。要高举非传统安全合作的大旗，经略和规划新型战略合作伙伴关系，不断拓展战略合作伙伴圈。在地缘上要向西开放以构筑欧亚一体为长远地缘战略发展目标，向东以周边合作为基础推动太平洋战略的发展，并形成东西南北海陆和合的大布局。

要从解决东亚热点问题入手，强化整体思维和整体部署。东亚的一系列热点看似各自独立，其实是存在密切联系的整体。美国因素贯穿其中，各个热点问题彼此影响。这些热点都是相互联系、相互影响、相互制约的，必须从整体上加以把握。

四、结　语

面对复杂的、相互影响的局势，中国外交战略必须从整体性和联系性的视角出发，以联系打破分割，以整体化解对立，以互利共赢制约恶性竞争。无论是全球战略还是地区战略都必须强调整体性，强调整体性就是要善于将各种因素进行有机组合和调度，而不是局限于一时一事的具体环节或仅限于被动反应式的应对。要有整体的、长远的建设方案，将地区间和地区内的共同问题置于国家间问题之上。从地区发展大局出发，仍要继续推动符合本地区特色的东亚一体化建设。东亚一体化和东亚共同体仍是未来东亚区域整体发展的方向。以新兴发展中国家群体为主要合作平台，强化多边制度建设和大国协调机制的建设，在新型大国关系等国家关系的构建方面探索出新路。

（作者：王　帆　北京对外交流与外事管理研究基地研究人员　教授、博导）

法治政府研究基地

（中国政法大学）

基地名称：法治政府研究基地
依托单位：中国政法大学
项目类别：北京市社会科学基金项目

《中国法治政府评估报告(2013)》：概述与分析①

内容提要：中国政法大学法治政府研究院课题组对包括直辖市和较大城市在内的53个城市法治政府建设情况的评估显示，当下法治政府建设存在如下问题：整体水平不高，提升空间巨大；各地法治政府建设水平发展不均衡，且建设水平与经济发展情况存在一定相关性；部分领域法治政府建设存在形式主义倾向，各项制度安排不能切实形成规范行政权力运行的有效力量；相当部分政府的规章和规范性文件监督体系尚不完善，个别城市在行政立法过程中依法接受监督意识不强；行政决策的规范化和政府信息公开的长效化存在明显滞后。对于上述问题，有必要高度重视，在今后法治政府建设中切实改善。

关键词：法治政府；评估；问题

一、引　言

2013年党的十八届三中全会《关于全面深化改革若干重大问题的决定》提出“建立科学的法治建设指标体系和考核标准”，寄希望通过考核评估，形成推动法治政府建设的政治动力。中国政法大学法治政府研究院设立全国法治政府评估项目，力求研发一套设计科学，注重可操作性，兼顾定性与定量评价的法治政府评估指标体系，并希望借此实现对全国法治政府状况的全面评价，推动中国法治政府建设。目前，课题组完成了首次针对全国较大城市法治政府建设状况的总体评估。

二、评估过程

本次评估，确定了包括机构职能及组织领导、制度建设和行政决策、行政执法、政府信息公开、监督与问责、社会矛盾化解与行政争议解决以及公众满意度调查七个方面作为一级指标。评估具体指标尽量以客观评价

① 本文是“北京市法治政府评价指标体系研究”项目的阶段成果，项目编号：13JDFXD001。

为主，尤以考察“是否”“有无”“多寡”“频率”等客观事实为主；同时单独设置公众满意度评价指标，通过发放问卷的形式征求公众意见，并作为独立的一级指标。为了解决数据获得难的问题，同时为了增强对于各地政府评估的客观性，本课题组在评估方式的选择上注重多元性。除了对已公开的数据、资料、报道进行收集、筛选、加工利用之外，本课题组还通过申请信息公开等形式获得评估所涉及的信息。为了提高评估的客观性，课题组专门组织研究生到评估城市开展实地调研政务中心、举报投诉处理情况以及公众满意度调查等方式，了解当地公众对于政府依法行政状况的评价。经过一年多的观测和考察，课题组完成了对包括直辖市和较大市在内的 53 个城市法治政府建设情况的评估，并形成了《中国法治政府评估报告(2013)》。

三、评估结果

(一)各城市总体情况

本次评估，满分设定为 300 分，被评估的 53 个城市的平均得分为 188.87 分，共有 28 个城市在平均分之上，占被评估城市总数的 52.83%；有 25 个城市在平均分以下，占被评估城市总数的 47.17%。各城市得分情况呈正态分布，说明评估是有效的。如果以总分的 60% 为及格线①，则有 36 个城市得分及格。(参见图 1)。

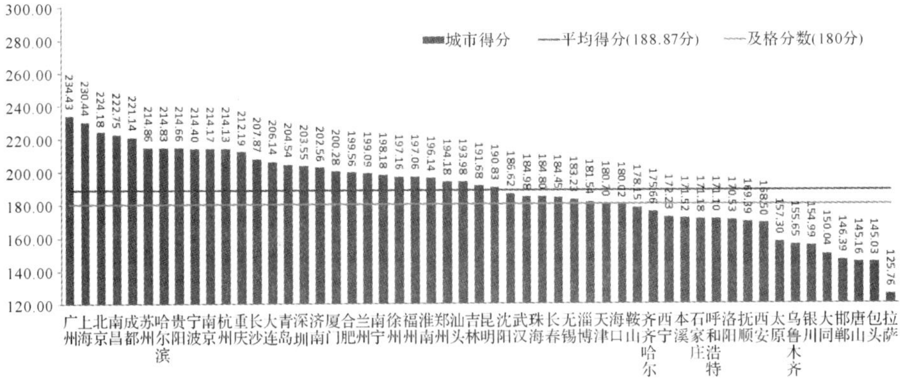

图 1　被评估城市的总体得分情况

(二)各一级指标得分情况

七个一级指标的评估结果如下：

1. 机构职能及组织领导

该项指标的总分为 65 分，53 个城市的平均得分为 42.27 分，平均得分

① 下文所述的及格线，均为总分的 60%。

率为 65.03%，共有 35 个城市得分在及格线以上(参见图 2)。

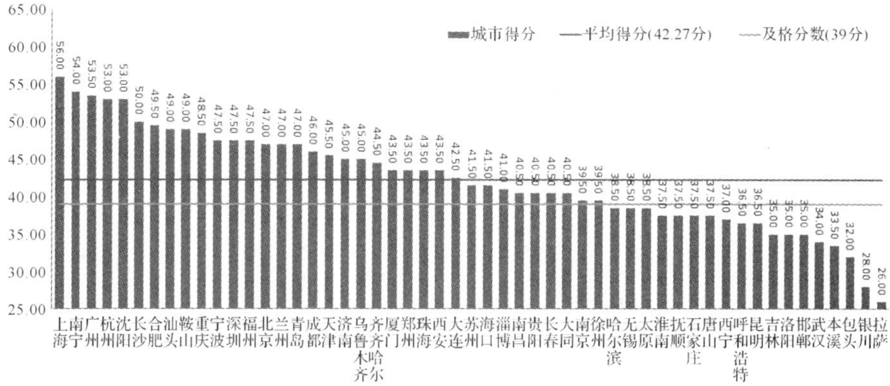

图 2　被评估城市机构职能及组织领导指标得分情况

2. 制度建设和行政决策

该指标总分为 60 分，53 个城市的平均得分为 32.34 分，平均得分率为 53.90%，共有 22 个城市得分在及格线以上(参见图 3)。

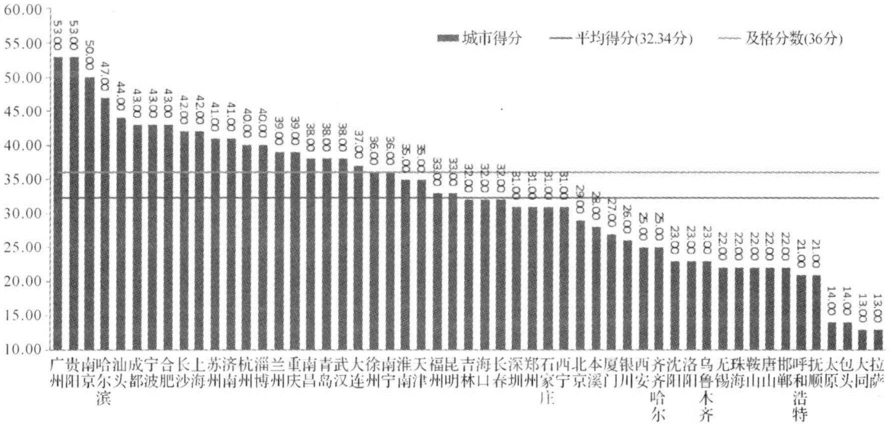

图 3　被评估城市制度建设和行政决策指标得分情况

3. 行政执法

该指标总分为 40 分，具体的观测点中设置有总计 4 分的奖励分，但各城市得分不超过 40 分。53 个城市的平均得分为 26.24 分，平均得分率为 65.60%，共有 37 个城市得分在及格线以上(参见图 4)。

4. 政府信息公开

本指标总分为 40 分，53 个城市的平均得分为 24.20 分，平均得分率为 60.50%，共有 29 个城市得分在及格线以上(参见图 5)。

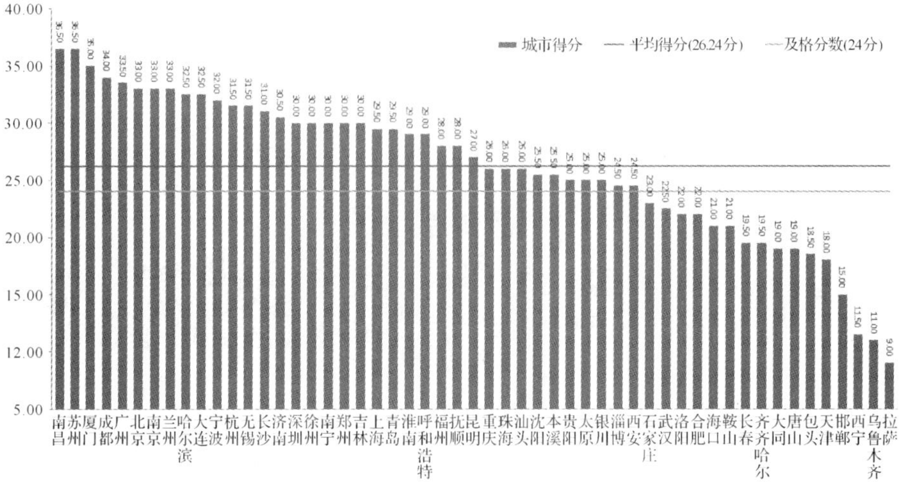

图 4　被评估城市行政执法指标得分情况

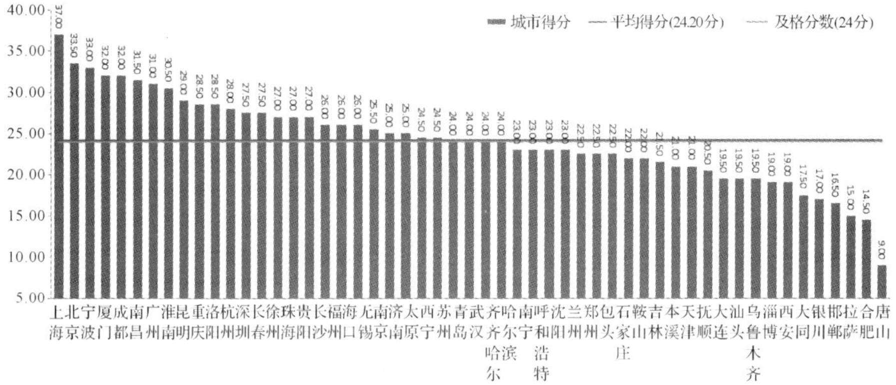

图 5　被评估城市政府信息公开指标得分情况

5. 监督与问责

该指标总分为 45 分，53 个城市的平均得分为 32.06 分，平均得分率为 71.24%，共有 48 个城市得分在及格线以上(参见图 6)。

6. 社会矛盾化解与行政争议解决

该指标总分 20 分，53 个城市平均得分为 13.96 分，得分率为 69.81%，共有 44 个城市得分在及格线以上(参见图 7)。

7. 公众满意度调查

该指标总分为 30 分，53 个城市的平均得分为 17.80 分，平均得分率为 59.34%，共有 24 个城市的得分在及格线以上(参见图 8)。

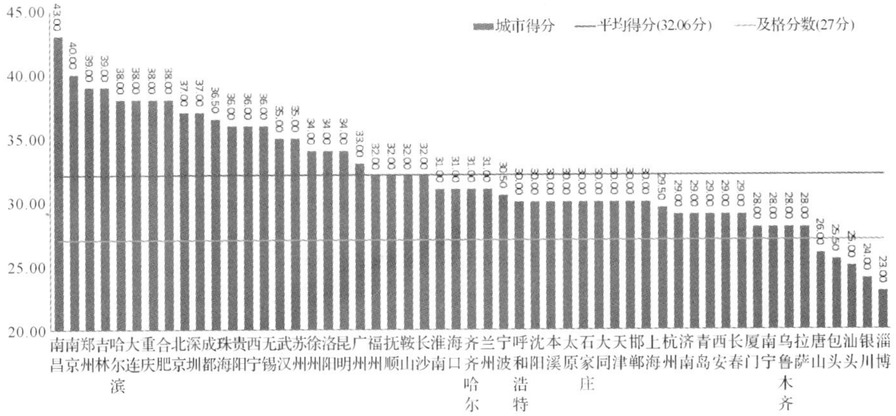

图 6　被评估城市监督与问责指标得分情况

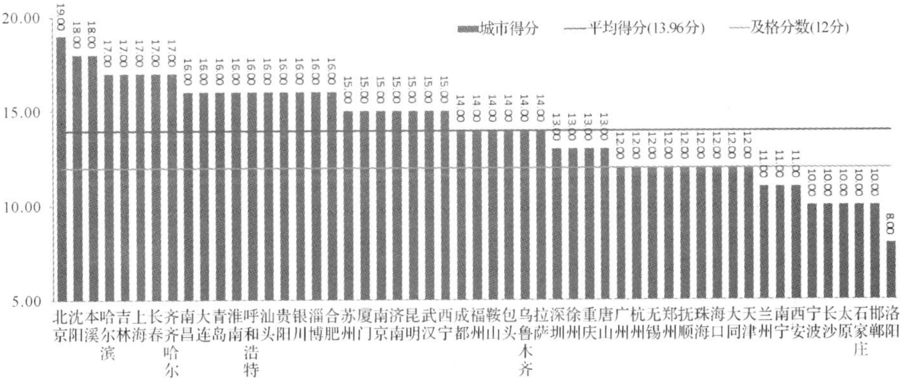

图 7　被评估城市社会矛盾化解与行政争议解决指标得分情况

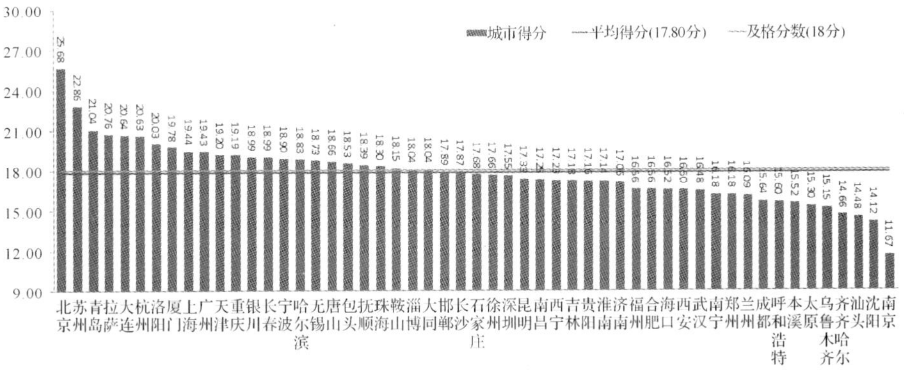

图 8　被评估城市公众满意度调查指标得分情况

(三)对评估不确定性的分析

本次评估中由于数据可得性方面的原因，存在如下几个方面的不确定因素，在运用评估结果和结论时必须考虑这些不确定因素可能带来的影响：

其一，为保证评估的可操作性，部分评估指标仅评价是否建立相关制度、开展相关活动，而实践中的制度运行实效可能低于文本要求。因此，虽然制定了相关制度，但实践中未切实执行的政府仍然可能获得较高评价。

其二，作为第三方机构，评价只能根据公开数据进行，这导致两个方面的影响：一方面，一些负面评价的实际情况可能比已暴露情况更差；另一方面，一些正面评价的实际情况可能比公开资料显示的更好。

四、评估结果分析

整体而言，53 个大城市的政府对法治政府建设的重要性有一定认识，注意加强对依法行政工作的组织领导，并通过实际行动推动行政权力运行的规范化、透明化，相关制度建设的框架也已基本形成。这在评估得分上反映为：53 个城市的平均得分为 188.87 分，平均得分率为 62.95%，对比 60%的及格线，整体表现及格。

但是，评估也暴露出我国法治政府建设中的若干问题：

(一)法治政府建设整体水平不高，提升空间巨大

其一，本次评估，53 个城市的平均得分率仅略超及格线，且有 25 个城市的得分在及格线以下，这说明法治政府建设的整体情况离理想标准尚有较大差距。

其二，表现相对较好的城市法治政府建设水平亦还有较大提升空间：如果将得分率 80%作为良好的标准，所有城市均未达到。

其三，排名靠前的城市亦存在明显不足。即使总分排名前十的城市，其法治政府建设均有某个方面低于全国平均水平。这说明即使评估结果相对较好的城市，也迫切需要改进一些薄弱环节。

此外，本次评估的对象直辖市和较大市人民政府，其法治政府建设情况基本上能够代表或反映其所处区域法治政府建设的较高水平。因此，如果根据评估结果来推算全国的其他城市的情况则不容乐观。

(二)各地法治政府建设水平差异较大，发展不均衡

其一，各城市评估得分差异巨大。本次评估，最高得分 234.43 分，最低得分 125.76 分，相差达到 108.67 分；课题组采用标准差除以均值得到的各城市政府评估总分离散度数据为 12.81%。这说明各城市政府法治政府建设水平差异巨大。

其二，评估得分地域差异明显。课题组按照东、中、西部的划分进行区域比较①，可以发现，东部城市的平均得分为 193.73 分，中部城市的平均得分为 188.46 分，西部城市的平均得分为 179.18 分(参见图 9)，法治政府建设水平表现出明显的区域性差异。

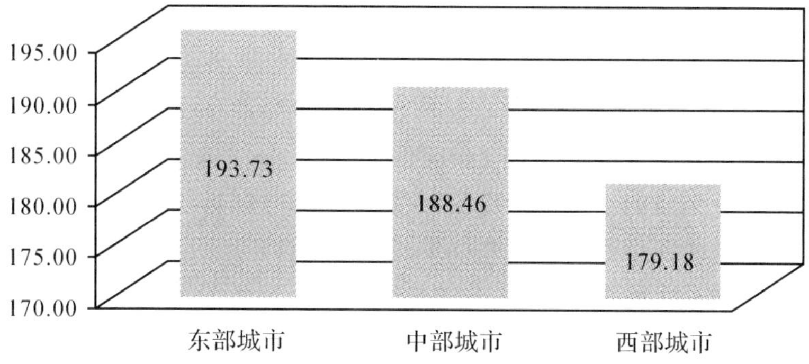

图 9　三个区域城市平均得分状况

其三，西部各城市政府法治政府建设的水平最为参差不齐。在西部各城市政府中，既有成都、贵阳两个城市名列评估得分前十，又有拉萨、包头、银川、乌鲁木齐、西安五个城市名列后十。课题组采用标准差除以均值得到的西部各城市政府得分的离散度数据为 15.78%(东部为 11.47%、中部为 10.85%)。

进一步分析发现，法治政府建设的水平受到经济发展水平的一定影响，二者从而表现出一定的相关性。对此，一个较为合理的解释是在经济发展水平较好的区域，政府有较多的资源投入到法治建设中。课题组在评估过程中也发现，在一些经济发展水平较好的城市，政府会投入更多的资源建设法治政府需要的各种软硬件设施。而在一些经济水平较为落后的地区，资源的有限性影响了其对法治政府建设的投入，例如，评估发现有七个城市政府的法制机构甚至都没有建立自己的专门网站，它们是：唐山、大同、呼和浩特、包头、鞍山、本溪和齐齐哈尔，而这些城市得分排名均比较靠后。

此外，在经济发展水平较好的城市，促进发展的压力较轻，政府可以在法治政府建设上投入更多的精力；而在经济水平比较落后的地区，政府的主要精力还是在招商引资、城市建设等发展议题上。

但是，经济发展水平对法治政府建设的影响不应当被夸大，更不能解读为经济发展上去了，法治政府建设的水平就会自动提高。评估结果表明 53 个城市评估得分排名与其经济发展水平的排名并没有必然的联系。一些

① 项目组对东、中、西部的划分参照了 1986 年 4 月第六届全国人民代表大会第四次会议批准通过的经济和社会发展第七个五年计划的划分标准。同时，根据《国务院关于实施西部大开发若干政策措施的通知》，将广西和内蒙古作为西部地区来进行最后的统计。

经济发展水平并不突出的城市，例如南昌、贵阳，其评估排名可以非常靠前，而另一些经济比较发达的城市，得分却并不理想。这种现象说明经济发展达到一定水平后，资源条件对法治政府建设的制约作用将大幅减弱，同样地经济、社会发展基础上的法治政府建设完全可以取得非常不一样的成绩。例如，本次评估表现较好的南昌市政府，其在行政执法、政府信息公开、监督与问责三个方面均明显高于全国平均水平，而贵阳市政府则因为在制度建设和行政决策方面大幅领先全国平均水平而排名靠前。

（三）部分领域的法治政府建设存在形式主义倾向，需要提升实际效果

对本次评估各项指标得分进行比较，有两点背离之处需要高度关注：

其一，主观评价指标得分与客观评价指标得分出现一定程度的背离。本次评估的七个一级指标中，公众满意度调查作为主观评价指标与其他六项客观评价指标相比呈现出以下特点：首先，得分率较低，各城市的平均得分率为 59.34%，低于各城市总分得分率的 62.95%，在七个一级指标中平均得分率处于倒数第二位；其二，部分得分较高的城市政府，其公众满意度调查得分却不高，甚至低于平均水平；其三，离散度低，采用标准差除以均值得到的离散度为 10.12%，低于总分离散度的 15.45%，也低于其他六项一级指标（参见图 10），换言之，虽然各地法治政府建设的客观表现存在差异，但公众对法治政府建设效果主观评价的差距却不明显。

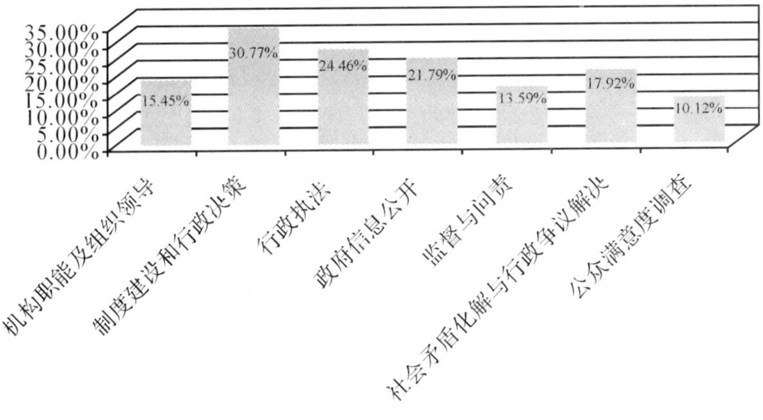

图 10　各一级指标得分离散度分析

其二，通过对比实际体验后评价的指标得分与形势判断后评价的指标得分，前者得分普遍较低。本次评估，部分指标是课题组通过收集公开数据判断该政府是否建立相关制度、开展相关活动后即予以赋分，部分则由调查员实际体验后赋分。就评估结果来看，后者得分普遍低于前者。例如，在一级指标“机构职能与组织领导”中，课题组对行政审批职能的评估采用检索被评估市级政府的政府网站及相关部门网站，通过实际在线进行行政审批申请进行测试，该指标的得分率仅为60%，低于所属一级指标得分率的65.04%；在一级指标“行政执法”中，课题组对违法行为投诉处理的评估，采用委派调查员赴各城市实地调查，发现违法行为后向相关行政部门进行举报，对相关部门接到举报后的行政执法行为进行全程记录，并总结出调查报告，该项指标的得分率仅为51.6%，在该一级指标项下所有指标位列倒数第一，且有21个城市得分为0。

对于上述结果，部分可归因于评估所采用的方法。例如，在公众满意度调查中，一部分数据是通过调查员在当地群众中发放问卷的方式调查。因此，即使一些城市法治政府建设的水平较高，但由于经济社会基础等原因，当地群众可能权利意识更强，对政府法治化水平的预期更高，因此，评分反而较低。

但是，剔除这些因素，这一现象同时反映了我国各地法治政府建设中存在的重形式而轻实质，实际效果不明显的缺陷。近年来，各地政府按照要求在形式上已经建立了一系列确保依法行政的制度，例如规范性文件清理制度、行政决策程序制度等，并开展了行政执法主体清理、行政处罚案卷评查等活动。但是，从评估结果来看，这些制度或者活动至少存在以下问题：

其一，部分制度建设缺乏实效。以行政决策为例，课题组发现，尽管一部分城市已经制定了有关决策的程序规定，但是内容大多简略、粗糙，多是一些宏观或者原则性的规定，甚至照抄照搬国务院的相关文件。这些缺乏可操作性的制度，自然难以形成规范行政权力的力量，公众也就无法获得行政权力运行机制得以改善的实际体验。

其二，部分制度没有得到有效实施。以行政问责为例，虽然相当部分城市已经建立了相关制度，但实施效果有限，启动问责程序的不多；再以行政处罚案卷评查为例，虽然很多城市政府开展了相应活动，但对案卷评查的结果却很少予以公布，对于评查发现的问题，也很少通过公开途径进行批评。

(四)法治政府不同方面的建设效果不平衡，部分方面缺陷明显

将本次评估的七个一级指标的得分进行比较，可以发现制度建设和行政决策、政府信息公开、公众满意度调查三项指标得分率较低(参见图11)。

公众满意度调查得分率低的原因上文已做分析，而制度建设和行政决策、政府信息公开得分率低则说明法治政府建设在这两个方面存在明显不足，亟待加强：

其一，就制度建设和行政决策而言。课题组在评估中发现部分城市政府在制度建设方面重视不够，规章和规范性文件监督体系有所缺失，也有个别城市在行政立法过程中，依法接受监督意识不强。对于行政决策，有相当一部分城市不重视行政决策程序规定的制定，部分城市即便出台了相关规定，但内容过于简略、粗糙，没有结合自身实际情况，许多规定流于形式。

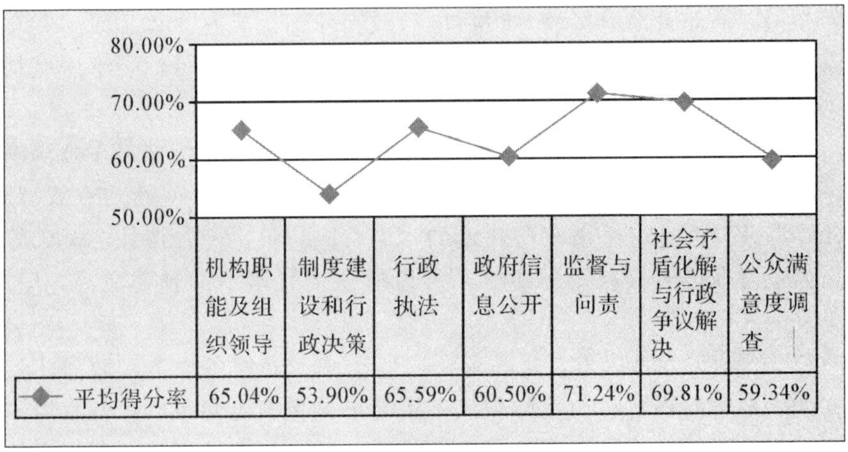

图 11　各项一级指标平均得分率

其二，就政府信息公开而言。课题组在评估中发现政府信息主动公开工作没有做到“常规化”和“长效化”，所公开的信息呈碎片化，短期性和滞后性问题严重；政府信息公开场所，包括实体场所及网络公开平台，均缺乏日常维护，政府信息更新不及时；在依申请公开方面，多个城市政府缺乏负责协调、统筹、监督的统一申请机构，这可能会导致申请无门的情况发生，受理申请也大多没有回执或通知，申请人难以对自己的申请处理进程进行查询。

课题组认为，各地政府在制度建设和行政决策、政府信息公开方面的上述缺陷，反映了我国法治政府建设面临的一些深层次的矛盾：

其一，近年来，随着《行政诉讼法》《行政处罚法》《行政许可法》《行政复议法》《行政强制法》等法律的实施，行政执法类的活动面临被当事人提起复议和诉讼的风险，这种外部压力的存在导致政府有动力对相关行为予以整饬，同时加强监督与问责。但是，规章和规范性文件的制定、行政决策仍然是政府高度裁量的领域，且在制度上不会面临被复议、起诉的外部压力，已有的规范主要是行政系统自上而下的内部监督，外部压力的缺失使得政府规范此类行为的动力不足。

其二，近年来，公众对强化行政权力运行透明度的诉求日益高涨。但是，我国行政实践长期存在封闭运行的传统，《政府信息公开条例》也是在2008年才开始实施。这导致：主观方面，很多政府官员对政府信息公开的重要性认识不足，情绪上有所抵制，将政府信息公开看作是额外增加给政府的负担；客观方面，传统的政府工作流程还未能全面按照《政府信息公开条例》的要求全面重构。因此，政府信息公开的理念与传统的行政文化将面临持续性的紧张。

五、基本结论

党的十八大提出到2020年要实现“法治政府基本建成”的目标，而课题组根据国务院《全面推进依法行政实施纲要》相关要求设计的评估表明，我国法治政府建设取得了一定的成效，但离预期目标尚有不小的差距。法治政府建设的一些薄弱环节亟待加强，同时，各地法治政府建设水平呈现出的巨大差异性得警惕，一些落后地区的法治政府建设需要重点关注：

首先，各地法治政府建设水平参差不齐将导致一些统一的政策规划无法得到统一的实施，影响国家整体治理能力的现代化；其次，法治政府建设水平既受经济社会发展水平的影响，又对经济社会发展具有相当大的反作用。大量的实证研究均表明，确立法治、规范政府权力运行、为财政和契约提供有力的保护是经济发展中的关键因素。因此，一些经济欠发达地区不重视法治政府建设将可能导致其发展环境进一步恶化，投资向法治环境较好地区迁移，从而形成经济欠发达—不重视法治政府建设—发展环境进一步恶化的恶性循环。

此外，法治政府建设应当避免形式主义的倾向，着力提高制度的实效。毕竟，投入大量精力进行的制度建设，若不能形成规范行政权力的有效力量，进而使民众真实地感受到行政权力运行机制的改善，不仅将导致资源的浪费，更为严重的是，法治政府建设口号和实效的分离还可能削弱依法行政这一价值的感召力。

（作者：马怀德　法治政府研究基地首席专家　教授、博导）

基地名称：法治政府研究基地
依托单位：中国政法大学
项目类别：研究基地自设项目

把权力关进制度的笼子

内容提要：《全面推进依法行政实施纲要》颁行十年来，我国法治政府建设取得了重大进展。党的十八届三中全会提出推进法治中国建设，这是要打造依法治国的升级版。如何在建设法治中国的背景下，实现将权力关进制度的笼子，这应当成为我国下一阶段全面、深入推进法治政府建设的重点与难点所在。本文旨在通过对正当程序理念指导下的程序制度笼子的建构，特别是对公开、公正、参与以及效率的深入阐释，为实现程序法治、实现对权力的全方位监督和制约贡献智识。

关键词：权力；制度；笼子

2004 年国务院公布了《全面推进依法行政实施纲要》，确定了建设法治政府的目标。纲要的提出可以说是依法治国的集中体现。纲要反映了中国依法行政实践的发展成果，对此前的经验进行了总结，明确规定了全面推进依法行政的指导思想和具体目标、基本原则和要求、主要任务和措施，是推进我国社会主义政治文明建设的重要政策文件。

《全面推进依法行政实施纲要》颁行十年来，各地坚持把推进依法行政、建设法治政府作为改革发展的关键环节和重要工作来抓，积极探索，开拓创新，狠抓落实，做了大量扎实有效的工作，取得了比较显著的成绩。各级行政机关依法行政的理念和意识明显增强，运用法律手段处理经济社会事务的能力不断提高，行政管理体制改革稳步推进，法治政府建设步伐不断加快，为全国经济社会又好又快发展创造了良好的法治环境。

党的十八届三中全会提出推进法治中国建设，这是要打造依法治国的升级版。法治中国建设的关键和难点依然是法治政府建设。坚持用制度管权管事管人，让人民监督权力，让权力在阳光下运行，把权力关进制度的笼子是我国下一阶段依法行政和法治政府建设的重点。

把权力关进制度的笼子里，一个非常形象而贴切的比喻，已经被许多人知晓。建立制度，按制度办，人们就可期待得到预期的结果；按制度办，行使权力者就不能滥用权力，就能建立起良好的秩序，遏制腐败的产生。

在加强反腐斗争力度的当下，使之不敢腐的高压反腐态势正在形成，但是，要达到不能腐，也即把权力关进制度的笼子里，相关的各方面制度建设还需要大大加强。

不同性质的权力，可能有不同的制度笼子，当然也有相同的或相似的笼子。对行政权力而言，最重要的制度笼子，也就是相同的笼子，应该是行政程序法治。因为，要使实体目标的确定和实施不发生错误，不产生滥权或懒权，其基本保障在于程序。对行政权力而言，实体目标可能因行政领域和地方领域的特性而多种多样，难以合一，但权力的行使过程，行使权力的程序、原则和制度，却是可以统一的。比如，权力的行使都需要有一定的实体目标，但这些实体目标能否正确确立，即能否正确决策，必须遵循法定的决策程序。再如，行政处罚的实体处理极为多样，但都须遵循正当程序；在执行时都须裁执分离。程序是实体的保障，不仅行政如此，司法公正也同样要依靠程序。其实，从某种意义上说，行政程序与司法程序有同质性。所以有人说法治就是程序之治。

在行政权力的行使中，最常用最重要的大概就是决策。各种权力的行使过程就是由不同内容、不同层次的大大小小的决策所组成的。为了保证重大决策(包括制定规范)不致出错，就必须遵循重大决策程序：公众参与；专家论证；风险评估；合法性审查；集体决策，而不能是简单的首长决定。我们检查一下某些重大决策的失败或失误，几乎都与不严格按此程序决策、仅靠拍脑袋做出有关。把决策程序制度化，严格按照上述程序决策，可以说，基本上就不会出错，并能减少权力寻租的可能。

做出决定并正确高效地实施，都要遵循法定的正当程序。构成正当程序的基本支撑，或者说程序正义的底线，是公正、公开、参与和效率。

第一，公正。做出决定、执行、落实，都涉及具体的部门、单位和人，这当然是多种多样的，但有一个共同的要求：作决定者必须和要被处理的人和事没有利害关系，必须位处中立，平等对待当事人，行使权力无偏私，这样才能是公正的。在行政实务中，常常以就近、方便、熟悉为出发点，这就易于产生偏私，至少人们会以偏私来猜测或怀疑。权力行使者必须能公正行使权力，这是对任何权力行使的最基本要求。例如：修建高速公路组成公司，董事长由交通厅长兼任，这就十分危险。可以说，这是一种管理思维，从管理的角度考虑，觉得这样做，管起来不是更方便吗！而却没有考虑这样做的另一面，即可能导致不公正，且有出现寻租的危险性。此类例子极多，很多被称为“高危人群”常常是在这种情况下产生的。与之相反，我国《行政许可法》规定的部门规章不得设定行政许可，其理由正在于规章如果可以设定许可，规章制定部门就可以既当运动员，又当裁判员，这就可能导致不公正。实践证明，这一规定是十分正确的，这就是法治思维。行政审批制度改革正是建立在这一基础上；而且，目前审批制度改革之难，与这种部门利益难以制止大有关系。也正因为如此，《公务员法》中专门对回避问题作了规定。

美国的行政法法官制度就曾经历过这样的过程。先是行政法法官设在各部门内，人们质疑：由这些人来解决本部门与相对一方的争议，能公正吗？后来就改为行政法法官的奖惩任免由各州人事部门统一管理。但后来人们又提出质疑：行政法法官与其他部门官员同地办理，必将受到影响，能公正吗？于是有的州就改设行政法法官办公室，单独办公。这就是追求公正、不断改革制度的结果。

自己不能当自己的法官，这是规范权力，使权力得以公正行使的重要原则。此外，公正原则还体现于其他要求也必须形成制度。例如在权力行使的链条中，各个环节必须适当分离，相互协调、相互制约，如在裁决与执行中，必须坚持裁执分离。《行政处罚法》规定这一原则后，取得了很好的效果。监督与决策、执行要相互协调、相互制约，同样要贯彻分离原则，不能自体监督，等等。按上述规则设置各种具体的程序制度，以权力监督权力，才能将权力关进真正的制度笼子。

第二，公开。行政权力应当以公开的方式运行。要求行政机关将行政权力运行的依据、过程和结果面向公众或者相对人公开。公开制度有两个层面，一是行政信息向不特定公众公开，包括行政机关主动公开和根据申请人的申请公开；二是向特定公众公开，包括当事人阅览卷宗和向当事人说明决定的理由。我国已制定了《行政信息公开条例》，目前推进信息公开的浪潮正方兴未艾。

与政府信息公开相对应的是公民的知情权，知情权的权利主体是公民和组织，提供信息的义务主体是政府等公权力的行使者，知情权是最基本的公民权之一。

知情权源于民主政治的需求，“民众有权知道政府在做什么”。党的十七大和十八大都强调提出了公民的知情权。无疑，公权力只有处在公民看得见的情况下，才有可能致力于保护公民权利和公共利益，只为公民谋福利，而不做、也不敢做任何损害公民权利的坏事。一切坏事都是在黑暗中做成的，阳光是最好的防腐剂，路灯是最好的警察，公开是廉洁的保证；同时，正义要让人看得见，公开也是促进公正的基础。可以说，公权力行使必须公开，这是制度笼子中最重要的一个笼子。其实，在信息化时代，信息公开不仅是民主政治所需要，而且还具有经济资源的重要意义，必要的政府信息公开，将产生巨大的经济效益。

我国正处在政府信息公开的迅速发展时期，正处于从以保密为原则向以公开为原则的转变时期，信息公开方面的诸多制度正在开始建立或开始运作，还需要有一个开发或试错的时间，《政府信息公开条例》尚需上升为信息公开法。但方向已定，我国的信息公开工作一定会越来越顺利，越来越臻于完善。

第三，参与。参与是另一个重点。参与，大多是指公众的参与。在做出公共决策或制定规范时，请公众通过不同方式参加讨论和提供意见，而且要十分重视这些意见，对不予采纳的要做出回应。这是民主制度的必然要求。我国是人民当家做主的国家，参与制定规范和决策，应该是公民“通过各种途径和形式，管理经济文化事务、管理社会事务”的当家做主中最重要的方式之一。公民有参与权，也就是政府具有请公民参与的义务。在利益多元化的今天，公民参与尤显重要，它将更全面地反映多元利益，使决策获得更广泛的理解和支持，有利于规范和决策的执行，有利于促进社会的和谐与稳定。

参与也包括执法时请利害相关人直接对话，陈述意见或举行听证，这同样是民主政治的要求，有利于查清事实、沟通双方，使执法更正确，更易于接受，更有利于化解矛盾。

做出重大决策或制定规范的过程中，经公众参与，不仅将吸纳公众的智慧，而且将接受公众的监督，使之不致做出有损于公民权利和公共利益的决定，因而它又是极重要的制度笼子。

公众参与的形式可以是座谈会、论证会、听证会，也可以不举行会议，而在网上或报上公布，由公众通过不同方式提供意见。其中，论证会一般是专家论证。听证会则是听取意见的法定形式，即法律、法规规定在何种情况下应举行听证会，不举行就是程序违法。听证会融合了公开与参与两大原则，因此是一种重要的程序公正制度。但听证本身还有一个制度设计问题，尤其是公听问题，对听证的范围、内容、参加人、听证后对意见的处理，等等，都需规范。《行政处罚法》规定的听证是对个案的听证，详细规定了听证程序，应该是很好的，但可惜遗漏了案卷排他原则，需要补正。总的来看，我国的公众参与制度虽已建立很长时间，但制度还很不完善，需要深入梳理和整合，使之成为强有力的制度笼子。

参与和公开相连，没有公开，无从参与，参与了也不知所云。反之，仅有公开，没有参与机制，公众仍很难对公开的事项发表意见，促其听取。这些都需要制度保证。

第四，效率。效率是指投入与产出之比，要注意减少投入，增加产出。政府效率直接关乎经济社会的发展，也直接影响公民权利。效率一般都是政府追求的目标，也是公民对政府的重要希望。如果公民要获得一项许可，竟要盖几十个公章，耗费大量时间和金钱，而每一“章”都有可能为寻租制造机会，这怎么可能建成一个人民满意的政府？

从程序规则来说，提高效率有多种办法，如减少主管部门，一件事原则上由一个部门管。这就必然要对机构设置和职权配置提出要求，促进机构改革。值得注意的是，现实中存在着大量内部程序外部化的现象。为了工作方便，一个部门把一件工作分由部门内几个处室来管，当公民提出某项申请时，竟要逐个处室去盖章。这不仅给申请人平添许多负担，而且也为寻租现象创造机会。《行政许可法》第 26 条对此做出规定：行政许可需要行政机关内设的多个机构办理的，该行政机关应该确定一个机构统一受理行政许可申请，统一送达行政许可决定。为了简化程序，在《行政许可法》实施后，各地纷纷建立行政大厅，将各种审批事项都集中到行政大厅办理，为公民提供了极大的方便，大大提高了行政效率。再如，明确规定时限，办一件事要多少天，多长时间内对公民的申请必须答复。这是近几年来在法律上做出明确规定最多的程序制度。以往一项申请提出后遥遥无期，不予回答，由此也为寻租现象提供机会，公民对此意见极大。有了时限制度，厘清了权力行使的时间限制，极大地提高了效率。由此，又派生出收到申请后必须开具回执等程序制度；此外，还设置简易程序、网上审批等，以提高效率。

两点建议：

第一，以正当程序组成的程序制度笼子，是保证行政权力正当行使的关键。是达到程序公平、正义的底线，对任何具体制度的设计或检验，都必须以上述基本要求为基础。程序公正能够达到，权力行使的公正才有保障。建立公平正义的社会才有基础。而制度，必须上升为法律规定，明确，长期稳定，可以预期，不因领导人的改变而改变，也不因领导人的看法和注意力的改变而改变，违反者一律追究责任。这才是有效的铁的笼子。我国的行政程序制度，从 1990 年《行政诉讼法》颁行以来，很多不同种类的行政行为的程序制度（如制定规范、行政处罚、行政许可、行政强制等程序）和不同层级地方政府的程序规定（如湖南省、山东省、汕头市、西安市、海口市、凉山彝族自治州、海北藏族自治州、甘肃酒泉市、云南永平县等都制定了行政程序规定），都取得了一定的效果，积累了一定的经验，但尚未制定一部全国统一的涵盖行政权力行使的各个领域和层次的行政程序法，制度还不完善，漏洞还很多。制定统一的行政程序法，明确并落实程序正义底线的各项基本要求，这已成为完善制度笼子、建设法治政府的不可忽视、不可缺少的课题。

第二，当前，推进制度笼子建设的一个重要途径是，在反腐斗争中不断审视，不断总结，及时发现在哪一方面、哪些层次存在着制度上的缺失和漏洞，提出改进和补正的建议报告，这应该成为每次重大反腐战役后的必经程序。现实中，前一个贪官倒下去了，后一个有时会重蹈覆辙，应该说，这与没有及时发现和堵塞制度的漏洞有关。为此，要追问、总结反腐案件的产生缘于制度上的哪些缺失、漏洞，应该如何改正，得出一个切合实际的确切结论。为使反腐斗争取得彻底胜利，就必须及时补上这一课，使制度的笼子更完善、更缜密。可以说，这种补救将是最具针对性、最有力量和最有效果的，也是制度反腐的必要组成部分。

（作者：应松年　法治政府研究基地学术委员会主任　教授、博导）

北京社区研究基地

（北京市社会科学院）

基地名称：北京社区研究基地
依托单位：北京市社会科学院
项目类别：研究基地自设项目

关于经济全球化与福利社区化的思考

内容提要：社区福利理论的发展来源于日常生活问题的解决，社区福利理论的核心是构建地域范围内的日常生活网络体系。围绕着社区生活问题的解决，创新被看作是一副灵丹妙药，无论是对于解决福利服务的供给无效问题，还是对于福利服务体系反应不够灵活等问题，创新似乎都可以发挥作用，社区福利的体系创新可以围绕着伙伴关系的建立以及公共性、主体性、改革性和地域性的塑造来进行。

关键词：经济；全球化；社区福利

一、关于社区福利的概念

如今，社会学界基本在社区服务的层面上理解"社区福利"，其实"社区福利"不能完全等同于"社区服务"，无论是最早发展"社区照顾"的英国还是广泛推行"社区福利"的日本、韩国，他们的"社区福利"都有着不同于"社区服务"的内涵，因此，在展开本文之前，有必要对社区福利的概念进行简单的整理和阐述。

什么是社区福利？本文试做如下概括：社区福利的目的是对那些生活不能自立的个人以及家庭，通过社区的社会力量对社会资源的协调和整合，提供家政、保健、护理并包括精神文化生活在内的社会性福利服务，解决他们在生活上遇到的困难，创造一个使社区居民能够实现自主、自立生活的环境。简而言之，社区福利就是通过对正式或非正式的社会资源的协调和整合，为那些不能自力更生的家庭提供家政、保健、护理等活动，为社区成员提供福利。

如果对上述的概念做更为具体的理解，就可以从以下几个侧面加以深入阐述：

(1)社区福利解决的是社区居民日常生活层面的问题。它的任务是社会性福利服务在社区的范围内提供给每一个需要接受的服务居民，比如生活不能自立的老人，可以在社区的范围内配备护理人员和志愿者服务，以分担无法为老人提供全面护理家庭的困难，并使得生活不能自理的老人能在熟悉的社区环境中保持愉快、轻松的生活心态，这些生活照顾的问题不是简单地通过保险制度、养老制度的完善就可以实现，它既需要社区成员的参与，又需要政府、市场、社会通过资源的整合，为社区福利的利用者营造自主、自立的生活氛围。

(2)社区福利需要政府的支持，因为它是社会公益事业，是为政府解忧排难。但是社区福利服务由于涉及的是社会生活的最细微的层面，虽然是公益事业，但不宜政府直接运作，提供服务活动的主体应该是社区居民自己。社区内的居民包括各个社会团体，他们既是福利服务的利用者，又是福利服务的提供者，社区福利的规划和运作可以通过社会内部的社会组织通过民主协商的形式自行解决。为了实现这一点，就需要大力培育社区非营利组织和社区志愿者活动。政府的作用在于政策指导、宏观规划、财政支持、人才培育等。社区福利发展完善的过程与实现居民民主自治、社会基层组织改革的进程相辅相成。

(3)社区福利的作用并不仅限于对需要提供福利服务的老人、儿童、残疾人、弱势群体的帮助上，它是通过上述的服务调节个人、家庭与社区的关系，协调社区与国家政府之间的关系，并对社区的福利、医疗、保健等社会资源的整合协调，对个人、民间团体、政府职能部门之间关系的协调起到积极的作用。

(4)社区福利是在生活社会化、家庭福利社会化过程中应运而生的。社会结构、家庭结构、人口结构的急剧变化，使家庭养老扶幼的基础变得越来越脆弱，家庭纽带变得松散。社区福利服务将会成为它的一种新的补充力量和依托。社区福利有稳定家庭生活，协调家庭成员关系的作用。

二、经济全球化与福利社区化

全球化引发世界范围内风险社会的加剧，所有国家的社会危机特征都有相似之处，但如果从“地域”的角度来看，又存在着明显的差异。较早进入现代化的欧美国家的最大的社会问题是持续不断的高失业率和老龄化问题，而亚洲、东欧和南美国家的最大问题则是不断增长的不平等和贫穷问题。社区福利是一个来自于西方国家的“舶来品”，倡导发展社区福利的思潮始于 20 世纪 30 年代前后的英国，之后，大约在 60 年代前后，社区福利首先在经济发达国家推行，而后，又传播到发展中国家。在进入 21 世纪以后，社区福利发展逐渐走向成熟，积累了许多的经验。因此，在我们为中国社区福利发展道路确立方向时，离不开对西方社区福利政策的理论参照和实际经验的借鉴，如何增强地域福利、应对风险社会是社区福利在当代社会的主要任务，深入研究西方社区福利理论的发展脉络、充分认识地域社会重组计划的合理性与可行性，对中国社会在全球主义和地域主义之间展开社区福利建设具有重要的现实意义和时代意义，同时也要认清中国处于社会转型期的历史阶段。

社区福利是一个抽象与具体、理想与现实、个体与集体的多维度概念，发展社区福利主要基于以下三点：第一，社区作为宏观国家和民间社会之间的中间节点，可以充当个人与国家、社会的桥梁，可以承载由家庭内部推向家庭外部的各种问题，在调整和重组社会系统过程中发挥社会安全网的作用，并在国家推行社会公共政策和社会服务中提供最合适的实践场地。第二，社区福利可以在居民生活问题的解决和居住在同一社区的居民共同关注的公共利益问题上发挥作用。这里所提到的生活问题并不是指家庭经济困难问题，而是指个人和家庭日常生活中出现的妨碍居民不能自主、自立生活的问题。通过社区内的福利服务，使每个居民都能够摆脱生活窘境，并且生活自立。例如，智障儿童在家居生活中面临的最大问题就是生活不能自理，如果能在社区中为其提供生活照料和康复护理，既可以帮助家庭建立自力更生的氛围，也可以为儿童提供他所喜欢的自我活动空间，这些问题完全依赖于政府是不能得到圆满解决的，需要家庭、社区、政府联合起来构建一个更大的"社区福利提供网"。当然，社区福利所服务的对象并不仅是老人，儿童、残疾人或其他社会弱势群体，它还可以通过社区成员的努力对社区的福利、医疗、保健等社会资源进行整合协调，为正常家庭的个性化需求提供服务。第三，社区福利可以更好地解决转型期的许多社会问题，在家庭福利逐渐社会化的过程中满足社会成员的社会性福利需求。社会结构的急剧变化导致了家庭功能变得十分脆弱，邻里关系也变得十分松散，现在城市中比较突出的养老问题，发达国家已经逐步实现从"院舍式养老"向"社区养老"的转型，但中国还没有做好这方面的准备。社区福利既涉及公共政策和经济、法律制度的变化，又涉及居民的生活细节问题，社区福利所希望解决的问题是如何在家庭越来越小型化的过程中，调动社区的互助资源，将日渐淡化的亲情、邻里情再度聚合起来，从而在稳定家庭生活、协调邻里关系方面发挥应有的作用。

当前中国的社区福利政策的选择既面临着一个有利于地域福利发展的外部环境，也面临着中国日渐进入一个"个体化"特征显著的现代社会环境，如何处理社会发展阶段与个体需求之间的矛盾依然是中国社区福利政策所必须立足的现实。经济上已进入世界结构的中国社会既是一个全球化过程中的转型社会，也是一个需要发展民生、提供普惠型福利的社会，中国社区福利政策的选择涉及的不仅仅是"剩余性"社区福利模式还是"制度性"社区福利模式的问题，更涉及一个转型社会时期如何公平分配福利、合理选择福利供给方式的问题。

三、社会转型与中国社区福利发展理念的演变

至今为止，中国社区发展经过了社区服务发展时期和社区建设发展时期。1993 年政府推出《推动社区福利发展的意见》之后，由政府主导的发展社区服务在很短的时间内获得了极大的成效。社区服务政策之所以行之有效，除了国内因素之外，还有一个重要的因素就是国际环境的影响。事实上，20 世纪 70 年代以后英国积极推行的社区服务改革政策对中国社区服务政策的选择起到了一定的推动作用。包括“社会服务”用语本身，也是从英国使用的 community service 直译而来。

另外，我们再回过头来看看社区服务政策出台的国内背景。当时，城市社区面临的主要问题是国有企业的经济改革带来了单位福利结构的解体。社区服务政策的主要目的在于试图通过重建社区，以社区来承接以往由单位为职工提供的各项福利型生活服务。其次，试图通过开拓社区服务，消化下岗职工等剩余劳动力问题。虽然，社区服务的用语以及以社区作为提供公共福利服务平台的政策与英国等国家的福利改革有近似的一面，但是，政策的对象、目的，以及政策推行的程序等，与这些国家推行的社区服务政策有较大的出入。因此，在推行的过程中，也遇到了诸多难以逾越的困难。所以，在 21 世纪初，政府作为对社区服务政策的发展和延伸，又及时提出社区建设的目标。为什么要提出社区建设，这是因为，以转嫁单位福利解体带来的单位福利服务为主要目的的社区服务政策，已经难以应对 21 世纪初中国人口大移动带来的深刻的社会震动。20 世纪 90 年代后期以及 21 世纪初期，随着产业化的推进和商品经济的发展，大量的农村人口涌入城市，沉淀于城市社会基层的社区。人口的急剧流动，打破了城市社区原有的格局和机制建构。以社区开发为主旨的社区建设政策，意在解决亿万流动人口的生活问题。事实上，“社区建设”政策与发展中国家推行的“社区开发”(community development)比较接近。社区建设强调建构新型社区组织体系与运行机制，是带有一定政治色彩的实践活动。

现在看来，中国最初推行的社区服务政策，实际上是社会转型过程中的一种过渡性政策，目标是寻找将单位福利模式向社区过渡的形式。而社区服务之后的社区建设，实际上与 20 世纪 90 年代发展中国家普遍推行的社区开发政策比较接近。社区建设的目的主要是为了配合经济改革对社区组织、社区功能进行扩充和强化，建构与市场经济改革的经济基础相吻合的基层社会生活。但是，无论是社区服务还是社区建设，都忽视了以居民生活为核心的原则，忽视了自下而上的社区民主程序。导致这种社区行政化的主要原因仍然是政府对社区居民生活干预过多，政府对社区资源控制过严。社区发展的最终目标应该是创建一个官民协作互动、居民相互扶助的

公共生活圈，建构在社区层面的和谐福利社会。而目前我们推行的社区服务以及社区建设的政策依然带有其局限性，并没有达到社区发展的最终目的。本文认为，社区服务、社区建设的发展阶段并不是社区发展最终的理想模式。在社区服务、社区建设的两个发展阶段之后，将会走入社区福利的发展阶段。

社区福利发展是多方位的，不仅需要配合经济改革、推进民主政治，还要体现居民主体化、社区福利综合化、社区福利专业化、社区福利社会化。它所追求的目标是创建居民的公共生活圈。

四、社区生活氛围的营造与社区福利体系的创新

社区福利的最终目标是政府、居民、企业等多方协调互动，共建一个人人安居乐业的公共生活圈。提高居民的生活质量，创建和谐的社区生活环境是社区福利发展的基本核心，也就是说，社区福利发展要紧紧围绕老百姓的生活问题。因为社区是居民日常生活的空间，社区福利是满足居民生活需求的一种手段和目的。作为生活的空间，会涉及生活环境、生活设施的改善、地域的空间指标；作为生活的手段、目的，会涉及生活质量、生活内容的指标。

随着人口老龄化程度的不断加剧，社会对福利服务的需求不断增加，不少学者都对未来福利服务的供给有效性表现出担忧，客户的需求正在日渐变得多元化和复杂化，这就要求福利服务的供给系统需要变得更加有效和灵敏。尽管不同的国家对这一问题的解决有着不同的社会背景和不同的动机，但有一个相对普遍的假设就是：如果服务系统能够有所创新，并发展出新的工作方法和实践做法，福利服务和服务系统的快速应对问题就能得以解决，总之，解决福利服务有效供给的具体方案集中体现在福利供给系统的创新探索。

从这个意义上来说，创新被看作是一副灵丹妙药，“包治百病”，无论是对于解决福利服务的供给无效问题，还是对于解决福利服务体系反应不够灵活等问题，创新似乎都可以发挥作用。当前福利服务的发展趋势是越来越多的服务是由公共部门和私营部门合作提供，公共部门和私营部门合作的优势在于能有效解决福利服务的供给效率问题，公共部门可以提供公共资源，而私人部门则可以发挥有效应对的优势，二者既互补又合作。20世纪90年代末期，日本和英国等发达国家纷纷推行了福利改革政策，改革的目的是为了弥补非营利组织和公共部门之间的紧张关系，Laratta(2009 a)指出，在英国，福利改革导致了政府与非营利部门之间是一种平等合作的伙伴关系，以便于非营利部门更好地发挥互补作用，政府与非营利部门逐渐由承包关系转向了合伙文化精神的建设方面。21世纪的公共管理理论提

出了许多新概念和新思路，比如公共管理网络的建设、创造共享价值、配对服务、管理和解决共同关心的知识问题等，在这些公共管理网络体系的构建过程中，既需要考虑网络内不同组织、功能的差异，又需要认真思考正是这种差异提供了约束条件和战略机遇。政府热衷于创造一个价格可以发挥作用的自由市场，因为大多数非营利组织为了获得政府稳定的资金支持，不可避免地要与其他非营利组织或者承包商之间形成竞争关系。甚至有学者指出非营利组织的自主性处于低水平状态，因此，在激烈的竞争压力之下，仍然表现出对社会服务的热情和对社会工作的使命是识别非营利组织对公共利益的贡献的重要方法，非营利组织得以生存下去的关键是如何创建出既能强化非营利组织对公共利益的贡献而又不损害其自主性的方法。

无论是政府和非营利组织伙伴关系的构建还是致力于推动公共管理方法的创新以及社区福利供给体系的创新，社区福利理论的发展起源于生活问题的解决，社区福利理论的核心是构建地域范围内的日常生活网络体系。围绕着社区生活问题的解决，社区福利的体系创新可以围绕着公共性、主体性、改革性和地域性来进行。(1)公共性：它不是一个私人领域的空间，而是由公私互动，即政府与居民共同建构的公共空间，因而它体现共同生活、共同建设的原则。(2)主体性：居民是社区生活空间中的主体，整个生活的过程、生活的创造都需要居民自己通过自治、自立来完成。社区福利的发展过程要始终突出居民主体性。(3)改革性：社区发展既要考虑传统生活文化的传承，同时也要随着时代的发展、社区需求的变化进行调整，做到与时俱进。(4)地域性：社区最大的特点是居民生活的据点，是居民生活的圈子，因而社区不可能千篇一律，每个社区的福利都会不同程度地反映出本社区生活习俗、风土人情、地理气候等方面的特点。

参考文献

[1]Adachi, K. Sociology on Social Welfare Reform in Japan, Harvest Sha, Tokyo, 1998.

[2]Austin, M. J. The Changing Relationship Between Nonprofit Organisations and Public Service Agencies in the Era of Welfare Reforms, Nonprofit and Voluntary Sector Quarterly, Vol. 32, No. 1, 2003.

[3]Battistelli, F. Burocrazia e Mutamento: Persuasione e Retorica dell'innovazione Amministrativa (Bureaucracy and Changing: Persuasion and Rhetoric of Administrative Innovation), Angeli, Milano, 1998.

（作者：于燕燕　北京社区研究基地主任　研究员）

基地名称：北京社区研究基地
依托单位：北京市社会科学院
项目类别：研究基地自设项目

“未富先老”的中国社会与社区福利计划的构建[①]

内容提要：快速的城市化和大量的人口流动导致了社区服务和社区养老问题日渐突出，而“未富先老”的问题也已经逐渐开始考验着中国经济、社会的可持续发展能力。如何在风险社会时代构建生活安全网，引入社会共同治理理念，发展共同照料是破解当前社区养老服务问题的关键。

关键词：风险社会；社区养老；服务

一、“未富先老”的中国社会现实

每个人都生活在社区中，对社区服务都有着不同程度的认同和不同类型的需求，可以说，社区服务的问题跟每一个人的切实利益是密切相关的。随着中国老龄化趋势的加快，社区服务与养老体系的建设变得日渐迫切，现在中国已经有了2亿老年人口，而且到2050年我国60岁以上人口的总数将达到4亿左右。除了老龄人口数量的迅速增长带来的社会问题之外，还有因高龄化而带来的越来越多生活难以自理的老人，空巢老人的心理问题也将影响着整个社会的心态。最近出版发行的《中国家庭发展报告》指出，中国65岁以上独居老人或者两个老人组成的家庭已经达到8800万户，占中国家庭总数的20%。失能老人也已经达到了3700万，并很快达到4000万。另外，还有一组统计数据显示：发达国家是在人均GDP 10000美元的时候进入老龄化社会的，而中国是在1000美元的时候就进入了老龄化社会。根据全国第六次人口普查数据的统计结果，中国老龄人口中依赖养老金和最低生活保障金生活的人口占29.3%；依靠劳动收入养活自己的老龄人占老龄人口总数的20%(这部分老龄人主要是生活在农村社区的居民)；依赖家庭成员供养的老龄人占老龄人口总数的48.8%；自己有财产性收入的老人只占0.3%。“未富先老”的现状意味着当前中国老人要想“活得有尊严、活得体面”，政府必须要承担大量的养老责任，因为近年来日渐加剧的通货膨

① 本文为2014年5月18日召开的“第三届中日韩社区福利论坛”会议成果。

胀使得老龄人的收入在市场经济条件下根本支付不起昂贵的市场养老服务。总之，“未富先老”的问题已经逐渐开始考验着中国经济、社会的可持续发展能力。

中共十八届三中全会明确提出要“积极应对老龄化的趋势，大力发展养老服务体系和老年服务产业”。而养老服务体系的建设跟社区服务事业、社区福利事业是紧密结合在一起的。中国的养老服务产业总体上还是刚刚起步，有自己的做法和发展的经验，但快速的城市化进程和大量的人口流动导致了社区服务和社区养老问题已经变得不再是单位制时代那么简单地可以通过计划分配加以解决，单一渠道或单一主体来解决养老问题是不切合当前国情的，中国的养老问题需要审时度势，需要学习和借鉴世界各个国家和地区有益的经验，需要从三个方面加以重点考虑：一是人口老龄化会向什么方向发展、会产生什么样的社会效应；二是为社区老人服务需要做点什么；三是政府、市场、社会、社区如何合作解决养老问题。

二、风险社会时代的社区福利发展计划

社区是老龄人生活的重要场域，功能完善的社区服务是老龄人晚年生活的重要支持力量。随着信息技术的不断发展，社会关系和人际关系日渐工具化，每个个体都在为自己的生存而奔忙，重视效率、看重技术进步、提倡竞争、推广标准化、尽量不打扰别人、任何事情只要能依赖市场服务就尽量不寻求他人帮助，导致了当前社会成员变得既独立又自我，社区邻里关系既陌生又疏远，家庭成员之间因为工作时间和通勤时间过长，往往24小时也难得见到一面，这种个体化趋势、“原子人”现象将会使得老龄化问题变得更加突出。此外，计划生育政策作为我国的国策，实施了近三十年，这使得当前中国的家庭户均人口快速减少，而大城市的快节奏生活和昂贵的生活成本以及工作压力都使得家庭养老功能快速萎缩。

从整个国家人口结构和经济发展的相互关系来看，老龄人口的增加意味着劳动力人口的减少，人均劳动生产力的下降必然会造成人均收入的减少和劳动力的不足。尽管中国是人口大国，近年来沿海地区纷纷出现的“用工荒”的原因可以从产业转移和区域发展平衡的角度寻找答案，但有一个不容忽视的原因就是人口结构的变化导致了外出打工的劳动力人口逐渐减少。有数据显示在2008—2010年，我国外出务工的年轻农民工人口减少了2000万。产业结构的转型和人口红利的结束对整个国家经济、社会的影响将是巨大的。

率先进入老龄化社会的日本在这方面的资料研究对中国有着重要的参考价值。1947—1949年，日本每年有270万左右的婴儿出生，形成了日本20世纪的第一代“婴儿潮”，这代人又被称为“团块世代”。随着第一代“婴儿

潮"儿童的成长，1971—1974年，日本再次迎来了生育高峰，即一代"婴儿潮"子女的出生，他们是日本的"第二代婴儿潮"。"第二代婴儿潮"儿童的出生，带来了日本经济的快速增长，婴儿的出生使得年轻的父母需要更换房子，需要购买大量的婴儿服装，从而刺激了消费，促进了日本自20世纪80年代开始到1995年的经济快速腾飞，这段时间是日本经济的黄金成长期，这正是人口红利好处的体现。[①] 美国经济学家哈里·登特(Harry S. Dent)认为：人在不同的年龄段会有不同的经济行为高峰，因此形成经济的周期性波动。例如，31岁左右是购买第一套房产的高峰，42岁左右是负债的高峰，48岁左右是消费的高峰，54岁左右是投资的高峰……

60多年后的今天，日本的"第一代婴儿潮"儿童已经进入老龄，逐渐开始退休，日本因此进入了一个"超老龄化的社会"，人口红利变成了人口负担，社会需要为越来越多的老人提供养老服务产品，政府需要为老龄事业逐年增加财政投入，人口红利的结束和通货紧缩的双重影响使得日本经济近年来一蹶不振。因经济的不景气，日本企业不得不通过降价措施来把产品销售出去，而降价销售出去的产品不仅会对企业利润造成影响，而且会迫使企业通过减薪裁员的方式来维持自身微薄的利润和生存下去的实力，受此影响，被扣掉薪水或被辞掉的工人购买力会大幅度下降，这又会诱发更多的产品卖不出去，经济危机的爆发不可避免。2007年为了摆脱经济危机的影响，日本通过了《2007年经济财政基本方针》(简称"大骨方针")，试图开放日本的经济，提高日本产品的国际竞争力，以技术创新和效率优先为核心，将日本的企业推向全球市场竞争之中。但是全球竞争对日本企业的用人制度产生了重要影响，越来越多的企业废除了终身雇佣制度，取而代之的是短期雇佣制。灵活、具有充分议价能力的短期雇佣制为缓解日本企业的生存压力做出了贡献，但对整个社会成员乃至"家庭预算"来说，风险却与日俱增，因为短期雇佣的工人担心有一天会失业，如何付得起孩子的学费和家庭的日常开支，短期雇佣方式加剧了社会成员对未来的担忧和生活的压力，即使有钱，他们也不敢轻易消费。总之，人口红利的结束不仅对日本经济的发展造成影响，也造成了越来越多新的社会风险，诸如空巢老人的孤独感、农村老人的贫困问题、自杀人口数量的增加、社区犯罪的增加，等等。

此外，脱工业化、信息化导致了日本的年轻人向东京、大阪等大城市集中，中小城市和乡村人口不断减少，为了维持可持续的社区生活，必须要有一定的公共服务配套设施和生活服务基础设施，但地域人口的减少，

① 金姬：《婴儿潮是个谜：生于2007》，http://news.sohu.com/20070711/n251004438_3.shtml。

给日本社区公共服务和社区管理带来诸多问题。人口的减少和产业的海外转移导致了区域税收的大幅度下降，从而导致地方政府财政支出捉襟见肘，以至于无法为社区居民提供稳定的公共设施和地域福利资源，比如：电车、公共汽车因人口稀少和难以维持运转经费而停运；地方政府无法为社区提供充足的警察、消防设施、上下水道、学校等基础服务；人去楼空的社区成为犯罪对象重点驻足的区域，等等。为了参与全球激烈的市场竞争，需要追求效率，但一味地追求效率，会给社区中的老人带来诸多生活不便，也会造成社区内部的福利资源严重短缺。为了应对人口减少和社会风险的增加，日本的地方分权改革提出了地方自治体——社区的重生方案，并在此基础上制订了“实现社区再生的社区福利计划”。社区福利计划是一种处理社区内部生活问题的工具，即生活在社区中的居民通过参与，制定“重视社区生活的政策”，参与的过程不仅可以消除社区之间的陌生感，还可以缩小因经济收入差距而导致的“社会隔离”。在不排斥社会弱者的情况下，在社区层面实现公平与效率并存的社会效果。社区福利计划实施的根本目的是为了达到控制人口外流，构建与人口减少相称的社会发展体系政策。

与日本小城市人口减少相似的是中国农村人口的逐年减少，我国目前每年大约有 1800 万来自农村地区的人口进入城市，越来越多的年轻人聚集到城市，子女不在身边的留守老人也将成为一个日渐复杂的社会问题。城乡二元结构造成了当前大部分留守老人没有稳定的养老保障，即使七八十的高龄仍然需要自食其力；一旦身体出现问题，需要去大医院治疗的时候，就会出现困难，中国农村老人很多都文化程度较低，不识字，挂号、看病对他们来说，都是非常困难的，因为怕麻烦，很多老人都因延误了病情而去世；农村精神文化娱乐产品也非常少，大多数老人就是过着“蹲墙根、找树荫、聊聊天”的生活，无论是在家庭生活之中，还是在农村社区中，都难以找到精神寄托。[①] 尽管政府和民政部不断加大对农村的基础设施和养老设施的投入，但居住在中国农村的老人，无论是在医疗条件还是在享受社区公共服务方面，都与大城市相去甚远。

三、多主体力量参与的社区服务体系建设

在城市化、现代化趋势不可逆的现实面前，灵活雇佣制度的普及和“自我雇佣者”的增加、退休人员的激增以及经济增长的放缓，导致了贝克所言的全球社会处在一个极具风险的时代。如何增强对风险社会的防范能力，需要从两个层面加以考虑：一是从政策层面制订“社会福利计划”，重新铺

---

① 詹以利：《农村留守老人现状、存在问题及对策建议》，http：//www.sm.gov.cn/jcck/showmessage.asp? id=1088。

设生活安全网(如图 1 所示);二是从实务层面完善社会工作。

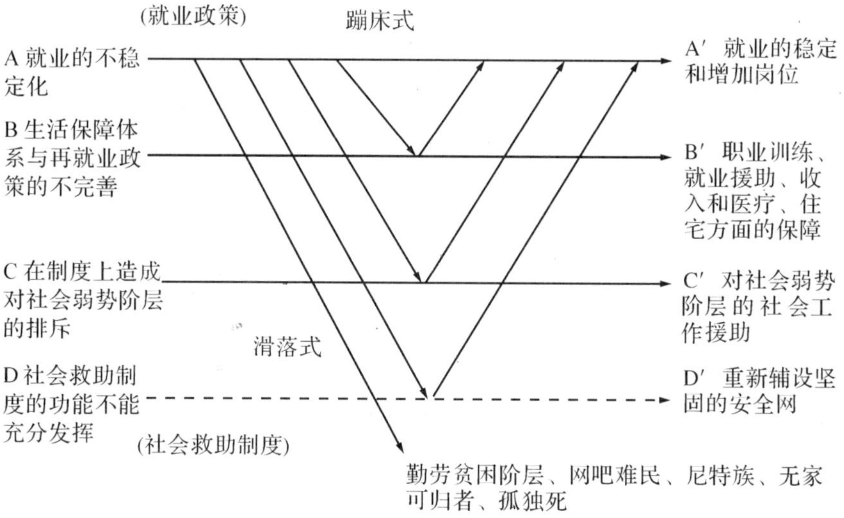

图 1　生活体系域安全网的铺设

注:原图由野口定久制作

生活体系域安全网的铺设是由日本福祉大学野口定久教授提出的概念,他认为因就业政策的变迁导致了家庭生活保障体系的失衡,从而造成了失业人群的增多和社会弱势群体阶层人口数量的增加,而传统的社会救助制度无法覆盖这一部分新增的社会弱势阶层,为了使得社会生活重新恢复活力,需要铺设"蹦床式"的生活安全网,即通过增加就业岗位和就业的稳定性,加强职业培训和就业、医疗、住宅等方面的社会保障,增强对社会弱势群体的社会工作援助,减少风险时代频繁的社会问题。

把社会工作的开展落实到社区养老的实际问题当中,就需要引入社会共同治理的理念,通过动员社会组织引入战略伙伴,形成合作关系来解决社区养老服务问题。当前中国的城市社区有一个非常明显的特点,老人集中居住的现象非常突出,以上海为例,有一些社区每年老龄人口的比例上升一个百分点。所以当老龄人口达到一定比例的时候,仅靠社区解决问题是不可能的,必须从社区之外引入资源。但这个资源既不是政府的,也不是市场的,而是公益的或者慈善的,非营利的,社区养老服务的发展依赖于社区发展自己的伙伴机构,社区通过与公益性机构(NPO)联手,把社区外的资源引入到社区中来。

但当前中国社区养老的服务市场供给严重不足,这与中国老人过度依赖家庭或政府有关系,也与非营利组织缺位以及社会企业没有进驻有很大关系,供给主体的单一性不能满足老人多元化的养老需求。而且社区公众参与意愿也比较低,所以社会企业应该成为养老服务市场的供给方,发挥一定的社会补充养老功能。随着技术的进步，专业化力量支持的社区养老就会成为主流，远程治疗、网络下单都将会使社会中更多的行政资源、医疗资源、社会组织资源整合，以形成越来越强大的社区云服务平台。

目前，社区养老服务的困境主要集中在资金短缺、场地限制、缺乏专业人员方面，这些既是社区养老服务困境的体现，同时也是造成这一困境的表层原因。深层的原因就是从政府到公众，包括很多老年人，对社区养老服务的认识不够。我们不能简单地将人口老龄化看作是家庭与社会的负担，而需重新建立起夕阳产业中的朝阳产业、老年人也是国家财富和健康的源泉等理念。例如，一位卧床不起的老人需要请保姆进行照顾，在政府没有为这位老人提供相应的护理费用时，老人的家庭全额支付了保姆费，实际是老人为社会创造了就业的机会。因此，只有革新理念，才能挖掘出养老服务产业的市场，满足老龄人的真实生活需求，为国民经济的持续、健康增长提供动力。

老龄服务产业是为老年人口提供满足其衣食住行以及精神文化产品等需求的综合性服务体系，根据民政部 2009 年颁布的《基本养老服务体系建设试点方案》规定，养老服务业的发展主要是向所有老年群体提供基本的生活照料、护理康复、情感关怀、紧急救援和社会参与等服务，这与 2012 年《老年人权益保障法(修正案)》中确立的老人五大权益，即“老有所养、老有所医、老有所为、老有所学、老有所乐”是基本吻合的。因此，如果从国家政策层面来看，我国的养老服务业发展是基于满足老年人的生活服务需求，以提升老年人生活质量为根本目标的，这就意味着我国政府开展的普惠性养老服务业大致涵盖了以下四个领域的内容：(1)针对老龄人健康和医疗照顾的康复护理业；(2)针对居家养老的家政服务业；(3)面向所有老龄人的文化教育和参与服务；(4)丰富老龄人精神生活的文化娱乐服务与旅游服务。与很多老龄服务业内容的分类相比，这样的划分缺少了“老龄人的房地产投资和金融服务”等内容，尽管最近养老地产十分风行，但以房养老的金融服务产品创新在北京并没有得到社会的认同。以房养老政策自 2014 年年初推出以来，一直鲜有老人办理以房养老贷款，可见这一政策的出台完全与中国的国情和中国老龄人能接受的消费方式相悖离。中国老龄人习惯于勤俭、节约、量入为出的生活与消费方式，而且稍微关注一下老龄人的投资特点，就会发现老龄人的投资一般是趋于保守而稳健，他们对过于激进的投资模式和对技术要求比较高的金融投资产品向来不太青睐。不少人建议将手上持有不少现金的老龄人视为银行存款和金融服务的重要对象，但老龄人需要的金融产品服务实际上是非常传统而保守的，他们习惯于柜台存款服务，习惯于取现消费，针对老龄人的金融服务产品的创新实际上是十分有限的，而随着城市家庭规模的缩小和需长期照顾的高龄老人数量的增多，针对老人一日三餐的生活照顾与医疗保健服务的开发和业余时间的打发等养老服务产品的设计对于当前中国社会来说，显得既迫切又重要，社区养老服务的发展需要从社区老人的生活实际状况和生活意识角度寻找老人的真正需求。

四、社会转型期的共同照料模式

受儒家传统文化百善"孝为先"思想的影响，我国的养老模式基本是以家庭养老为主，但中国快速的城市化与产业化发展，导致了传统家庭结构模式迅速解体，大量留守在农村和二三线城市的老人既无法与子女共同生活，也无法享受到子女的日常照顾，这种现状使得越来越多的父母摆脱了"养儿防老"的传统观念，同时也挑战了新中国成立以来我国一直坚持的"剩余式"养老服务政策，即养老服务业的发展不再仅仅为孤寡老人或失能老人服务，而应将全社会的老龄人生活质量的提升作为政策目标。当然，这一政策理念的变化就意味着我国的养老服务从最初的个人事务和家庭义务的"私人领域"走向了政府责任和国家行动的"公共领域"。因此，在为养老服务产业制定未来规划时，还必须考虑到养老服务业的双重属性：公共性与市场性、福利性与营利性、私人性与社会性并存。

考虑到社区养老的私人属性，社区养老问题就可以从个人和家庭的角度来加以破解，有亲戚关系的老人可以搬到一起住，共同使用一个保姆，既减轻了经济负担，又可以相互照顾、相互陪伴。另外从社区的角度来考虑，就要设法推行积极老龄化的思路，即强调老年人不仅是被关怀和照顾的对象，而且是社会生活的参与者、社会发展的推动者、社会财富的创造者，让年轻的老人服务年老的老人。所谓年轻的老人，就是以六十岁为老人的分界线，低于六十岁的老人不仅能够照料自己，还能够帮助别人。因为中国当前社会的特征是老龄人口不断增加，这就意味着劳动力总量在不断减少；需要服务的老龄人越来越多，能够提供服务的年轻人却在减少。中国在 2010 年已经达到 5 个年轻人赡养一个老人，到 2020 年可能是 2—3 个年轻人就要赡养一个老人，所以让年轻的老人发挥余热照顾年老的老人，形成制度和习惯以后，他们老了也可以得到年轻老人的服务。让年轻的社区老人服务年老的社区老人，需要通过开展社区动员和社区组织活动，形成一项规范的社区养老制度。让全社会成员达成共识与认同，让今天为年老老人服务的年轻老人变成"年老人"的时候，有可能得到年轻老人的照顾，这些年轻老人才会愿意为今天的"年老人"服务。

总之，在强调以家庭为中心、以社区为中心的养老服务时，面对着家庭成员会越来越少的现实问题，家庭成员将会很难承担照料老年人的责任，政府需要对负责照料老年人的家庭进行补偿。另外，最重要的是全社会需要支持“共同照料”模式的发展，即政府、社会、社区、个人，都需要对老年人进行照料，同时老年人也需要通过智能化养老服务设备的发展，不断提高自身的自理能力。

（作者：宋　梅　北京社区研究基地研究人员　副研究员）

北京决策研究基地

（首都社会经济发展研究所）

基地名称：北京决策研究基地
依托单位：首都社会经济发展研究所
项目类型：北京市社会科学基金项目

日本东京水污染防治对策研究及对我市的启示①

内容提要：东京工业化和城市化速度快于北京，出现水污染问题也早于北京。东京为了防治水污染和保护水资源环境，将水资源合理开发利用列为重要的施政纲领，综合采取法律、行政、经济、技术等措施和手段，取得了显著成效，其经验值得我们学习和借鉴。

关键词：东京；水污染；防治

为了深入贯彻落实十八大报告提出的"加强水源地保护和用水总量管理，建设节水型社会，强化水、大气、土壤等污染防治"的精神，近日，首都社会经济发展研究所、日本经营管理教育协会和北京健康城市建设促进会联合开展了日本东京水污染防治对策研究，内容如下。

一、日本东京水污染防治历程

东京有109条河流，总长860千米，其中多摩川水系和江户川水系主要用于饮用水和农业灌溉，荒川水系主要用于工业用水，南部水系主要用于农业灌溉。从20世纪60年代起，这些河流出现了不同程度的污染，引发了严重的社会问题，东京政府开始着手治理水污染。治理过程可分为三个阶段。

第一个阶段：重点治理末端工业污水

二战后，东京进入经济高速增长期，产业重心转向重工业及化学工业，工业污水排放显著增加。1958年，东京发生著名的本州造纸污水恶性事件，日本政府以此为契机，制定了《工厂排水控制法》和《公共水域水质保护法》。东京也在《工厂公害防治条例》(1949年)的基础上，出台《东京都公害防治条例》(1969)，并设立东京都公害局，着手治理水污染。1970年，日本颁布实施《水质污染控制法》，将排水标准、排污量控制等纳入法律框架。随着水环境保护政策和制度体系的逐步建立，东京水质有所好转，但由于环境控

① 本文是"北京市水污染治理对策研究"项目的阶段成果，项目编号：13JDCSD004。

制标准和技术手段不完善，治理效果并不明显，并且因大量抽取地下水，引发地面沉降、土地盐碱化等新问题。据日本官方统计，1950 年至 1972 年，东京地面累计沉降 2 米。

第二个阶段：重点治理生活污水，强调源头防控

20 世纪 80 年代以后，随着产业结构升级和传统制造业的外迁，东京工业污水排放大幅减少，生活污水成为主要污染源。1982 年，东京生活污水造成的环境负荷占 73%，远高于工业污水。由于污水最终多排入东京湾等自净能力较弱的封闭性水域，进一步加剧了环境污染，引发赤潮等问题。为此，东京颁布实施了《东京都环境影响评价条例》(1980 年)、《东京都生活排水对策指导要纲》(1986 年)、《东京都环境管理规划》(1987 年)等一系列综合的环境污染整治条令，将水资源环境保护政策向源头治理倾斜。针对地下水超采问题，东京制定了限制地下水开采的规定，并采取人工回灌法等技术手段回补地下水。

第三个阶段：重点建立循环型社会，合理开发利用水资源

进入 90 年代，在严格的排污标准和法律监管下，东京水污染得到控制。东京在继续强化治理高尔夫球场农药、填埋场垃圾、工厂排放新型污染物等新污染源的同时，转变传统的污染防治思想，提出 3R(减量化 reduce、再利用 reuse、再循环 recycle)理念，颁布实施了《东京都环境基本条例》(1994 年)、《构筑良好水循环系统规划》(2003 年)等，通过流域管理，扩大再生水利用，促进污水资源化，建设雨水渗透设施，加强地下水涵养，修复水生态环境等措施，推动水资源循环，实现由水消费型社会向节水型社会的转变。

二、日本东京水污染防治经验

东京高度重视水资源保护，综合采取法律、行政、经济、技术等手段治理水污染，取得显著效果，具体做法如下。

(一)加强水环境立法和标准体系建设，为水污染防治提供坚实的制度基础

1. 完善水污染防治立法

1958 年，日本针对水域重金属污染问题，颁布《公共水域水质保护法》，同年出台《工厂排水控制法》，重点控制工业污水排放。1970 年，日本将这两部法律合并，颁布了覆盖范围更广的《水质污染控制法》，明确规定排放控制(浓度控制和总量控制)标准、排水设施和排水申报制度以及未达标的惩治措施等。《水质污染控制法》后经多次修订，先后加入无过失赔偿责任(1971 年)、污染物总量控制(1978 年)、地下水污染防治(1989 年)、生活污水治理(1990 年)、渗漏事故处理(1996 年)等内容。此外，日本相继颁布了

《湖泊水资源保护特别法》《二恶英类化学物特别处理法》《给水水源法》《排水法》《水资源开发促进法》《工业用水法》《公害对策基本法》《农药取缔法》《土壤污染防治法》《净化水槽法》等一系列与水资源保护相关的法律法规，形成严密的法律体系，为水资源环境保护工作提供了可靠依据。

2. 细化水质量监控标准

1971 年，日本根据《水质污染控制法》制定了《水质污染环境质量标准》，此后共修订 16 次，根据情况变化及时调整更新污染物质控制标准。2009 年的最新标准分为三大类：第一类是与保护人体健康相关的用水标准，属于国家控制标准，严禁超标。1971 年包括 8 项标准，目前增至 50 项水质基础标准和 27 项水质管理标准。第二类是与生活环境相关的水质标准，包括河流水环境标准、湖泊水环境标准、海域水环境标准等，允许通过设定达标期限等逐步治理和防范。1971 年时只包括生化需氧量(BOD)等 7 项标准，1982 年从防治富营养化角度增加了磷和氮的含量标准，2003 年从保护水生生物角度出发增加了锌的含量标准，目前共有 10 项标准。第三类是监控标准，主要对毒性不明的物质进行监控，目前共有 48 项标准，体现了防患于未然的环保理念。

3. 贯彻实施水资源保护规划

为落实水污染治理工作，日本出台了《环境基本规划》《水循环保护计划》《城市水域环境保护规划》《水污染总量削减计划》等一系列规划。东京还出台了比国家标准更严格的总量控制指标和削减目标，对规模以上的工业企业设定总量控制标准，对一般污染源设定浓度控制标准。经过努力，东京河流水质达标率由 1999 年的 81.5%升至 2006 年的 91.2%，湖泊水质达标率从 45.1%升至 55.6%。东京湾的化学需氧量(COD)、氮、磷浓度较 30 多年前分别减少了 60%、45%和 66%。

(二)综合运用经济手段控制水污染，确保城市环境保护目标的实现

1. 优化产业结构，从源头上控制工业污水排放

1958 年，日本开始制定东京都市圈基本规划，对产业结构的调整方向、各产业的发展战略、主导产业和支柱产业的选择、产业地区布局等做出详细的规定，还出台了《工业控制法》等，加快推进劳动密集型企业外迁，并对一定规模以上的工业新增项目进行控制，着力发展知识密集型的“高精尖新”工业。随着东京产业从城市化初期的劳动密集型、资本密集型转型升级为知识密集型，工业污水排量逐年减少，据东京排水局的统计数据，东京的工业污水的日均排放量由 1976 年的 70 万立方米减少到 2000 年的 31.8 万立方米，降幅达 40%。

2. 帮助企业实现环保目标

东京建立了企业污水处理资金援助机制，采用减免税金、提供低息贷

款和补贴等手段支持建设配套再生水设施，对安装环境监测设备的补贴额达到设备投资的一半。2003 年，东京创建了公司担保证券(CBO)机构，为中小企业融资开辟新渠道。2005 年，东京进一步拓展环保金融业务，要求金融机构加大对企业环保方面的投融资支持力度并且公开投资业绩，吸引大量民间资本，推动了东京环境事业和产业的发展。

3. 利用价格手段推动企业和家庭节约用水

从 1969 年起，东京政府按照“节约用水即减排污水”的理念，开始采取累进制阶梯水价制度(又称“控制需求型”水价体系)，并沿用至今。该制度规定用户在每月基本用水量的范围内实行基本水价，超过部分实行分级计价，超出量越多水价越高。自该制度颁布实施以来，东京政府多次对水价阶梯数、从量水价递增率进行调整。目前，东京每月 20 立方米的市政生活用水的价格是伦敦的 1.36 倍、巴黎的 1.17 倍、纽约的 3.25 倍。在污水排放费方面，日本同样采取累进制阶梯价格体系，根据污水类别，将基本排水费和超过标准征收的从量排水费相加，乘以 1.05(即消费税率)得出。

4. 加强水质监控工作

东京对水质采取严格的监控，根据《水质污染控制法》，都、道、府、县政府必须对公用水域的水质进行经常性监测，环境厅在公共水域设置水质自动监测仪器，公布监测结果，当排水不达标时，政府会命令工厂停产，对违反规定者进行严厉的处罚。但在 2004 年，东京都北区的废弃工厂旧址检测出超标准值 200 倍的二恶英类物质。政府在调查中发现，由于各区按属地原则分别进行监管，造成一些跨区的设施出现监管缺位。为此，东京委托第三方机构进行专业、客观的监测，解决行政管理条块分割的问题。

(三)加大污水处理技术设施投入，提高水污染防治能力

1. 建设先进的排水系统

东京排水系统包括管网、抽水泵站和污水处理场。都政府负责污水干管的建设与维护，市、町、村级政府则负责与干管相连的支管的建设与维护。东京都 23 区大部分采用合流制下水道系统，污水进入下水道后，可以自动流到抽水泵站，送往污水处理厂，去除污染物后，排入河流或大海。目前，东京市区的下水道覆盖率已经达到 100%。对于管网的维护管理，东京采取“雨水免费、污水收费”的办法，1998 年以前政府财政和用户负担的比例是 22∶78，现在的比例是 24∶76。

2. 兴建污水处理设施

一是再生水厂。东京从 20 世纪 80 年代起兴建再生水厂，截至 2012 年共建成 20 个再生水厂、88 个泵站，日处理污水能力达到 524 万立方米，相当于 4.2 个东京水库的容量。其中，约 8%用于生活、市政用水，如冲洗汽车、浇洒道路、灌溉绿地、冲厕、城市消防等。为美化环境、节约利用土地资源，东京在再生水厂、污水处理设施上建设公园、体育场、游乐场、游泳池等休闲开放空间。二是工业企业污水设施。东京规定面积在3万平方米，或计划用水量每天100吨以上的新建项目必须建有污水处理设施。目前各行业污水处理设备安装率平均为74.7%，化工、钢铁、造纸、食品加工等用水大户达到80%以上。三是农村污水处理设施。东京要求只有按照严格水质控制标准净化过的污水才能灌溉农田。农村的再生水设施大部分采取单体建筑物自建，即一栋建筑物配置一套再生水设施，将厨房、盥洗室排出的废水加以处理后冲洗厕所，再排入下水道。

3. 采用先进的污水治理技术

东京广泛采用物理处理法、化学处理法和生物净化法等多种技术手段进行污水治理。近年来，东京十分重视水污染治理的生物技术应用。2010年，东京向丰岛区立目白庭园的池塘中播撒生物制剂以及藻类控制剂，不仅分解了池塘中顽固的浮渣，还彻底清除了肉眼可见的藻类，有效降低了池水的氮、磷、COD浓度，提高了池水的透明度。

（四）建立区域联控联治机制，实现区域综合治理

日本未设统一的水资源管理部门，采用多部门协作、分级治理的模式。中央政府层面，由国土交通省、厚生劳动省、通商产业省、农林水产省和环境省五个部门共同负责制定和实施全国性的水资源开发和环境保护法律法规和规划等。地方层面，东京设有供水局、排水局、环境局、建设局等部门，贯彻执行中央政府制定的水资源开发和保护政策，负责供水系统、污水处理系统等维护、管理、防治流域污染等。此外，针对东京湾污染问题，环东京湾的都县还建立了联防联控机制——日本东京湾自治体环境保护会议。1973年，东京都联合千叶县和神奈川县13都县市的领导召开了东京湾水污染共同调查结果审查会，决定设立东京湾岸自治体公害对策会议，共同协商采取统一行动，削减东京湾污染物排放总量，保护东京湾水环境。这个会议每年定期召开，1999年更名为东京湾岸自治体环境保护会议，目前的会议组成人员为1都、2县、16市、1町、6个特别区和26个自治体的环境主管领导。

（五）建立健全公众参与机制，营造重视环境保护的社会氛围

东京政府非常注重公众参与水资源环境的保护。首先，让公众的积极参与和意见表达贯穿环境保护的全过程。在制定重大的环境法律法规、政策、计划等的制定和实施相关项目的过程中，通过设立审议机构，安排针对居民的说明会、公听会，采取民意调查等方式充分听取民众意见。其次，加强市民教育引导。东京政府强调“从我做起”，鼓励日本家庭参与节水和水污染防治，发布《东京生活污水处理指导纲要》等，详细介绍节约用水、减少水污染的具体做法。东京供水局还专门成立了“水道作业特别队”，发现用水激增的用户，会反复通知提醒。再次，与金融机构等协作，建立市民合作基金，鼓励市民购买和使用先进的污水处理技术、节水设备等。在政府努力下，东京市民节水意识普遍提高，用水十分节省。据世界水理事会资料显示，东京每户家庭每天的用水量为 184 升，仅是北京家庭的四分之一。

三、对北京市的启示

水资源是基础性的自然资源和战略性的经济资源，是经济社会发展的重要支撑。北京市多年干旱，上游来水减少，水资源严重不足，再加上人口快速增长，水资源保护任务非常艰巨。作为一项系统工程，北京市必须从全局的高度，动员全社会的力量，统筹规划，在充分吸收和利用日本东京等先进国家大城市水污染防治理念和技术的基础上，努力实现管理体制和机制的创新，走出一条与北京市经济社会发展相适应的水资源环境保护之路。

（一）完善制度、严格执法

水污染源数量众多、来源广泛，必须构建完整有效的政策体系，包括严格的达标排放标准和总量控制措施、政府补贴、教育和行为标准、排污许可制度、双总量控制管理制度、污水处理运行评估考核制度、污水处理信息公开制度等，大力建设执法队伍，提高执法水平，全方位推动水环境质量目标的实现。

（二）规划先导、适度超前

北京市人口快速增长，污水排放量持续增加，应按照“规划先导、适度超前、城乡统筹、远近结合、源头消减、循环利用”的原则，根据人口现状及发展，考虑适度超前规划建设污水处理设施、配套管网。在城乡结合部等管网不完善地区优先建设污水管线和污水截流工程，有条件的地区实施雨污分流，确保“水污染物增量消除、存量消减”目标的实现。

（三）政府主导、市场化改革

给排水和再生水利用作为战略性、基础性、公益性事业，应充分发挥政府投入的主导、引领和带动作用，着力做好以下三个方面的工作：一是完善服务价格体系，采用阶梯水价、污水处理行政事业性收费标准和再生水价格，按照购买公共服务模式，保障给水、排水和再生水利用设施运营成本及企业合理收益。二是扩大企业融资。通过盘活资产、结构融资等多种方式筹措建设资金，积极吸纳民间资本进入给水、排水、再生水技术监测和设施建设、运营。三是严格特许经营管理。修订完善特许经营协议，明确界定政府与企业的权利、义务，加强监督管理，确保水资源保护工作健康可持续发展。

（四）严格政府监管、扩大社会监管

政府监督方面，建立流域管理机构，协调各区政府部门的水资源利用和保护工作；建立污水处理厂和管网运行的日常定期监测机制；采用先进技术手段，对重点污水处理厂的进出水水质进行在线监测；派遣监督员不定期对污水处理厂运行状况进行监督。社会监督方面，充分发挥社会组织、志愿者作用，建立河道管理社会监督人制度，加强对重点河道水环境状况的监督；充分发挥电视台、广播电台等市属媒体的监督作用，建立排污暗访、曝光机制；积极利用和拓展微博、热线电话等监督途径，广泛接受市民监督，形成全社会齐抓共管的局面。

（五）公众参与、多方治理

防治水污染，保护水资源环境，不仅需要政府环保部门的治理，更需民众的积极参与。要建立公众参与水资源政策制定和监管的制度平台，形成政府宏观调控机制、市场经济机制、社会公众参与机制三位一体的运行机制；要从保障首都稳定安全和可持续发展的高度，加大力度宣传市情水情，使广大市民深刻认识北京市水资源的短缺性和节水的重要性，提高市民的水忧患意识、节水意识和水资源保护意识，掌握节水知识和节水技术等；要强化激励政策引导，如制定对市民和单位节水、群众举报浪费水行为的奖励政策，强化再生水设施的投资、运营、维护的财政税收支持政策以及节水技术创新与推广的激励政策等，推动节水型社会早日实现。

参考文献

[1]吴国昌、林春水：《日本水资源开发利用与保护》，中国环境科学出版社，1991年。

[2]東京都：東京都環境白書2012，2012。

[3]東京都都市計画局総合計画部：東京都水循環計画マスタープラン望ましい水循環の形成をめざして，1999。

[4]陈平、朱冬梅、程洁：《日本地表水环境质量标准体系形成历程及启示》，《环境与可持续发展》，2012年第2期。

[5]日本環境省：第7次総量削減，2011。

[6]陈爽、姚士谋：《东京大都市发展的水资源保障系统》，《国外城市规划》，1997年第1期。

[7]東京都：東京都雨水貯留・雨水浸透施設技術指(案)(抜粋)，2008。

[8]陈勇：《东京都下水道系统的可持续利用》，《国外城市规划》，2003年第3期。

[9]東京都下水道局：再生水利用の効果，2012。

[10]姜亦华：《日本的水资源管理及借鉴》，《生态经济》，2010年12期。

[11]東京都：東京都生活排水対策指導要綱，1986。

（作者：王鸿春　北京决策研究基地首席专家　研究员
张　燕　北京决策研究基地研究人员　副研究员）